佛教研究叢書15

二萬五千頌般若經合論記要
(二)

李森田 記要

蘭臺出版社

《現觀莊嚴論》

彌勒菩薩造・法尊法師譯

《二萬五千頌般若波羅蜜多經》

玄奘譯《大般若波羅蜜多經》第二會

目 次

第一冊

第二冊

第三冊

二萬五千頌般若經合論科判(第二冊)

(大般若經第二會現觀莊嚴論合編)

[參考資料]

第一事

第9義

[戊三]資糧正行

【第 9 義】：資糧正行　9

〔義相〕：由二廣大資糧攝持，勝出大乘中品世第一法以下加行道，能生菩提自果之菩薩瑜伽，即資糧正行之相。

〔界限〕：從大乘加行道世第一法上品乃至十地最後心。

1.總標　9.1

[悲及施等六，並修止觀道，及以雙運道，諸善權方便，](頌1-29)
[智福與諸道，陀羅尼十地，能對治當知，資糧行次第。](頌1-30)

此中差別有十七種：

(9.1.1)欲令有情離苦之大悲。

(9.1.2- 7)由大悲故修行布施等六波羅蜜多。

(9.1.8 – 10)在入定時修習止、觀及雙運道。

(9.1.11)於利他事善權方便。

(9.1.12)智慧資糧。

(9.1.13)與福德資糧。

(9.1.14)見道等，為道資糧。

(9.1.15)諸法文義乃至多劫受持不忘之陀羅尼，此分：

通達諸字真實之忍陀羅尼；

為救護眾生能制諸明咒之咒陀羅尼；

諸經文句乃至多劫受持不忘之法陀羅尼；

諸經義理乃至多劫受持不忘之義陀羅尼。

(9.1.16)能為功德作所依處之<u>十地資糧</u>。
(9.1.17)能斷相違品之<u>對治資糧</u>。
當知此等即是資糧正行之次第。(1.不可得故，2.不越世俗諦成辦大乘義理故，以此等十七種為資糧，令證得大菩提。)

2.廣釋智資糧 9.2

此別釋智資糧，論無頌文，而釋有之，謂所緣境有二十種空性，故能緣智亦分二十種智慧資糧：
(9.2.1)由內六處真實空，故名內空。
(9.2.2)由外色等真實空，故名外空。
(9.2.3)由內外俱分所攝之根依處真實空，故名內外空。
(9.2.4)由空性亦真實空，故名空空。
(9.2.5)由十方真實空，故名大空。
(9.2.6)由道所證之涅槃真實空，故名勝義空。
(9.2.7)由緣生有為真實空，故名有為空。
(9.2.8)由非緣生無為真實空，故名無為空。
(9.2.9)由內外中間真實空，故名畢竟空。
(9.2.10)由生死前際後際真實空，故名無際空。
(9.2.11)由取捨真實空，故名無散空。
(9.2.12)由實性真實空，故名本性空。
(9.2.13)由一切法真實空，故名一切法空。
(9.2.14)由諸法生等真實空，故名自相空。
(9.2.15)由過去未來等真實空，故名不可得空。
(9.2.16)由因緣和合真實空，故名無性自性空。
(9.2.17)由五蘊自性真實空，故名有性空。
(9.2.18)由無為虛空等真實空，故名無性空。
(9.2.19)由本性空亦真實空，故名自性空。
(9.2.20)由諸法作者自性空，故名他性空。
如空有二十，亦有爾許之能緣智慧資糧故。

3.廣釋地資糧

(1)初地修治 9.3

[由十種修治，當能得初地，意樂饒益事，有情平等心，](頌1-31)
[能捨近善友，求正法所緣，常發出家心，愛樂見佛身，](頌1-32)
[開闡正法教，諦語為第十，彼性不可得，當知名修治。](頌1-33)

由十種修治，能得初地所有功德，謂：

(9.3.1)於一切事無諂誑心，能饒益自他之事。
(9.3.2)受持大乘，於諸有情修四無量，其心平等。
(9.3.3)能捨內身資財善根等，不生慳結。
(9.3.4)三業至誠，親近承事諸善知識。
(9.3.5)尋求三乘正法所緣。
(9.3.6)常發出家之心，不樂居家。
(9.3.7)念佛不捨，愛見佛身。
(9.3.8)開闡教法，全無慳吝。
(9.3.9)(常懷謙敬，伏憍慢心。)
(9.3.10)誓願究竟，發諸實語。

初極喜地之十法，當知由大悲與不(可)得自性之空慧所攝持，故名為修治。

(2)二地修治 9.4

[戒報恩安忍，極喜及大悲，承事敬師聞，第八勤施等。](頌1-34)

第二地中有八修治，謂：

(9.4.1)攝善法等戒。
(9.4.2)酬報他恩。
(9.4.3)安忍怨害。
(9.4.4)最極歡喜修諸善行。
(9.4.5)(不捨有情)
(9.4.6)於諸眾生起大悲憫。
(9.4.7)恭敬承事鄔波陀耶等。(親教師，和尚。upādhyāya)
敬重師長、諸善知識，聽聞正法。
(9.4.8)第八修治，謂精進修習布施波羅蜜多等。

由此八能修治第二離垢地，以能摧彼逆品，圓滿對治故。

(3)三地修治　9.5

[多聞無厭足，無染行法施，嚴淨成佛剎，不厭倦眷屬，](頌1-35)
[及有慚有愧，五種無著性。](頌1-36ab)

第三地中，有五修治，謂：

(9.5.1)勤修多聞，聞法無厭。

(9.5.2)不求利譽等無諸染著為他說法。

(9.5.3)於自將來成佛國土淨治情器世間諸過。(淨治自佛淨土，能依與所依)

(9.5.4)雖見眷屬邪行等過而不厭利他。

(9.5.5)觀待自法不造諸惡名曰有慚，觀待世間不造諸惡名曰有愧，於彼一切無執著心，由通達無我慧所攝持故。

此五即能修治第三發光地，准前應知。

(4)四地修治　9.6

[住林少欲足，杜多正律儀，](頌1-36cd)
[不捨諸學處，訶厭諸欲樂，寂滅捨眾物，不沒無顧戀。](頌1-37)

第四地中有十修治，謂：

(9.6.1)常住林藪阿練若處遠離憒鬧。

(9.6.2)未得利養無諸貪欲，名為少欲。

(9.6.3)已得利養不求多妙，名為知足。

(9.6.4)誓行十二杜多功德，故正律儀。十二杜多功德者謂：(十二種杜多(dhūta)行、頭陀行、苦行)

(1)常乞食 (2)一坐食 (3)一受食此三對治飲食貪。

(4)住阿練若 (5)樹下坐 (6)露地坐 (7)塚間坐，此四對治處所貪。

(8)常三衣 (9)毳毛衣 (10)糞掃衣，此三對治衣服貪。

(11)常端坐 (12)隨宜坐，此二對治臥具貪。

(9.6.5)所受學處皆不捨棄。(縱命危亦永不捨棄)

(9.6.6)於五欲樂深生厭離。

(9.6.7)稱(順)所化機令住寂滅。

(9.6.8)一切財物如欲而捨。

(9.6.9)修諸善法心不滯沒。(心不畏縮)

(9.6.10)於一切物心無顧戀。

如是十法修治第四焰慧地，准前應知。

(5)五地修治 9.7

[親識及慳家，樂猥雜而住，自讚及毀他，十不善業道，](頌1-38)
[憍慢與顛倒，惡慧忍煩惱，遠離此十事，證得第五地。](頌1-39)

第五地中有十修治，謂：

(9.7.1)樂與居家往還親識。
(9.7.2)愛與大眾猥雜而住。
(9.7.3)嫉他利養，慳諸居家。
(9.7.4)(眾會忿諍)
(9.7.5)若自稱讚，若毀呰他。
(9.7.6)由此增長十不善業道。
(9.7.7)恃自多聞等，不恭敬他，令心高舉。
(9.7.8)於取捨處顛倒執著。
(9.7.9)執持疑、邪見等惡慧。
(9.7.10)忍受趣向貪等煩惱。

若能遠離此十法，依止十種對治，即能證得第五難勝地。

(6)六地修治 9.8

[施戒忍精進，靜慮慧圓滿，於弟子麟喻，捨喜捨怖心，](頌1-40)
[見求無愁慼，盡捨無憂悔，雖貧不厭求，證得第六地。](頌1-41)

第六地中有十二修治，謂：

(9.8.1－6)由圓滿布施、持戒、安忍、精進、靜慮、智慧六種波羅蜜多，而能遠離六種所治，謂：
(9.8.7－8)由圓滿持戒與靜慮故，於聲聞弟子及麟喻獨覺地能遠離喜樂。
(9.8.9)由圓滿安忍波羅蜜多故於怨害等能遠離恐怖心。
(9.8.10)由圓滿布施波羅蜜多故見求者來心無愁慼。
(9.8.11)由愛樂布施精進圓滿故捨一切物心無憂悔。
(9.8.12)由圓滿般若波羅蜜多故雖極貧乏而終不捨求者。

由此十二修治證得第六現前地。

(7)七地修治 9.9

[執我及有情，命與數取趣，斷常及相因，蘊界並諸處，](頌1-42)
[住三界貪著，其心徧怯退，於三寶尸羅，起彼見執著，](頌1-43)
[諍論於空性，違空性過失，由離此二十，便得第七地。](頌1-44)

斷除此說二十種過失，即成二十種修治，由如前說空慧攝持，便能證得第七遠行地，謂：

(9.9.1)執我、執有情。
(9.9.2)執命者、執補特伽羅。
(9.9.3)如是執斷邊、常邊。
(9.9.4)執相。
(9.9.5－6)執因(等)。(等取見執、名色執)
(9.9.7－11)執蘊、界、處等。(等取諦執、緣起執)
(9.9.12)執三界為真實應住、(貪)著為真實應捨。
(9.9.13－14)自覺不能得勝上功德心徧怯退。(法執、法理執)
(9.9.15－18)於三寶及戒，起彼見而執著。
(9.9.19)妄執空性為破壞有事而興諍論。
(9.9.20)執彼空性與世俗相違。

是為七地應離之二十種過失。

9.10

[知三解脫門，三輪皆清淨，大悲無執著，法平等一理，](頌1-45)
[知無生知忍，說諸法一相，滅除諸分別，離想見煩惱，](頌1-46)
[奢摩他定思，善毗缽舍那，內心善調伏，一切無礙智，](頌1-47)
[非貪地隨欲，等游諸佛土，一切普現身，共為二十種。](頌1-48)

由其所治有二十種，故第七地亦有二十種修治對治，謂：

(9.10.1－3)知諸法因果自相皆真實空，故知三解脫門。
(9.10.4)現證能殺所殺殺業三輪皆非實有，故皆清淨。
(9.10.5)緣一切有情起大悲心。
(9.10.6)於諸法上無真實執。
(9.10.7)知一切法平等皆真實空，了知究竟唯一乘理。
(9.10.8)知一切法勝義無生。

(9.10.9)於甚深空性不起驚怖了知深忍。
(9.10.10)宣說發心所攝諸法皆無實一相。
(9.10.11)摧壞一切實執分別。
(9.10.12)無有執著常樂我淨等相之想。
(9.10.13)遠離薩迦耶等五見。
(9.10.14)遠離貪等煩惱。
(9.10.15)由奢摩他門決定思惟一切相智，於毗缽舍那勝慧了知緣起如幻之方便獲得善巧。
(9.10.16)調伏內心實執。
(9.10.17)於一切所知成就無障礙智。
(9.10.18)通達一切皆非貪著真實之地。
(9.10.19)隨自所欲平等遊歷諸佛剎土。
(9.10.20)由於自身獲得自在普於一切時會能自現其身。
由此二十種修治能得七地，准前應知。

(8)八地修治 9.11

[知諸有情意，遊戲諸神通，修微妙佛剎，觀故親近佛，](頌1-49)
[知根淨佛土，安住如幻事，故思受三有，說此八種業。](頌1-50)
第八地中有八修治：
(9.11.1)諸有情意(眾生之心行)，有貪、離貪等能如實知。
(9.11.2)於諸國土遊戲神通。
(9.11.3)修微妙佛剎，以吠琉璃等而為自性。(成就寶珠等自性而為淨佛土之所依)
(9.11.4)為欲觀擇諸法文義故，親近承事諸佛。
(9.11.5)由天眼故，知諸根利鈍。
(9.11.6)於自當來成佛國土，淨治(能依)有情所有過失。
(9.11.7)出定入定，一切(時)如幻而住。
(9.11.8)由悲願故，故思受生三有。(觀眾生利益心為前導之善用受生)
此是第八不動地中八修治業；由此八事，圓滿八地，准前應知。

(9)九地修治 9.12

[無邊諸誓願，了知天等語，辯說如懸河，入胎最第一，](頌1-51)

[種姓族圓滿，眷屬及生身，出家菩提樹，圓滿諸功德。](頌1-52)

第九地中有十二修治，謂：

(9.12.1)由圓滿九種波羅蜜多，無邊大願皆能成辦。

(9.12.2)又能了知天等一切有情語言差別。

(9.12.3)由得辯無礙解，故說法辯才無盡，猶若懸河。

(9.12.4)遠離一切婦人過失，為一切人共所稱讚，入此母胎最為第一。

(9.12.5)若剎帝利、若婆羅門，種族圓滿。

(9.12.6)若日親、若甘蔗等，姓氏圓滿。

(9.12.7)母等七族圓滿。

(9.12.8)自所教化令住菩提之眷屬圓滿。

(9.12.9)若帝釋天及人王等稱讚而生。

(9.12.10)由諸佛及淨居天人勸令出家。

(9.12.11)成就大菩提樹，如大師之阿輸他樹、慈尊之龍華樹、燃燈佛之諾瞿陀樹。

(阿輸他樹 ashoka，夫人所攀生太子之樹；龍華樹 nāgapuspa 彌勒成道時坐此樹下；諾瞿陀樹 nyagrodha ，燃燈佛以此樹為道場樹(長阿含1，雜阿含33，俱舍論6)此樹大可蔭覆五百車乘。)

(9.12.12)圓滿十力等一切功德。

由此十二種修治，圓滿第九善慧地，准前應知。

(10)果位第十地相 9.13

[超過九地已，若智住佛地，應知此即是，菩薩第十地。](頌1-53)

此中九地者，謂指：

(9.13.1－8)小乘八地。及(9.13.9)因位菩薩九地，

合為一菩薩地。 前八地由智見而超，後一地由安住而超。

過九地已，其上第十地智，《經》說：超越九地，安住佛地，當知彼即是十地菩薩。

若爾，因位九地皆說修治，於果位十地何故不說修治，而說十地之相耶？

由第十地圓滿以下諸地之斷智功德種類，故不別說也。

小乘八地者，謂：

(9.13.1)聲聞種姓地；

(9.13.2)預流向是居四雙八單之最初智德，名八人地。
(9.13.3)預流是斷三結所顯之智德，故名見地。
(9.13.4)一來是多分離欲所顯住果之智德，故名薄地。
(9.13.5)不還是斷下五分結所顯住果之智德，故名離欲地。下五分結者，謂三結及欲貪、瞋恚。
(9.13.6)聲聞阿羅漢果，是斷上五分結所顯小乘之智德，名已辦地。上五分結者，謂色、無色貪，掉舉、慢、無明。
(9.13.7)餘三聲聞果前之三向，是聲聞果向所餘智德故，同名一聲聞地。
(9.13.8)獨覺聖現觀以是中乘現觀故，名辟支佛地。

4.廣釋對治資糧　9.14

[見修諸道中，所能取分別，由滅除彼故，說八種對治。](頌1-54)

大乘見道、修道之中，由滅除所取、能取八種分別故；其對治，資糧正行故亦說八種。

(所取分別為煩惱之實有法及對治之有依二者，能取分別為補特伽羅實有及士夫假有之有依二者，各個於見道與修道斷除，故全然止息八種能取所取分別。依於二諦行相而現證，於二道有八種對治。)

[戊三]資糧正行　【第 9 義】：資糧正行

1.就大乘義說般若 - 菩薩摩訶薩披大乘鎧

(1)大乘鎧

9.1 總標

(9.1.1)欲令有情離苦之大悲

卷 413〈無縛解品 15〉:「第二分無縛解品第十五

爾時，具壽善現白佛言：

「世尊！如說菩薩摩訶薩被大乘鎧者，云何菩薩摩訶薩被大乘鎧？」

佛告善現：

「若菩薩摩訶薩能被布施乃至般若波羅蜜多鎧，是為菩薩摩訶薩被大乘鎧。若菩薩摩訶薩能被四念住乃至八聖道支鎧，是為菩薩摩訶薩被大乘鎧。若菩薩摩訶薩能被內空乃至無性自性空鎧，是為菩薩摩訶薩被大乘鎧。若菩薩摩訶薩乃至能被如來十力乃至十八佛不共法鎧，是為菩薩摩訶薩被大乘鎧。若菩薩摩訶薩能被一切智、道相智、一切相智鎧，是為菩薩摩訶薩被大乘鎧。若菩薩摩訶薩能自變身如佛形像，放大光明照三千界乃至十方殑伽沙等諸佛世界，與諸有情作饒益事，是為菩薩摩訶薩被大乘鎧。*1

①六波羅蜜能披大乘鎧 (攝諸功德)

「復次，善現！若菩薩摩訶薩被如是等諸功德鎧，放大光明照三千界乃至十方殑伽沙等諸佛世界，亦令諸界六三變動*2，謂動、極動、等極動等，為諸有情作大饒益。善現！是為菩薩摩訶薩被大乘鎧。」

(CBETA, T07, no. 220, p. 68, b^{12}-c^{3})

sher phyin:　v26, pp. 462^{12}-465^{16}　《合論》: v50, pp. 490^{13}-493^{16}

❶布施波羅蜜

(9.1.2)由大悲故修行布施波羅蜜多

卷 413〈無縛解品 15〉:

1.「復次，善現！若菩薩摩訶薩能被布施波羅蜜多大功德鎧，普化三千大千世界如吠琉璃，亦化自身為大輪王，七寶眷屬無不圓滿，諸有情類須食與食，須飲與飲，須衣與衣，須乘與乘，塗香、末香、燒香、花鬘、房舍、臥具、醫藥、燈燭、真珠、金銀及餘種種珍寶資具，隨其所須悉皆施與。作是施已，復為宣說六到彼岸相應之法，令彼聞已終不墜墮，至得無上正等菩提，常不捨離六到彼岸相應之法。善現！是為菩薩摩訶薩被大乘鎧。

2.「善現！如工幻師或彼弟子，住四衢道對大眾前，化作種種貧乏有情，隨其所須皆化施與。於意云何？如是幻事為有實不？」

善現答言：「不也！世尊！」

3.佛告善現：

「諸菩薩摩訶薩亦復如是，能被布施波羅蜜多大功德鎧，或化世界如吠瑠璃，或化自身為輪王等，隨有情類所須施與，及為宣說六到彼岸相應之法，如是菩薩雖有所為而無其實。何以故？諸法性相皆如幻故。」

(CBETA, T07, no. 220, p. 68, c[3-21])

sher phyin: v26, pp. 465[16]-467[10] 《合論》: v50, pp. 493[17]-495[11]

❷持戒波羅蜜

(9.1.3)由大悲故修行持戒波羅蜜多

卷 413〈無縛解品 15〉：

1.「復次，善現！若菩薩摩訶薩自被淨戒波羅蜜多大功德鎧，為有情故生輪王家，紹輪王位富貴自在，安立無量百千俱胝那庾多眾於十善業道，或四靜慮、四無量、四無色定，或四念住乃至八聖道支，或空、無相、無願解脫門，或佛十力乃至十八佛不共法，亦為宣說如是諸法令其安住，至得無上正等菩提，於如是法常不捨離。善現！是為菩薩摩訶薩被大乘鎧。

2.「善現！如工幻師或彼弟子，住四衢道對大眾前，化作無量百千有情，令其安住十善業道乃至十八佛不共法。於意云何？如是幻事為有實不？」

善現答言：「不也！世尊！」

3.佛告善現：

「諸菩薩摩訶薩亦復如是，為有情故生輪王家，紹輪王位富貴自在，安立無量百千俱胝那庾多眾於十善業道乃至十八佛不共法。如是菩薩雖有所為而無其實。何以故？諸法性相皆如幻故。」

(CBETA, T07, no. 220, p. 68, c[22]-p. 69, a[9])

sher phyin: v26, pp. 467[10]-468[19] 《合論》: v50, pp. 495[12]-496[18]

❸忍辱波羅蜜

(9.1.4)由大悲故修行忍辱波羅蜜多

卷 413〈無縛解品 15〉：

1.「復次，善現！若菩薩摩訶薩自被安忍波羅蜜多大功德鎧，亦勸無量百千俱胝那庾多眾，令被安忍波羅蜜多大功德鎧。善現！云何菩薩摩訶薩自被安忍波羅蜜多大功德鎧，亦勸無量百千俱胝那庾多眾，令被安忍波羅蜜多大功德鎧？善現！若菩薩摩訶薩從初發心至得無上正等菩提，被安忍鎧常作是念：『假使一切有情之類，皆持刀仗來見加害，我終不起一剎那頃忿恨瞋心，勸諸有情亦修是忍。』善現！是菩薩摩訶薩如心所念皆能成辦，乃至證得一切智智，常不捨離如是安忍，亦令有情修如是忍。善現！是為菩薩摩訶薩被大乘鎧。

2.「善現！如工幻師或彼弟子，住四衢道對大眾前，化作種種諸有情類，或持刀杖更相加害，或有相勸修安忍行。於意云何？如是幻事為有實不？」

善現答言：「不也！世尊！」

3.佛告善現：

「諸菩薩摩訶薩亦復如是，自被安忍波羅蜜多大功德鎧，亦勸無量百千俱胝那庾多眾，令被安忍波羅蜜多大功德鎧，如是菩薩雖有所為而無其實。何以故？諸法性相皆如幻故。」

(CBETA, T07, no. 220, p. 69, a10-b1)

sher phyin: v26, pp. 468[20]-470[02] 《合論》: v50, pp. 496[19]-498[02]

❹精進波羅蜜

(9.1.5)由大悲故修行精進波羅蜜多

卷 413〈無縛解品 15〉：

1.「復次，善現！若菩薩摩訶薩自被精進波羅蜜多大功德鎧，亦勸無量百千俱胝那庾多眾，令被精進波羅蜜多大功德鎧。善現！云何菩薩摩訶薩自被精進波羅蜜多大功德鎧，亦勸無量百千俱胝那庾多眾，令被精進波羅蜜多大功德鎧？善現！若菩薩摩訶薩以一切智智相應作意，大悲為首身心精進，斷諸惡法修諸善法，亦勸無量百千俱胝那庾多眾，修習如是身心精進，乃至證得一切智智，常不捨離如是正勤。善現！是為菩薩摩訶薩被大乘鎧。

2.「善現！如工幻師或彼弟子，住四衢道對大眾前，化作種種諸有情類，自修精進亦勸他修。於意云何？如是幻事為有實不？」

善現答言：「不也！世尊！」

3.佛告善現：

「諸菩薩摩訶薩亦復如是，以一切智智相應作意，大悲為首自修精進，亦勸有情令修精進，如是菩薩雖有所為而無其實。何以故？諸法性相皆如幻故。」(CBETA, T07, no. 220, p. 69, b2-19)

sher phyin: v26, pp. 470^02-471^03 《合論》: v50, pp. 498^03-499^05

❺靜慮波羅蜜

(9.1.6)由大悲故修行靜慮波羅蜜多

卷 413〈無縛解品 15〉：

1.「復次，善現！若菩薩摩訶薩自被靜慮波羅蜜多大功德鎧，亦勸無量百千俱胝那庾多眾，令被靜慮波羅蜜多大功德鎧。善現！云何菩薩摩訶薩自被靜慮波羅蜜多大功德鎧，亦勸無量百千俱胝那庾多眾，令被靜慮波羅蜜多大功德鎧？善現！若菩薩摩訶薩住一切法平等定中，不見諸法有定有亂，而常修習如是靜慮波羅蜜多，亦勸有情修習如是平等靜慮，乃至證得一切智智，常不捨離如是靜慮。善現！是為菩薩摩訶薩被大乘鎧。

2.「善現！如工幻師或彼弟子，住四衢道對大眾前，化作種種諸有情類，令修諸法平等靜慮，亦相勸修如是靜慮。於意云何？如是幻事為有實不？」

善現答言：「不也！世尊！」

3.佛告善現：

「諸菩薩摩訶薩亦復如是，住一切法平等定中，亦勸有情修如是定，如是菩薩雖有所為而無其實。何以故？諸法性相皆如幻故。」(CBETA, T07, no. 220, p. 69, b19-c6)

sher phyin: v26, pp. 471^04-472^10 《合論》: v50, pp. 499^06-500^13

❻般若波羅蜜

(9.1.7)由大悲故修行般若波羅蜜多

卷 413〈無縛解品 15〉：

1.「復次，善現！若菩薩摩訶薩自被般若波羅蜜多大功德鎧，亦勸無量百千俱胝那庾多眾，令被般若波羅蜜多大功德鎧。善現！云何菩薩摩訶薩自被般若波羅蜜多大功德鎧，亦勸無量百千俱胝那庾多眾，令被般若波羅蜜多大功德鎧？善現！若菩薩摩訶薩住無戲論甚深般若波羅蜜多，不得諸法若生若滅、若染若淨此彼差別，亦勸無量百千俱胝那庾多眾，安住如是無戲論慧。善現！是為菩薩摩訶薩被大乘鎧。

2.「善現！如工幻師或彼弟子，住四衢道對大眾前，化作種種諸有情類，令自安住無戲論慧，亦令勸他住如是慧。於意云何？如是幻事為有實不？」

善現答言：「不也！世尊！」

3.佛告善現：

「諸菩薩摩訶薩亦復如是，自能安住無戲論慧，亦勸有情住如是慧，如是菩薩雖有所為而無其實。何以故？諸法性相皆如幻故。」

(CBETA, T07, no. 220, p. 69, c7-23)

sher phyin: v26, pp. 472[10]-473[14] 《合論》: v50, pp. 500[14]-501[18]

❼十方隨緣現身，自住六度亦教他行

(9.1.8)在入定時修習止

卷 413〈無縛解品 15〉：

1.「復次，善現！若菩薩摩訶薩被如上說諸功德鎧，觀察十方殑伽沙等諸佛世界一切有情。有諸有情攝受邪法行諸惡行，是菩薩摩訶薩以神通力自變其身，遍滿如是諸佛世界，隨彼有情所樂示現，自現修行布施、淨戒、安忍、精進、靜慮、般若波羅蜜多，亦勸他行布施、淨戒、安忍、精進、靜慮、般若波羅蜜多。勸諸有情行此行已，復隨類音為說六種波羅蜜多相應之法，令彼聞已乃至證得一切智智，常不捨離如是妙法。善現！是為菩薩摩訶薩被大乘鎧。

2.「善現！如工幻師或彼弟子，住四衢道對大眾前，化作種種諸有情類，令自安住六到彼岸，亦令勸他安住此法。於意云何？如是幻事為有實不？」

善現答言：「不也！世尊！」

3.佛告善現：

「諸菩薩摩訶薩亦復如是，普於十方殑伽沙等諸佛世界自現其身，隨宜安住六到彼岸，亦勸有情令住此行常不捨離，如是菩薩雖有所為而無其實。何以故？諸法性相皆如幻故。

②誓願利益安樂一切有情是為披大乘鎧

❶「復次，善現！若菩薩摩訶薩被如上說諸功德鎧，以一切智智相應作意，大悲為首，用無所得而為方便，利益安樂一切有情，不雜聲聞、獨覺作意。是菩薩摩訶薩不作是念：『我當安立爾所有情於布施等波羅蜜多，爾所有情不當安立。』但作是念：『我當安立無量無數無邊有情於布施等波羅蜜多。』不作是念：『我當安立爾所有情於

內空等，爾所有情不當安立。』但作是念：『我當安立無量無數無邊有情於內空等。』不作是念：『我當安立爾所有情於四念住等，爾所有情不當安立。』但作是念：『我當安立無量無數無邊有情於四念住等。』不作是念：『我當安立爾所有情於空解脫門等，爾所有情不當安立。』但作是念：『我當安立無量無數無邊有情於空解脫門等。』不作是念：『我當安立爾所有情於佛十力等，爾所有情不當安立。』但作是念：『我當安立無量無數無邊有情於佛十力等。』不作是念：『我當安立爾所有情於預流果等，爾所有情不當安立。』但作是念：『我當安立無量無數無邊有情於預流果等。』不作是念：『我當安立爾所有情於佛無上正等菩提，爾所有情不當安立。』但作是念：『我當安立無量無數無邊有情於佛無上正等菩提。』善現！是為菩薩摩訶薩被大乘鎧。」

(CBETA, T07, no. 220, p. 69, c24-p. 70, b8)

sher phyin: v26, pp. 473[14]-477[15] 《合論》: v50, pp. 501[19]-505[14]

❷「善現！如工幻師或彼弟子，住四衢道對大眾前，化作種種諸有情類，其數無量隨其所應，方便安立令住布施，乃至令住諸佛無上正等菩提。於意云何？如是幻事為有實不？」

善現答言：「不也！世尊！」

❸佛告善現：

「諸菩薩摩訶薩亦復如是，以一切智智相應作意，大悲為首，用無所得而為方便，安立無量無數無邊諸有情類，令住布施乃至無上正等菩提，如是菩薩雖有所為而無其實。何以故？諸法性相皆如幻故。」 *1

(2)不披諸功德鎧是為披大乘鎧 (以諸法自相空故)

(9.1.9)在入定時修習觀

爾時，善現白佛言：

「世尊！如我解佛所說義者，諸菩薩摩訶薩不被功德鎧，當知是為被大乘鎧。何以故？以一切法自相空故。所以者何？世尊！色乃至識色乃至識相空，眼處乃至意處眼處乃至意處相空，色處乃至法處色處乃至法處相空，眼界乃至意界眼界乃至意界相空，色界乃至法界色界乃至法界相空，眼識界乃至意識界眼識界乃至意識界相空，眼觸乃至意觸眼觸乃至意觸相空，眼觸為緣所生諸受乃至意觸為緣所生諸受眼觸為緣所生諸受乃至意觸為緣所生諸受相空，布施波羅蜜多乃至般若波羅蜜多布施波羅蜜多乃至般若波羅蜜多相空，四念住乃至八聖道支四念住乃至八聖道支相空，內空乃至無性自性空，內空乃至無性自性空相空，如是乃至佛十力乃至十八佛不共法佛十力乃至十八佛不共法相空，菩薩摩訶薩菩薩摩訶薩相空，被大功德鎧被大功德鎧相空。

「世尊！由是因緣，諸菩薩摩訶薩不被功德鎧，當知是為被大乘鎧。」*1

(3)為人法二空無造作，菩薩披大乘鎧

①正明人法二空，無造無作

佛告善現：

「如是！如是！如汝所說。善現當知！一切智智無造無作，一切有情亦無造無作，諸菩薩摩訶薩為此事故被大乘鎧。」

具壽善現白言：

「世尊！何因緣故，一切智智無造無作，一切有情亦無造無作，諸菩薩摩訶薩為此事故被大乘鎧？」

佛告善現：

「由諸作者不可得故，一切智智無造無作，一切有情亦無造無作。所以者何？

❶「善現！色非造非不造、非作非不作，受、想、行、識非造非不造、非作非不作。何以故？色乃至識畢竟不可得故。

「善現！眼處非造非不造、非作非不作，耳、鼻、舌、身、意處非造非不造、非作非不作。何以故？眼處乃至意處畢竟不可得故。

「善現！色處非造非不造、非作非不作，聲、香、味、觸、法處非造非不造、非作非不作。何以故？色處乃至法處畢竟不可得故。

「善現！眼界非造非不造、非作非不作，耳、鼻、舌、身、意界非造非不造、非作非不作。何以故？眼界乃至意界畢竟不可得故。

「善現！色界非造非不造、非作非不作，聲、香、味、觸、法界非造非不造、非作非不作。何以故？色界乃至法界畢竟不可得故。

「善現！眼識界非造非不造、非作非不作，耳、鼻、舌、身、意識界非造非不造、非作非不作。何以故？眼識界乃至意識界畢竟不可得故。

「善現！眼觸非造非不造、非作非不作，耳、鼻、舌、身、意觸非造非不造、非作非不作。何以故？眼觸乃至意觸畢竟不可得故。

「善現！眼觸為緣所生諸受非造非不造、非作非不作，耳、鼻、舌、身、意觸為緣所生諸受非造非不造、非作非不作。何以故？眼觸為緣所生諸受乃至意觸為緣所生諸受畢竟不可得故。

❷「善現！我非造非不造、非作非不作，有情、命者、生者、養者、士夫、補特伽羅、意生、儒童、作者、受者、知者、見者非造非不造、非作非不作。何以故？我乃至見者畢竟不可得故。

②舉夢喻等無造無作

「善現！夢境非造非不造、非作非不作，響、像、幻事、光影、陽焰、空花、尋香城、變化事非造非不造、非作非不作。何以故？夢境乃至變化事畢竟不可得故。

③舉十八空、三十七道品乃至十八不共法，無造無作

「善現！內空非造非不造、非作非不作，外空、內外空、空空、大空、勝義空、有為空、無為空、畢竟空、無際空、散無散空、本性空、自共相空、一切法空、不可得空、無性空、自性空、無性自性空非造非不造、非作非不作。何以故？內空乃至無性自性空畢竟不可得故。

「善現！四念住非造非不造、非作非不作，四正斷、四神足、五根、五力、七等覺支、八聖道支非造非不造、非作非不作。何以故？四念住乃至八聖道支畢竟不可得故。

「善現！如是乃至如來十力非造非不造、非作非不作，四無所畏、四無礙解、大慈、大悲、大喜、大捨、十八佛不共法非造非不造、非作非不作。何以故？如來十力乃至十八佛不共法畢竟不可得故。

④舉真如、法性、實際等無造無作

「善現！真如非造非不造、非作非不作，法界、法性、法定、法住、實際非造非不造、非作非不作。何以故？真如乃至實際畢竟不可得故。

⑤舉佛、菩薩、一切智、一切相智等無造無作

「善現！菩薩摩訶薩非造非不造、非作非不作，如來應正等覺非造非不造、非作非不作。何以故？菩薩摩訶薩、如來應正等覺畢竟不可得故。

「善現！一切智非造非不造、非作非不作，道相智、一切相智非造非不造、非作非不作。何以故？一切智、道相智、一切相智畢竟不可得故。

「善現！由此因緣，一切智智無造無作，一切有情亦無造無作，諸菩薩摩訶薩為此事故被大乘鎧。善現！由此義故，諸菩薩摩訶薩不被功德鎧，當知是為被大乘鎧。」」*1

(CBETA, T07, no. 220, p. 70, b9-p. 71, b15)

sher phyin: v26, pp. 477[15]-484[08] 《合論》: v50, pp.505[15]-511[11]

(4)披無縛無解大乘鎧

(9.1.10)在入定時修習止觀雙運道

①明諸法無縛無解

❶五蘊無縛無解

卷 413〈無縛解品 15〉:「爾時，具壽善現白佛言：

「世尊！如我解佛所說義者，色無縛無解，受、想、行、識無縛無解。」

時，滿慈子問善現言：「尊者說色無縛無解，說受、想、行、識無縛無解耶？」

善現答言：「如是！如是！我說色無縛無解，說受、想、行、識無縛無解。」

滿慈子言：「何等色無縛無解？何等受、想、行、識無縛無解？」

1.約夢幻等喻

善現答言：

「如夢色無縛無解，如夢受、想、行、識無縛無解；如響、如像、如光影、如陽焰、如幻事、如空花、如尋香城、如變化事色無縛無解，如響乃至如變化事受、想、行、識無縛無解。何以故？如是一切色乃至識，無所有故無縛無解，遠離故無縛無解，寂靜故無縛無解，無生故無縛無解，無滅故無縛無解，無染故無縛無解，無淨故無縛無解。

2.約三世

「復次，滿慈子！過去色無縛無解，過去受、想、行、識無縛無解；未來、現在色無縛無解，未來、現在受、想、行、識無縛無解。何以故？如是一切色乃至識，無所有故無縛無解，遠離故無縛無解，寂靜故無縛無解，無生故無縛無解，無滅故無縛無解，無染故無縛無解，無淨故無縛無解。

3.約三性

「復次，滿慈子！善色無縛無解，善受、想、行、識無縛無解，不善、無記色無縛無解；不善、無記受、想、行、識無縛無解。何以故？如是一切色乃至識，無所有故無縛無解，遠離故無縛無解，寂靜故無縛無解，無生故無縛無解，無滅故無縛無解，無染故無縛無解，無淨故無縛無解。

4.約世間出世間、有漏無漏等

「復次，滿慈子！世間色無縛無解，世間受、想、行、識無縛無解；出世間色無縛無解，出世間受、想、行、識無縛無解。何以故？

如是一切色乃至識，無所有故無縛無解，遠離故無縛無解，寂靜故無縛無解，無生故無縛無解，無滅故無縛無解，無染故無縛無解，無淨故無縛無解。

「復次，滿慈子！有漏色無縛無解，有漏受、想、行、識無縛無解；無漏色無縛無解，無漏受、想、行、識無縛無解。何以故？如是一切色乃至識，無所有故無縛無解，遠離故無縛無解，寂靜故無縛無解，無生故無縛無解，無滅故無縛無解，無染故無縛無解，無淨故無縛無解。

❷一切法無縛無解

「復次，滿慈子！一切法無縛無解。何以故？以一切法無所有故、遠離故、寂靜故、無生故、無滅故、無染故、無淨故無縛無解。

❸六度無縛無解

「復次，滿慈子！布施波羅蜜多無縛無解，淨戒、安忍、精進、靜慮、般若波羅蜜多無縛無解。何以故？以布施等波羅蜜多無所有故、遠離故、寂靜故、無生故、無滅故、無染故、無淨故無縛無解。

❹十八空無縛無解

「復次，滿慈子！內空無縛無解，外空、內外空、空空、大空、勝義空、有為空、無為空、畢竟空、無際空、散無散空、本性空、自共相空、一切法空、不可得空、無性空、自性空、無性自性空無縛無解。何以故？以內空等無所有故、遠離故、寂靜故、無生故、無滅故、無染故、無淨故無縛無解。

❺三十七道品乃至十八佛不共法，菩薩行乃至無上菩提無縛無解

「復次，滿慈子！四念住無縛無解，四正斷、四神足、五根、五力、七等覺支、八聖道支無縛無解。何以故？以四念住等無所有故、遠離故、寂靜故、無生故、無滅故、無染故、無淨故無縛無解。

「復次，滿慈子！如是乃至如來十力無縛無解，四無所畏、四無礙解、大慈、大悲、大喜、大捨、十八佛不共法無縛無解。何以故？以十力等無所有故、遠離故、寂靜故、無生故、無滅故、無染故、無淨故無縛無解。

「復次，滿慈子！一切菩薩摩訶薩行無縛無解，諸佛無上正等菩提無縛無解。何以故？以菩薩行等無所有故、遠離故、寂靜故、無生故、無滅故、無染故、無淨故無縛無解。

❻一切智等、真如法性等、佛菩薩等無縛無解

「復次，滿慈子！一切智無縛無解，道相智、一切相智無縛無解。何以故？以一切智等無所有故、遠離故、寂靜故、無生故、無滅故、無染故、無淨故無縛無解。

「復次，滿慈子！真如無縛無解，法界、法性、不虛妄性、不變異性、平等性、離生性、法定、法住、實際無縛無解。何以故？以真如等無所有故、遠離故、寂靜故、無生故、無滅故、無染故、無淨故無縛無解。

「復次，滿慈子！菩薩摩訶薩無縛無解，如來應正等覺無縛無解。何以故？以菩薩摩訶薩、如來應正等覺無所有故、遠離故、寂靜故、無生故、無滅故、無染故、無淨故無縛無解。

❼一切有為無為無縛無解

「復次，滿慈子！一切有為無縛無解，一切無為無縛無解。何以故？以有為等無所有故、遠離故、寂靜故、無生故、無滅故、無染故、無淨故無縛無解。

「滿慈子！諸菩薩摩訶薩於如是無縛無解微妙法門，以無所得而為方便，應如實知。滿慈子！諸菩薩摩訶薩於如是無縛無解布施波羅蜜多乃至般若波羅蜜多、四念住乃至一切相智，以無所得而為方便，應勤修學。

②明無縛無解故得益

「滿慈子！諸菩薩摩訶薩以無所得而為方便，應住如是無縛無解布施波羅蜜多乃至般若波羅蜜多、四念住乃至一切相智。滿慈子！諸菩薩摩訶薩以無所得而為方便，應成熟無縛無解有情，應嚴淨無縛無解佛土，應親近供養無縛無解諸佛，應聽受無縛無解法門。

「滿慈子！是菩薩摩訶薩常不遠離無縛無解諸佛，常不遠離無縛無解神通，常不遠離無縛無解五眼，常不遠離無縛無解諸陀羅尼，常不遠離無縛無解諸三摩地。滿慈子！是菩薩摩訶薩當起無縛無解道相智，當證無縛無解一切智、一切相智，當轉無縛無解法輪，當以無縛無解三乘法要安立無縛無解諸有情類。

「滿慈子！若菩薩摩訶薩修行無縛無解六波羅蜜多，能證無縛無解一切法性，無所有故、遠離故、寂靜故、無生故、無滅故、無染故、無淨故無縛無解。滿慈子當知！是菩薩摩訶薩名被無縛無解大乘鎧者。」*1

(CBETA, T07, no. 220, p. 71, b16-p. 72, b28)

sher phyin: v26, pp. 484^08-491^18 《合論》: v50, pp. 511^12-519^08

2.就大乘義說般若 - 大乘五義

(9.1.11)於利他事善權方便

卷 413〈三摩地品 16〉:「第二分三摩地品第十六之一

爾時，具壽善現白佛言：

「世尊！1.何等是菩薩摩訶薩大乘相？2.齊何當知菩薩摩訶薩發趣大乘？3.如是大乘從何處出？至何處住？4.如是大乘為何所住？5.誰復乘是大乘而出？」

(1)何等是大乘相

①六度是大乘相

佛告善現：

「汝初所問『何等是菩薩摩訶薩大乘相？』者，善現！六波羅蜜多是菩薩摩訶薩大乘相。云何為六？謂布施波羅蜜多、淨戒波羅蜜多、安忍波羅蜜多、精進波羅蜜多、靜慮波羅蜜多、般若波羅蜜多。

❶「善現！云何布施波羅蜜多？若菩薩摩訶薩 1.以一切智智相應作意，2.大悲為首，3.用無所得而為方便，4.自捨一切內外所有，亦勸他捨內外所有，5.持此善根與一切有情同共迴向一切智智。善現！是為菩薩摩訶薩布施波羅蜜多。

❷「善現！云何淨戒波羅蜜多？若菩薩摩訶薩 1.以一切智智相應作意，2.大悲為首，3.用無所得而為方便，4.自受持十善業道，亦勸他受持十善業道，5.持此善根與一切有情同共迴向一切智智。善現！是為菩薩摩訶薩淨戒波羅蜜多。

❸「善現！云何安忍波羅蜜多？若菩薩摩訶薩 1.以一切智智相應作意，2.大悲為首，3.用無所得而為方便，4.自具增上安忍，亦勸他具增上安忍，5.持此善根與一切有情同共迴向一切智智。善現！是為菩薩摩訶薩安忍波羅蜜多。

❹「善現！云何精進波羅蜜多？若菩薩摩訶薩 1.以一切智智相應作意，2.大悲為首，3.用無所得而為方便，4.自於五波羅蜜多勤修不捨，亦勸他於五波羅蜜多勤修不捨，5.持此善根與一切有情同共迴向一切智智。善現！是為菩薩摩訶薩精進波羅蜜多。

❺「善現！云何靜慮波羅蜜多？若菩薩摩訶薩 1.以一切智智相應作意，2.大悲為首，3.用無所得而為方便，4.自方便善巧入諸靜慮、無量、

無色，終不隨彼勢力受生，亦能勸他方便善巧入諸靜慮、無量、無色，不隨彼定勢力受生，5.持此善根與一切有情同共迴向一切智智。善現！是為菩薩摩訶薩靜慮波羅蜜多。

❻「善現！云何般若波羅蜜多？若菩薩摩訶薩 1.以一切智智相應作意，2.大悲為首，3.用無所得而為方便，4.自如實觀察一切法性，於諸法性無取無著，亦勸他如實觀察一切法性，於諸法性無取無著，5.持此善根與一切有情同共迴向一切智智。善現！是為菩薩摩訶薩般若波羅蜜多。善現當知！是為菩薩摩訶薩大乘相。」*3

(CBETA, T07, no. 220, p. 72, b[29]-p. 73, a[14])

sher phyin: v26, pp. 491[18]-494[17] 《合論》: v50, pp. 519[09]-522[08]

②諸空是大乘相

(9.1.12)智慧資糧

9.2 廣釋智慧資糧

此別釋智資糧，論無頌文，而釋有之，謂所緣境有二十種空性，故能緣智亦分二十種智慧資糧。如空有二十，亦有爾許之能緣智慧資糧故。

卷 413〈三摩地品 16〉：

「復次，善現！菩薩摩訶薩大乘相者，謂內空、外空、內外空、空空、大空、勝義空、有為空、無為空、畢竟空、無際空、散無散空、本性空、自共相空、一切法空、不可得空、無性空、自性空、無性自性空。

❶十八空

1.內空

(9.2.1)由內六處真實空故名內空

卷 413〈三摩地品 16〉：

「云何內空？內謂內法，即是眼、耳、鼻、舌、身、意。當知此中眼由眼空非常非壞，乃至意由意空非常非壞。何以故？本性爾故。善現！是為內空。」(CBETA, T07, no. 220, p. 73, a[15-22])

2.外空

(9.2.2)由外色等真實空故名外空

卷 413〈三摩地品 16〉：

「云何外空？外謂外法，即是色、聲、香、味、觸、法。當知此中色由色空非常非壞，乃至法由法空非常非壞。何以故？本性爾故。善現！是為外空。」(CBETA, T07, no. 220, p. 73, a22-25)

3.內外空

(9.2.3)由內外俱分所攝之根依處真實空故名內外空

卷 413〈三摩地品 16〉：

「云何內外空？內外謂內外法，即內六處及外六處。當知此中內法由外法空非常非壞，外法由內法空非常非壞。何以故？本性爾故。善現！是為內外空。」(CBETA, T07, no. 220, p. 73, a25-28)

4.空空

(9.2.4)由空性亦真實空故名空空

卷 413〈三摩地品 16〉：

「云何空空？空謂一切法空，此空復由空空非常非壞。何以故？本性爾故。善現！是為空空。」(CBETA, T07, no. 220, p. 73, a28-b1)

5.大空

(9.2.5)由十方真實空故名大空

卷 413〈三摩地品 16〉：

「云何大空？大謂十方，即東西南北四維上下。當知此中東方由東方空非常非壞，乃至下方由下方空非常非壞。何以故？本性爾故。善現！是為大空。」(CBETA, T07, no. 220, p. 73, b1-4)

6.勝義空

(9.2.6)由道所證之涅槃真實空故名勝義空

卷 413〈三摩地品 16〉：

「云何勝義空？勝義謂涅槃。當知此中涅槃由涅槃空非常非壞。何以故？本性爾故。善現！是為勝義空。」

(CBETA, T07, no. 220, p. 73, b5-7)

7.有為空

(9.2.7)由緣生有為真實空故名有為空

卷 413〈三摩地品 16〉：

「云何有為空？有為謂欲界、色界、無色界。當知此中欲界由欲界空非常非壞，色、無色界由色、無色界空非常非壞。何以故？本性爾故。善現！是為有為空。」(CBETA, T07, no. 220, p. 73, b7-10)

8.無為空

(9.2.8)由非緣生無為真實空故名無為空

卷 413〈三摩地品 16〉：

「云何無為空？無為謂無生、無滅、無住、無異。當知此中無為由無為空非常非壞。何以故？本性爾故。善現！是為無為空。」

(CBETA, T07, no. 220, p. 73, b10-13)

9.畢竟空

(9.2.9)由內外中間真實空故名畢竟空

卷 413〈三摩地品 16〉：

「云何畢竟空？畢竟謂若法究竟不可得。當知此中畢竟由畢竟空非常非壞。何以故？本性爾故。善現！是為畢竟空。」

(CBETA, T07, no. 220, p. 73, b13-15)

10.無際空

(9.2.10)由生死前際後際真實空故名無際空

卷 413〈三摩地品 16〉：

「云何無際空？無際謂無初、後際可得。當知此中無際由無際空非常非壞。何以故？本性爾故。善現！是為無際空。」

(CBETA, T07, no. 220, p. 73, b16-18)

11.散無散空

(9.2.11)由取捨真實空故名無散空

卷 413〈三摩地品 16〉：

「云何散無散空？散謂有放、有棄、有捨可得，無散謂無放、無棄、無捨可得。當知此中散無散由散無散空非常非壞。何以故？本性爾故。善現！是為散無散空。」

(CBETA, T07, no. 220, p. 73, b18-21)

12.本性空

(9.2.12)由實性真實空故名本性空

卷 413〈三摩地品 16〉：

「云何本性空？本性謂若有為法性、若無為法性，如是一切皆非聲聞、獨覺、菩薩、如來所作，亦非餘所作故名本性。當知此中本性由本性空非常非壞。何以故？本性爾故。善現！是為本性空。」

(CBETA, T07, no. 220, p. 73, b22-26)

13.一切法空

(9.2.13)由一切法真實空故名一切法空

卷 413〈三摩地品 16〉：

「云何一切法空？一切法謂五蘊、十二處、十八界，有色無色，有見無見，有對無對，有漏無漏，有為無為，是為一切法。當知此中一切法由一切法空非常非壞。何以故？本性爾故。善現！是為一切法空。」

(CBETA, T07, no. 220, p. 73, c5-9)

14.自共相空

(9.2.14)由諸法生等真實空故名自相空

卷 413〈三摩地品 16〉：

「云何自共相空？自相謂一切法自相，如變礙是色自相，領納是受自相，取像是想自相，造作是行自相，了別是識自相，如是等若有為法自相，若無為法自相，是為自相。共相謂一切法共相，如苦是有漏法共相，無常是有為法共相，空、無我是一切法共相，如是等有無量共相。當知此中自共相由自共相空非常非壞。何以故？本性爾故。善現！是為自共相空。」

(CBETA, T07, no. 220, p. 73, b26-c5)

15.不可得空

(9.2.15)由過去未來等真實空故名不可得空

卷 413〈三摩地品 16〉：

「云何不可得空？不可得謂此中求諸法不可得。當知此中不可得由不可得空非常非壞。何以故？本性爾故。善現！是為不可得空。」

(CBETA, T07, no. 220, p. 73, c9-12)

16.無性空 / 17.自性空 / 18.無性自性空

(9.2.16)由因緣和合真實空故名無性自性空

卷 413〈三摩地品 16〉：

「云何無性空？無性謂此中無少性可得。當知此中無性由無性空非常非壞。何以故？本性爾故。善現！是為無性空。

「云何自性空？自性謂諸法能和合自性。當知此中自性由自性空非常非壞。何以故？本性爾故。善現！是為自性空。

「云何無性自性空？無性自性謂諸法無能和合者性、有所和合自性。當知此中無性自性由無性自性空非常非壞。何以故？本性爾

故。善現！是為無性自性空。」(CBETA, T07, no. 220, p. 73, c12-21)

❷別說四空

1.有性由有性空

(9.2.17)由五蘊自性真實空故名有性空

卷 413〈三摩地品 16〉：

「復次，善現！有性由有性空，無性由無性空，自性由自性空，他性由他性空。

「云何有性由有性空？有性謂有為法，此有性由有性空。」

(CBETA, T07, no. 220, p. 73, c21-24)

2.無性由無性空

(9.2.18)由無為虛空等真實空故名無性空

卷 413〈三摩地品 16〉：

「云何無性由無性空？無性謂無為法，此無性由無性空。」

(CBETA, T07, no. 220, p. 73, c24-25)

3.自性由自性空

(9.2.19)由本性空亦真實空故名自性空

卷 413〈三摩地品 16〉：

「云何自性由自性空？謂一切法皆自性空，此空非智所作，非見所作，亦非餘所作，是謂自性由自性空。」

(CBETA, T07, no. 220, p. 73, c25-27)

4.他性由他性空

(9.2.20)由諸法作者自性空故名他性空

卷 413〈三摩地品 16〉：

「云何他性由他性空？謂一切法若佛出世、若不出世，法住、法定、法性、法界、法平等性、法離生性、真如、不虛妄性、不變異性、實際，皆由他性故空，是謂他性由他性故空。」

「善現當知！是為菩薩摩訶薩大乘相。」*4

(CBETA, T07, no. 220, p. 73, a15-p. 74, a3)

sher phyin: v26, pp. 494[17]-500[15] 《合論》: v50, pp. 522[09]-529[06]

③諸三昧是大乘相

(9.1.13)福德資糧

卷 414〈三摩地品 16〉：「第二分三摩地品第十六之二

「復次，善現！菩薩摩訶薩大乘相者，謂無量百千無上微妙諸三摩地*5*6*7，

即健行三摩地*8、寶印三摩地、師子遊戲三摩地、妙月三摩地、月幢相三摩地、一切法湧三摩地、觀頂三摩地、法界決定三摩地、決定幢相三摩地、金剛喻三摩地、入法印三摩地、放光無忘失三摩地、善立定王三摩地、放光三摩地、精進力三摩地、等湧三摩地、入一切言詞決定三摩地、等入增語三摩地、觀方三摩地、總持印三摩地、無忘失三摩地、諸法等趣海印三摩地、遍覆虛空三摩地、金剛輪三摩地、離塵三摩地、遍照三摩地、不眴三摩地、無相住三摩地、不思惟三摩地、無垢燈三摩地、無邊光三摩地、發光三摩地、普照三摩地、淨堅定三摩地、無垢光三摩地、發妙樂三摩地、電燈三摩地、無盡三摩地、具威光三摩地、離盡三摩地、無動三摩地、無瑕隙三摩地、日燈三摩地、淨月三摩地、淨光三摩地、發明三摩地、作所應作三摩地、智幢相三摩地、金剛鬘三摩地、住心三摩地、普明三摩地、善住三摩地、寶積三摩地、妙法印三摩地、一切法平等性三摩地、捨愛樂三摩地、入法頂三摩地、飄散三摩地、分別法句三摩地、平等字相三摩地、離文字相三摩地、斷所緣三摩地、無變異三摩地、無品類三摩地、無相行三摩地、離翳闇三摩地、具行三摩地、不變動三摩地、度境界三摩地、集一切功德三摩地、決定住三摩地、無心住三摩地、淨妙花三摩地、具覺支三摩地、無邊燈三摩地、無邊辯三摩地、無等等三摩地、超一切法三摩地、決判諸法三摩地、散疑網三摩地、無所住三摩地、一相莊嚴三摩地、引發行相三摩地、一行相三摩地、離行相三摩地、妙行相三摩地、達諸有底散壞三摩地、入施設語言三摩地、解脫音聲文字三摩地、炬熾然三摩地、嚴淨相三摩地、無標幟三摩地、具一切妙相三摩地、不憙一切苦樂三摩地、無盡行相三摩地、具陀羅尼三摩地、攝伏一切正性邪性三摩地、靜息一切違順三摩地、離憎愛三摩地、無垢明三摩地、具堅固三摩地、滿月淨光三摩地、大莊嚴三摩地、照一切世間三摩地、定平等性三摩地、有諍無諍平等理趣三摩地、無巢穴無標幟無愛樂三摩地、決定安住真如三摩地、離身穢惡三摩地、離語穢惡三摩地、離意穢惡三摩地、如虛空三摩地、無染著如虛空三摩地。如是等三摩地有無量百千，是為菩薩摩訶薩大乘相。

1. 健行三摩地(sūraṃgama)：

能受一切三摩地境，能辦無邊殊勝健行，能為一切等持導首。

(於諸三昧行相之多少淺深，悉能分別了知，一切魔惱不能破壞。)

2. 寶印三摩地(ratna-mudra)：能印一切定。

(於一切三昧悉能印證，諸寶中法寶(三法印、三解脫門、般若波羅蜜)最勝，今世後世乃至涅槃能為利益。)

3. 師子遊戲三摩地(siṃha-vikrīḍita)：於諸勝定遊戲自在。

(於一切三昧中，出入遲速皆得自在，無所畏難；於諸外道，強者能破之，信者能度之，猶如獅子戲時，能制伏群獸；十方世界六種震動，惡道眾生皆安隱得息。)

4. 妙月三摩地(su-candra)：如淨滿月普照諸定。

(能除無明暗蔽諸法邪見，如淨滿月破除黑暗。)

5. 月幢相三摩地(candra-dhvaja-ketu)：普能住持諸定勝相。

(一切諸法通達無礙皆悉隨從，如大將以寶作月像為幢，人見此幢相，悉皆隨從。)

6. 一切法湧三摩地(sarva-dharmodgata)：普能湧出一切勝定。

(能令一切三昧出生增長，如及時雨，草木皆生。)

7. 觀頂三摩地(vilokita-mūrdha)：普能觀察一切定頂。

(能遍見一切三昧，如住山頂，悉見眾物。)

8. 法界決定三摩地(dharma-dhātu-niyata)：

能於法界決定照了。(畢法性三昧)

(諸法體性無量無二，難可執持，入此三昧則能決定知諸法性，而得定相。如虛空無能住者，若得神足力，則能處之。)

9. 決定幢相三摩地(niyata-dhvaja-ketu)：

能決定持諸定幢相。(畢幢相三昧)

(能決定持諸三昧法幢，最為尊勝，如大將得幢。)

10. 金剛喻三摩地(vajra)：能摧諸定非彼所伏。(金剛三昧)

(能破諸法，入無餘涅槃更不受有。)

(智慧堅固能破諸三昧，通達諸法，令諸三昧各得其用，如硨磲、瑪瑙、琉璃，唯金剛能穿。)

11. 入法印三摩地(sarva-dharma-praveśa-mudra)：普能證入一切法印。

(能入於諸法實相，所謂畢竟空，如有印能入國境。)

12. 放光無忘失三摩地(raśmi-pramukta-asajpramosa)：

放勝定光照有情類，令彼憶念曾所受法。

13. 善立定王三摩地(samādhi-rājā-supratiṣṭhita)：

於諸定王善能建立。(三昧王安立三昧)

(於一切三昧中皆得安住，如大王安住正殿，召請群臣，皆悉從命。)

14. 放光三摩地(raśmi-pramukta)：於諸定光普能開發。

(能放種種光明，照諸三昧，皆悉明了，而無有邪見無明等。)

15. 精進力三摩地(bala-vyūha)：能發諸定精進勢力。

(於諸法中得信等五力，於諸三昧得自在力，常能神通變化，度諸眾生。)

16. 等湧三摩地(samudgata)：令諸等持平等湧現。

(所有福德智慧皆悉增長，諸三昧性得從心而出。)

17. 入一切言詞決定三摩地(nirukti-niyata-praveśa)：
於諸言詞決定悟入。

(於四無礙中辭、辯相應，於眾生語言次第及經書名字等，悉能分別無礙。)

18. 等入增語三摩地(adhivacana-praveśa)：
於諸定名普能悟入訓釋理趣。

(能釋諸三昧名字法義，令人得解。)

19. 觀方三摩地(dig-vilokita)：於諸定方普能觀照。

(於諸三昧出入自在無礙，以悲愍平等心，觀照十方眾生，皆得度脫。)

20. 總持印三摩地(ādhāraṇa-mudra)：能總任持諸定妙印。

(能持諸三昧陀羅尼印，分別諸三昧。)

21. 無忘失三摩地(asaṃpramoṣa)：於諸定相皆無忘失。(無誑三昧)

(不生愛恚無明邪見，於諸三昧皆無迷闇之事。)

22. 諸法等趣海印三摩地(sarva-dharma-samavasaraṇa-sāgara-mudra)：
令諸勝定等皆趣入，如大海印攝受眾流。

(攝入諸三乘法於三昧中，如諸河皆歸於海。如四禪四無色攝諸解脫九次第定等。)

23. 遍覆虛空三摩地(ākāśa-spharaṇa)：
於諸等持遍能覆護，無所簡別如太虛空。

(以三昧力遍覆無量無邊之虛空，或結跏趺坐、或放光明、或以音聲充滿。)

24. 金剛輪三摩地(vajra-maṇḍala)：
普能任持一切勝定，令不散壞如金剛輪。

(能持諸三昧，於一切法中所至無礙，如金剛輪，所往之處無有障礙。)

25. 離塵三摩地(raṇaṃ-jaha)：能滅一切煩惱纏垢。(斷寶三昧)

(能斷除一切三昧之煩惱諸垢，如有真寶，能潔淨諸寶。)

26. 遍照三摩地(vairocana)：遍照諸定令其光顯。

(能以智慧照了諸法，如日出普照世間，事皆顯了。)

27. 不眴三摩地(animiṣa)：更不希求餘定餘法。(不求三昧)

(能照了諸法，皆如幻化，三界愛欲皆斷，都無所求。)

28. 無相住三摩地(aniketa-sthita)：不見諸定中有少法可住。(無住三昧)

(能照了諸法，念念無常，無有住相。)

29. 不思惟三摩地(niścinta)：

所有下劣心、心所法悉皆不轉。(無心三昧)

(心心所法皆不生起作用，如滅盡定或無想定。)

30. 無垢燈三摩地(vimala-pradīpa)：如持淨燈照了諸定。

(能離諸煩惱垢，智慧之燈得以清淨明發。)

31. 無邊光三摩地(ananta-prabha)：能發大光照無邊際。

(能以智慧光明，普照十方無邊世界眾生及無邊諸法皆悉明了。)

32. 發光三摩地(prabhā-kara)：無間能發一切勝定光明。

(能照明諸法，如暗中燃炬，無不明了。)

33. 普照三摩地(samanta-prabhākara：無間即能普照諸勝定門。

(能普照諸法種種三昧門，如輪王寶珠光照四邊。)

34. 淨堅定三摩地(śuddha-sāra)：得諸等持淨平等性。

(能令諸三昧清淨堅牢，不為一切垢法所染壞。)

35. 無垢光三摩地(vimala-prabha)：能普蠲除一切定垢。

(能離一切諸三昧垢，破除一切無明愛欲煩惱，亦能照了一切三昧。)

36. 發妙樂三摩地(rati-kara)：領受一切等持妙樂。(歡喜三昧)

(能生無量無邊法樂：如得現在喜樂、得知見眾生生死，得智慧分別、得漏盡。)

37. 電燈三摩地(vidyut-pradīpa)：照諸等持如電光焰。

(於無始來所失之道還復能得，如電光暫現導引行者得路。)

38. 無盡三摩地(akṣaya)：引諸等持功德無盡，而不見彼盡不盡相。

(滅諸法無常等相，即入不生不滅真實之理。)

39. 具威光三摩地(tejovatī)：於諸等持威光獨盛。

(能得無量威德自在莊嚴。)

40. 離盡三摩地(kṣayāpagata)：見諸等持一切無盡，而不見有盡不盡相。

(見諸三昧無有窮盡，了達無量阿僧祇劫功德果報之理，遠離斷滅之見。)

41. 無動三摩地(aniñjya)：令諸等持無動無掉亦無戲論。

(知諸法實相畢竟空寂，智慧與三昧相應，於法及三昧不戲論。)

(又有說此不動指第四禪(欲界五欲、初禪覺觀、二禪喜多、三禪樂多故動，四禪離出入息無諸動相故不動。)、或四無色定(離諸色故)、或滅盡定(離心心所故)。)

42. 無瑕隙三摩地(avivarta)：令諸等持見無瑕隙。((莊嚴)不退三昧)

(常不退轉(阿鞞跋致)，即是菩薩不墮頂。)

43. 日燈三摩地(sūrya-pradīpa)：令諸定門發光普照。(日光三昧)

(能照了種種法門及三昧，如日出照世界，燈明破暗室。)

44. 淨月三摩地(candra-vimala)：令諸等持除闇如月。

(從發心乃至得無生法忍，善根增長、智慧清淨、利益眾生，能破三昧之無明，如月圓明破諸暗。)

45. 淨光三摩地(śuddha-prabhāsa)：於一切等持得四無礙解。

(得四無礙解，能明了諸法無有障礙。)

46. 發明三摩地(āloka-kara)：令諸定門發明普照。(能作明三昧)

(與般若相應，洞照明了三昧門。)

47. 作所應作三摩地(kārākāra)：

辦諸等持所應作事，令諸定所作事成。(作行三昧)

(能發起先前所得三昧。)

48. 智幢相三摩地(jñāna-ketu)：見諸等持妙智幢相。(知相三昧)

(見諸三昧中有真實智慧之相。)

49. 金剛鬘三摩地(vajropama)：

雖能通達一切法，而不見有通達相(用無所得故)。(如金剛三昧)

(能破一切煩惱結使，無有遺餘，如金剛破物。即是學人末後心，從是心後得聲聞菩提、獨覺菩提、佛無上菩提。)

50. 住心三摩地(citta-sthiti)：

心不動搖，不轉不照亦不損減不念有心。

(心相難制難持，如猴、如電、如蛇舌。此能攝諸散亂，令心不動轉。)

51. 普明三摩地(samantāloka)：於諸定明普能觀照。

(於一切法見光明相，以(天眼等)神通力普照世間無礙。)

52. 善住三摩地(supratiṣṭhita)：於諸等持善能安住。(安立三昧)

(於諸功德善法安立堅固，如須彌山安立不動。)

53. 寶積三摩地(ratna-koṭi)：觀諸等持皆如寶聚。((寶頂)寶聚三昧)

(能轉一切國土皆成七寶。)

54. 妙法印三摩地(vara-dharma-mudra)：能印諸等持以無印印故。

(得諸佛菩薩深妙功德智慧之法，印諸三昧。)

55. 一切法平等性三摩地(sarva-dharma-samatā)：

不見有法離平等性。(法等三昧)

(能照了眾生及一切法悉皆平等。)

56. 捨愛樂三摩地(rati-jaha)：於一切法捨諸愛樂。((生喜)斷喜三昧)

(能觀苦空無常無我不淨等相，於世間生厭離，不起樂著想。)

57. 入法頂三摩地(daramodgata)：

於一切法能除闇障，亦於諸定能為上首。

(能以般若方便之力，達法山之頂。)

58. 飄散三摩地(vikiraṃa)：飄散一切定執、法執。(能散三昧)

(與空慧相應，能破散諸法。)

59. 分別法句三摩地(sarva-dharma-pada-prabheda)：

善能分別諸定法句。(壞諸法處三昧)

(能分別諸法語言文字，為眾生演說，詞無滯礙。)

60. 平等字相三摩地(samākṣarāvakāra)：得諸等持平等字相。

(觀諸字語，悉皆平等，於呵讚無有憎愛。)

61. 離文字相三摩地(akṣarāpagata)：於諸等持不得一字。

(了達諸法真如之義，不為文字言詮所障，能見真義遠離文字名相執著。)

62. 斷所緣三摩地(ārambaṇa-cchedana)：絕諸等持所緣境相。

(能於樂中不喜、苦中不瞋、不苦不樂中不生難捨心，遠離三受不著而心滅緣斷。)

63. 無變異三摩地(avikāra)：不得諸法變異之相。(不壞三昧)

(能了知諸法畢竟空寂，戲論不能破，無常不能轉。)

64. 無品類三摩地(aprakāra)：不見諸法品類別相。

(了知諸法無相。不見諸法種種之相，但見一相，所謂無相。)

65. 無相行三摩地(aniketa-cārin)：於諸定相都無所得。(無處行三昧)

(能知三界貪瞋痴三毒火而不依止，能知涅槃畢竟空亦不依止。)

66. 離翳闇三摩地(timirāpagata)：諸定翳闇無不除遣。

(能除盡三昧中微翳無明等。)

67. 具行三摩地(cāritravatī)：於諸定行都無見執。(無去三昧)

(不見一切法去來之相。)

68. 不變動三摩地(acala)：於諸等持不見變動。(不變異三昧)

(能觀一切三昧法皆不見有變異之相。諸法皆住自相不動，如乳不變作酪。)

69. 度境界三摩地(viṣaya-tīrṇa)：超諸等持所緣境界。(度緣三昧)

(於六塵中諸煩惱緣悉皆盡滅，能度六塵海，亦超一切三昧緣生智慧。)

70. 集一切功德三摩地(sarva-guṇa-saṃcaya-gata)：

能集諸定所有功德，於一切法而無集想。

(修集一切善根功德，於初夜後夜無有休息，如日月運轉不停。)

71.決定住三摩地(sthita-niścitta)：

於諸定心雖決定住，而知其相了不可得。

(僅隨智慧而不隨於心，住於諸法實相之中。)

72.無心住三摩地(sthita-niścitta)：心於諸定無轉無墮。(住無心三昧)

(僅隨智慧而不隨於心，住於諸法實相之中。)

73.淨妙花三摩地(śubha-puṣpita-śuddhi)：

令諸等持皆得清淨，嚴飾光顯猶如妙花。

(於諸三昧中，開諸功德花以自在莊嚴，如樹花開敷，樹自嚴飾。)

74.具覺支三摩地(bodhy-aṅgavatī)：

令一切定修七覺支速得圓滿。(覺意三昧)

(令諸三昧成無漏，與七覺支相應。)

75.無邊燈三摩地(ananta-pradīpa)：於一切法皆能照了譬如明燈。

76.無邊辯三摩地(ananta-pratibhāna)：於一切法得無邊辯。

(得無量辯才，樂說一句經無量劫而不窮盡。)

77.無等等三摩地(asama-sama)：

於諸等持得平等性，亦令諸定成無等等。

(與無等等般若波羅蜜多相應，觀眾生如佛，諸法皆同佛法。)

78.超一切法三摩地(sarva-dharmātikramaṇa)：普能超度三界諸法。

(能入三解脫門，超出三界，度化三乘眾生。)

79.決判諸法三摩地(pariccheda-kara)：

於諸勝定及一切法，能為有情如實決判。

(能分別諸法善不善、有漏無漏、有為無為諸相。)

80.散疑網三摩地(vimati-vikiraṇa)：

於諸等持及一切法，所有疑網皆能除散。

(見諦道中無相三昧斷疑結；菩薩無生法忍相應三昧，諸法中疑網悉斷，得諸法實相；無礙解脫相應三昧，於諸法中無疑。)

81.無所住三摩地(niradhiṣṭhāna)：不見諸法有所住處。

(通達諸法，於一一法不執著滯礙。)

82.一相莊嚴三摩地(eka-vyūha)：不見諸法二相可取。(一相三昧)

(觀諸法或有相、或無相、或一切法空，如是等無量皆一。以一相智慧莊嚴三昧。)

83.引發行相三摩地(ākārābhīnirhāra)：

於諸等持及一切法雖能引發種種行相，而都不見能引發者。(生行

三昧)

(能觀種種行相，入相、住相、出相，諸相皆空。)

84.一行相三摩地(ekākāra)：見諸等持無二行相。(一行三昧)

(一行與畢竟空相應，更無餘行次第。不見無常行中次有苦行，苦行中次有無我行，不見此岸、彼岸。三昧入相為此岸，出相為彼岸；初得相為此岸，滅相為彼岸。)

85.離行相三摩地(ākārānavakāra)：見諸等持都無行相。(不一行三昧)

(不見諸三昧單一之相，以此三昧而能兼行其餘各種觀行。)

86.妙行相三摩地(su-cārin)：令諸等持起妙行相。

(唯畢竟空相應，一切戲論所不能破，不見有二種以上蕪雜行相。)

87.達諸有底散壞三摩地(nairvedhika-sarva-bhava-talopagata)：

於諸等持及一切法，得通達智如實悟入，既得入已於諸有法通達散壞令無所遺。

(能以無漏慧通達三有，乃至非有想非無想之底一切諸有(三界五蘊)皆令散壞，入無餘涅槃。)

88.入施設語言三摩地(saṃketa-ruta-praveśa)：

悟入一切三摩地法，施設語言無著無礙。

(於一切眾生、物、法名字、語言無不解了。)

89.解脫音聲文字三摩地(nirghoṣākṣara-vimukta)：

見諸等持解脫一切音聲文字眾相寂滅。(離音聲字語三昧)

(觀一切諸法皆無音聲語言，常寂滅相。)

90.炬熾然三摩地(jvalanolka)：於諸等持威光照曜。

(以智慧之炬，照明諸法無錯雜，如燃炬夜行不墮險處。)

91.嚴淨相三摩地(lakṣaṇa-pariśodhana)：

於諸等持能嚴淨相，謂於諸相皆能除滅。

(能清淨具足，莊嚴三十二相，又能如法觀諸法總別相，觀諸法無相清淨。)

92.無標幟三摩地(anabhilakṣita)：於諸等持不見標幟。(破相三昧)

(不見一切法相，不見諸三昧相。)

93.具一切妙相三摩地(sarvākāra-varopeta)：

諸定妙相無不具足。(一切種妙足三昧)

(能以諸功德莊嚴禪定，令得清淨具足妙相。)

94.不憙一切苦樂三摩地(sarva-sukha-duḥkha-nirabhinandī)：

於諸等持苦樂之相不樂觀察。

(以一切法虛妄，苦樂皆不可喜，觀世間樂多過患，虛妄顛倒，世間苦如病如箭入身。)

95.無盡行相三摩地(akṣaya-karaṇḍa)：不見諸定行相有盡。

(能觀一切法不斷不常，無壞無盡。)

96.具陀羅尼三摩地(dhāraṇīmat)：能總任持諸定勝事。

(能持諸三昧，諸陀羅尼皆自然而得。)

97.攝伏一切正性邪性三摩地(samyaktva-mithyātva-sarva-saṃgrahaṇa)：

於諸等持正性邪性攝伏諸見皆令不起。

(於正定聚、邪定聚、不定聚眾生，都無所棄，一心攝取，而不見有邪正等相。)

98.靜息一切違順三摩地(sarva-rodha-virodha-saṃpraśamana)：

於諸等持及一切法，都不見有違順之相。

(於諸法中逆順自在，能破一切邪逆眾生，能化一切可化眾生，而不著逆順之相。)

99.離憎愛三摩地(anurodhāpratirodha)：

於諸等持及一切法，都不見有憎愛之相。

(於可喜法中不生愛，可惡法中不生瞋。)

100.無垢明三摩地(vimala-prabha)：

於諸等持都不見有明相、垢相。(淨光三昧)

(於諸三昧光明清淨，諸煩惱垢皆不可得。)

101.具堅固三摩地(sāravat)：令諸等持皆得堅固。

(於諸法實相智慧相應皆悉堅固，如虛空不可破壞。)

102.滿月淨光三摩地(paripūrṇa-candra-vimala-prabha)：

令諸等持功德增益，如淨滿月光增海水。

(淨智光明具足，滅愛恚無明火，清涼功德利益眾生，如秋月圓明，清涼可樂。)

103.大莊嚴三摩地(mahā-vyūha)：

令諸等持成就種種微妙希有大莊嚴事。

(大莊嚴成就，見十方世界佛處七寶，莊嚴而心無著。)

104.照一切世間三摩地(sarvākāra-prabhā-kara)：

照諸等持及一切法，令有情類皆得開曉。

(能照眾生世間、住處世間、五眾世間等一切諸法。)

105.定平等性三摩地(samādhi-samatā)：不見等持定散差別。

(能平等觀諸三昧，不見有深淺高低之別，觀一切有為法皆從因緣生，與三昧之相亦皆平等。)

106.有諍無諍平等理趣三摩地(araṇa-saraṇa-sarva-samavasaraṇa)：

不見諸法及一切定有諍無諍性相差別。

(能於一切法中，通達無礙，不見是法如是相、不如是相，於眾生中無好醜諍論，僅隨其心行，而攝受度脫之。)

107.無巢穴無標幟無愛樂三摩地(anilambha-niketa-nirata)：

破諸巢穴，捨諸標幟，斷諸愛樂而無所執。(無住處三昧)

(不樂住世間，以無常故；亦不樂住非世間，以不執著於空故。)

108.決定安住真如三摩地(tathatā-sthita-niścita)：

於諸等持及一切法，常不棄捨真如實相。

(知一切法如實相，不見有法超越此者。)

109.離身穢惡三摩地(kāya-kali-saṃpramathana)：

令諸等持破壞身見。(壞身衰三昧)

(以智慧力破除色身種種自然壞滅之衰相。)

110.離語穢惡三摩地(vāk-kali-vidhvaṃsana-gagana-kalpa)：

令諸等持壞語惡業。

(不見諸三昧語業依聲而有，如虛空、如幻化，能壞語言，不生我相及憎愛。)

(有說二禪無覺觀是壞語三昧，賢聖默然故；無色定中無身，離一切色故；諸菩薩三昧，能破先業因緣不淨身而受法身，隨可度有情種種現形。)

111.離意穢惡三摩地(citta-kali-sajpramathana)：令諸等持壞意惡業。

112.如虛空三摩地(ākāśagarbha)：

於諸有情普能饒益，其心平等如太虛空。

113.無染著如虛空三摩地(ākāśāsaṅga-vimukti-nirupalepa)：

觀一切法都無所有，如淨虛空無染無著。

(修行般若波羅蜜，觀諸法畢竟空，不生不滅，猶如虛空。雖得此三昧能離著虛空，而於此虛空三昧相亦不染著。)

「善現！如是等有無量百千微妙希有勝三摩地，當知是為菩薩摩訶薩大乘相。」*5*6*7*8 (CBETA, T07, no. 220, p. 74, a9-p. 77, c6)

sher phyin: v26, pp. 500[16]-523[07] 《合論》: v50, pp. 529[07]-550[07]

(9.1.14)見道等為道資糧

④四念住是大乘相 (明循身觀、循受觀、循心觀、循法觀不可得)

卷 414〈念住等品 17〉：

「復次，善現！菩薩摩訶薩大乘相者，謂四念住。云何為四？一、身念住。二、受念住。三、心念住。四、法念住。

「身念住者，謂菩薩摩訶薩修行般若波羅蜜多時，以無所得而為方便，雖於內身住循身觀，或於外身住循身觀，或於內外身住循身觀，而永

不起身俱尋思，1,熾然精進，2,正知 3,具念，4,調伏貪憂。(念住之四個要素)

「受念住者，謂菩薩摩訶薩修行般若波羅蜜多時，以無所得而為方便，雖於內受住循受觀，或於外受住循受觀，或於內外受住循受觀，而永不起受俱尋思，熾然精進，正知具念，調伏貪憂。

「心念住者，謂菩薩摩訶薩修行般若波羅蜜多時，以無所得而為方便，雖於內心住循心觀，或於外心住循心觀，或於內外心住循心觀，而永不起心俱尋思，熾然精進，正知具念，調伏貪憂。

「法念住者，謂菩薩摩訶薩修行般若波羅蜜多時，以無所得而為方便，雖於內法住循法觀，或於外法住循法觀，或於內外法住循法觀，而永不起法俱尋思，熾然精進，正知具念，調伏貪憂。*9*10*11*12

❶身念住*12*13

[於內身住循身觀]

「云何菩薩摩訶薩修行般若波羅蜜多時，以無所得而為方便，於內身住循身觀，熾然精進，正知具念，調伏貪憂？

1.審觀自身

(1)身體姿勢

「善現！若菩薩摩訶薩修行般若波羅蜜多時，以無所得而為方便，審觀自身，行時知行，住時知住，坐時知坐，臥時知臥，如如自身威儀差別，如是如是熾然精進，正知具念，調伏貪憂。是為菩薩摩訶薩修行般若波羅蜜多時，以無所得而為方便，於內身住循身觀，熾然精進，正知具念，調伏貪憂。

(2)身體動作

「復次，善現！若菩薩摩訶薩修行般若波羅蜜多時，以無所得而為方便，審觀自身，正知往來，正知瞻顧，正知俯仰，正知屈伸，服僧伽胝，執持衣缽，若食若飲，偃息經行，坐起承迎，寤寐語默，入出諸定，皆念正知。是為菩薩摩訶薩修行般若波羅蜜多時，以無所得而為方便，於內身住循身觀，熾然精進，正知具念，調伏貪憂。

(3)入出息

「復次，善現！若菩薩摩訶薩修行般若波羅蜜多時，以無所得而為方便，審觀自身，於息入時念知息入，於息出時念知息出，於息長時念知息長，於息短時念知息短。如轉輪師或彼弟子，輪勢長時知輪勢長，輪勢短時知輪勢短。是菩薩摩訶薩亦復如是，念知諸息若入若出長短差別。是為菩薩摩訶薩修行般若波羅蜜多時，以無所得而為方便，於內身住循身觀，熾然精進，正知具念，調伏貪憂。

(4)四界差別

「復次，善現！若菩薩摩訶薩修行般若波羅蜜多時，以無所得而為方便，審觀自身諸界差別，所謂地界、水、火、風界。如巧屠師或彼弟子斷牛命已，復用利刀分析其身割為四分，若坐若立如實觀知。是菩薩摩訶薩亦復如是，觀察自身地、水、火、風四界差別。是為菩薩摩訶薩修行般若波羅蜜多時，以無所得而為方便，於內身住循身觀，熾然精進，正知具念，調伏貪憂。

(5)觀自身不淨 (身分)　　(依內朽穢觀不淨)

「復次，善現！若菩薩摩訶薩修行般若波羅蜜多時，以無所得而為方便，審觀自身，從足至頂種種不淨充滿其中，外為薄皮之所纏裹，所謂此身唯有種種髮毛爪齒、皮革血肉、筋脈骨髓、心肝肺腎、脾膽胞胃、大腸小腸、屎尿涕唾、涎淚垢汗、痰膿肪、腦膜、膱聹，如是不淨充滿身中。如有農夫或諸長者，倉中盛滿種種雜穀，所謂稻、麻、粟、豆、麥等，有明目者開倉覩之，能如實(觀)知其中唯有稻、麻、粟等種種雜穀。是菩薩摩訶薩亦復如是，審觀自身，從足至頂不淨充滿不可貪樂。是為菩薩摩訶薩修行般若波羅蜜多時，以無所得而為方便，於內身住循身觀，熾然精進，正知具念，調伏貪憂。

2.觀所棄屍 (憺怕路、九想觀) *14　　(依外朽穢觀不淨)

(1)膨脹、青瘀、膿爛相

「復次，善現！若菩薩摩訶薩修行般若波羅蜜多時，以無所得而為方便，往憺怕路觀所棄屍，死經一日或經二日乃至七日，其身膖脹，色變青瘀，臭爛皮穿，膿血流出。見是事已，自念我身有如是性，具如是法，未得解脫終歸如是。是為菩薩摩訶薩修行般若波羅蜜多時，以無所得而為方便，於內身住循身觀，熾然精進，正知具念，調伏貪憂。

(2)食噉相、蟲蛆相 (爛壞相)

「復次，善現！若菩薩摩訶薩修行般若波羅蜜多時，以無所得而為方便，往澹泊路觀所棄屍，死經一日或經二日乃至七日，為諸鵰、鷲、烏、鵲、鵄、梟、虎、豹、狐、狼、野干、狗等種種禽獸或啄或攫，骨肉狼籍，齟掣食噉。見是事已，自念我身有如是性，具如是法，未得解脫終歸如是。是為菩薩摩訶薩修行般若波羅蜜多時，以無所得而為方便，於內身住循身觀，熾然精進，正知具念，調伏貪憂。

「復次，善現！若菩薩摩訶薩修行般若波羅蜜多時，以無所得而為方便，往澹泊路觀所棄屍，禽獸食已，不淨潰爛，膿血流離，有無量種蟲蛆雜出，臭穢可污過於死狗。見是事已，自念我身有如是性，具如是法，未得解脫終歸如是。是為菩薩摩訶薩修行般若波羅蜜多時，以無所得而為方便，於內身住循身觀，熾然精進，正知具念，調伏貪憂。

(3)血塗相(異赤相)

「復次，善現！若菩薩摩訶薩修行般若波羅蜜多時，以無所得而為方便，往澹泊路觀所棄屍，蟲蛆食已，肉離骨現，支節相連，筋纏血塗，尚餘腐肉。見是事已，自念我身有如是性，具如是法，未得解脫終歸如是。是為菩薩摩訶薩修行般若波羅蜜多時，以無所得而為方便，於內身住循身觀，熾然精進，正知具念，調伏貪憂。

(4)骨鎖相

「復次，善現！若菩薩摩訶薩修行般若波羅蜜多時，以無所得而為方便，往澹泊路觀所棄屍，已成骨鎖，血肉都盡，餘筋相連。見是事已，自念我身有如是性，具如是法，未得解脫終歸如是。是為菩薩摩訶薩修行般若波羅蜜多時，以無所得而為方便，於內身住循身觀，熾然精進，正知具念，調伏貪憂。

(5)離壞相

「復次，善現！若菩薩摩訶薩修行般若波羅蜜多時，以無所得而為方便，往澹泊路觀所棄屍，但餘眾骨，其骨皓白色如珂雪，諸筋糜爛支節分離。見是事已，自念我身有如是性，具如是法，未得解脫終歸如是。是為菩薩摩訶薩修行般若波羅蜜多時，以無所得而為方便，於內身住循身觀，熾然精進，正知具念，調伏貪憂。

(6)零散相

「復次，善現！若菩薩摩訶薩修行般若波羅蜜多時，以無所得而為方便，往澹泊路觀所棄屍，成白骨已，支節分散零落異方。見是事已，自念我身有如是性，具如是法，未得解脫終歸如是。是為菩薩摩訶薩修行般若波羅蜜多時，以無所得而為方便，於內身住循身觀，熾然精進，正知具念，調伏貪憂。

(7)骨(分離)相

「復次，善現！若菩薩摩訶薩修行般若波羅蜜多時，以無所得而為方便，往澹泊路觀所棄屍，諸骨分離各在異處，足骨異處，腨骨異處，膝骨異處，髀骨異處，髖骨異處，脊骨異處，脇骨異處，胸骨異處，膊骨異處，臂骨異處，手骨異處，項骨異處，頷骨異處，頰骨異處，其髑髏骨亦在異處。見是事已，自念我身有如是性，具如是法，未得解脫終歸如是。是為菩薩摩訶薩修行般若波羅蜜多時，以無所得而為方便，於內身住循身觀，熾然精進，正知具念，調伏貪憂。

(8)白骨狼籍相

「復次，善現！若菩薩摩訶薩修行般若波羅蜜多時，以無所得而為方便，往澹泊路觀所棄屍，骸骨狼籍，風吹日曝，雨灌霜封，積有歲年色如珂雪。見是事已，自念我身有如是性，具如是法，未得解脫終歸如是。是為菩薩摩訶薩修行般若波羅蜜多時，以無所得而為方便，於內身住循身觀，熾然精進，正知具念，調伏貪憂。

(9)骨朽塵土相

「復次，善現！若菩薩摩訶薩修行般若波羅蜜多時，以無所得而為方便，往憺怕路觀所棄屍，餘骨散地經多百歲或多千年，其相變青，狀如鴿色，或有腐朽碎末如塵，與土相和難可分別。

(10)觀外身敗壞，自念我身具如是性

見是事已，自念我身有如是性，具如是法，未得解脫終歸如是。是為菩薩摩訶薩修行般若波羅蜜多時，以無所得而為方便，於內身住循身觀，熾然精進，正知具念，調伏貪憂。

[於外身、內外身住循身觀]

3.例同外身、內外身

「善現！諸菩薩摩訶薩修行般若波羅蜜多時，以無所得而為方便，如於內身如是差別住循身觀，熾然精進，正知具念，調伏貪憂；於外身住循身觀，於內外身住循身觀，熾然精進，正知具念，調伏貪憂，隨其所應亦復如是。

❷受念住、心念住、法念住*15

「善現！諸菩薩摩訶薩修行般若波羅蜜多時，以無所得而為方便，於內外俱受、心、法住循受、心、法觀，熾然精進，正知具念，調伏貪憂，隨其所應皆應廣說。

❸四念住是大乘相

「善現！如是菩薩摩訶薩修行般若波羅蜜多時，以無所得而為方便，於內外俱身、受、心、法住循身、受、心、法觀時，雖作是觀而無所得。善現當知！是為菩薩摩訶薩大乘相。*16*17

⑤四正斷、四神足、五根、五力、七覺支、八聖道支是大乘相*18*19

❶四正斷

「復次，善現！菩薩摩訶薩大乘相者，謂四正斷。云何為四？善現！若菩薩摩訶薩修行般若波羅蜜多時，以無所得而為方便，於諸未生惡不善法為不生故，生欲策勵發起正勤策心持心，是為第一。若菩薩摩訶薩修行般若波羅蜜多時，以無所得而為方便，於諸已生惡不善法為永斷故，生欲策勵，發起正勤策心持心，是為第二。若菩薩摩訶薩修行般若波羅蜜多時，以無所得而為方便，未生善法為令生故，生欲策勵，發起正勤策心持心，是為第三。若菩薩摩訶薩修行般若波羅蜜多時，以無所得而為方便，已生善法為令安住不忘增廣倍修滿故，生欲策勵，發起正勤策心持心，是為第四。善現當知！是為菩薩摩訶薩大乘相。」

(CBETA, T07, no. 220, p. 77, c^8-p. 79, c^4)

❷四神足

卷 415〈念住等品 17〉：「第二分念住等品第十七之二

「復次，善現！菩薩摩訶薩大乘相者，謂四神足。云何為四？善現！若菩薩摩訶薩修行般若波羅蜜多時，以無所得而為方便，修欲三摩地斷行成就神足，<u>依離、依無染、依滅、迴向捨</u>*20，是為第一。若菩薩摩訶薩修行般若波羅蜜多時，以無所得而為方便，修勤三摩地斷行成就神足，依離、依無染、依滅、迴向捨，是為第二。若菩薩摩訶薩修行般若波羅蜜多時，以無所得而為方便，修心三摩地斷行成就神足，依離、依無染、依滅、迴向捨，是為第三。若菩薩摩訶薩修行般若波羅蜜多時，以無所得而為方便，修觀三摩地斷行成就神足，依離、依無染、依滅、迴向捨，是為第四。善現當知！是為菩薩摩訶薩大乘相。

❸五根

「復次，善現！菩薩摩訶薩大乘相者，謂五根。云何為五？善現！若菩薩摩訶薩修行般若波羅蜜多時，以無所得而為方便，所修信根、精進根、念根、定根、慧根。善現當知！是為菩薩摩訶薩大乘相。

❹五力

「復次，善現！菩薩摩訶薩大乘相者，謂五力。云何為五？善現！若菩薩摩訶薩修行般若波羅蜜多時，以無所得而為方便，所修信力、精進力、念力、定力、慧力。善現當知！是為菩薩摩訶薩大乘相。

❺七等覺支

「復次，善現！菩薩摩訶薩大乘相者，謂七等覺支。云何為七？善現！若菩薩摩訶薩修行般若波羅蜜多時，以無所得而為方便，所修念等覺支、擇法等覺支、精進等覺支、喜等覺支、輕安等覺支、定等覺支、捨等覺支，依離、依無染、依滅、迴向捨。善現當知！是為菩薩摩訶薩大乘相。

❻八聖道支

「復次，善現！菩薩摩訶薩大乘相者，謂八聖道支。云何為八？善現！若菩薩摩訶薩修行般若波羅蜜多時，以無所得而為方便，所修正見、正思惟、正語、正業、正命、正精進、正念、正定，依離、依無染、依滅、迴向捨。善現當知！是為菩薩摩訶薩大乘相。

⑥三三昧是大乘相*21

「復次，善現！菩薩摩訶薩大乘相者，謂三三摩地。云何為三？善現！若菩薩摩訶薩修行般若波羅蜜多時，以無所得而為方便，觀一切法自相皆空，其心安住，名空解脫門，亦名空三摩地，是為第一。若菩薩摩訶薩修行般若波羅蜜多時，以無所得而為方便，觀一切法自相空故皆無有相，其心安住，名無相解脫門，亦名無相三摩地，是為第二。若菩薩摩訶薩修行般若波羅蜜多時，以無所得而為方便，觀一切法自相空故皆無所願，其心安住，名無願解脫門，亦名無願三摩地，是為第三。善現當知！是為菩薩摩訶薩大乘相。

⑦十一智是大乘相*22

「復次，善現！菩薩摩訶薩大乘相者，謂十一智。云何十一？謂法智、類智、他心智、世俗智、苦智、集智、滅智、道智、盡智、無生智、如說智。

「云何法智？善現！若智以無所得而為方便，知五蘊差別相，是為法智。
「云何類智？善現！若智以無所得而為方便，知眼乃至意、色乃至法皆是無常，是為類智。
「云何他心智？善現！若智以無所得而為方便，知他有情心、心所法無所疑滯，是為他心智。
「云何世俗智？善現！若智以無所得而為方便，知諸有情修行差別，是為世俗智。
「云何苦智？善現！若智以無所得而為方便，知苦應不生，是為苦智。
「云何集智？善現！若智以無所得而為方便，知集應永斷，是為集智。
「云何滅智？善現！若智以無所得而為方便，知滅應作證，是為滅智。
「云何道智？善現！若智以無所得而為方便，知道應修習，是為道智。
「云何盡智？善現！若智以無所得而為方便，知貪、瞋、癡盡，是為盡智。
「云何無生智？善現！若智以無所得而為方便，知諸有趣永不復生，是為無生智。
「云何如說智？善現！如來所有一切相智，是為如說智。
「善現當知！是為菩薩摩訶薩大乘相。

⑧三根是大乘相*23

「復次，善現！菩薩摩訶薩大乘相者，謂三根：一、未知當知根，二、已知根，三、具知根。
「云何未知當知根？善現！若諸有學補特伽羅，於諸聖諦未已現觀，所有信根、精進根、念根、定根、慧根，是為未知當知根。
「云何已知根？善現！若諸有學補特伽羅，於諸聖諦已得現觀，所有信根、精進根、念根、定根、慧根，是為已知根。
「云何具知根？善現！謂諸無學補特伽羅，若阿羅漢、若獨覺、若已住十地菩薩摩訶薩、若諸如來應正等覺，所有信根、精進根、念根、定根、慧根，是為具知根。
「善現！若此三根，以無所得為方便者，當知是為菩薩摩訶薩大乘相。

⑨有尋有伺等三三昧是大乘相*24

「復次，善現！菩薩摩訶薩大乘相者，謂三三摩地。云何為三？一、有尋有伺三摩地。二、無尋唯伺三摩地。三、無尋無伺三摩地。
「云何有尋有伺三摩地？善現！若離欲惡不善法，有尋有伺離生喜樂，入初靜慮具足住，是為有尋有伺三摩地。

「云何無尋唯伺三摩地？善現！若初靜慮、第二靜慮中間定，是為無尋唯伺三摩地。

「云何無尋無伺三摩地？善現！若第二靜慮乃至非想非非想處定，是為無尋無伺三摩地。

「善現！若此三種，以無所得為方便者，當知是為菩薩摩訶薩大乘相。

⑩十隨念是大乘相*25

「復次，善現！菩薩摩訶薩大乘相者，謂十隨念。云何為十？謂佛隨念、法隨念、僧隨念、戒隨念、捨隨念、天隨念、寂靜隨念、入出息隨念、身隨念、死隨念。善現！若此十種，以無所得為方便者，當知是為菩薩摩訶薩大乘相。

⑪四靜慮乃至九次第定等是大乘相*26

「復次，善現！菩薩摩訶薩大乘相者，謂四靜慮、四無量、四無色定、八解脫、九次第定等所有善法，以無所得為方便者，當知是為菩薩摩訶薩大乘相。

⑫佛十力是大乘相*27

「復次，善現！菩薩摩訶薩大乘相者，謂如來十力。云何為十？

❶「善現！若無所得而為方便，如實了知因果等法處非處相，是為第一。

❷「善現！若無所得而為方便，如實了知諸有情類過去、未來、現在種種諸業法受因果別相，是為第二。

❸「若無所得而為方便，如實了知世間非一種種界相，是為第三。

❹「若無所得而為方便，如實了知諸有情類非一勝解種種勝解，是為第四。

❺「若無所得而為方便，如實了知諸有情類諸根勝劣，是為第五。

❻「若無所得而為方便，如實了知遍行行相，是為第六。

❼「若無所得而為方便，如實了知諸有情類根、力、覺支、解脫、靜慮、等持、等至、染淨差別，是為第七。

❽「若無所得而為方便，如實了知諸有情類有無量種宿住差別，是為第八。

❾「若無所得而為方便，如實了知諸有情類有無量種死生差別，是為第九。

❿「若無所得而為方便，如實了知諸漏永盡，得無漏心解脫，得無漏慧解脫，於現法中自作證具足住，能正了知我生已盡、梵行已立、所作已辦、不受後有，是為第十。

「善現當知！是為菩薩摩訶薩大乘相。

⑬四無所畏是大乘相*28

「復次，善現！菩薩摩訶薩大乘相者，謂四無所畏。云何為四？

❶正知一切法無所畏

「善現！若無所得而為方便，自稱我是正等覺者，設有沙門、若婆羅門、若天魔梵、或餘世間，依法立難及令憶念，言於是法非正等覺，我於彼難正見無因。以於彼難見無因故，得安隱住無怖無畏，自稱我處大仙尊位，於大眾中正師子吼轉妙梵輪。其輪清淨正真無上，一切沙門、若婆羅門、若天魔梵、或餘世間，皆無有能如法轉者。是為第一。

❷盡一切漏習無所畏

「善現！若無所得而為方便，自稱我已永盡諸漏，設有沙門、若婆羅門、若天魔梵、或餘世間，依法立難及令憶念，言如是漏未得永盡，我於彼難正見無因。以於彼難見無因故，得安隱住無怖無畏，自稱我處大仙尊位，於大眾中正師子吼轉妙梵輪。其輪清淨正真無上，一切沙門、若婆羅門、若天魔梵、或餘世間，皆無有能如法轉者。是為第二。

❸說一切障道法無所畏

「善現！若無所得而為方便，為諸弟子說障道法，設有沙門、若婆羅門、若天魔梵、或餘世間，依法立難及令憶念，言習此法不能障道，我於彼難正見無因。以於彼難見無因故，得安隱住無怖無畏，自稱我處大仙尊位，於大眾中正師子吼轉妙梵輪。其輪清淨正真無上，一切沙門、若婆羅門、若天魔梵、或餘世間，皆無有能如法轉者。是為第三。

❹說盡苦聖道無所畏

「善現！若無所得而為方便，為諸弟子說盡苦道，設有沙門、若婆羅門、若天魔梵、或餘世間，依法立難及令憶念，言修此道不能盡苦，我於彼難正見無因。以於彼難見無因故，得安隱住無怖無畏，自稱我處大仙尊位，於大眾中正師子吼轉妙梵輪。其輪清淨正真無上，一切沙門、若婆羅門、若天魔梵、或餘世間，皆無有能如法轉者。是為第四。

「善現當知！是為菩薩摩訶薩大乘相。

⑭四無礙解是大乘相*29

「復次，善現！菩薩摩訶薩大乘相者，謂四無礙解。云何為四？一、義無礙解。二、法無礙解。三、詞無礙解。四、辯無礙解。善現！如是四無礙解，若無所得而為方便，當知是為菩薩摩訶薩大乘相。

⑮十八佛不共法是大乘相*30

「復次，善現！菩薩摩訶薩大乘相者，謂十八佛不共法。云何十八？善現！謂諸如來、應、正等覺，常無誤失，無卒暴音，無忘失念，無種種想，無不定心，無不擇捨，志欲無退，精進無退，念無退，慧無退，解脫無退，解脫智見無退，一切身業智為前導隨智而轉，一切語業智為前導隨智而轉，一切意業智為前導隨智而轉，於過去世所起智見無著無礙，於未來世所起智見無著無礙，於現在世所起智見無著無礙。善現！如是十八佛不共法，無不皆以無所得為方便，當知是為菩薩摩訶薩大乘相。」

(CBETA, T07, no. 220, p. 79, c^{12}-p. 81, c^{7})

sher phyin: v26, pp. 523^{08}-551^{12} 《合論》: v50, pp. 550^{08}-573^{10}

⑯陀羅尼門(諸字門)是大乘相

(9.1.15)諸法文義乃至多劫受持不忘之陀羅尼

諸法文義乃至多劫受持不忘之陀羅尼，此分通達諸字真實之忍陀羅尼；為救護眾生能制諸明咒之咒陀羅尼；諸經文句乃至多劫受持不忘之法陀羅尼；諸經義理乃至多劫受持不忘之義陀羅尼。

❶字、語等諸字入門是大乘相

卷 415〈念住等品 17〉:「

「復次，善現！菩薩摩訶薩大乘相者，謂陀羅尼門。何等陀羅尼門？謂字平等性、語平等性入諸字門。云何字平等性、語平等性入諸字門？

❷別釋四十二字門*31

「善現！若菩薩摩訶薩修行般若波羅蜜多時，以無所得而為方便，

1.入**哀(a)**字門，悟一切法本不生故。(anutpāda 不生)

2.入**洛(ra)**字門，悟一切法離塵垢故。(rajas 塵垢)

3.入**跛(pa)**字門，悟一切法勝義教故。(paramārtha 勝義)

4.入**者(ca)**字門，悟一切法無死生故。(carya 行)

5.入**娜(na)**字門，悟一切法遠離名相，無得失故。(na 不)

6.入砢(**la**)字門，悟一切法出世間故，愛支因緣永被害故。(laghu 輕)
7.入柁(**da**)字門，悟一切法調伏寂靜真如平等無分別故。(dama 調伏)
8.入婆(**ba**)字門，悟一切法離縛解故。(bandha 縛)
9.入荼(**ḍa**)字門，悟一切法離熱矯穢得清淨故。(ḍamara 惱亂)
10.入沙(**ṣa**)字門，悟一切法無罣礙故。(ṣaṣ 六)
11.入縛(**va**)字門，悟一切法語言道斷故。(vada 語言)
12.入頦(**ta**)字門，悟一切法真如不動故。(tathā 如)
13.入也(**ya**)字門，悟一切法如實不生故。(yathāvat 如實)
14.入瑟吒(**ṣṭa**)字門，悟一切法制伏任持相不可得故。
(pratiṣṭambha 障礙)
15.入迦(**ka**)字門，悟一切法作者不可得故。(kāraka 作者)
16.入娑(**sa**)字門，悟一切法時平等性不可得故。(sarva 一切法)
17.入磨(**ma**)字門，悟一切法我所執性不可得故。(mamakāra 我所)
18.入伽(**ga**)字門，悟一切法行動取性不可得故。(gāḍha 堅固)
19.入他(**tha**)字門，悟一切法所依處性不可得故。(tathāgata 如去)
20.入闍(**ja**)字門，悟一切法能所生起不可得故。(jāti-jarā 生老)
21.入濕縛(**sva**)字門，悟一切法安隱之性不可得故。(svasti 安穩)
22.入達(**dha**)字門，悟一切法能持界性不可得故。(dharma 法)
23.入捨(**śa**)字門，悟一切法寂靜性不可得故。(śaṃta 寂滅)
24.入佉(**kha**)字門，悟一切法如虛空性不可得故。(kha 虛空)
25.入羼(**kṣa**)字門，悟一切法窮盡性不可得故。(kṣaya 盡)
26.入薩頦(**sta**)字門，悟一切法任持處非處令不動轉性不可得故。
(stambhana 降伏)
27.入若(**ña**)字門，悟一切法所了知性不可得故。(jñāna 智)
28.入剌他(**rtha**)字門，悟一切法執著義性不可得故。(artha 義)

(呵字門)　　　，(悟一切法能為因性不可得故。)

29.入薄(**bha**)字門，悟一切法可破壞性不可得故。(bhāga 破)
30.入綽(**cha**)字門，悟一切法欲樂覆性不可得故。(gacchati 去)
31.入颯磨(**sma**)字門，悟一切法可憶念性不可得故。(aśman 石)
32.入嗑縛(**hva**)字門，悟一切法可呼召性不可得故。(āhvaya 喚來)
33.入蹉(**tsa**)字門，悟一切法勇健性不可得故。(mātsarya 慳)
34.入鍵(**gha**)字門，悟一切法厚平等性不可得故。(ghana 厚)
35.入搋(**ṭha**)字門，悟一切法積集性不可得故。(sthāna 處)

36.入**拏(ṇa)**字門，悟一切法離諸諠諍無往無來行住坐臥不可得故。(na 不)

37.入**頗(pha)**字門，悟一切法遍滿果報不可得故。(phala 果)

38.入**塞迦(ska)**字門，悟一切法聚積蘊性不可得故。(skandha 聚集)

39.入**逸娑(ysa)**字門，悟一切法衰老性相不可得故。

40.入**酌(śca)**字門，悟一切法聚集足迹不可得故。(calatā 振動)

41.入**吒(ṭa)**字門，悟一切法相驅迫性不可得故。(tāra 岸)

42.入**擇(ḍha)**字門，悟一切法究竟處所不可得故。(bāḍha 確實)

❸諸字無礙、不可說示，如虛空 (顯諸法空義)

「善現！此擇字門是能悟入法空邊際，除此諸字表諸法空更不可得。何以故？此諸字義，不可宣說，不可顯示，不可書持，不可執取，不可觀察，離諸相故。善現！譬如虛空是一切物所歸趣處，此諸字門亦復如是，諸法空義皆入此門方得顯了。

「善現！入此哀字等，名入諸字門。善現！諸菩薩摩訶薩若於如是入諸字門得善巧智，於諸言音所詮、所表皆無罣礙，於一切法平等空性盡能證持，於眾言音咸得善巧。

❹受持讀誦諸字門，當得二十功德

「善現！若菩薩摩訶薩能聽如是入諸字門印相、印句，聞已受持、讀誦、通利、為他解說，不徇名譽利養恭敬，由此因緣得二十種功德勝利。云何二十？謂得強憶念，得勝慚愧，得堅固力，得法旨趣，得增上覺，得殊勝慧，得無礙辯，得總持門，得無疑惑，得違順語不生恚愛，得無高下平等而住，得於有情言音善巧，得蘊善巧、界善巧、處善巧、諦善巧，得緣起善巧、因善巧、緣善巧、法善巧，得根勝劣智善巧、他心智善巧，得觀星曆善巧，得天耳智善巧、宿住隨念智善巧、神境智善巧、死生智善巧，得漏盡智善巧，得說處非處智善巧，得往來智善巧、威儀路善巧。善現！是為得二十種功德勝利。

「善現！若菩薩摩訶薩修行般若波羅蜜多時，以無所得而為方便，所得如是陀羅尼門，當知是為菩薩摩訶薩大乘相。」

(CBETA, T07, no. 220, p. 81, c8-p. 82, b19)

sher phyin: v26, pp. 551[12]-555[18] 《合論》: v50, pp. 573[11]-577[12]

(**9.1.8 到 9.1.15，此八小節在《現觀莊嚴論》略科的區分與《合論》有所不同，而此處僅依《合論》的分節做區分。)

(2)云何發趣大乘

①云何發趣大乘

(9.1.16)能為功德作所依處之十地資糧

卷 415〈修治地品 18〉：

「復次，善現！汝問『齊何當知菩薩摩訶薩發趣大乘？』者，若菩薩摩訶薩修行六種波羅蜜多時，從一地趣一地，齊此當知菩薩摩訶薩發趣大乘。

「云何菩薩摩訶薩修行六種波羅蜜多時，從一地趣一地？善現！若菩薩摩訶薩知一切法無所從來亦無所趣。何以故？善現！以一切法無去無來、無從無趣，由彼諸法無變壞故。善現！是菩薩摩訶薩於所從趣地不恃、不思惟，雖修治地業而不見彼地。是為菩薩摩訶薩修行六種波羅蜜多時，從一地趣一地。*32

②云何修治地業*33

「云何菩薩摩訶薩修治地業？」

(CBETA, T07, no. 220, p. 82, b^{21}-c^{2})

sher phyin: v26, pp. 555^{18}-556^{09} 《合論》: v50, pp. 577^{13}-578^{03}

((9.1.16)為修治地業之總說，其經文併入 9.3~9.13「廣釋地資糧」各地之經文中。)

❶初地

[廣釋地資糧]

9.3 初地修治

由十種修治，能得初地所有功德：謂於一切事無諂誑心，能饒益自他之事。受持大乘，於諸有情修四無量，其心平等。能捨內身資財善根等，不生慳結。三業至誠，親近承事諸善知識。尋求三乘正法所緣。常發出家之心，不樂居家。念佛不捨，愛見佛身。開闡教法，全無慳吝。(常懷謙敬伏憍慢心。)誓願究竟，發諸實語。初極喜地之十法，當知由大悲與不得自性之空慧所攝持，故名為修治。

「善現！諸菩薩摩訶薩住初地時，應善修治十種勝業。

云何為十？

1.以無所得而為方便，修治增上意樂業，利益事相不可得故。

2.以無所得而為方便，修治一切有情平等心業，一切有情不可得故。
3.以無所得而為方便，修治布施業，施者、受者及所施物不可得故。
4.以無所得而為方便，修治親近善友業，於諸善友無執著故。
5.以無所得而為方便，修治求法業，諸所求法不可得故。
6.以無所得而為方便，修治常樂出家業，所棄捨家不可得故。
7.以無所得而為方便，修治愛樂佛身業，相隨好因不可得故。
8.以無所得而為方便，修治開闡法教業，所分別法不可得故。
9.以無所得而為方便，修治破憍慢業，諸興盛法不可得故。
10.以無所得而為方便，修治諦語業，一切語言不可得故。

善現！諸菩薩摩訶薩住初地時，應善修治此十勝業。」

(CBETA, T07, no. 220, p. 82, c^{2-20})

sher phyin: v26, pp. 556^{09}-557^{05} 《合論》: v50, pp. 578^{03}-578^{19}

(9.3.1)於一切事無諂誑心能饒益自他之事

卷 415〈修治地品 18〉:

1.「云何菩薩摩訶薩以無所得而為方便，修治增上意樂業？善現！若菩薩摩訶薩以一切智智相應作意，修集一切殊勝善根，是為菩薩摩訶薩以無所得而為方便，修治增上意樂業。」

(CBETA, T07, no. 220, p. 83, c^{25-29})

(9.3.2)受持大乘於諸有情修四無量其心平等

2.「云何菩薩摩訶薩以無所得而為方便，修治一切有情平等心業？善現！若菩薩摩訶薩以一切智智相應作意，引發慈、悲、喜、捨四無量心，是為菩薩摩訶薩以無所得而為方便，修治一切有情平等心業。」

(CBETA, T07, no. 220, p. 83, c^{29}-p. 84, a^{4})

(9.3.3)能捨內身資財善根等不生慳結

3.「云何菩薩摩訶薩以無所得而為方便，修治布施業？善現！若菩薩摩訶薩於一切有情，無所分別而行布施，是為菩薩摩訶薩以無所得而為方便，修治布施業。」(CBETA, T07, no. 220, p. 84, a^{4-8})

(9.3.4)三業至誠，親近承事諸善知識

4.「云何菩薩摩訶薩以無所得而為方便，修治親近善友業？善現！若菩薩摩訶薩見諸善友勸化有情，令其修習一切智智，即便親近恭敬供養、尊重讚歎、諮受正法，晝夜承奉無懈倦心，是為菩薩摩

訶薩以無所得而為方便，修治親近善友業。」

\(CBETA, T07, no. 220, p. 84, a8-13)

(9.3.5)尋求三乘正法所緣

5.「云何菩薩摩訶薩以無所得而為方便，修治求法業？善現！若菩薩摩訶薩以一切智智相應作意，勤求如來無上正法，不墮聲聞、獨覺等地，是為菩薩摩訶薩以無所得而為方便，修治求法業。」

(CBETA, T07, no. 220, p. 84, a13-17)

(9.3.6)常發出家之心不樂居家

6.「云何菩薩摩訶薩以無所得而為方便，修治常樂出家業？善現！若菩薩摩訶薩一切生處，恒厭居家諠雜迫迮猶如牢獄，常欣佛法清淨出家，寂靜無為如空無礙，是為菩薩摩訶薩以無所得而為方便，修治常樂出家業。」

(CBETA, T07, no. 220, p. 84, a18-22)

(9.3.7)念佛不捨愛見佛身

7.「云何菩薩摩訶薩以無所得而為方便，修治愛樂佛身業？善現！若菩薩摩訶薩纔一覩見佛形相已，乃至證得一切智智，終不捨於念佛作意，是為菩薩摩訶薩以無所得而為方便，修治愛樂佛身業。」

(CBETA, T07, no. 220, p. 84, a22-27)

(9.3.8)開闡教法全無慳吝

8.「云何菩薩摩訶薩以無所得而為方便，修治開闡法教業？善現！若菩薩摩訶薩於佛在世及涅槃後，為諸有情開闡法教，初中後善文義巧妙，純一圓滿清白梵行，所謂契經乃至論議，是為菩薩摩訶薩以無所得而為方便，修治開闡法教業。」

(CBETA, T07, no. 220, p. 84, a27-b3)

(9.3.9)常懷謙敬伏憍慢心

9.「云何菩薩摩訶薩以無所得而為方便，修治破憍慢業？善現！若菩薩摩訶薩常懷謙敬，伏憍慢心，由此不生下姓卑族，是為菩薩摩訶薩以無所得而為方便，修治破憍慢業。」

(CBETA, T07, no. 220, p. 84, b3-7)

(9.3.10)誓願究竟發諸實語

10.「云何菩薩摩訶薩以無所得而為方便，修治諦語業？善現！若菩薩摩訶薩稱知而說言行相符，是為菩薩摩訶薩以無所得而為方便，修治諦語業。

「善現！諸菩薩摩訶薩住初地時，應善修治此十勝業。」*34

(CBETA, T07, no. 220, p. 84, b7-12)

sher phyin: v26, pp. 562^11-565^06 《合論》: v50, pp. 584^09-587^07

❷二地

9.4 二地修治

第二地中有八修治，謂攝善法等戒。酬報他恩。安忍怨害。最極歡喜修諸善行。於諸眾生起大悲愍。恭敬承事鄔波陀耶等。敬重師長、諸善知識，聽聞正法。第八修治，謂精進修習布施波羅蜜多等。由此八能修治第二離垢地，以能摧彼逆品，圓滿對治故。

「善現！諸菩薩摩訶薩住第二地時，應於八法思惟修習令速圓滿。云何為八？

1.清淨尸羅； 2.知恩報恩； 3.住安忍力：

4.受勝歡喜； 5.不捨有情； 6.常起大悲；

7.於諸師長以敬信心，諮承供養如事諸佛； 8.勤求修習波羅蜜多。

善現！諸菩薩摩訶薩住第二地時，於此八法應思應學令速圓滿。」

(CBETA, T07, no. 220, p. 82, c20-27)

sher phyin: v26, pp. 557^05-15 《合論》: v50, pp. 578^20-579^08

(9.4.1)攝善法等戒

1.「云何菩薩摩訶薩清淨尸羅？善現！若菩薩摩訶薩不起聲聞、獨覺作意，及餘破戒障菩提法，是為菩薩摩訶薩清淨尸羅。」

(CBETA, T07, no. 220, p. 84, b13-15)

(9.4.2)酬報他恩

2.「云何菩薩摩訶薩知恩報恩？善現！若菩薩摩訶薩行諸菩薩殊勝行時，得他小恩尚能重報，況大恩惠而當不酬！是為菩薩摩訶薩知恩報恩。」

(CBETA, T07, no. 220, p. 84, b15-18)

(9.4.3)安忍怨害

3.「云何菩薩摩訶薩住安忍力？善現！若菩薩摩訶薩一切有情設皆侵

害，而能於彼無恚害心，是為菩薩摩訶薩住安忍力。」

(CBETA, T07, no. 220, p. 84, b18-21)

(9.4.4)最極歡喜修諸善行

4.「云何菩薩摩訶薩受勝歡喜？善現！若菩薩摩訶薩見諸有情於三乘行已得成熟深心歡喜，是為菩薩摩訶薩受勝歡喜。」

(CBETA, T07, no. 220, p. 84, b21-24)

(9.4.5)不捨有情

5.「云何菩薩摩訶薩不捨有情？善現！若菩薩摩訶薩欲普拔濟一切有情，是為菩薩摩訶薩不捨有情。」(CBETA, T07, no. 220, p. 84, b24-26)

(9.4.6)於諸眾生起大悲憫

6.「云何菩薩摩訶薩常起大悲？善現！若菩薩摩訶薩行諸菩薩殊勝行時恒作是念：『我為饒益一一有情，假使各如無量無數殑伽沙劫，在大地獄受諸重苦，或燒、或煮、或斫、或截，若刺、若懸、若磨、若擣，受如是等無量苦事，乃至令彼諸有情類乘於佛乘而入圓寂，如是一切有情界盡，我大悲心曾無懈廢。』是為菩薩摩訶薩常起大悲。」

(CBETA, T07, no. 220, p. 84, b26-c4)

(9.4.7)承事鄔波陀耶敬重師長諸善知識聽聞正法

7.「云何菩薩摩訶薩於諸師長以敬信心，諮承供養如事諸佛？善現！若菩薩摩訶薩為求無上正等菩提，恭順師長無所顧戀，是為菩薩摩訶薩於諸師長以敬信心，諮承供養如事諸佛。」(CBETA, T07, no. 220, p. 84, c5-9)

(9.4.8)精進修習布施波羅蜜多等

8.「云何菩薩摩訶薩勤求修習波羅蜜多？善現！若菩薩摩訶薩普於一切波羅蜜多，專心求學不顧餘事，是為菩薩摩訶薩勤求修習波羅蜜多。

「善現！諸菩薩摩訶薩住第二地時，於此八法應思應學令速圓滿。」*35

(CBETA, T07, no. 220, p. 84, c9-13)

sher phyin: v26, pp. 565⁰⁶-567⁰² 《合論》: v50, pp. 587⁰⁷-589⁰⁷

❸三地

9.5 三地修治

第三地中，有五修治，謂勤修多聞，聞法無厭。不求利譽等無諸染著為他說法。於自將來成佛國土淨治情器世間諸過。雖見眷屬邪行等過而不厭利他。觀待自法不造諸惡名曰有慚，觀待世間不造諸惡名曰有愧，於彼一切無執著心，由通達無我慧所攝持故。此五即能修治第三發光地，准前應知。

「善現！諸菩薩摩訶薩住第三地時，應住五法。

云何為五？

1.勤求多聞常無厭足，於所聞法不著文字。

2.以無染心常行法施，雖廣開化而不自高。

3.為嚴淨土植諸善根，雖用迴向而不自舉。

4.為化有情，雖不厭倦無邊生死而不憍逸。

5.雖住慚愧而無所著。

善現！諸菩薩摩訶薩住第三地時，應常安住如是五法。」

(CBETA, T07, no. 220, p. 82, c^{27}-p. 83, a^{5})

sher phyin: v26, pp. 557^{15}-558^{04} 《合論》: v50, pp. $579^{09\text{-}18}$

(9.5.1)勤修多聞聞法無厭

1.「云何菩薩摩訶薩勤求多聞常無厭足，於所聞法不著文字？善現！若菩薩摩訶薩發勤精進，作是念言：『若此佛土、若十方界，一切如來、應、正等覺所說正法，我當聽聞、受持、讀誦、修學究竟令無所遺，而於其中不著文字。』是為菩薩摩訶薩勤求多聞常無厭足，於所聞法不著文字。」

(CBETA, T07, no. 220, p. 84, $c^{13\text{-}19}$)

(9.5.2)不求利譽等無諸染著為他說法

2.「云何菩薩摩訶薩以無染心常行法施，雖廣開化而不自高？善現！若菩薩摩訶薩為諸有情宣說正法，尚不自為持此善根迴向菩提，況求餘事！雖多化導而不自恃，是為菩薩摩訶薩以無染心常行法施，雖廣開化而不自高。」(CBETA, T07, no. 220, p. 84, $c^{19\text{-}24}$)

(9.5.3)於自將來成佛國土淨治情器世間諸過

3.「云何菩薩摩訶薩為嚴淨土植諸善根，雖用迴向而不自舉？善現！若菩薩摩訶薩勇猛精進修諸善根，為欲莊嚴諸佛淨國及為清淨自他心土，雖為是事而不自高，是為菩薩摩訶薩為嚴淨土植諸善根，雖用迴向而不自舉。」(CBETA, T07, no. 220, p. 84, c24-29)

(9.5.4)雖見眷屬邪行等過而不厭利他

4.「云何菩薩摩訶薩為化有情，雖不厭倦無邊生死而不憍逸？善現！若菩薩摩訶薩為欲成就一切有情，植諸善根嚴淨佛土，乃至未滿一切智智，雖受無邊生死勤苦，而無厭倦亦不自高，是為菩薩摩訶薩為化有情，雖不厭倦無邊生死而不憍逸。」
(CBETA, T07, no. 220, p. 85, a1-6)

(9.5.5)雖住慚愧而無所著

觀待自法不造諸惡名曰有慚，觀待世間不造諸惡名曰有愧，於彼一切無執著心，由通達無我慧所攝持故。

5.「云何菩薩摩訶薩雖住慚愧而無所著？善現！若菩薩摩訶薩專求無上正等菩提，於諸聲聞、獨覺作意具慚愧故終不暫起，而於其中亦無所著，是為菩薩摩訶薩雖住慚愧而無所著。

「善現！諸菩薩摩訶薩住第三地時，應常安住如是五法。」*36
(CBETA, T07, no. 220, p. 85, a6-11)

sher phyin: v26, pp. 567[02]-568[07] 《合論》: v50, pp. 589[07]-590[12]

❹四地

9.6 四地修治

第四地中有十修治，謂常住林藪阿練若處遠離憒鬧。未得利養無諸貪欲，名為少欲。已得利養不求多妙，名為知足。誓行十二杜多功德，故正律儀。十二杜多功德者謂常乞食，一坐食，一受食，此三對治飲食貪。住阿練若，樹下坐，露地坐，塚間坐，此四對治處所貪。常三衣，毳毛衣，糞掃衣，此三對治衣服貪。常端坐，隨宜坐，此二對治臥具貪。所受學處皆不捨棄。於五欲樂深生厭離。稱所化機令住寂滅。一切財物如欲而捨。修諸善法心不滯沒。於一切物心無顧戀。如是十法修治第四焰慧地，准前應知。

「善現！諸菩薩摩訶薩住第四地時，應於十法受持不捨。
云何為十？

1.住阿練若常不捨離； 2.常好少欲； 3.常好喜足；
4.常不捨離杜多功德； 5.於諸學處常不棄捨；
6.於諸欲樂深生厭離； 7.常樂發起寂滅俱心； 8.捨一切物；
9.心不滯沒； 10.於一切物常無顧戀。

善現！諸菩薩摩訶薩住第四地時，於如是十法應受持不捨。」

(CBETA, T07, no. 220, p. 83, a5-13)

sher phyin: v26, pp. 558 04-15 《合論》: v50, pp. 579 19-580 08

(9.6.1)常住林藪阿練若處遠離憒鬧

卷 416〈修治地品 18〉:「第二分修治地品第十八之二」

1.「云何菩薩摩訶薩住阿練若常不捨離？善現！若菩薩摩訶薩勤求無上正等菩提，超諸聲聞、獨覺等地，是為菩薩摩訶薩住阿練若常不捨離。」

(CBETA, T07, no. 220, p. 85, a17-20)

(9.6.2)未得利養無諸貪欲名為少欲

2.「云何菩薩摩訶薩常好少欲？善現！若菩薩摩訶薩尚不自為求大菩提，況欲世間及二乘事！是為菩薩摩訶薩常好少欲。」

(CBETA, T07, no. 220, p. 85, a20-22)

(9.6.3)已得利養不求多妙名為知足

3.「云何菩薩摩訶薩常好喜足？善現！若菩薩摩訶薩唯為證得一切智智故，於餘事無所執著，是為菩薩摩訶薩常好喜足。」

(CBETA, T07, no. 220, p. 85, a22-25)

(9.6.4)誓行十二杜多功德故正律儀

4.「云何菩薩摩訶薩常不捨離杜多功德？善現！若菩薩摩訶薩常於深法起諦察忍，是為菩薩摩訶薩常不捨離杜多功德。」

(CBETA, T07, no. 220, p. 85, a25-b2)

(9.6.5)所受學處皆不捨棄

5.「云何菩薩摩訶薩於諸學處常不棄捨？善現！若菩薩摩訶薩於所學處堅守不移，是為菩薩摩訶薩於諸學處常不棄捨。」

(CBETA, T07, no. 220, p. 85, b2-4)

(9.6.6)於五欲樂深生厭離

6.「云何菩薩摩訶薩於諸欲樂深生厭離？善現！若菩薩摩訶薩於妙欲

樂不起欲心，是為菩薩摩訶薩於諸欲樂深生厭離。」
(CBETA, T07, no. 220, p. 85, b5-7)

(9.6.7)稱所化機令住寂滅

7.「云何菩薩摩訶薩常樂發起寂滅俱心？善現！若菩薩摩訶薩知一切法曾無起作，是為菩薩摩訶薩常樂發起寂滅俱心。」
(CBETA, T07, no. 220, p. 85, b7-10)

(9.6.8)一切財物如欲而捨

8.「云何菩薩摩訶薩捨一切物？善現！若菩薩摩訶薩於內外法都不攝受，是為菩薩摩訶薩捨一切物。」(CBETA, T07, no. 220, p. 85, b10-12)

(9.6.9)修諸善法心不滯沒

9.「云何菩薩摩訶薩心不滯沒？善現！若菩薩摩訶薩於諸識住曾不起心，是為菩薩摩訶薩心不滯沒。」(CBETA, T07, no. 220, p. 85, b12-14)

(9.6.10)於一切物心無顧戀

10.「云何菩薩摩訶薩於一切物常無顧戀？善現！若菩薩摩訶薩於一切事曾不思惟，是為菩薩摩訶薩於一切物常無顧戀。
「善現！諸菩薩摩訶薩住第四地時，於如是十法應受持不捨。」*37
(CBETA, T07, no. 220, p. 85, b14-18)
sher phyin: v26, pp. 568^07-569^18 《合論》: v50, pp. 590^12-592^03

❺五地

9.7 五地修治

第五地中有十修治，謂樂與居家往還親識。愛與大眾猥雜而住。嫉他利養，慳諸居家。(眾會忿諍。)若自稱讚，若毀呰他。由此增長十不善業道。恃自多聞等，不恭敬他，令心高舉。於取捨處顛倒執著。執持邪見等惡慧。〔疑〕忍受趣向貪等煩惱。若能遠離此十法，依止十種對治，即能證得第五難勝地。

「善現！諸菩薩摩訶薩住第五地時，應遠離十法。
云何為十？

1.應遠離居家； 2.應遠離苾芻尼； 3.應遠離家慳；
4.應遠離眾會忿諍； 5.應遠離自讚毀他； 6.應遠離十不善業道；
7.應遠離增上傲慢； 8.應遠離顛倒； 9.應遠離猶豫；

10.應遠離貪、瞋、痴。

善現！諸菩薩摩訶薩住第五地時，應常遠離如是十法。」

(CBETA, T07, no. 220, p. 83, a13-21)

sher phyin: v26, pp. 558[15]-559[05] 《合論》: v50, pp. 580[09-19]

(9.7.1)遠離樂與居家往還親識
(9.7.3)遠離愛與大眾猥雜而住

卷 416〈修治地品 18〉：

1.「云何菩薩摩訶薩應遠離居家？善現！若菩薩摩訶薩遊諸佛土，隨所生處常樂出家，剃除鬚髮受持法服現作沙門，是為菩薩摩訶薩應遠離居家。」

(CBETA, T07, no. 220, p. 85, b19-22)

2.「云何菩薩摩訶薩應遠離苾芻尼？善現！若菩薩摩訶薩常應遠離諸苾芻尼，不與共居如彈指頃，亦復於彼不起異心，是為菩薩摩訶薩應遠離苾芻尼。」(CBETA, T07, no. 220, p. 85, b22-25)

(9.7.2)遠離嫉他利養慳諸居家

3.「云何菩薩摩訶薩應遠離家慳？善現！若菩薩摩訶薩作是思惟：『我應長夜利益安樂一切有情，今此有情自由福力感得如是好施主家，故我於中不應慳嫉。』既思惟已遠離家慳，是為菩薩摩訶薩應遠離家慳。」

(CBETA, T07, no. 220, p. 85, b25-c1)

(9.7.4)(遠離眾會忿諍)

4.「云何菩薩摩訶薩應遠離眾會忿諍？善現！若菩薩摩訶薩作是思惟：『若處眾會其中或有聲聞、獨覺，或說彼乘相應法要，令我退失大菩提心，是故定應遠離眾會。』復作是念：『諸忿諍者能使有情發起瞋害，造作種種惡不善業，尚違善趣況大菩提！是故定應遠離忿諍。』是為菩薩摩訶薩應遠離眾會忿諍。」

(CBETA, T07, no. 220, p. 85, c1-8)

(9.7.5)遠離若自稱讚若毀呰他

5.「云何菩薩摩訶薩應遠離自讚毀他？善現！若菩薩摩訶薩都不見有內外諸法，故應遠離自讚毀他，是為菩薩摩訶薩應遠離自讚毀他。」

(CBETA, T07, no. 220, p. 85, c8-11)

(9.7.6)遠離由此增長十不善業道

6.「云何菩薩摩訶薩應遠離十不善業道？善現！若菩薩摩訶薩作是思惟：『如是十種不善業道，尚當能礙人、天善趣，況於聖道及大菩提而不為障！故我於彼定應遠離。』是為菩薩摩訶薩應遠離十不善業道。」

(CBETA, T07, no. 220, p. 85, c11-15)

(9.7.7)遠離恃自多聞等不恭敬他令心高舉

7.「云何菩薩摩訶薩應遠離增上慢傲？善現！若菩薩摩訶薩不見有法可能發起此慢傲者，故應遠離，是為菩薩摩訶薩應遠離增上慢傲。」

(CBETA, T07, no. 220, p. 85, c16-18)

(9.7.8)遠離於取捨處顛倒執著

8.「云何菩薩摩訶薩應遠離顛倒？善現！若菩薩摩訶薩觀顛倒事都不可得，是故定應遠離顛倒，是為菩薩摩訶薩應遠離顛倒。」

(CBETA, T07, no. 220, p. 85, c19-21)

(9.7.9)遠離執持疑、邪見等惡慧

9.「云何菩薩摩訶薩應遠離猶豫？善現！若菩薩摩訶薩觀猶豫事都不可得，是故定應遠離猶豫，是為菩薩摩訶薩應遠離猶豫。」

(CBETA, T07, no. 220, p. 85, c21-24)

(9.7.10)遠離忍受趣向貪等煩惱

10.「云何菩薩摩訶薩應遠離貪瞋癡？善現！若菩薩摩訶薩都不見有貪、瞋、癡事，故應遠離如是三法，是為菩薩摩訶薩應遠離貪、瞋、癡。善現！諸菩薩摩訶薩住第五地時，應常遠離如是十法。」

*38

(CBETA, T07, no. 220, p. 85, c24-28)

sher phyin:　v26, pp. 569[18]-572[12]　《合論》: v50, pp. 592[03]-595[02]

❻六地

9.8 六地修治

第六地中有十二修治，謂由圓滿布施、持戒、安忍、精進、靜慮、智慧六種波羅蜜多，而能遠離六種所治，謂由圓滿持戒與靜慮故，於聲聞弟子及麟喻獨覺地能遠離

喜樂。由圓滿安忍波羅蜜多故於怨害等能遠離恐怖心。由圓滿布施波羅蜜多故見求者來心無愁戚。由愛樂布施精進圓滿故捨一切物心無憂悔。由圓滿般若波羅蜜多故雖極貧乏而終不捨求者。由此十二修治證得第六現前地。

「善現！諸菩薩摩訶薩住第六地時，應圓滿六法。

云何為六？

所謂六種波羅蜜多，即是布施乃至般若。

復應遠離六法。

云何為六？

1.聲聞心； 2.獨覺心； 3.熱惱心； 4.見乞者來不喜愁慼心；

5.捨所有物追戀憂悔心； 6.於來求者方便矯誑心。

「善現！諸菩薩摩訶薩住第六地時，常應圓滿前說六法，及應遠離後說六法。」(CBETA, T07, no. 220, p. 83, a21-28)

sher phyin: v26, pp. 559[05-15] 《合論》: v50, pp. 580[20]-581[09]

(9.8.1)-(9.8.6)由圓滿六種波羅蜜多遠離六種所治

1.~ 6.「云何菩薩摩訶薩應圓滿六波羅蜜多？善現！若菩薩摩訶薩圓滿六種波羅蜜多，超諸聲聞及獨覺地，又住此六波羅蜜多，佛及二乘能度五種所知海岸。云何為五？一者、過去。二者、未來。三者、現在。四者、不可說。五者、無為。是為菩薩摩訶薩應圓滿六波羅蜜多。」

(CBETA, T07, no. 220, p. 85, c28-p. 86, a5)

(9.8.7)由圓滿持戒與靜慮故於聲聞弟子能遠離喜樂

7.「云何菩薩摩訶薩應遠離聲聞心？善現！若菩薩摩訶薩作如是念：『諸聲聞心非證無上大菩提道故應遠離。所以者何？厭生死故。』是為菩薩摩訶薩應遠離聲聞心。」

(CBETA, T07, no. 220, p. 86, a5-9)

(9.8.8)由圓滿持戒與靜慮故於麟喻獨覺地能遠離喜樂

8.「云何菩薩摩訶薩應遠離獨覺心？善現！若菩薩摩訶薩作如是念：『諸獨覺心非證無上大菩提道故應遠離。所以者何？樂涅槃故。』是為菩薩摩訶薩應遠離獨覺心。」(CBETA, T07, no. 220, p. 86, a9-12)

(9.8.9)由圓滿安忍波羅蜜多故於怨害等能遠離恐怖心

9.「云何菩薩摩訶薩應遠離熱惱心？善現！若菩薩摩訶薩作如是念：『此熱惱心非證無上大菩提道故應遠離。所以者何？畏生死故。』是為菩薩摩訶薩應遠離熱惱心。」(CBETA, T07, no. 220, p. 86, a13-16)

(9.8.10)由圓滿布施波羅蜜多故見求者來心無愁戚

10.「云何菩薩摩訶薩應遠離見乞者來不喜愁慼心？善現！若菩薩摩訶薩作如是念：『此愁慼心非證無上大菩提道故應遠離。所以者何？違慈悲故。』是為菩薩摩訶薩應遠離見乞者來不喜愁慼心。」(CBETA, T07, no. 220, p. 86, a16-20)

(9.8.11)由愛樂布施精進圓滿故捨一切物心無憂悔

11.「云何菩薩摩訶薩應遠離捨所有物追戀憂悔心？善現！若菩薩摩訶薩作如是念：『此追悔心非證無上大菩提道故應遠離。所以者何？違本願故。謂我初發菩提心時，作是願言：諸我所有施來求者隨欲不空。如何今時施已追悔？』是為菩薩摩訶薩應遠離捨所有物追戀憂悔心。」
(CBETA, T07, no. 220, p. 86, a21-27)

(9.8.12)由圓滿般若波羅蜜多故雖極貧乏而終不捨求者

12.「云何菩薩摩訶薩應遠離於來求者方便矯誑心？善現！若菩薩摩訶薩作如是念：『此矯誑心非證無上大菩提道故應遠離。所以者何？違本誓故。謂我初發菩提心時，作是誓言：凡我所有施來求者隨欲不空。如何今時而矯誑彼？』是為菩薩摩訶薩應遠離於來求者方便矯誑心。

「善現！諸菩薩摩訶薩住第六地時，常應圓滿前說六法，及應遠離後說六法。」*39 (CBETA, T07, no. 220, p. 86, a27-b6)

sher phyin: v26, pp. 572[12]-573[13] 《合論》: v50, pp. 595[02]-596[04]

❼七地

1.應離過失

9.9 七地應離過失

斷除此說二十種過失，即成二十種修治，由如前說空慧攝持，便能證得第七遠行地，謂 1.(執我、執有情)、2.(執命者、執補特伽羅)，如是 3.(執斷邊、常邊)、4.(相)、5.6.因(等)、7.(蘊)、8.(界)、9~11.諸處(等)，12(執三界為真實應住、著為真實應捨)，13.14.(自覺不能得勝上功德心徧怯退)，15.~18.(於三寶及戒起彼見而執著)，19(妄執空性為破壞有事而興諍論)，20.(執彼空性與世俗相違)，是為七地應離之二十種過失。

「善現！諸菩薩摩訶薩住第七地時，應遠離二十法。*40
云何二十？

1.應遠離我執乃至見者執；
2.應遠離斷執；
3.應遠離常執；
4.應遠離相想執；
5.應遠離見執；
6.應遠離名色執；
7.應遠離蘊執；
8.應遠離處執；
9.應遠離界執；
10.應遠離諦執；
11.應遠離緣起執；
12.應遠離住著三界執；
13.應遠離一切法執；
14.應遠離於一切法如理不如理執；
15.應遠離依佛見執；
16.應遠離依法見執；
17.應遠離依僧見執；
18.應遠離依戒見執；
19.應遠離依空見執；
20.應遠離厭怖空性。

[遠離二十法]

(9.9.1)遠離我執乃至見者執

「云何菩薩摩訶薩應遠離我執乃至見者執？
「善現！若菩薩摩訶薩觀我乃至見者畢竟非有、不可得故，
是為菩薩摩訶薩應遠離我執乃至見者執。」
(此為執我、執有情、執命者、執補特伽羅等)

(9.9.2~20)遠離斷執乃至厭怖空性

	應離過失	觀　　法
1.	我執乃至見者執	觀我乃至見者畢竟非有、不可得故。
2.	斷執	觀一切法畢竟不生、無斷義。
3.	常執	觀一切法性既不生、無常義。
4.	相想	觀貪等惑無所有。
5.	見執(因執)	都不見有諸見性。
6.	名色執(因執)	觀名色性都無所有、不可得。

7.	蘊執	觀諸蘊性都無所有、不可得。
8.	處執	觀諸處性都無所有、不可得。
9.	界執	觀諸界性都無所有、不可得。
10.	諦執	觀諸諦性都無所有、不可得。
11.	緣起執	觀緣起性都無所有、不可得。
12.	住著三界執	觀三界性都無所有、不可得。
13.	一切法執	觀諸法性皆如虛空不可得。
14.	法如理不如理執	觀諸法性都不可得，無有如理不如理。
15.	依佛見執	知依佛見執不得見佛。(於三寶、及戒起彼見而執著)
16.	依法見執	知真法性不可見。
17.	依僧見執	知和合眾無相無為不可見。
18.	依戒見執	知罪福性俱非有。
19.	依空見執	觀諸空法都無所有不可見。(執空性為破壞有事而有興諍論)
20.	厭怖空性	觀一切法自性皆空，非空與空有所違害，故厭怖事俱不可得，由此空法不應厭怖。(執空性與世俗相違)

(CBETA, T07, no. 220, p. 86, b^6-p. 87, a^4)

2.圓滿修治

9.10 七地修治對治

由其所治有二十種，故第七地亦有二十種修治對治，謂知諸法因果自相皆真實空，故知三解脫門。現證能殺所殺殺業三輪皆非實有，故皆清淨。緣一切有情起大悲心。於諸法上無真實執。知一切法平等皆真實空。了知究竟唯一乘理。知一切法勝義無生。於甚深空性不起驚怖了知深忍。宣說發心所攝諸法皆無實一相。摧壞一切實執分別。無有執著常樂我淨等相之想。遠離薩迦耶等五見。遠離貪等煩惱。由奢摩他門決定思惟一切相智，於毗缽舍那勝慧了知緣起如幻之方便獲得善巧。調伏內心實執。於一切所知成就無障礙智。通達一切皆非貪著真實之地。隨自所欲平等遊歷諸佛剎土。由於自身獲得自在普於一切時會能自現其身。由此二十種修治能得七地，准前應知。

「復應圓滿二十法。*41

云何二十？

1.應圓滿通達空；　2.應圓滿證無相；
3.應圓滿知無願；　4.應圓滿三輪清淨；
5.應圓滿悲愍有情及於有情無所執著；
6.應圓滿一切法平等見及於此中無所執著；
7.應圓滿一切有情平等見及於此中無所執著；
8.應圓滿通達真實理趣及於此中無所執著；
9.應圓滿無生忍智；　10.應圓滿說一切法一相理趣；
11.應圓滿滅除分別；　12.應圓滿遠離諸想；
13.應圓滿遠離諸見；　14.應圓滿遠離煩惱；
15.應圓滿止觀地；　16.應圓滿調伏心性；
17.應圓滿寂靜心性；　18.應圓滿無礙智性；
19.應圓滿無所愛染；
20.應圓滿隨心所欲往諸佛土於佛眾會自現其身。

[圓滿二十法]

(9.10.1)通達空

「云何菩薩摩訶薩應圓滿通達空？

「善現！若菩薩摩訶薩知一切法自相皆空，
是為菩薩摩訶薩應圓滿通達空。」

(9.10.2~20)證無相乃至隨心所欲往諸佛土於佛眾會自現其身

	圓滿二十法	圓 滿 方 式
1.	通達空	知一切法自相皆空。
2.	證無相	不思惟一切相。
3.	知無願	於三界法智皆不起。
4.	三輪清淨	具足清淨十善業道。

5.	悲愍有情， 於有情無所執著	已得大悲及嚴淨土都無所執。
6.	一切法平等見， 於此中無所執著	於一切法不增不減都無所執。
7.	一切有情平等見， 於此中無所執著	於諸有情不增不減都無所執。
8.	通達真實理趣， 於此中無所執著	於一切法真實理趣，雖如實通達而無所通達都無所執。
9.	無生忍智	忍一切法無生、無滅、無所造作，及知名色畢竟不生。
10.	說一切法一相理趣	於一切法行不二相。
11.	滅除分別	於一切法不起分別。
12.	遠離諸想	遠離小大及無量想。
13.	遠離諸見	遠離聲聞、獨覺地見。
14.	遠離煩惱	棄捨一切有漏煩惱習氣相續。
15.	止觀地	修一切智、一切相智。
16.	調伏心性	不著三界。
17.	寂靜心性	善攝六根。
18.	無礙智性	修得佛眼。
19.	無所愛染	棄捨六處。
20.	隨心所欲往諸佛土， 於佛眾會自現其身	修勝神通，往諸佛土承事供養諸佛世尊，請轉法輪度有情類。

「善現！諸菩薩摩訶薩住第七地時，常應遠離如前所說二十種法，及應圓滿如後所說二十種法。」

(CBETA, T07, no. 220, p. 87, a^{4}-c^{7})

sher phyin: v26, pp. 573^{13}-579^{15} 《合論》: v50, pp. 596^{04}-602^{09}

(**在漢譯《大般若經》第二會、《合論》和藏譯二萬五千頌《般若經》及《現觀莊嚴論》略科分表中，雖都有二十法，不過其中的小子目，有些前後順序不完全吻合，因此沒有將此目做細分。)

(CBETA, T07, no. 220, p. 83, a^{28}-b^{28})

sher phyin: v26, pp. 559^{15}-561^{01} 《合論》: v50, pp. 581^{10}-582^{17}

❽八地

9.11 八地修治

第八地中有八修治：諸有情意，有貪、離貪等能如實知。於諸國土遊戲神通。修微妙佛剎，以吠琉璃等而為自性。為欲觀擇諸法文義故，親近承事諸佛。由天眼故，知諸根利鈍。於自當來成佛國土，淨治有情所有過失。出定入定，一切如幻而住。由悲願故，故思受生三有。此是第八不動地中八修治業；由此八事，圓滿八地，准前應知。

「善現！諸菩薩摩訶薩住第八地時，應圓滿四法，*42
云何為四？
1.應圓滿悟入一切有情心行； 2.應圓滿遊戲諸神通；
3.應圓滿見諸佛土如其所見而自嚴淨種種佛土；
4.應圓滿承事供養諸佛世尊於如來身如實觀察。
善現！諸菩薩摩訶薩住第八地時，於此四法應勤圓滿。」

(9.11.1)諸有情意有貪離貪等能如實知

1.「云何菩薩摩訶薩應圓滿悟入一切有情心行？善現！若菩薩摩訶薩用一心智，如實遍知一切有情心及心所，是為菩薩摩訶薩應圓滿悟入一切有情心行。」(CBETA, T07, no. 220, p. 87, c[7-11])

(9.11.2)於諸國土遊戲神通

2.「云何菩薩摩訶薩應圓滿遊戲諸神通？善現！若菩薩摩訶薩遊戲種種自在神通，為欲親近供養佛故，從一佛國趣一佛國，而能不生遊佛國想。善現！是為菩薩摩訶薩應圓滿遊戲諸神通。」
(CBETA, T07, no. 220, p. 87, c[11-15])

(9.11.3)修微妙佛剎以吠琉璃等而為自性

3.「云何菩薩摩訶薩應圓滿見諸佛土，如其所見而自嚴淨種種佛土？善現！若菩薩摩訶薩住一佛土，能見十方無邊佛國，亦能示現，而曾不生佛國土想。又為成熟諸有情故，現處三千大千世界轉輪王位而自莊嚴，亦能棄捨而無所執，是為菩薩摩訶薩應圓滿見諸佛土，如其所見而自嚴淨種種佛土。」
(CBETA, T07, no. 220, p. 87, c[15-22])

(9.11.4)為欲觀擇諸法文義故親近承事諸佛

4.「云何菩薩摩訶薩應圓滿供養承事諸佛世尊，於如來身如實觀察？善現！若菩薩摩訶薩為欲饒益諸有情故，於法義趣如實分別，如是名為以法供養承事諸佛，又諦觀察諸佛法身，是為菩薩摩訶薩應圓滿供養承事諸佛世尊，於如來身如實觀察。

「善現！諸菩薩摩訶薩住第八地時，於此四法應勤圓滿。」

(CBETA, T07, no. 220, p. 87, c22-29)

❾九地 (9.11.5~9.11.8 四法，《論》歸屬於第八地，《經》歸屬於第九地。)

「善現！諸菩薩摩訶薩住第九地時，應圓滿四法，*43

云何為四？

1.應圓滿根勝劣智 2.應圓滿嚴淨佛土 3.應圓滿如幻等持數入諸定

4.應圓滿隨諸有情善根應熟故入諸有自現化生。

善現！諸菩薩摩訶薩住第九地時，於此四法應勤圓滿。」

(CBETA, T07, no. 220, p. 83, b29-c12)

sher phyin: v26, pp. 56101-16 《合論》: v50, pp. 58218-58312

(9.11.5)由天眼故知諸根利鈍

1.「云何菩薩摩訶薩應圓滿根勝劣智？善現！若菩薩摩訶薩住佛十力，如實了知一切有情諸根勝劣，是為菩薩摩訶薩應圓滿根勝劣智。」

(CBETA, T07, no. 220, p. 87, c29-p. 88, a3)

(9.11.6)於自當來成佛國土淨治有情所有過失

2.「云何菩薩摩訶薩應圓滿嚴淨佛土？善現！若菩薩摩訶薩以無所得而為方便，嚴淨一切有情心行，是為菩薩摩訶薩應圓滿嚴淨佛土。」(CBETA, T07, no. 220, p. 88, a3-6)

(9.11.7)出定入定一切如幻而住

3.「云何菩薩摩訶薩應圓滿如幻等持數入諸定？善現！若菩薩摩訶薩住此等持，雖能成辦一切事業，而心於法都無動轉，又修等持極成熟故，不作加行能數現前，是為菩薩摩訶薩應圓滿如幻等持數入諸定。」(CBETA, T07, no. 220, p. 88, a6-11)

(9.11.8)由悲願故故思受生三有

4.「云何菩薩摩訶薩應圓滿隨諸有情善根應熟，故入諸有自現化生？善現！若菩薩摩訶薩為欲成熟諸有情類，殊勝善根隨其所宜，故入諸有而現受生，是為菩薩摩訶薩隨諸有情善根應熟，故入諸有自現化生。

「善現！諸菩薩摩訶薩住第九地時，於此四法應勤圓滿。」

(CBETA, T07, no. 220, p. 88, a11-17)

sher phyin: v26, pp. 579[15]-582[03] 《合論》: v50, pp. 602[09]-604[06]

❿十地 (此十二法《論》歸屬於第九地，《經》歸屬於第十地。)

9.12 九地修治

第九地中有十二修治，謂由圓滿九種波羅蜜多，無邊大願皆能成辦。又能了知天等一切有情語言差別。由得辯無礙解，故說法辯才無盡，猶若懸河。遠離一切婦人過失，為一切人共所稱讚，入此母胎最為第一。若剎帝利、若婆羅門，種族圓滿。若日親、若甘蔗等，姓氏圓滿。母等七族圓滿。自所教化令住菩提之眷屬圓滿。若帝釋天及人王等稱讚而生。由諸佛及淨居天人勸令出家。成就大菩提樹，如大師之阿輸他樹、慈尊之龍華樹、燃燈佛之諾瞿陀樹。圓滿十力等一切功德。由此十二種修治，圓滿第九善慧地，准前應知。

「善現！諸菩薩摩訶薩住第十地時，應圓滿十二法，*44
云何為十二？

1.應圓滿攝受無邊處所大願隨有所願皆令證得；
2.應圓滿隨諸天龍及藥叉等異類音智；
3.應圓滿無礙辯說；　　4.應圓滿入胎具足；
5.應圓滿出生具足；　　6.應圓滿家族具足；
7.應圓滿種性具足；　　8.應圓滿眷屬具足；
9.應圓滿生身具足；　　10.應圓滿出家具足；
11.應圓滿莊嚴菩提樹具足；　　12.應圓滿一切功德成辦具足；

善現！諸菩薩摩訶薩住第十地時，應勤圓滿此十二法，
善現當知！若菩薩摩訶薩住第十地已，與諸如來應言無別。」

(CBETA, T07, no. 220, p. 83, c12-24)

sher phyin: v26, pp. 561[17]-562[11] 《合論》: v50, pp. 583[13]-584[09]

(9.12.1)由圓滿九種波羅蜜多無邊大願皆能成辦

1.「云何菩薩摩訶薩應圓滿攝受無邊處所大願，隨有所願皆令證得？

善現！若菩薩摩訶薩已具修六波羅蜜多極圓滿故，或為嚴淨諸佛國土，或為成熟諸有情類，隨心所願皆能證得，是為菩薩摩訶薩應圓滿攝受無邊處所大願，隨有所願皆令證得。」
(CBETA, T07, no. 220, p. 88, a18-23)

(9.12.2)又能了知天等一切有情語言差別

2.「云何菩薩摩訶薩應圓滿隨諸天、龍及藥叉等異類音智？善現！若菩薩摩訶薩修習殊勝詞無礙解，能善了知天、龍、藥叉、健達縛、阿素洛、揭路荼、緊捺洛、莫呼洛伽、人非人等言音差別*45，是為菩薩摩訶薩應圓滿隨諸天、龍及藥叉等異類音智。」(CBETA, T07, no. 220, p. 88, a23-28)

(9.12.3)由得辯無礙解故說法辯才無盡

3.「云何菩薩摩訶薩應圓滿無礙辯說？善現！若菩薩摩訶薩修習殊勝辯無礙解，為諸有情能無盡說，是為菩薩摩訶薩應圓滿無礙辯說。」
(CBETA, T07, no. 220, p. 88, a29-b3)

(9.12.4)遠離一切婦人過失入此母胎最為第一

4.「云何菩薩摩訶薩應圓滿入胎具足？善現！若菩薩摩訶薩雖一切生處實恒化生，而為益有情現入胎藏，於中具足無邊勝事，是為菩薩摩訶薩應圓滿入胎具足。」(CBETA, T07, no. 220, p. 88, b3-6)

5.「云何菩薩摩訶薩應圓滿出生具足？善現！若菩薩摩訶薩於出胎時，示現種種希有勝事，令諸有情見者歡喜獲大利樂，是為菩薩摩訶薩應圓滿出生具足。」(CBETA, T07, no. 220, p. 88, b6-10)

(9.12.5)若剎帝利若婆羅門種族圓滿
(9.12.6)若日親若甘蔗等姓氏圓滿*46
(9.12.7)母等七族圓滿

6.「云何菩薩摩訶薩應圓滿家族具足？善現！若菩薩摩訶薩或生剎帝利大族姓家、或生婆羅門大族姓家，父母真淨，是為菩薩摩訶薩應圓滿家族具足。」(CBETA, T07, no. 220, p. 88, b10-13)

7.「云何菩薩摩訶薩應圓滿種姓具足？善現！若菩薩摩訶薩常在過去諸菩薩摩訶薩種姓中生，是為菩薩摩訶薩應圓滿種姓具足。」
(CBETA, T07, no. 220, p. 88, b13-16)

(9.12.8)自所教化令住菩提之眷屬圓滿

8.「云何菩薩摩訶薩應圓滿眷屬具足？善現！若菩薩摩訶薩純以無量無數菩薩摩訶薩眾而為眷屬，是為菩薩摩訶薩應圓滿眷屬具足。」

(CBETA, T07, no. 220, p. 88, b16-19)

(9.12.9)若帝釋天及人王等稱讚而生

9.「云何菩薩摩訶薩應圓滿生身具足？善現！若菩薩摩訶薩於初生時，其身具足一切相好，放大光明遍照無邊諸佛世界，亦令彼界六種變動，有情遇者無不蒙益，是為菩薩摩訶薩應圓滿生身具足。」

(CBETA, T07, no. 220, p. 88, b19-24)

(9.12.10)由諸佛及淨居天人勸令出家

10.「云何菩薩摩訶薩應圓滿出家具足？善現！若菩薩摩訶薩於出家時，無量無數百千俱胝那庾多眾前後圍繞尊重讚嘆，往詣道場，剃除鬚髮，服三法衣，受持應器，引導無量無邊有情，令乘三乘而趣圓寂，是為菩薩摩訶薩應圓滿出家具足。」

(CBETA, T07, no. 220, p. 88, b24-29)

(9.12.11)成就大菩提樹如慈尊之龍華樹等

11.「云何菩薩摩訶薩應圓滿莊嚴菩提樹具足？善現！若菩薩摩訶薩殊勝善根廣大願力，感得如是大菩提樹，吠琉璃寶以為其莖，真金為根，枝葉花果皆以上妙七寶所成，其樹高廣遍覆三千大千佛土，光明照曜周遍十方殑伽沙等諸佛世界，是為菩薩摩訶薩應圓滿莊嚴菩提樹具足。」

(CBETA, T07, no. 220, p. 88, b29-c6)

(9.12.12)圓滿十力等一切功德

12.「云何菩薩摩訶薩應圓滿一切功德成辦具足？善現！若菩薩摩訶薩滿足殊勝福慧資糧，成熟有情、嚴淨佛土，是為菩薩摩訶薩應圓滿一切功德成辦具足。

「善現！諸菩薩摩訶薩住第十地時，應勤圓滿此十二法。」

(CBETA, T07, no. 220, p. 88, c7-11)

sher phyin: v26, pp. 582[03]-584[18] 《合論》: v50, pp. 604[06]-607[10]

⓫果位十地相 (如來地)

9.13 果位第十地相

此中九地者，謂指小乘八地及因位菩薩九地，合為一菩薩地。前八地由智見而超，後一地由安住而超。過九地已，其上第十地智，《經》說：超越九地，安住佛地，當知彼即是十地菩薩。

若爾，因位九地皆說修治，於果位十地何故不說修治，而說十地之相耶？由第十地圓滿以下諸地之斷智功德種類，故不別說也。

小乘八地者，謂：聲聞種姓地；預流向是居四雙八單之最初智德，名八人地。預流是斷三結所顯之智德，故名見地。一來是多分離欲所顯住果之智德，故名薄地。不還是斷下五分結所顯住果之智德，故名離欲地。下五分結者，謂三結及貪欲、瞋恚。聲聞阿羅漢果，是斷上五分結所顯小乘之智德，名已辦地。上五分結者，謂色、無色貪，掉舉、慢、無明。餘三聲聞果前之三向，是聲聞果向所餘智德故，同名一聲聞地。獨覺聖現觀以是中乘現觀故，名辟支佛地。

1.應與如來無別

卷 416〈修治地品 18〉：

「云何菩薩摩訶薩住第十地已，與諸如來應言無別？善現！是菩薩摩訶薩已圓滿六波羅蜜多，乃至已圓滿十八佛不共法，具一切智、一切相智，若復永斷一切煩惱習氣相續便住佛地。由此故說：若菩薩摩訶薩住第十地已，與諸如來應言無別。

2.趣如來地

「善現！云何菩薩摩訶薩住第十地趣如來地？善現！是菩薩摩訶薩方便善巧，行六波羅蜜多、四念住乃至十八佛不共法，超淨觀地、種姓地、第八地、具見地、薄地、離欲地、已辦地、獨覺地及菩薩地，又能永斷一切煩惱習氣相續，便成如來、應、正等覺住如來地。善現！如是菩薩摩訶薩住第十地趣如來地。善現！齊此當知菩薩摩訶薩發趣大乘。」*47*48

(CBETA, T07, no. 220, p. 88, $c^{11\text{-}24}$)

sher phyin: v26, pp. 584^{18}-586^{06} 《合論》: v50, pp. 607^{10}-608^{18}

(9.1.17)能斷相違品之對治資糧

9.14 廣釋對治資糧

大乘見道、修道之中，由滅除所取、能取八種分別故，其對治資糧正行故亦說八種。

(3)大乘從何處出至何處

①大乘從三界中出，至一切智智中住

(9.14.1)第一種見道所取分別的對治

卷 416〈出住品 19〉:「第二分出住品第十九之一

「復次，善現！汝問『如是大乘從何處出至何處住？』者，善現！如是大乘從三界中出，至一切智智中住*49，然以無二為方便故無出無住。所以者何？善現！若大乘、若一切智智，如是二法非相應非不相應，無色、無見、無對、一相，所謂無相。何以故？善現！無相之法，非已出住，非當出住，非今出住。所以者何？善現！諸有欲令無相之法有出住者，則為欲令法界空亦有出住，然法界空不能從三界中出，亦不能至一切智智中住。何以故？法界空法界空自性空故。

②舉例明欲使諸法出，即如使無相法出

❶真如、實際等無為法

「善現！諸有欲令無相之法有出住者，則為欲令真如空、實際、不思議界、安隱界、寂靜界、斷界*50、離界、滅界空亦有出住，然真如空乃至滅界空，不能從三界中出，亦不能至一切智智中住。何以故？真如空真如空自性空，乃至滅界空滅界空自性空故。

❷蘊、處、界、受等空相

「善現！諸有欲令無相之法有出住者，則為欲令色空亦有出住，然色空不能從三界中出，亦不能至一切智智中住。何以故？色空色空自性空故。

「善現！諸有欲令無相之法有出住者，則為欲令受、想、行、識空亦有出住，然受、想、行、識空不能從三界中出，亦不能至一切智智中住。何以故？受、想、行、識空受、想、行、識空自性空故。

「善現！諸有欲令無相之法有出住者，則為欲令眼處空亦有出住，然眼處空不能從三界中出，亦不能至一切智智中住。何以故？眼處空眼處空自性空故。

「善現！諸有欲令無相之法有出住者，則為欲令耳、鼻、舌、身、意處空亦有出住，然耳、鼻、舌、身、意處空不能從三界中出，亦不能至一切智智中住。何以故？耳、鼻、舌、身、意處空耳、鼻、舌、身、意處空自性空故。

「善現！諸有欲令無相之法有出住者，則為欲令色處空亦有出住，然色處空不能從三界中出，亦不能至一切智智中住。何以故？色處空色處空自性空故。

「善現！諸有欲令無相之法有出住者，則為欲令聲、香、味、觸、法處空亦有出住，然聲、香、味、觸、法處空不能從三界中出，亦不能至一切智智中住。何以故？聲、香、味、觸、法處空聲、香、味、觸、法處空自性空故。

「善現！諸有欲令無相之法有出住者，則為欲令眼界空亦有出住，然眼界空不能從三界中出，亦不能至一切智智中住。何以故？眼界空眼界空自性空故。

「善現！諸有欲令無相之法有出住者，則為欲令耳、鼻、舌、身、意界空亦有出住，然耳、鼻、舌、身、意界空不能從三界中出，亦不能至一切智智中住。何以故？耳、鼻、舌、身、意界空耳、鼻、舌、身、意界空自性空故。

「善現！諸有欲令無相之法有出住者，則為欲令色界空亦有出住，然色界空不能從三界中出，亦不能至一切智智中住。何以故？色界空色界空自性空故。

「善現！諸有欲令無相之法有出住者，則為欲令聲、香、味、觸、法界空亦有出住，然聲、香、味、觸、法界空不能從三界中出，亦不能至一切智智中住。何以故？聲、香、味、觸、法界空聲、香、味、觸、法界空自性空故。

「善現！諸有欲令無相之法有出住者，則為欲令眼識界空亦有出住，然眼識界空不能從三界中出，亦不能至一切智智中住。何以故？眼識界空眼識界空自性空故。

「善現！諸有欲令無相之法有出住者，則為欲令耳、鼻、舌、身、意識界空亦有出住，然耳、鼻、舌、身、意識界空不能從三界中出，亦不能至一切智智中住。何以故？耳、鼻、舌、身、意識界空耳、鼻、舌、身、意識界空自性空故。

「善現！諸有欲令無相之法有出住者，則為欲令眼觸空亦有出住，然眼觸空不能從三界中出，亦不能至一切智智中住。何以故？眼觸空眼觸空自性空故。

「善現！諸有欲令無相之法有出住者，則為欲令耳、鼻、舌、身、意觸空亦有出住，然耳、鼻、舌、身、意觸空不能從三界中出，亦不能至一切智智中住。何以故？耳、鼻、舌、身、意觸空耳、鼻、舌、身、意觸空自性空故。

「善現！諸有欲令無相之法有出住者，則為欲令眼觸為緣所生諸受空亦有出住，然眼觸為緣所生諸受空不能從三界中出，亦不能至一切智智中住。何以故？眼觸為緣所生諸受空眼觸為緣所生諸受空自性空故。

「善現！諸有欲令無相之法有出住者，則為欲令耳、鼻、舌、身、意觸為緣所生諸受空亦有出住，然耳、鼻、舌、身、意觸為緣所生諸受空不能從三界中出，亦不能至一切智智中住。何以故？耳、鼻、舌、身、意觸為緣所生諸受空耳、鼻、舌、身、意觸為緣所生諸受空自性空故。

❸夢等事空

「善現！諸有欲令無相之法有出住者，則為欲令夢境空亦有出住，然夢境空不能從三界中出，亦不能至一切智智中住。何以故？夢境空夢境空自性空故。

「善現！諸有欲令無相之法有出住者，則為欲令幻事、陽焰、響、像、光影、空花、變化空亦有出住，然幻事空乃至變化空不能從三界中出，亦不能至一切智智中住。何以故？幻事空幻事空自性空，乃至變化空變化空自性空故。」(CBETA, T07, no. 220, p. 88, c25-p. 89, c28)

sher phyin: v26, pp. 586[06]-592[03]　《合論》: v50, pp. 608[19]-615[03]

❹大小乘因行空

(9.14.2)第二種見道所取分別的對治

卷 416〈出住品 19〉：

「善現！諸有欲令無相之法有出住者，則為欲令布施波羅蜜多空亦有出住，然布施波羅蜜多空不能從三界中出，亦不能至一切智智中住。何以故？布施波羅蜜多空布施波羅蜜多空自性空故。

「善現！諸有欲令無相之法有出住者，則為欲令淨戒、安忍、精進、靜慮、般若波羅蜜多空亦有出住，然淨戒、安忍、精進、靜慮、般若波羅蜜多空不能從三界中出，亦不能至一切智智中住。何以故？淨戒、安忍、精進、靜慮、般若波羅蜜多空淨戒、安忍、精進、靜慮、般若波羅蜜多空自性空故。

「善現！諸有欲令無相之法有出住者，則為欲令內空空亦有出住，然內空空不能從三界中出，亦不能至一切智智中住。何以故？內空空內空空自性空故。

「善現！諸有欲令無相之法有出住者，則為欲令外空、內外空、空空、大空、勝義空、有為空、無為空、畢竟空、無際空、散無散空、本性空、自共相空、一切法空、不可得空、無性空、自性空、無性自性空空亦有出住，然外空空乃至無性自性空空不能從三界中出，亦不能至一切智智中住。何以故？外空空外空空自性空，乃至無性自性空空無性自性空空自性空故。

「善現！諸有欲令無相之法有出住者，則為欲令四念住空亦有出住，然四念住空不能從三界中出，亦不能至一切智智中住。何以故？四念住空四念住空自性空故。

「善現！諸有欲令無相之法有出住者，則為欲令四正斷、四神足、五根、五力、七等覺支、八聖道支空亦有出住，然四正斷空乃至八聖道支空不能從三界中出，亦不能至一切智智中住。何以故？四正斷空四正斷空自性空，乃至八聖道支空八聖道支空自性空故。

「善現！諸有欲令無相之法有出住者，則為欲令乃至佛十力空亦有出住，然佛十力空不能從三界中出，亦不能至一切智智中住。何以故？佛十力空佛十力空自性空故。

「善現！諸有欲令無相之法有出住者，則為欲令四無所畏、四無礙解、大慈、大悲、大喜、大捨、十八佛不共法空亦有出住，然四無所畏乃至十八佛不共法空不能從三界中出，亦不能至一切智智中住。何以故？四無所畏空，四無所畏空自性空，乃至十八佛不共法空，十八佛不共法空自性空故。」*51

(CBETA, T07, no. 220, p. 89, c^{28}-p. 90, b^{12})

sher phyin: v26, pp. 592^{04}-596^{17} 《合論》: v50, pp. 615^{04}-618^{21}

❺大小乘果空

(9.14.3)第一種見道能取分別的對治

卷 416〈出住品 19〉：

「善現！諸有欲令無相之法有出住者，則為欲令諸預流者有惡趣生，諸一來者有頻來生，諸不還者有欲界生，諸大菩薩有自利生，諸阿羅漢、獨覺、如來有後有生，然無是事。何以故？諸預流等惡趣生等不可得故。

「善現！諸有欲令無相之法有出住者，則為欲令預流空亦有出住，然預流空不能從三界中出，亦不能至一切智智中住。何以故？預流空預流空自性空故。

「善現！諸有欲令無相之法有出住者，則為欲令一來、不還、阿羅漢、獨覺、菩薩、如來空亦有出住，然一來空乃至如來空不能從三界中出，亦不能至一切智智中住。何以故？一來空一來空自性空，乃至如來空如來空自性空故。」(CBETA, T07, no. 220, p. 90, b12-25)

sher phyin: v26, pp. 596[17]-598[08] 《合論》: v50, pp. 619[01]-620[15]

❻但名字等空

(9.14.4)第二種見道能取分別的對治

卷 416〈出住品 19〉:

「善現！諸有欲令無相之法有出住者，則為欲令名字、假想、施設、言說空亦有出住，然名字、假想、施設、言說空不能從三界中出，亦不能至一切智智中住。何以故？名字、假想、施設、言說空名字、假想、施設、言說空自性空故。

❼無生無滅等法性空

「善現！諸有欲令無相之法有出住者，則為欲令無生無滅、無染無淨、無相無為空亦有出住，然無生無滅、無染無淨、無相無為空不能從三界中出，亦不能至一切智智中住。何以故？無生無滅、無染無淨、無相無為空無生無滅、無染無淨、無相無為空自性空故。

③結說

「善現！由此因緣，如是大乘從三界中出，至一切智智中住，然以無二為方便故無出無住。所以者何？無相之法無動轉故。」

(CBETA, T07, no. 220, p. 90, b26-c10)

sher phyin: v26, pp. 598[08]-600[04] 《合論》: v50, pp. 620[16]-622[14]

(4)大乘當住何處

(9.14.5)第一種修道所取分別的對治

卷 417〈出住品 19〉:「第二分出住品第十九之二

①明無住而住 (標宗)

「復次，善現！汝問『如是大乘為何所住？』者，善現！如是大乘都無所住。所以者何？以一切法皆無所住。何以故？諸法住處不可得故。善現！如是大乘以無所得而為方便住無所住。*52

②舉喻、釋理、合法

❶法界乃至滅界

「善現！如法界非住非不住(舉喻)。所以者何？以法界自性無住無不住。何以故？法界自性法界自性空故(釋理)，大乘亦爾，非住非不住(合法)。

「善現！如真如、實際、不思議界、安隱界、寂靜界、斷界、離界、滅界非住非不住。所以者何？以真如自性乃至滅界自性無住無不住。何以故？真如自性真如自性空，乃至滅界自性滅界自性空故，大乘亦爾，非住非不住。

❷五蘊

「善現！如色非住非不住。所以者何？以色自性無住無不住。何以故？色自性色自性空故，大乘亦爾，非住非不住。

「善現！如受、想、行、識非住非不住。所以者何？受、想、行、識自性無住無不住。何以故？受、想、行、識自性受、想、行、識自性空故，大乘亦爾，非住非不住。

❸處、界

「善現！如眼處非住非不住。所以者何？以眼處自性無住無不住。何以故？眼處自性眼處自性空故，大乘亦爾，非住非不住。

「善現！如耳、鼻、舌、身、意處非住非不住。所以者何？以耳、鼻、舌、身、意處自性無住無不住。何以故？耳、鼻、舌、身、意處自性耳、鼻、舌、身、意處自性空故，大乘亦爾，非住非不住。

「善現！如色處非住非不住。所以者何？以色處自性無住無不住。何以故？色處自性色處自性空故，大乘亦爾，非住非不住。

「善現！如聲、香、味、觸、法處非住非不住。所以者何？以聲、香、味、觸、法處自性無住無不住。何以故？聲、香、味、觸、法處自性聲、香、味、觸、法處自性空故，大乘亦爾，非住非不住。

「善現！如眼界非住非不住。所以者何？以眼界自性無住無不住。何以故？眼界自性眼界自性空故，大乘亦爾，非住非不住。

「善現！如耳、鼻、舌、身、意界非住非不住。所以者何？以耳、鼻、舌、身、意界自性無住無不住。何以故？耳、鼻、舌、身、意界自性耳、鼻、舌、身、意界自性空故，大乘亦爾，非住非不住。

「善現！如色界非住非不住。所以者何？以色界自性無住無不住。何以故？色界自性色界自性空故，大乘亦爾，非住非不住。

「善現！如聲、香、味、觸、法界非住非不住。所以者何？以聲、香、味、觸、法界自性無住無不住。何以故？聲、香、味、觸、法界自性聲、香、味、觸、法界自性空故，大乘亦爾，非住非不住。

「善現！如眼識界非住非不住。所以者何？以眼識界自性無住無不住。何以故？眼識界自性眼識界自性空故，大乘亦爾，非住非不住。

「善現！如耳、鼻、舌、身、意識界非住非不住。所以者何？以耳、鼻、舌、身、意識界無住無不住。何以故？耳、鼻、舌、身、意識界自性耳、鼻、舌、身、意識界自性空故，大乘亦爾，非住非不住。

❹觸、受

「善現！如眼觸非住非不住。所以者何？以眼觸自性無住無不住。何以故？眼觸自性眼觸自性空故，大乘亦爾，非住非不住。

「善現！如耳、鼻、舌、身、意觸非住非不住。所以者何？以耳、鼻、舌、身、意觸自性無住無不住。何以故？耳、鼻、舌、身、意觸自性耳、鼻、舌、身、意觸自性空故，大乘亦爾，非住非不住。

「善現！如眼觸為緣所生諸受非住非不住。所以者何？以眼觸為緣所生諸受自性無住無不住。何以故？眼觸為緣所生諸受自性眼觸為緣所生諸受自性空故，大乘亦爾，非住非不住。

「善現！如耳、鼻、舌、身、意觸為緣所生諸受非住非不住。所以者何？以耳、鼻、舌、身、意觸為緣所生諸受自性無住無不住。何以故？耳、鼻、舌、身、意觸為緣所生諸受自性耳、鼻、舌、身、意觸為緣所生諸受自性空故，大乘亦爾，非住非不住。

❺夢、幻乃至變化

「善現！如夢境非住非不住。所以者何？以夢境自性無住無不住。何以故？夢境自性夢境自性空故，大乘亦爾，非住非不住。

「善現！如幻事、陽焰、響、像、光影、空華、變化非住非不住。所以者何？以幻事乃至變化自性無住無不住。何以故？幻事乃至變化自性幻事乃至變化自性空故，大乘亦爾，非住非不住。

❻六波羅蜜

「善現！如布施波羅蜜多非住非不住。所以者何？以布施波羅蜜多自性無住無不住。何以故？布施波羅蜜多自性布施波羅蜜多自性空故，大乘亦爾，非住非不住。

「善現！如淨戒、安忍、精進、靜慮、般若波羅蜜多非住非不住。所以者何？以淨戒、安忍、精進、靜慮、般若波羅蜜多自性無住無不住。何以故？淨戒、安忍、精進、靜慮、般若波羅蜜多自性淨戒、安忍、精進、靜慮、般若波羅蜜多自性空故，大乘亦爾，非住非不住。

❼十八空

「善現！如內空非住非不住。所以者何？以內空自性無住無不住。何以故？內空自性內空自性空故，大乘亦爾，非住非不住。

「善現！如外空、內外空、空空、大空、勝義空、有為空、無為空、畢竟空、無際空、散無散空、本性空、自共相空、一切法空、不可得空、無性空、自性空、無性自性空非住非不住。所以者何？以外空乃至無性自性空自性無住無不住。何以故？外空乃至無性自性空自性外空乃至無性自性空自性空故，大乘亦爾，非住非不住。

❽三十七道品

「善現！如四念住非住非不住。所以者何？以四念住自性無住無不住。何以故？四念住自性四念住自性空故，大乘亦爾，非住非不住。

「善現！如四正斷、四神足、五根、五力、七等覺支、八聖道支非住非不住。所以者何？以四正斷乃至八聖道支自性無住無不住。何以故？四正斷乃至八聖道支自性四正斷乃至八聖道支自性空故，大乘亦爾，非住非不住。

❾佛十力乃至十八佛不共法

「善現！乃至如佛十力非住非不住。所以者何？以佛十力自性無住無不住。何以故？佛十力自性佛十力自性空故，大乘亦爾，非住非不住。

「善現！如四無所畏、四無礙解、大慈、大悲、大喜、大捨、十八佛不共法非住非不住。所以者何？以四無所畏乃至十八佛不共法自性無住無不住。何以故？四無所畏乃至十八佛不共法自性四無所畏乃至十八佛不共法自性空故，大乘亦爾，非住非不住。

❿預流者惡趣生等

「善現！如預流者惡趣生非住非不住。所以者何？以預流者惡趣生自性無住無不住。何以故？預流者惡趣生自性預流者惡趣生自性空故，大乘亦爾，非住非不住。

「善現！如一來者頻來生，不還者欲界生，大菩薩自利生，阿羅漢、獨覺、如來後有生，非住非不住。所以者何？以一來者頻來生乃至如來後有生自性無住無不住。何以故？一來者頻來生乃至如來後有生自性一來者頻來生乃至如來後有生自性空故，大乘亦爾，非住非不住。

⓫預流乃至如來

「善現！如預流非住非不住。所以者何？以預流自性無住無不住。何以故？預流自性預流自性空故，大乘亦爾，非住非不住。

「善現！如一來、不還、阿羅漢、獨覺、菩薩、如來非住非不住。所以者何？以一來乃至如來自性無住無不住。何以故？一來乃至如來自性一來乃至如來自性空故，大乘亦爾，非住非不住。

⓬名字言說等

「善現！如名字、假想、施設、言說非住非不住。所以者何？以名字、假想、施設、言說自性無住無不住。何以故？名字、假想、施設、言說自性名字、假想、施設、言說自性空故，大乘亦爾，非住非不住。

⓭無生無滅等

「善現！如無生無滅、無染無淨、無相無為非住非不住。所以者何？以無生無滅、無染無淨、無相無為自性無住無不住。何以故？無生無滅、無染無淨、無相無為自性無生無滅、無染無淨、無相無為自性空故，大乘亦爾，非住非不住。*52

③結成

「善現！由此因緣，如是大乘雖無所住，而以無二為方便故住無所住。」

(CBETA, T07, no. 220, p. 90, c[17]-p. 92, b[8])

sher phyin: v26, pp. 600[05]-614[20] 《合論》: v50, pp. 622[15]-623[17]

(5)誰乘大乘而出*53

①所乘乘、能乘者、乘時、乘處等法空無所有，故無人乘出

(9.14.6)第二種修道所取分別的對治

卷 417〈出住品 19〉：

「復次，善現！汝問『誰復乘是大乘而出？』者，善現！都無乘是大乘出者。何以故？善現！若所乘乘、若能乘者、若時、若處，如是一切皆無所有不可得故。所以者何？以一切法皆無所有都不可得，如何可言有所乘乘、有能乘者、乘時、乘處？故不可說實有乘是大乘出者。

②明人法二空不可得

「何以故？善現！我無所有不可得故，乘大乘者亦不可得。所以者何？畢竟淨故。如是有情乃至見者亦無所有不可得故，乘大乘者亦不可得。所以者何？畢竟淨故。

「善現！法界無所有不可得故，乘大乘者亦不可得。所以者何？畢竟淨故。真如、實際、不思議界、安隱界等亦無所有不可得故，乘大乘者亦不可得。所以者何？畢竟淨故。

「善現！色無所有不可得故，乘大乘者亦不可得。所以者何？畢竟淨故。受、想、行、識亦無所有不可得故，乘大乘者亦不可得。所以者何？畢竟淨故。

「善現！眼處無所有不可得故，乘大乘者亦不可得。所以者何？畢竟淨故。耳、鼻、舌、身、意處亦無所有不可得故，乘大乘者亦不可得。所以者何？畢竟淨故。

「善現！色處無所有不可得故，乘大乘者亦不可得。所以者何？畢竟淨故。聲、香、味、觸、法處亦無所有不可得故，乘大乘者亦不可得。所以者何？畢竟淨故。

「善現！眼界無所有不可得故，乘大乘者亦不可得。所以者何？畢竟淨故。耳、鼻、舌、身、意界亦無所有不可得故，乘大乘者亦不可得。所以者何？畢竟淨故。

「善現！色界無所有不可得故，乘大乘者亦不可得。所以者何？畢竟淨故。聲、香、味、觸、法界亦無所有不可得故，乘大乘者亦不可得。所以者何？畢竟淨故。

「善現！眼識界無所有不可得故，乘大乘者亦不可得。所以者何？畢竟淨故。耳、鼻、舌、身、意識界亦無所有不可得故，乘大乘者亦不可得。所以者何？畢竟淨故。

「善現！眼觸無所有不可得故，乘大乘者亦不可得。所以者何？畢竟淨故。耳、鼻、舌、身、意觸亦無所有不可得故，乘大乘者亦不可得。所以者何？畢竟淨故。

「善現！眼觸為緣所生諸受無所有不可得故，乘大乘者亦不可得。所以者何？畢竟淨故。耳、鼻、舌、身、意觸為緣所生諸受亦無所有不可得故，乘大乘者亦不可得。所以者何？畢竟淨故。

「善現！布施波羅蜜多無所有不可得故，乘大乘者亦不可得。所以者何？畢竟淨故。淨戒、安忍、精進、靜慮、般若波羅蜜多亦無所有不可得故，乘大乘者亦不可得。所以者何？畢竟淨故。

「善現！內空無所有不可得故，乘大乘者亦不可得。所以者何？畢竟淨故。外空、內外空、空空、大空、勝義空、有為空、無為空、畢竟空、無際空、散無散空、本性空、自共相空、一切法空、不可得空、無性空、自性空、無性自性空亦無所有不可得故，乘大乘者亦不可得。所以者何？畢竟淨故。

「善現！四念住無所有不可得故，乘大乘者亦不可得。所以者何？畢竟淨故。四正斷、四神足、五根、五力、七等覺支、八聖道支亦無所有不可得故，乘大乘者亦不可得。所以者何？畢竟淨故。

「善現！乃至佛十力無所有不可得故，乘大乘者亦不可得。所以者何？畢竟淨故。四無所畏、四無礙解、大慈、大悲、大喜、大捨、十八佛不共法亦無所有不可得故，乘大乘者亦不可得。所以者何？畢竟淨故。

「善現！預流者無所有不可得故，乘大乘者亦不可得。所以者何？畢竟淨故。一來、不還、阿羅漢、獨覺、菩薩、如來亦無所有不可得故，乘大乘者亦不可得。所以者何？畢竟淨故。

「善現！預流果無所有不可得故，乘大乘者亦不可得。所以者何？畢竟淨故。一來、不還、阿羅漢果、獨覺菩提、一切菩薩摩訶薩行、諸佛無上正等菩提亦無所有不可得故，乘大乘者亦不可得。所以者何？畢竟淨故。

「善現！一切智無所有不可得故，乘大乘者亦不可得。所以者何？畢竟淨故。道相智、一切相智亦無所有不可得故，乘大乘者亦不可得。所以者何？畢竟淨故。

「善現！無生無滅、無染無淨、無相無為無所有不可得故，乘大乘者亦不可得。所以者何？畢竟淨故。

「善現！前、後、中際無所有不可得故，乘大乘者亦不可得。所以者何？畢竟淨故。

「善現！若往若來無所有不可得故，乘大乘者亦不可得。所以者何？畢竟淨故。

「善現！若行若住無所有不可得故，乘大乘者亦不可得。所以者何？畢竟淨故。

「善現！若死若生無所有不可得故，乘大乘者亦不可得。所以者何？畢竟淨故。

「善現！若增若減無所有不可得故，乘大乘者亦不可得。所以者何？畢竟淨故。

③諸法不可得因緣

❶一切人法不可得故

1.「復次，善現！此中何法不可得故說不可得？善現！此中法界不可得故說不可得，真如、實際、不思議界、安隱界等亦不可得故說不可得。所以者何？以法界等，非已可得，非當可得，非現可得，畢竟淨故。

2.「善現！布施波羅蜜多不可得故說不可得，淨戒乃至般若波羅蜜多亦不可得故說不可得。所以者何？以布施波羅蜜多等，非已可得，非當可得，非現可得，畢竟淨故。

3.「善現！內空不可得故說不可得，外空乃至無性自性空亦不可得故說不可得。所以者何？以內空等，非已可得，非當可得，非現可得，畢竟淨故。

4.「善現！四念住不可得故說不可得，四正斷乃至八聖道支亦不可得故說不可得。所以者何？以四念住等，非已可得，非當可得，非現可得，畢竟淨故。

5.「善現！乃至佛十力不可得故說不可得，四無所畏乃至十八佛不共法亦不可得故說不可得。所以者何？以佛十力等，非已可得，非當可得，非現可得，畢竟淨故。」

(CBETA, T07, no. 220, p. 92, b^{9}-p. 93, b^{22})

sher phyin: v26, pp. 614^{20}-620^{09} 《合論》: v50, pp. 623^{18}-628^{11}

(9.14.7)第一種修道能取分別的對治

卷 417〈出住品 19〉：

6.「善現！預流者不可得故說不可得，一來乃至如來亦不可得故說不可得。所以者何？以預流者等，非已可得，非當可得，非現可得，畢竟淨故。

「善現！預流果不可得故說不可得，一來果乃至諸佛無上正等菩提亦不可得故說不可得。

所以者何？以預流果等，非已可得，非當可得，非現可得，畢竟淨故。

(9.14.8)第二種修道能取分別的對治

卷 417〈出住品 19〉：

7.「善現！無生無滅、無染無淨、無相無為不可得故說不可得。所以者何？以無生等，非已可得，非當可得，非現可得，畢竟淨故。

❷十八空中十地不可得、嚴土熟生不可得、五眼不可得

1.十地畢竟淨不可得

「善現！初地不可得故說不可得，乃至第十地亦不可得故說不可得。所以者何？以初地等，非已可得，非當可得，非現可得，畢竟淨故。

「善現！此中云何十地？謂淨觀地、種姓地、第八地、具見地、薄地、離欲地、已辦地、獨覺地、菩薩地、如來地，是為十地。

「善現！內空中初地不可得故說不可得，乃至無性自性空中初地不可得故說不可得；內空中第二地乃至第十地不可得故說不可得，乃至無性自性空中第二地乃至第十地不可得故說不可得。所以者何？以於此中初地等，非已可得，非當可得，非現可得，畢竟淨故。

2.成熟有情畢竟淨不可得

「善現！內空中成熟有情不可得故說不可得，乃至無性自性空中成熟有情不可得故說不可得。所以者何？以於此中成熟有情，非已可得，非當可得，非現可得，畢竟淨故。

3.嚴淨佛土畢竟淨不可得

「善現！內空中嚴淨佛土不可得故說不可得，乃至無性自性空中嚴淨佛土不可得故說不可得。所以者何？以於此中嚴淨佛土，非已可得，非當可得，非現可得，畢竟淨故。

4.五眼畢竟淨不可得

「善現！內空中五眼不可得故說不可得，乃至無性自性空中五眼不可得故說不可得。所以者何？以於此中五眼，非已可得，非當可得，非現可得，畢竟淨故。

④以不可得故，菩薩乘大乘出一切智智

「如是，善現！諸菩薩摩訶薩修行般若波羅蜜多時，雖觀諸法皆無所有都不可得，畢竟淨故，無乘大乘而出住者，然無所得而為方便乘於大乘，從三界生死中出，至一切智智中住，窮未來際利樂有情。」*53

(CBETA, T07, no. 220, p. 93, b[22]-p. 94, a[1])

sher phyin: v26, pp.620[09]-624[12] 《合論》: v50, pp. 628[12]-631[06]

註解：

*1 菩薩摩訶薩披大乘鎧

(1)何等是大乘鎧？ (大乘鎧所行法)

在菩薩摩訶薩六波羅蜜莊嚴、四念住乃至八聖道支莊嚴、十八空莊嚴、如來十力乃至十八佛不共法莊嚴、一切智、道相智、一切相智莊嚴，是為大乘鎧。

若菩薩摩訶薩能自變身如佛，光明照三千界乃至十方諸佛世界，與諸有情作饒益事，是為大乘鎧。

①六波羅蜜能披大乘鎧

由此定等無悔歡喜安樂所引，欲界不爾。(然非欲界中，於法全無審正觀察)

❶布施波羅蜜

在菩薩摩訶薩披如是諸功德鎧，以諸善法果報故，得菩薩大神通力。

1.為出家好道有情，化作佛身，故大光明照十方界，大地六三變動，令有情發心行善法，隨其所應而為說法，令得三乘。

2.為在家好樂有情，化身為轉輪聖王，變三千世界悉為琉璃(為不障礙故)，乘七寶車隨有情所需，皆令充足，然後為說菩薩法。

菩薩住大乘中，以財施、法施利益有情。有情聞已，行六波羅蜜乃至十八佛不共法，常不捨離。菩薩住是變化中，於諸法不生著相，亦不自高。

譬如幻師化作種種物，隨人所需，悉能與之，而實無所與、受者、用者，以是虛誑故。菩薩亦如是，雖作佛身、轉輪聖王，以財、法施有情，雖有所為而無其實，以諸法性相畢竟空如幻故。

❷例餘五度

餘五波羅蜜亦如是，隨義分別。

此中布施、淨戒波羅蜜因緣故，人中富貴，作轉輪聖王。餘波羅蜜，或作梵王，或作法身菩薩。

❸十方隨緣現身，自住六度亦教化有情令行六度

於十方世界中，隨所應度，作種種因緣說法，令有情住六波羅蜜。

②誓願利益安樂一切有情是為披大乘鎧

決定誓願是大乘鎧，所謂以一切智智相應作意，大悲為首，用無所得為方便，利益一切有情，不雜聲聞、獨覺作意。

❶不作是念：我度若干人令住布施波羅蜜，不能度餘人；乃至佛十力等亦如是。

亦不作是念：我令若干人得預流果，不能令餘人得；乃至佛無上菩提亦如是。

❷我當悉令無量無邊有情住諸功德中，布施波羅蜜乃至佛無上菩提。

如同前說之幻師喻。

如是菩薩誓願是為被大乘鎧，菩薩雖有所為而無其實，以諸法性相皆如幻故。

(2)不披諸功德鎧是為披大乘鎧

①披大功德鎧相空

諸法自相空：

色空、色相空；蘊、處、界、觸、受諸法空，諸法相空；

六波羅蜜、十八空、三十七道品乃至十八佛不共法空，諸法相空；菩薩摩訶薩空，菩薩摩訶薩相空；披大功德鎧空，披大功德鎧相空。

若菩薩知披「大功德鎧空」、「披大功德鎧相空」義，當知是為被大乘鎧。

②披大乘鎧不為難

色、色中定相不可得，乃至十八佛不共空亦爾；披大功德鎧相空義，亦易行易得。若菩薩能如是知諸法空寂滅相，而不捨本願、精進修學，披大乘鎧非是難得。

(3)人法二空無造作，菩薩披大乘鎧

有情不可得故，作者不可得；作者不可得故，一切智智非起非作相。

諸作法皆是虛誑，一切智智非作法(無造無作)，有情亦非作法(無造無作)。

①人法二空，無造無作

蘊、處、界、觸、受諸法非造非不造、非作非不作，以畢竟不可得故。(法空)

我乃至知者、見者非造非不造、非作非不作，以畢竟不可得故。(人空)

②例諸餘法無造無作

❶夢幻等喻

夢幻等喻都無所作。

有說：諸法中無有定作相，如幻雖無實事，而亦有來去等相。

佛說：如夢如幻等都無作相，畢竟不可得故。

❷十八空、三十七道品乃至十八佛不共法

內空等無所作、四念住等無所作，乃至十八佛不共法亦無所作。

有說：十八空能破一切法，是則有用，是則為實，故說有作。

佛說：內空等無所作，如是乃至十八佛不共法亦無所作，畢竟不可得故。

❸真如、法性、實際等

真如、法性、實際等都無所作。

有說：十八空有為，虛誑無實，故可無作；真如、法性等無為法是實法，可為有為法作因，故應當有作。

佛說：真如、法性等法無作，畢竟不可得故。

❹佛、菩薩、一切智等

佛、菩薩、一切智等亦無所作。

有說：佛、菩薩、一切智等是實法，能有所作。

佛說：是法亦畢竟空，無所作，作相因緣生故。

(4)披無縛無解大乘鎧

①明諸法無縛無解

(問)若五蘊乃至諸法畢竟空無有作者，則誰縛誰解？

(答)凡夫人法虛誑不可得，故非縛；聖人法畢竟空不可得，故非解。

❶如夢等、三世、善不善等五蘊一切法，乃至真如實際等法皆無縛無解，以無所有故、遠離故、寂靜故、無生故、無滅故、無染故、無淨故。

❷住此「不縛不解菩薩道」，諸煩惱不隨墮凡夫中，故「不縛」；亦不以諸無漏法破煩惱，故「不解」。

②無縛無解故得益

教化有情，淨佛國土，乃至五眼、神通、諸陀羅尼、三摩地門常不離佛，及安立有情於三乘亦無縛無解，以諸法無所有、遠離寂靜、不生、畢竟空故。如是等因緣，名菩薩披無縛無解大乘鎧。

***2 六種變動**(震動)　《大般若經》初分緣起品　　參考第 10 義 P.10-93

大地震動有三種之六動。

(1)動六時：佛入胎、出胎、成道、轉法輪、天魔勸請捨命、入涅槃。《長阿含經》2

(2)動六方：東、西、南、北、邊、中。東涌西沒、西涌東沒、南涌北沒、北涌南沒、邊涌中沒、中涌邊沒。

(3)動六相：動、踊、震、擊、吼、爆。《大品般若經》1

此六種各有小、中、大三相。(小可指一地，中(極)指四大洲，大(等極)指三千大千世界。)

①動、極動、等極動。　②踊、極踊、等極踊。　③震、極震、等極震。

④擊、極擊、等極擊。　⑤吼、極吼、等極吼。　⑥爆、極爆、等極爆。

***3 六波羅蜜是大乘相**

(1)般若、大乘不異

般若波羅蜜與大乘，名異義一。(大乘不異般若波羅蜜，般若波羅蜜不異大乘。)

①大乘法即是佛道，行六波羅蜜得成佛；而六波羅蜜中，般若波羅蜜為第一大者。

②若說般若波羅蜜，則攝六波羅蜜；若說六波羅蜜，則從初發心乃至成佛，具說菩薩道。

菩薩從初發心，修集善法及可度有情之種種法，或佛說、或菩薩說、或聲聞說、或諸得道天說，是事和合皆名大乘法。此中般若波羅蜜最大，諸餘助道法，若無般若波羅蜜和合，則不能至佛，以是故，一切助道法皆是般若波羅蜜。

③能知菩薩摩訶薩相，即是行般若波羅蜜。先說菩薩句義，後說摩訶薩義；摩訶薩義中，有大功德義、大乘義。雖有功德鎧，若不乘快馬(大乘)則不能至。

(2)大乘五義

1.何等是大乘相？　2.云何發趣大乘？　3.從何處出，至何處？

4.當住何處？　5.誰乘是大乘而出？

(3)先說大乘相

①六波羅蜜攝一切善法

六波羅蜜是大乘體，攝一切善法，故先說。

其後廣分別其義，如諸空、四十二字門是般若波羅蜜義，諸三摩地是靜慮波羅蜜義。

②菩薩欲滅六道有情苦，故生六波羅蜜

六道有情皆受身心苦。

地獄有情拷掠苦，畜生中相殘害苦，餓鬼中飢餓苦，人中求欲苦，天上離所愛欲時苦，阿修羅道鬪諍苦。

菩薩生大悲心，欲滅有情苦，故說六波羅蜜。

(4)六波羅蜜是大乘相

①布施波羅蜜

佛以五相說布施。

❶一切智智相應心而行

此緣佛道、依佛道。(此為起諸福德之因緣)

此中但求一切智智，不求今世名聞恩分，亦不求後世轉輪聖王、天王富貴處；欲具一切智等諸佛法以度有情，而不求涅槃。

❷大悲為首：如是布施之福德果報，與一切有情共用。

❸用無所得為方便：得諸法實相般若波羅蜜氣分故，布施波羅蜜非誑非倒，亦無窮盡。

❹捨內外所有：自捨亦勸他捨內外所有，則捨一切諸煩惱。

(內者，頭、腦、骨、肉等；外者，國土、妻、子、七寶、飲食等。)

❺迴向一切智智：以此布施，但求佛道，不求餘報。(此為施福果)

②淨戒波羅蜜

❶十善道為總相戒，攝一切戒，別相則有無量戒。

❷菩薩持戒，以十善道為根本，為不惱有情之近因緣，餘戒則是不惱有情之遠因緣。

比丘戒、比丘尼戒等出家戒，為速得涅槃不受後有，故以婬戒為先，而五戒、八齋戒等在家戒則重求今世後世福樂，以不殺戒為先。

在家、出家菩薩不為求福樂，也不為速求涅槃，而於無量世中以十善道為基礎，廣度一切有情，此十善道，非盡形壽受持，而是直到成佛為止。

❸十善道有佛無佛常有，屬性戒，若犯雖懺悔而罪猶不除。

❹自行十善，亦教他人，七事是戒，三為守護，通名為淨戒波羅蜜。

③餘波羅蜜亦如是，隨義分別。

④別明「用無所得為方便」

佛不稱著心取相行諸善道，以虛誑住世間，終歸於盡故。若著心修善，易可得破；若著空生悔，還失是道。初習行菩薩，著心取相則易破，若體得實相之菩薩，以大悲心行眾行，難可得破。以是故，雖用無所得心行眾行，心亦不弱，不生疑悔。

*4 諸空是大乘相

空之理解有二：一者，諸法空不是空諸法本身，而是破對於法之妄執；二者，法本身不待被破，本就是空。《般若經》之空「不以空色故空，色即是空，空即是色」者，即是指「諸法作為性是空」，此為性的立場，指法的無生無滅，是勝義諦；而不是「滅去修行者之執著」，此為修的立場，指的是滅有成無，是為世俗諦。(前者之空是名詞、形容詞；後者之空是動詞。)

(1)十八空非常非壞

①非常非壞義

❶緣起性空雙運結合

世俗諦：緣起所顯萬法非實有。(法非常)

勝義諦：性空非無。(法性非壞)

二諦俱無自性，無生住滅之變化故，不落常邊、不落斷邊。

❷空中無真實之常與壞

不生不滅、不垢不淨、不增不減，無來處去處。

因緣和合時無所起，離散時無有滅。

❸不習此空必墮二邊

1.墮常

若諸法實有，則無滅義，墮常中。若人從未來世入現在世，現在世入過去世，執三世實有，如是則不滅；如人出一舍入一舍，眼雖不見，不名為無。

2.墮斷

若行者以有為患，用空破有，心復貴空而著於空，則墮斷滅。

②十八空非常非壞是大乘相

以是故，行是空以破有(非常)，亦不著空(非滅)。

離是二邊，以中道行是十八空，以大悲心為度有情，是故十八空後皆言「非常非壞」，是名大乘相。若人異此者，則是戲論狂人，於佛法中空無所得。

(2)內空、外空、內外空

為對治常、樂、我、淨四顛倒，故於內法、外法、內外法修習四念住等，觀空三摩地相應，而成立內空、外空、內外空。此三空共同之空義是無我、無我所。

①內空　　(內法：眼、耳、鼻、舌、身、意)

❶由眼空，眼非常非壞。

眼依眼而空 (cakṣus cakṣusā śūnyaṃ)，本性(prakṛti)非常非壞(akūṭasthāvināśitā)故。

❷眼作為眼是本來空。

❸無我(主觀的我，眼等)、無我所(客觀的我所，眼之所見等)，此即是空。

②外空　　(外法：色、聲、香、味、觸、法)

由色空，色非常非壞。

③內外空　　(內外法：內六處及外六處)

❶由內法空，外法非常非壞。

❷由外法空，內法非常非壞。

(3)散無散空

①散謂有放(avikiraṇa)、有棄(chorana)、有捨(utsarga)可得。

無散謂無放、無棄、無捨可得。

②散空

《大般若》初會稱為「無變異空」。

③無散空

《放光般若》稱「無作空」，於諸法不捨棄。

《光讚般若》稱「不分別空」，無能捨無所住。

(4)本性空

本性(法之自體)，非一切聖者所作，亦非餘所作。

(5)一切法空

一切法非常非壞，以一切法本性空故。

此中一切法指蘊、處、界，有色無色，有見無見，有對無對，有漏無漏，有為無為法。

①有見有對法

有見指眼可見；有對指對待、障礙義(可遮擋、可障礙、可碰觸、可破壞)。

②有十一種色法《大乘廣五蘊論》

❶有見有對：色塵(顯色)； ❷無見有對：五根、四塵(聲、香、味、觸)；

❸無見無對：無表色(有表業所生色，三摩地所生色)

(6)自共相空

自相謂一切法自相，如變礙相、領納相、取像相、造作相、了別相等。

共相謂一切法共相，如苦、無常、空、無我等。

《梵本十萬頌》除五蘊外，又詳述六波羅蜜、四靜慮、四無色定，乃至一切智智相。

(7)不可得空

三世諸法不可得，以自始(本來)清淨故。(十六空者不說此空)

(8)無性空、自性空、無性自性空

①梵本之《二萬五千頌般若》《十萬頌般若》《現觀莊嚴論》皆略去「無性空」「自性空」，只將「無性自性空」拆開來說。

②《摩訶般若》稱「無法有法空」。

❶諸法中(本來)無法。(勝義諦)

❷諸法和合中，有自性相。(世俗諦)

合此為「無法有法空」。

③《大智度論》無法與有法相不可得，故名無法有法空。

④梵本《現觀莊嚴論》

無性自性空：結合之法，緣起故無自性，只是以和合為性(bhāva)。

(9)四空

漢譯本別說此四空，梵本則以此為含於二十空之最後四空。

①有性由有性空

《二會》413，有性謂有為法。(略去五蘊說)

《三會》488，《初會》51，有性謂有為法即是五蘊，如是有性由有性空，色等五蘊不可得故，無生性故。

梵本《現觀莊嚴論》，有性(bhāva)是取蘊之相。(蘊者聚義，非實體性。)(他本以 bhāva 為五蘊。)

②無性由無性空

《放光般若》以無為空無所成，無所成為空，空者亦非知可作，亦非見可見。

③自性由自性空

梵本《二萬五千頌》自性實是無顛倒之本性。

梵本《現觀莊嚴論》非依聖者之知見所造。(知見照如實義)

④他性由他性空

❶法住乃至實際十法，若佛出不出世，如是而住。

❷此十法皆由他性故空。此他性皆緣起之相依性。(依他之緣起性)

❸十法

1.真如

2.法界：諸法所依之所。(聖法因義)

3.法性：諸法之體性。(緣起法本來如此，非佛作非餘作)

4.不虛妄性：湛然離倒。

5.不變異性：無生滅變異。(無我實性，常無改轉)

6.平等性：遍諸法無差別。

7.離生性：法決定性，離生滅。

8.法定：法性常住。(諸法其性定有)

9.法住：諸法住於真如之法位。(世間緣起法，有其不變性，住於其位如如不動。)

10.實際：諸法性真實之際極。(非顛倒依緣事)

11.虛空界：以喻理體之周遍法界，故云虛空界。(無色性容一切所作業)

12.不思議界：理體絕言思，故云不思議界。(名言路絕，尋思道息)

前十法，若加 11.、12 即是十二真如。(十二無為，見《大涅槃經》《大般若》296)

⑤無性空、有性空、他性空

此三為佛地之空。

❶無性空：依斷微細礙無明(有習氣之任運煩惱障)之所依性(他性)之義。

❷有性空：依斷微細著無明(有習氣之微所知障)之所依性(他性)之義。

❸他性空：依自然性之義。得七種清淨、離生清淨及清淨圓滿法身，於一切應知境得無著無礙見及智。

(10)別釋四空

前盡說十八空為廣釋其義，今為易持故略說其要。

①有性由有性空 (有性空，由有性之相空故)

有性指有為法，其相(性)不可得，如色中，色相不可得。又，法中不生法故，名「有性由有性空」。

②無性由無性空 (無性空，由無性(相)故)

無性指無為法，其相(性)不可得。

破生故言「無生」，破住故言「無住」，破滅故言「無滅」。此中皆從生、住、滅邊有此名，更無別無生、無滅法。「無相」亦如是。

③自性由自性空 (自性空，諸法自性本空故)

自性指諸法自性。自性有二：

❶世間法，如地之堅性；❷聖人所知真如、法性、實際等。

此自性空非由智所作、非由見所作、非餘所作故空。

④他性由他性空 (諸法自性空外，無有他性不空)

有佛出世、不出世，真如、法性、實際等(無為法所攝)，非以空慧觀故令空，本性自空故。若人觀時分別真如等是五蘊等法之實相；又未善斷見結故，處處生著，謂過此真如、法性、實際等諸法空，更有餘法(他性)，故說「過此真如、法性、實際等亦空。」

是名他性由他性空。

(11)諸空義之參考資料

①參考資料 9-1「般若系的空性種類」

②參考資料 9-2「唯識系(瑜伽行派)空性種類及特色」

③參考資料 9-3《中邊分別論》《十八空論》之空性說

④參考資料 9-4「空思想與唯識思想」　　⑤參考資料 9-5「有與無」

*5 三摩跋提與三摩地 (參考《攝大乘論記要》P.495)

(1)《瑜伽師地論》11 《解深密經疏》8

三摩呬多地 samāhita

①唯此等名等引地，非於欲界心一境性。

由此定等無悔歡喜安樂所引，欲界不爾。(然非欲界中，於法全無審正觀察)

此亦名善心一境性。

❶善心：以是無悔、歡喜、安樂之所引故。(而欲界亦有心一境性，但非唯善。)

❷心一境性：心一境性雖通定、散位，但此等引唯是定。

(三摩呬多地者，謂勝定地，離沉掉等，平等能引、或引平等、或是平等所引發故，名等引地。此通目一切有心無心諸定，皆能平等引功德故。)

②此地中略有四種

❶靜慮 dhyāha

謂四靜慮。　(從離生有尋有伺靜慮、從定生無尋無伺靜慮、離喜靜慮、捨念清淨靜慮)

❷解脫 aṣṭau vimokṣaḥ

謂八解脫。　(依八種定力捨卻對色及無色之貪)

(有(內)色觀(外)諸色解脫、內無色想觀外諸色解脫、(內外)淨解脫身作證具足住解脫、空無邊處解脫、識無邊處解脫、無所有處解脫、非想非非想處解脫、想受滅身作證具足住解脫。)

(澄神審慮，專思寂想，鎮靜念慮。通有心無心二定，唯色界。)

❸等持(三摩地 samādhi)

謂三三摩地(空、無願、無相)；有尋有伺、無尋唯伺、無尋無伺；大、小、無量；一分修、具分修；喜俱行、樂俱行、捨俱行；四修定；五聖智三摩地；聖五支三摩地；有因有具聖正三摩地；金剛喻三摩地；有學、無學、非學非無學等三摩地。

(能修此定離沉浮故，心則端直，安住一境不動，即心之平等攝持。又名正心行處、正定、正意、調直定。此目心數中等持一法，通攝一切有心位中心一境性，通定散位。然諸經論就勝但說空無願無相名三摩地。)

❹等至(三摩缽底 samāpatti)(三摩跋提)

謂五現見三摩缽底(觀內身種種不淨、觀白骨識於中行、觀白骨識於中行住今世後世、觀白骨識於中行不住今世但住後世、觀白骨識於中行不住今世後世(婆沙 40、瑜伽 12))

八勝處三摩缽底、十遍處三摩缽底、四無色三摩缽底、無想三摩缽底、滅盡定等三摩缽底。

(謂彼寂靜至極處故名等至。能修此定，正受現前，大發光明慶快殊勝，處染不染無有退轉，已至身心平等安和狀態，為三摩地之進境。此通目一切有心無心諸定位中所有定體。

諸經論中，就勝唯說五現見等相應諸定，名為等至。不通散位。)

(2)《大毘婆沙》162

等持：以一物為體；為一剎那。(有不定心相應等持，但為等持非等至)

等至：以五蘊為體；為相續。(無想等至、滅盡等至，此二無心定為等至，非等持。)

(3)《俱舍論光記》6

三 摩 地：通定散；唯有心位；通善惡無記三性。

三摩缽底：唯在定；通有心無心。

(三摩跋提與三摩提所指不同，但本論此段與後述之四三摩提所述，則似乎不分。)

*6 菩薩定與二乘定 (參考《攝大乘論記要》P.470, 471)

菩薩戒與二乘戒既有差別，戒為定依止，定依戒得成，則菩薩定與二乘定亦應有差別。

(1)略說差別

只明六種差別。(依境差別、眾類差別、對治差別、隨用差別、隨引差別、由事差別。)

(2)廣說差別

大乘藏所立三摩跋提，廣說體類差別有五百種。

小乘《清淨道論》所立三摩跋提，體類差別有六十七種。

①《大智度論》

(卷 5)復有人言：「一切三昧法有二十三種」。有言：「六十五種」。有言：「五百種」。

摩訶衍最大故，無量三昧…。

(卷 17)禪定相，略說有二十三種：八味、八淨、七無漏。

②《大毘婆沙論》169

❶如前所說等至略有二十三種：

謂靜慮有十二(四味相應、四淨、四無漏)，無色有十一(四味相應、四淨、三無漏)。

❷此二十三若廣建立，成立六十五等至：

謂前二十三加四無量、四無礙解、八解脫、八勝處、十遍處、六通、無諍、願智所依。

③《清淨道論》覺音造

有四十業處，為四十種定境：

十遍、十不淨、十隨念、四梵住、四無色定、食厭想、界差別。

(此中界差別及入出息念修可轉為修毘婆舍那，其餘三十八業處純為修奢摩他。)

④《解脫論道》優婆底沙造(upatiṣya)

說有三十八種。

(3)<u>大乘禪定之特點</u>

①《阿含經》中敘述戒定慧之修證次第，是以四禪為定學。四禪是得五通四果，得辟支佛及成佛之所依止，此是聲聞佛教之說，並不能表顯菩薩禪定之特色。

②菩薩摩訶薩修習禪定成為禪波羅蜜多，另有其不可或缺之內容。

「云何靜慮波羅蜜多？

若以一切智智相應作意，大悲為首，用無所得為方便，

自方便善巧入諸靜慮、無量、無色，終不隨彼勢力受生，亦能勸他方便善巧入諸靜慮、無量、無色，不隨彼定勢力受生，

持此善根與一切有情同共迴向一切智智，是為菩薩摩訶薩靜慮波羅蜜多。」(9.1.11)

❶以一切智智相應作意。(與菩提心相應)

❷大悲為首。(與大悲心相應)

❸以無所得而為方便。(與般若波羅蜜多相應)

❹與一切有情同共迴向一切智智。(迴向一切智智)

除了應有之菩提心、大悲心、般若波羅蜜多與迴向一切智智外，禪法之內容，如四禪、四無量心、四無色定、八解脫、九次第定、師子奮迅三昧、超越三昧等，與[阿含經]所傳之禪法相同。

③菩薩摩訶薩雖得靜慮、無量、無色， (7.6)

❶但不味著，亦不隨彼勢力受生，亦不為彼勢力所引。

❷住遠離見、寂靜見、空無相無願見而不證實際，不入聲聞獨覺地，超越一切聲聞獨覺。

④菩薩入禪定而無所依，不依色受想行識，不依地水火風空識，不依今世後世；與般若波羅蜜多相應，體悟一切本淨而得平等。

⑤《阿含經》重四禪，初期大乘則重於三昧及三摩缽底。《阿含經》每以三昧隨觀慧之內容而立三昧名。大乘法門之根本是體達一切本不生滅，本自寂滅，所以大乘三昧是從無量法門而入的，一切法無量，故三昧數也無量。

大乘經之種種三昧，或依觀慧說，或約定的內容或作用說，也有約譬喻說。三昧雖多，但當時大乘行者之修證中，首楞嚴三昧、般舟三昧、如幻三昧、一相(一行)三昧，似乎較受重視。初期大乘經中，則有不少以三昧為名之經典。

般舟三昧經	菩薩念佛三昧經
首楞嚴三昧經	金剛三昧經
慧印三昧經	佛說金剛三昧本性清淨不壞不滅經
自誓三昧經	力莊嚴三昧經
佛印三昧經	佛說弘道廣顯三昧經
法華三昧經	如幻三昧經
念佛三昧經	月燈三昧經
伅真陀羅所問如來三昧經	賢劫三昧經

⑥智證大乘，本是般若與三昧不相離，但在發展中分化了。三昧行者重阿蘭若頭陀行，非常精進，多數捐棄睡眠，如般舟三昧常修經行，《賢劫三昧經》在行住坐三威儀中修而不睡眠。聲聞行者攝心入定，是以坐為主，入定時，五識不起，沒有見色聞聲等作用，唯是定中意識的內心明淨。菩薩三昧行的特色，不偏於靜坐，而在行住坐中修習，認為一切威儀，往來、舉止、語默、動靜，無不可修定入定。

*7 別說其餘經論之三摩提

(1)<u>善立定王三摩地</u>(samādhi-rāja-supratiṣṭhito nāma samādhiḥ)

又名三昧王安立三昧，指諸三昧中，其力用利益最勝者，有說是首楞嚴三昧之異名。

《大品般若經》5 以佛所入之定為「三昧王三昧」。

《放光般若經》1 「其三昧名三昧王，一切三昧，悉入其中」。

《大智度論 7》 「此三昧於諸三昧中最第一自在，能緣無量諸法，如諸人中王為第一。…

一切諸三昧，皆入其中，故名三昧王三昧。譬如閻浮提眾川萬流皆入大海，亦如一切人民皆屬國王。」

《增一阿含經》「舍利弗，以此方便，知空三昧者，於諸三昧最為第一，三昧王三昧者，空三昧是也。」

(2)師子奮迅三摩地 《增一阿含》18，《舊華嚴》44，《新華嚴》40，《南本涅槃》35

又名師子威三昧、師子嚬伸三昧。

於所依之定中，如獅子王之奮迅勇猛，現佛之大威神力，故稱師子奮迅三昧。

《華嚴經》法界次第卷中說之甚詳。

謂世間獅子迅速奮掙塵土，超越前後疾走之諸獸。

此三昧可分二種：

①奮除細微無知之惑。

②出入捷疾無間。

❶入禪奮迅三昧，遠離欲界之惡不善法，入有覺有觀之色界初禪，如是次第入於二禪、三禪、四禪、空處、識處、無所有處、非想非非想處、入滅受想定等諸禪定之三昧。

❷出禪奮迅三昧，乃從滅受想定起，還入非想非非想處，由非想非非想處起，入無所有處，如是識處，空處、四禪、三禪、二禪、初禪，乃至出散心中之三昧。

(入出禪奮迅三昧又併稱為二種師子奮迅三昧。)

(3)如幻三昧 《大智度論》50

指通達一切諸法如幻之理之三昧，亦指變現種種如幻之事之三昧。

此三昧如幻師之變現男女、兵眾等，皆能如意而無所拘礙。

菩薩住於此三昧中，雖以如幻三昧之變化無礙廣度眾生，亦了知一切諸法如幻之理，故菩薩不執著度化眾生之相而化用自在。

此如幻三昧為二十五三昧之一，用於破二十五有中之南閻浮提有。

(4)報生三昧 《大品般若》6，《十地經論》9，《往生論》下

為第八地以上之法身菩薩所得之三昧，由第八地之果報而生者。

入此三昧，其心自然無功用，能任運無作示現種種身，以濟度眾生或供養佛。(八地菩薩除得報生三昧外，亦住如幻三昧)

《智論》50「得報生三昧，如人見色，不用心力。住是三昧中度眾生，安穩勝於如幻三昧，自然成事，無所役用。如人求財，有役力得者，有自然得者。」

可知如幻三昧與報生三昧之區別在於用心力與否，然其說法度生、供養則相同。

據《往生論註》卷下，八地以上菩薩由此報生三昧，得證平等法身。

即由報生三昧之神力，能於一時一念中遍於十方世界，示現種種教化，常作種種佛事，而並無往來、供養、度脫之想。

(5)十六三昧 《法華經》7

妙音菩薩已得百千萬億恆河沙等諸大三昧，而總括成十六三昧。

①妙幢相三昧：三千之體，寂而豎超一切，無相而相。

②法華三昧：說圓融之法，譬喻奇特。

③淨德三昧：性淨無穢，具常樂我。

④宿王戲三昧：照權智機，善巧逗會。 ⑤無緣三昧：緣平等大慧。

⑥智印三昧：以一心三智印一切法無非佛法。

⑦解一切眾生語言三昧：眾生之語言能了解無礙。

⑧集一切功德三昧：集諸三昧之功德。

⑨清淨三昧：六根無染，互融自在。 ⑩神通遊戲三昧：遊諸世間，自在化眾生。

⑪慧炬三昧：以平等大慧之炬，除無明之暗。

⑫莊嚴王三昧：性具萬德，緣了莊嚴，融妙自在。

⑬淨光明三昧：其性清淨照明，離諸垢染。

⑭淨藏三昧：一念之淨心能含攝權實一切功德。

⑮不共三昧：不共淺劣之偏小。 ⑯日旋三昧：依實智之空而不住於空。

(6)二十五三昧 《南本涅槃經》13，《法華玄義》4

有二十五三昧破三界二十五有，亦稱三昧之王。

①無垢三昧：壞地獄有。 ②不退三昧：壞畜生有。

③心樂三昧：壞惡鬼有 ④歡喜三昧：壞阿修羅有。

⑤日光三昧：斷東弗婆提有。 ⑥月光三昧：斷西瞿耶尼有。

⑦熱燄三昧：斷北鬱單越有。 ⑧如幻三昧：斷南閻浮提有。

⑨不動三昧：斷四天處有。 ⑩難伏三昧：斷三十三天有。

⑪悅意三昧：斷炎摩天有。 ⑫青色三昧：斷兜率天有。

⑬黃色三昧：斷化樂天有。 ⑭赤色三昧：斷他化自在天有。

⑮白色三昧：斷初禪有。 ⑯種種三昧：斷大梵天有。

⑰雙三昧：斷二禪有。 ⑱雷音三昧：斷三禪有。

⑲注雨三昧：斷四禪有。 ⑳如虛空三昧：斷無想有。

㉑照鏡三昧：斷淨居阿那含有。 ㉒無礙三昧：斷空處有。

㉓常三昧：斷識處有。 ㉔樂三昧：斷不用處有。

㉕我三昧：斷非想非非想處有。

(7)三三昧

①有尋有伺三摩地

無尋唯伺三摩地

無尋無伺三摩地

②空三昧　無相三昧　無願三昧

(8)①唯識經論

煖位：光得三摩提　頂位：光增三摩提

忍位：入真義一分三摩提(印順定)　世第一位：無間三摩提

②《攝大乘論》

大乘光三摩提　集福德王三摩提

賢護三摩提　首楞嚴三摩提

(9)《佛說金剛三昧本性清淨不壞不滅經》 T15, No. 644

①世尊…結加趺坐，　　入 1.滅意三昧，身心不動。

從滅意三昧起，　　入 2.師子吼意三昧。

從師子吼意三昧起，　　入 3.師子奮迅王三昧。

從師子奮迅王三昧起，　　入 4.大光明王三昧。

從大光明王三昧起，　　入 5.大悲王相三昧。

從大悲王相三昧起，　　入 6.無緣慈想三昧。

從無緣慈想三昧起，　　入 7.勝意慈三昧。

從勝意慈三昧起，　　入 8.大空三昧。

從大空三昧起，　　入 9.如相三昧。

從如相三昧起，　　入 10.解脫相三昧。

從解脫相三昧起，　　入 11.不壞不滅王三昧。

從不壞不滅王三昧起，　　入 12.金剛三昧。

從金剛三昧起，　　入 13.大空涅槃相三昧。

②彌勒當知，菩薩摩訶薩住首楞嚴三昧已，修百三昧門，然後乃入金剛三昧。何等為百？

1.性空王三昧	2.空海三昧	3.空界三昧	4.滅空意三昧
5.大空三昧	6.不住空相三昧	7.不見心相三昧	8.智印空相三昧
9.虛空不住相三昧	10.空王不壞滅相三昧	11.大強勇猛力王三昧	12.華嚴三昧
13.普現色身光明王三昧	14.日光三昧	15.日藏三昧	16.日光赫奕三昧
17.普日三昧	18.集音聲三昧	19.默然光三昧	20.滅境界相三昧
21.動相三昧	22.大動相三昧	23.遍動相三昧	24.普遍動相三昧
25.普踴三昧	26.普吼三昧	27.普莊嚴三昧	28.師子相三昧
29.師子力王三昧	30.師子吼力王三昧	31.日耀三昧	32.慧炬三昧
33.普門三昧	34.蓮華藏三昧	35.不壞淨三昧	36.滅度意三昧
37.寶印三昧	38.動魔相三昧	39.堅住諸空相三昧	40.普滅意三昧
41.起靜意三昧	42.莊嚴相好三昧	43.法王位明三昧	44.法輪現三昧
45.金剛藏三昧	46.金剛幢三昧	47.金剛印三昧	48.金剛聚三昧
49.大慈王三昧	50.無行慈三昧	51.大悲勝意三昧	52.不住悲相三昧
53.日輪光明三昧	54.滅眾相降伏眾魔三昧		55.勝意慈三昧
56.琉璃光照三昧	57.七寶果光三昧	58.佛集藏三昧	59.功德滿勝三昧
60.方便慧三昧	61.無慧相三昧	62.大海光三昧	63.佛海滿三昧
64.普海三昧	65.海智三昧	66.不動慧三昧	67.過去佛印三昧
68.集陀羅尼三昧	69.陀羅尼印綬三昧	70.八辯才三昧	71.具梵音三昧
72.白毫海三昧	73.智慧光三昧	74.黠慧三昧	75.諸佛印文三昧
76.白光踊出光明王三昧	77.方便慧淨首楞嚴三昧		78.須彌頂三昧
79.梵頂三昧	80.眾通光三昧	81.通慧光三昧	82.甘露勝三昧
83.淨五眼三昧	84.天眼印三昧	85.慧眼印三昧	86.法意珠三昧
87.虛空色三昧	88.心不著三昧	89.滅言說三昧	90.無心意三昧
91.戒具慧三昧	92.頂勝士三昧	93.調御意三昧	94.不見慧三昧

95.斷十二因緣三昧　96.金剛光慧三昧　97.摩尼焰三昧　98.金剛坐顯現三昧
99.法輪王吼力三昧　100.印王印三昧

③此百三昧，從道種智十波羅蜜生。…此諸三昧，如金剛山不可沮壞，畢竟住於大空邊際，亦復遊入無相法界，於諸法中不見來去及住滅相，其心寂然，即得超入金剛三昧。金剛三昧…不滅結使海自竭，不斷生死三毒自滅。

金剛三昧，從毘婆舍那出入舍摩他中，如金剛劍入金剛山不見其迹。是金剛三昧，不住不起不滅不壞不異不脫不變，入慧明性舉起甚深，一合相智不見身心法，然後成阿耨多羅三藐三菩提，此菩提智不離不生，無有眾相不可沮壞，如金剛山無能傾動。金剛三昧不退不沒，入於畢竟大寂滅處，遊戲自在三昧海中，諸佛如來以此三昧王，三昧力故普至一切諸空法界，而能遊戲聖解脫處。

④佛告大眾…乃至過去九十一劫，有佛世尊名曰寶華，十號具足。時寶華佛為諸菩薩廣說如是百三昧門。

⑤阿難白佛言：「世尊，當何名此經？此法之要云何奉持？」

佛告阿難：「此經名為百三昧海不壞不滅，亦名金剛相寂滅不動，亦名金剛三昧本性清淨不壞不滅經。」

*8 健行三摩地　(首楞伽摩三摩提 śūraṃgama samādhi)

(1)有四三摩提是五百定品。五百定皆是四定品類，悉為四定所攝。

此四種三摩提，為大乘光三摩提、集福德王三摩提、賢護三摩提、首楞伽摩三摩提。

①能破四德障：四種(變異)生死。

②能得四德果：大淨、大我、大樂、大常。

故立此四定為四德道。

(2)其中首楞伽摩三摩提為佛菩薩大健有情之所行。

①首楞

十地菩薩及佛有四種勝德，故名首楞。

❶無 怖 畏：由得一切智故。

❷無　　疑：於清淨眾生見自身無等故。

❸堅實功德：恒在觀，無散亂故。

❹有 勝 能：能破難破無明住地障故。

②伽摩

具四德人於此定能得能行，故稱伽摩。(伽摩即行)

③破障得果

❶破障

能破獨覺自愛習氣。此習氣即是無有生死，障於大常。

以此定多行他利益事故。

❷得果

由破此障，故得大常果。　(此定為十地及如來地所修)

《佛說首楞嚴三昧經》 śūraṃgama samādhi sūtra 鳩摩羅什譯 (卷上)T15P631a18

首楞嚴三昧，非初地、二地、三地、四地、五地、六地、七地、八地、九地菩薩之所能得。唯有住在十地菩薩乃能得是首楞嚴三昧。

何等是首楞嚴三昧？謂修治心猶如虛空、觀察現在眾生諸心、分別眾生諸根利鈍、決定了知眾生因果、…入大滅度而不永滅(等一百項)。…首楞嚴三昧不以一事一緣一義可知，一切禪定解脫三昧，神通如意無礙智慧，皆攝在首楞嚴中。譬如陂泉江河諸流皆入大海。如是菩薩所有禪定皆在首楞嚴三昧。…所有三昧門、禪定門、辯才門、解脫門、陀羅尼門、神通門、明解脫門，是諸法門悉皆攝在首楞嚴三昧。隨有菩薩行首楞嚴三昧，一切三昧皆悉隨從。…一切助菩提法皆悉隨從。

1.śūra：健行、健相，勇健、勇士，也是十地菩薩之別稱。
śūraṃgama samādhi：其行進猶如勇士般行進之三昧。

2.文殊師利菩薩是得到首楞嚴三昧之代表。

3.唐代之前，凡提到《首楞嚴經》都是指此《首楞嚴三昧經》。宋代後此經在中土逐漸失去影響力。

***9 念與《念住經》**

(1)《念住經》　見參考資料 9-6

(2)《念住》　無著比丘

①念(sati)之意義

❶初期佛教取得知識之方法

古印度有三種取得知識之方法：

如婆羅門之口誦傳承、《奧義書》所說之哲學推理，以及諸多苦修者超越感官知覺之直觀禪修經驗。

佛陀不摒棄口誦傳承和邏輯推理為輔助，但強調直接親身之經驗為主要方法。因此念住之修習作為實證工具顯然是關鍵中之關鍵。

❷念 sati

念不是被定義為記憶，而是被定義為助長促進或促使記憶之功能。念現前，記憶力將能夠充分地發揮。

念住無關乎回想過去之事，而是以「當下之覺知」發揮作用。「念」不論作為五根之一，或七覺支之一，或八聖道之一，或在證悟之剎那，其特性都是「現前」(upaṭṭhāna)。

修行者具念，指對當下廣泛地覺知，任何所行所言，將被心明確地理解。

在佛陀開示後，聽法者具念，則含有二種特性：當下的覺知及記住佛陀之教導。

念住(satipaṭṭhāna)指念現前或以念照顧。

❸念之角色

根／力：信•精進•念•定•慧

八正道：正見•正思惟•正語•正業•正命•正精進•正念•正定

覺　支：念•擇法•精進•喜•輕安•定•捨

念　住：正知•精進•具念•平等心(遠離貪憂)

「念」居根／力中間，具平衡及監督功用；在八正道中，守護根門防止不善心生起，構成正精進一個層面，而且作為心深度平靜發展之基礎；居覺支之首，作為各覺支之基礎(諸覺支是依次生起)；念由精勤正知之支持，又被遠離貪憂支持，並導向身受心法。念雖有多方面優點，但念本身不足以斷敵，必須與其他的要素結合，比如念住中念與精勤正知之結合。

❹諸經中有關念之譬喻

1.念只作全然接納而不介入，平靜超然的觀察，如同牧牛者遠遠地看管牛群，亦如登高台者超然的避免被世間激流沖走。

2.念住能漸漸地令人除去在家生活之記憶和意向。如同漸漸斷除新獲得之野象其原先在森林之習慣。

3.念能仔細搜集訊息，為進一步修習及智慧之生起作準備，如同醫生以探傷針檢查傷口，為治療作準備，亦如同農夫犁田為播種作準備。

4.念如同象頸支持象頭(智慧)，念如同象視，只對當前之事物，給予持續而全然的注意。

5.念有謹慎而平衡監督的特質，此特質關係到其他心的要素，如諸根和諸力。

如同馬車伕謹慎地避開路面不平及坑洞，如同城之守門人謹慎檢查放行入城之人，亦如同頭頂缽裝滿油之人，必須謹慎而平衡而行。

6.純然的念有收攝之功能，與守護根門有關，以作為智慧發展之基礎。念要不斷地防禦世間流，防止在根門生起不善的聯想或反應。念對念頭和意圖發揮了控制性之影響力。

如同城之守門人，允許真正城民入內，防止無權利入城的人進入。

7.念住是解脫修習者適合且應該停留的牧場，感官慾樂則是不適合之牧場。

如同牧牛者知道適合自己牛群的牧場。猴子知道自己的棲息地，避免闖入獵人活動區。

8.穩固的念對於經由六根門而生起的分心，具有穩定的功能。

在念住修習的起始階段，若念不穩固，則極易屈服於感官之吸引而放棄修行。

如同一根強固的木樁，可以綁住六隻不同之野獸。

❺念之特色及功能

1.《念住經》並未教導去積極干預心中所生之一切。

任一蓋障在心中生起，念住隨觀之任務只是：

(1)知道這個蓋障現起；　(2)知道是什麼導致它生起；

(3)知道是什麼將導致它消失。

若積極的干預，就不再是「念住」，而是「正精進」。

佛陀的教導是第一階段觀察，第二階段採取合適之行動。唯有先平靜地評估情勢而不立即反應，才能採取合宜之行動。

念雖然為正精進之開展提供需要之訊息，而且會以內心的標記，來監視這些對治是否過度或不足，但念仍然維持不涉入、超然觀察的冷靜態度。念能與其他更活躍的心之因素互動，但不自動地干預。不涉入且超然的接納，是念最重要的特性之一。念默默地觀察，如同戲台旁的觀眾。有人稱此為「無揀擇」之覺知，這覺知只保持不偏不倚的觀察，而不作喜歡或不喜歡之反應。念住這超然而接納的態度，避開「壓抑」及「反應」這二種極端，能使修習者個人的缺點及不合理反應，在警覺態度下顯露出來，而在自我觀察中能保持清醒，不像天人們沉醉在感官的享樂中。

2.念與作意(manasikāra 注意)

作意是心的基本功能，於初始剎那間，對單純的認知對象賦予特徵。

念可以被理解為作意之進一步發展及時間之延展，從而在感官知覺過程中，增加清晰度和深度。念與作意間有相似之功能。如理作意在幾個層面上類似念住隨觀：引導注意力到諸蓋之對治、覺知諸蘊或諸處之無常性、建立諸覺支、隨觀四聖諦。

有關念之「純然注意」之面向，有一微妙潛能能導向「去除自動化」。透過純然的念，修習者依照事物之真實面貌看事物，而不摻雜慣性反應和投射。認知過程中，能覺知自身對於認知資料的自動慣性反應。對於自動反應之完全覺知，是改變有害習慣之必要步驟。

3.念與守護根門

透過不間斷且純然的念現前，心被抑制不去放大或衍生各種所收到之訊息。念作為感官接收訊息之守護者，如同守城門者，而念住被譬喻為修習者適合之牧場。

守護根門的目的，為了避免生起貪欲和憂惱。在貪欲和憂惱的影響下而不作反應，是念住和守護根門二者之共通點

總之，念需要醒覺且接納平等的觀察。以接納為主之念，被精勤特質所活化，並且被基於定的基礎所支持。

❻念和定(samādhi)

念和定的特性功能，是非常不同的。

定是藉由限制注意力的廣度，相當於增進心的選擇性的功能。

念是藉由擴展注意力的廣度，以其自身代表增進憶念的功能。

入禪那時兩者都存在。不過在禪那期間，念主要功能變成是「心的現前」，由於定的強大集中力，念在某種程度上失去本來之廣度。

②《念住經》之結構

❶四念住是直接之道

為了眾生之清淨、憂傷悲歎之超越、苦和不滿之滅除、正理之成就、涅槃之證悟，四念住是直接之道。

❷四念住之定義

於身安住於隨觀身、於受安住於隨觀受、於心安住於隨觀心、於法安住於隨觀法，是1.精勤的 2.正知的 3.具念的 4.遠離世間貪憂的。

❸隨觀之對象

身隨觀：覺知 1.呼吸 2.姿勢 3.動作 4.身分 5.四界 6.腐屍。

受隨觀：1.世俗(情感)之受 2.非世俗(倫理)之受。

心隨觀：1.四種善不善心之現前或不現前 2.四種較高心之現前不現前。

法隨觀：1.五蓋 2.五蘊 3.六入處 4.七覺支 5.四聖諦。

四念住所列之各種禪法是相輔相成的，其修習次第可因人的需求而有所更動。

四念住不僅相互增上，也可以被整合在單一禪法修習中。

❹隨觀方法

每一隨觀之後都列有相同文句，說明隨觀教導之四個重要層面。

念住隨觀應涵蓋：

1.內和外的現象。　2.有關這些現象之生起和滅去。

3.為發展純然的知及達到覺知之持續性，念應當被穩固地建立。

4.正確的念住隨觀，就在(對於世間)無有任何依賴或執著中發生。

❺預告證悟之時程。(從七年到七天，有限定的時間內)

❻再陳述：四念住是直接之道。

③念住對證悟之重要性

經典上將單一念住之修習與證悟直接連結在一起。有些修習者，專心在單一禪法上，是可能因此獲得證悟。有些修習者則強調涵蓋全部四念住之修習，或以某禪法為主但仍兼顧念住之其他層面。從經文之宣示中知道在隨觀中發展全部之念住，會導向證悟較高之階位：不還果和阿羅漢果。涵蓋全部四念住之修習，能對不同特性之念住，有平衡而全面的發展。

④念住之特性

全部四念住都有相同的本質，任何一種都導向證悟。相同本質的念住只有透過現象之不同，才能區分為四。每個念住有不同之特性，以此安排不同的隨觀。

❶主觀經驗

將覺知引導到主觀經驗的各種層面(諸蘊)，這些層面將被當作為對象(客觀)，而非實有之「自我」(主觀)。當這等主觀之經驗能被客觀地覺知，則「我」之認同就越來越小。當徹底檢視每一個蘊，直到再也找不到「我」為止。

❷個性

貪愛傾向者修身隨觀及受隨觀，偏好智力思惟者修心隨觀或法隨觀。

❸四顛倒

可用四念住對治四顛倒。

	身念住	受念住	心念住	法念住
蘊	色	受	識	想•行
個性	遲緩之貪欲者	敏捷之貪欲者	遲緩之推理者	敏捷之推理者
四顛倒	不淨	苦	無常	無我

*10 循觀 (隨觀 anupassī)

(passati 去看，anupassati 重覆去注視(仔細觀察)，anupassī 為名詞)

循觀時建立四種心的特質：

(1)精進的 ātāpī：指平衡(如調琴)而持續的行(善法欲之行)。

(2)正知的 sampajāna：如其真實地知道，能掌握理解正在發生事情之能力，導致智慧之發展。(清楚的知道)

(3)具念的 sati：

覺照(觀智、敏銳的注意)；念具有當下覺知之作用與促使(助長)記憶力之功能。

具念正知(satisampajañña 複合詞)，指念與正知結合。

將「對於現象具念之觀察」與「對於觀察所得作明智之處理」相結合，對全部念住而言是必要的。

(4)調伏貪憂 vineyya abhijjhā-domanassa(調伏(遠離)貪欲及不如意)

念需要精進、正知之支持，此等心之特質結合成正念之道支，加上有遠離貪憂之心態支持，共同導向身、受、心、法。

*11 **於內身、外身、內外身** 《瑜伽論》28，另參考《大毘婆沙論》187

(1)身相 《瑜伽》28 聲聞地

略說身相有三十五 (十四組)

①內身(自根塵色身)、外身(他根塵及外非情)

②根所攝身(自他五根)、非根所攝身(自他及外五塵)

③有情數身(自他內根塵)、非有情數身(山川草木)

④麁重俱行身(未得靜慮)、輕安俱行身(已得靜慮)

⑤能造身(內外四大)、所造身(自餘根塵)

⑥名身(受想行識身)、色身

⑦那落迦身(地獄道)、傍生身(畜生道)、祖父國身(鬼道)、人身(人道)、天身(天道)

⑧有識身(有命根身)、無識身(死人身)

⑨中身(身內分，自性不淨)、表身(身皮分，相似清淨)

⑩變異身(死多時)、不變異身(初死、未死)

⑪女身、男身、半擇迦身(不男、黃門)

⑫親友身、非親友身、中庸身

⑬劣身、中身、妙身(以美醜、大小、強弱分)

⑭幼身、少身、老身

(2)別說內身、外身、內外身

①第一義 (第一組、第三組 有情、非有情)

❶緣內自有情數身色為境，住循身觀，是名於內身住循身觀。

❷緣外非有情數色為境，住循身觀，是名於外身住循身觀。

❸緣外他有情數身色為境，住循身觀，是名於內外身住循身觀。

②第二義 (第二組 根、非根)

❶緣根所攝、有執有受色為境，是名於內身住循身觀。(五根能發識)

❷緣非根所攝、無執無受色為境，是名於外身住循身觀。(五塵及扶根不發識)

❸緣非根所攝、有執有受色為境，是名於內外身住循身觀。

③第三義 (第四組 輕安、麁重)

❶緣自內定地輕安俱行色為境，是名於內身住循身觀。(身在欲界得定身輕安、身生色界輕安俱行)

❷緣自內不定地麁重俱行色為境，是名於外身住循身觀。

❸緣他輕安俱行、麁重俱行色為境，是名於內外身住循身觀。

④第四義 (第五組 能造、所造)

❶緣內能造大種色為境，是名於內身住循身觀。

❷緣外能造大種色為境，是名於外身住循身觀。

❸緣依能造大種色所生根境所攝造色為境，是名於內外身住循身觀。

⑤第五義 (第八組 有識、無識)

❶緣有識身內色為境，是名於內身住循身觀。(未死身)

❷緣無識身有情數青瘀等位色為境，是名於外身住循身觀。(已死身)

❸緣無識身色於過去時有識性，有識身色於未來時無識性，相似法性、平等法性(不異性)為境，是名於內外身住循身觀。(現在已死(外)，念前未死時(內)；現未死(內)，念後死時(外)。)

⑥第六義 (第九組 中、表，第十組 變、不變)

❶緣自中身髮、毛、爪、齒等相為境，是名於內身住循身觀。

❷緣他中身髮、毛、爪、齒等相為境，是名於外身住循身觀。

❸緣內表身變異不變異青瘀等相，及緣外表身變異不變異青瘀等相，相似法性、平等法性為境，是名於內外身住循身觀。(自死屍為內表身，他死屍為外表身)

***12 四念住是大乘相**

(1)總標

①循身觀不可得

菩薩於內身中住循身觀，不起身覺，以不可得故；

　　於外身中、內外身中住循身觀，不起身覺，以不可得故；

熾然精進，正知具念，調伏貪憂。

②循受、心、法觀不可得

循受觀、循心觀、循法觀亦如是，於內、外、內外不起受覺、心覺、法覺，以不可得故，熾然精進，正知具念，調伏貪憂。

(2)明身念住

①內身、外身

❶自身名內身，他身名外身；

❷九受入名為內身，九不受入名為外身；

(現在扶根四塵(色、香、味、觸)及五根，此九入盡是內色，能受生於識，故名內有受色，即是九受入。過未四塵、五根等九入，雖屬內色而不能受生我識，故云不受。而內色如髮爪等以不知痛故，雖是內色，亦不能生受，亦屬不受色，不名根。)《大智度論疏》15 (北周慧遠 X46n0791)

❸眼等五根為內身，色等五塵為外身。

(餘內、外身之分身見註釋*11)

②觀法次第：內觀、外觀、內外觀

❶內觀

先以不淨、無常、苦、空、無我等智觀內身，不得身好相(常、樂、我、淨相、實相)。

❷外觀

內既不得，復觀外身，求常、樂、我、淨、實相亦不可得。

❸內外觀

內外一時俱觀，亦不可得。

是時心得正定，

1.知是身不淨、無常、苦、空、無我，如病如癰，九孔流穢；

2.是身不久破壞、離散、盡滅，常有飢渴、寒熱、毀呰、老病苦常圍遶，不得自在。

內空無主，亦無知者、見者、作者、受者，諸法空，因緣和合而有，自生自滅，無所繫屬猶如草木，是故內外俱觀。

③住循身觀不起身覺

循身觀者，於身相內外隨逐，本末觀察，知其不淨，衰老病死，爛壞臭處，骨節腐敗，摩滅歸土；知此身覆以薄皮，令人狂惑，憂畏萬端。

凡夫、聲聞人取身相觀身，菩薩不取身相而能觀身。

有情於是身中觀身一異相，生淨、不淨、愛、瞋等覺，而生戲論。菩薩觀此身相無所利益，妨涅槃道故。

④念住之四要素

❶熾然精進

一心勤精進，常習常作方得。

離常人易，離熟識人難，離父子更難；離父子易，自離其身難，離其心更難。如鑽木求火，一心勤著，不休不息，乃可得火。

❷正知：如實知。(對於觀察所得作明智之處理)

❸具念：覺照。(對於現象具念之觀察)

「正知具念」指「念」與「正知」之結合。

❹調伏貪憂

行者離五欲，捨世間樂，若未得定樂，或時生憂念。若除世間貪憂則五蓋盡去。

(3)於內身住循身觀

[覺知] pajānāti

①審觀自身

❶觀身體姿勢(行住坐臥四威儀)，正知而住。

❷觀身體動作(來去、衣食、寤寐、入出定等)，正知而住。

先觀身所作，常一心安詳，不錯不亂，先破身賊，則不淨觀、三摩地等易得。

❸繫心觀息(十六勝行)

身雖安詳，內有種種惡覺觀，破亂其心，故說安那般那念十六分以防覺觀。

身既安詳，心無錯亂，然後行不淨觀，安隱牢固。

(不淨觀者，菩薩觀身如草木瓦石無異。不淨觀與安那般那念，稱二甘露門。)

[審觀] paccavekkhati

❹觀身為四大假合

四大不名為身，入身中假名為身。四大各各無我無我所，我不在四大中，四大不在我中，我去四大遠，但以顛倒妄計為身。

屠者析牛為四分，如實觀知此四分非牛，更無別牛，行者觀身四大亦如是。

❺觀內身分不淨

審觀自身，從足至頂，略說身分三十六，廣說則眾多；反覆思惟無一淨處。如實觀知此身中不淨充滿，必當敗壞。

[比較] upasaṃharati

②觀所棄屍(九想觀)

先觀己身未壞有識，若結使薄、利根人即生患厭。鈍根結厚者，觀死人已壞身，乃生患厭，自念我身有如是性，具如是法，未得解脫終歸如是。

❶觀死屍膖脹青瘀，膿血流出爛壞

若死一日至五日，親里猶尚守護，是時禽獸未食，青瘀膖脹、膿血流出，腹脹破裂、五臟爛壞，屎尿臭處，甚可惡厭。

行者心念：「此色先好，行來、言語，妖蠱姿則，惑亂人情，淫者愛著；今者觀之，好色安好？如佛所說，如是幻法，但誑無智之眼！」

今此實事露現，行者即念：「我身與彼，等無有異；未脫此法，云何自著、著彼？又亦何為自重輕他？」如是觀已，心則調伏，可以求道，能除世間貪憂。

❷觀死屍鳥獸競食，皮肉皆盡，但有白骨，分散異處

死過六七日，親戚既去，烏鷲、野干之屬競來食之。皮肉既盡，日日變異，以是故說「但有骨人」。

見其如此，更生厭心，念言：「是心肝皮肉，實無有我，但因是身合集罪福因緣，受苦無量！」即復自念：「我身不久，會當如是，未離此法。」

或時行者見骨人在地，雨水澆浸，日曝風吹，但有白骨；或見久骨筋斷節解，分散異處，其色如鴿；或腐朽爛壞，與土同色。

(4)例餘外身，內外身住循身觀

(5)依四念住修四聖行、破四顛倒、觀四諦

①修四聖行

❶身念住

1.四聖行

(1)不淨觀：初觀三十六物，死屍膖脹，一日至五日。

(2)無常觀：鳥獸來食，乃至與土同色。

(3)無我觀：是中求我、我所不可得，如先所說「因緣生，不自在故」。

(4)苦　觀：觀身相如此，無一可樂，若有著者，則生憂苦。

以四聖行觀外身，自知己身亦復如是，然後內外俱觀。

2.若心散亂，當念老病死、三惡道苦，身命無常，佛法欲滅等，鞭心令伏，還繫不淨觀中，是名「熾然精進」。一心勤精進故，能除貪憂。

❷受念住

是身無常，不淨可惡，何故貪著此身，起種種罪因緣？

身中有五根，外有五塵(五欲)，和合生世間顛倒樂。

人心求樂，初無住時。

1.當觀此樂為虛為實？身為堅固，猶尚散滅，何況此樂。

2.此樂無住處，未來未有，過去已滅，現在不住，念念皆滅。

3.遮苦故名樂，無有實樂。譬如飲食，除飢渴苦，暫以為樂，過度則復生苦。

知世間樂皆從苦因緣生，亦能生苦果，誑人須臾，後苦無量。

❸心念住

誰受此樂？唯有心識。

諦觀此心念念生滅，相續有故，可得取相，譬如水波、燈焰。受苦心非樂心，受樂心非苦心，受不苦不樂心非苦樂心，時相各異，以是故心無常。

❹法念住

無常故不自在，不自在故無我。

②破四顛倒

行是四聖行，觀身不淨、觀受是苦、觀心無常、觀法無我，破四顛倒，開實相門。

③觀四諦

觀是四法不淨、無常等，是名苦諦；是苦因愛等煩惱，是集諦；愛等煩惱斷，是滅諦；斷愛等煩惱方便，是道諦。

(6)觀四念住所得果報

①約聲聞法說

如是觀四諦，信涅槃道，心住快樂，似如無漏，是名煖法。

信此法已，心愛樂佛，是法如佛所說。煖法增進，罪福停等故，名為頂法。如人上山至頂，兩邊道里俱等。從頂至忍，乃至阿羅漢，是一邊道；從煖至頂是一邊道。

聲聞法中觀四念住，所得果報如是。

②約菩薩法說

菩薩法者，觀中不忘本願、不捨大悲，先用不可得空調伏心地，住是地中，雖有煩惱，心常不墮。

此中忍法、世第一法，是菩薩柔順法忍。須陀洹道，乃至阿羅漢、獨覺道，即是菩薩無生法忍。

***13 四念住之身隨觀、受隨觀、心隨觀、法隨觀**

見參考資料 9-7。

***14 憺怕路、九想觀**

(1)《瑜伽師地論》26,28,30

①依外朽穢觀不淨

1.於外諸不淨物，善取其相，發起青瘀乃至骨鎖勝解，2.移轉自身，令心於內寂靜，3.以此所修循身觀入身念住。

②四憺怕路

「是故世尊乃至所有依外朽穢不淨差別，皆依四種憺怕路而正建立。

謂若說言：

❶由憺怕路見彼彼屍，死經一日，或經二日，或經七日，烏鵲、餓狗、鵄鷲、狐狼、野干、禽獸之所食噉，便取其相，以譬彼身亦如是性、亦如是類，不能超過如是法性。

此即顯示始從青瘀乃至食噉。

❷由憺怕路見彼彼屍，離皮血肉，筋脈纏裹。此即顯示所有變赤。

❸由憺怕路見彼彼骨、或骨、或鎖。此即顯示或骨、或鎖、或復骨鎖。

❹由憺怕路見彼彼骨，手骨異處、足骨異處、…齒鬘、頂髑髏等各各分散，或經一年、或二、或三、乃至七年，其色鮮白，猶如螺貝、或如鴿色，或見彼骨和雜塵土，此即顯示所有散壞。

如是依外所有朽穢不淨所緣，令於四種婬相應貪，心得清淨。」

③九想觀《瑜伽論》30

於其外諸不淨物，由青瘀等種種行相，發起勝解。

謂先發起青瘀勝解，或親自見、或從他聞、或由分別所有死屍。

…

取彼相已，

❶若此死屍死經一日，血流已盡，未至膿爛，於是發起青瘀勝解。

❷若此死屍死經二日，已至膿爛，未生蟲蛆，於是發起膿爛勝解。

❸若此死屍死經七日，已生蟲蛆，身體已壞，於是發起爛壞勝解、膖脹勝解。

❹若此死屍為諸狐狼、鵄梟、鵰鷲、烏鵲、餓狗之所食噉，於是發起食噉勝解。

❺若此死屍既被食已，皮肉血盡，唯筋纏骨，於是發起異赤勝解。

❻若此死屍或被食噉，支節分離，散在處處，或有其肉，或無其肉，或餘少肉，於是發起分散勝解。

❼若此死屍骨節分散，手骨異處、足骨異處，膝骨異處，髀骨異處，髖骨異處，髆骨異處，臂骨異處，脊骨異處，頷骨異處，齒鬘異處，髑髏異處，見是事已，起骨勝解。

❽若復思惟如是骸骨共相連接而不分散，唯取麁相，不委細取支節屈曲，如是爾時起鎖勝解。

❾若委細取支節屈曲，爾時發起骨鎖勝解。

又：形骸鎖(從血鎖脊骨乃至髑髏所住)說名為鎖。

支節鎖(臂、髆等骨連鎖，及髀髆等骨連鎖)說名為骨鎖。

(2)各經論中九相觀之比較

十　想	九　相	十　想	九　相	九勝解	九想觀	十　相
《大般若經》卷46	《摩訶般若經》卷1	《小部經典》卷18	《大智度論》卷21	《瑜伽論》卷30	《婆娑論》卷40	《清淨道論》
膖脹想	脹	膨脹	脹	膖脹	膨脹	膨脹
破壞	壞		壞	爛壞	破壞	斷壞
異赤	血塗	血塗	血塗	異赤	異赤	血塗

膿爛	膿爛	潰爛	膿爛	膿爛	膿爛	膿爛
青瘀	青	青瘀	青	青瘀	青瘀	青瘀
啄噉	噉	食噉 蟲啖	噉	食噉	被食	食殘 蟲聚
離散	散	斬斫離散	散	分散	分離	散亂 斬斫離散
骸骨	骨	骸骨	骨	骨、鎖、 骨鎖	白骨、骨鎖	骸骨
焚燒	燒		燒			
一切世間 不可樂		棄執				

***15 受念住、心念住、法念住**

(1)受念住

①受之類別

	南傳《念住經》 北傳《增一阿含》 共九種	北傳《中阿含》 《雜阿含》 共二十一種
❶	快樂的感受 (樂受) 痛苦的感受 (苦受) 不苦不樂的感受 (不苦不樂受)	樂受、樂身受、樂心受 苦受、苦身受、苦心受 不苦不樂受、不苦不樂身受、不可不樂心受
❷	快樂而有執著的感受 (樂有味受) 快樂而無執著的感受 (樂無味受)	樂食受 (樂有味受) 樂無食受 (樂無味受)
❸	痛苦而有執著的感受 (苦有味受) 痛苦而無執著的感受 (苦無味受)	苦食受 (苦有味受) 苦無食受 (苦無味受)
❹	不苦不樂而有執著的感受 (不苦不樂有味受) 不苦不樂而無執著的感受 (不苦不樂無味受)	不苦不樂食受 (不苦不樂有味受) 不苦不樂無食受 (不苦不樂無味受)
❺		樂貪著受 (樂依耽嗜受(欲受)) 苦貪著受 (苦依耽嗜受(欲受)) 不苦不樂貪著受 (不苦不樂依耽嗜受(欲受))
❻		樂無欲受 (樂依出離受) 苦無欲受 (苦依出離受) 不苦不樂無欲受 (不苦不樂依出離受)

南傳《念住經》(巴利文)與漢譯之《增一阿含經》(屬大眾部)相近，而北傳之《中阿含經》《雜阿含經》(屬說一切有部)則原為梵文。

②如何觀察諸受　《雜阿含經》475　(參考《瑜伽論》53)

毗婆尸如來未成佛時，獨一靜處，禪思思惟，作如是觀，觀察諸受：

1.云何為受？　2.云何受集？　3.云何受滅？　4.云何受集道跡？
5.云何受滅道跡？　6.云何受味？　7.云何受患？　8.云何受離？

如是觀察，

1.有三受：樂受、苦受、不可不樂受；　2.觸集是受集；　3.觸滅是受滅；
4.受集道跡：於受愛樂、讚歎、染著、堅住；
5.受滅道跡：於受不愛樂、讚歎、染著、堅住；
6.受味：若受因緣生樂喜；　7.受患：若受無常變易法；
8.受離：於受斷欲貪、越欲貪。

如毗婆尸佛，如是式棄佛、毗濕波浮佛、迦羅迦孫提佛、迦那迦牟尼佛、迦葉佛，及我釋迦文佛，未來佛時思惟觀察諸受，亦復如是。

❶觀察諸受

1.諸受自性：三受。
2.現在流轉因緣：觸集。
3.現在還滅因緣：觸滅。
4.當來流轉因緣：於受愛樂、讚歎、染著、堅住。
5.當來還滅因緣：於受不愛樂、讚歎、染著、堅住。
6.雜染因緣：於受因緣生樂喜。
7.清淨因緣：受是無常變易法。
8.諸受清淨：於受斷欲、越欲貪。

此中特別注重諸受之清淨因緣。

❷由觀受無常而立無我想

《南傳四念住》

「他住於觀察感受生起之現象，他住於觀察感受滅去之現象，他住於觀察感受生滅同時之現象。」

此中對於受之觀察由粗而細，先體驗生滅較長之感受，而後體驗生滅幾乎同時之感受。也就是先體會粗品無常，而後體會細品無常。最後達到：

「現前覺知：『這是感受！』如是唯有了知，唯有覺照。」

若將無常多所修習，將看清感受之真面目只是感受而已！並沒有我、我所。

此即《雜阿含》 270 經(T02, P.70)所說：

「無常想修習、多修習，能斷一切欲愛、色愛、無色愛、掉、慢、無明。無常想者，能建立無我想。聖弟子住無我想，心離我慢，順得涅槃。」

❷諸受清淨(平等捨)

《南傳四念住》

「於是他無所染著，對(身心)世界無所執取了。」

達到諸受清淨於受斷欲、越欲貪。

此即《雜阿含經》(T02, P.120)所說：

「樂受不放逸，苦觸不增憂，苦樂二俱捨，不順亦不違，比丘勤方便，正智不傾動，

於此一切受，黠慧能了知，了知諸受故，現法盡諸漏，身死不墮數，永處般涅槃。」

對於各種感受保持覺知以正智觀照，保持平等之捨心，就可以於此世間斷除煩惱，不再輪迴三界，永處自在安祥境界。

③受隨觀　見參考資料 9-7

(2)心念住之心隨觀　見參考資料 9-7

(3)法念住之法隨觀　見參考資料 9-7

*16 其他論典有關之「四念住」

(1)《中邊分別論》對治修住品第四

[麁行貪因故　種故不迷故　為入四諦故　修四念處觀]　(4-1)

①觀身入苦諦

由身故麁行得顯現，思擇麁行故得入苦諦。

此身者麁大諸行為相故，麁大者名行苦，因此行苦一切有漏諸法，於中聖人觀苦諦。

②觀受入集諦

受者貪愛依處，思擇諸受故得入集諦。

③觀心入滅諦

心者我執依處，為思擇此心得入滅諦，離我斷怖畏故。

④觀法入道諦

法者不淨淨二品，為思擇此法離不淨淨品無明，故得入道諦。

是故初行為令入四諦中，修習四念處所安立。

(2)《瑜伽師地論》45

諸菩薩能於其身住循身觀，不於其身分別有性，亦不分別一切種類都無有性。

又於其身遠離言說自性法性如實了知，當知名依勝義理趣能於其身住循身觀修習念住。

若諸菩薩隨順無量安立理趣妙智而轉，當知名依世俗理趣能於其身住循身觀修習念住。

(3)《大乘莊嚴經論》覺分品(卷 10)

[依止及對治　入諦與緣緣　作意并至得　隨順亦隨轉]

[覺境及受生　限極將最上　長時與後證　勝修十四種]

此明菩薩四念處有十四種勝修。

1.依止勝修：　依大乘經起聞思修慧為自體故。

2.對治勝修：　能對治不淨苦無常無我法想四倒，由入身等法無我故。(觀身不淨、受是苦、心無常、法無我)

3.入諦勝修：　如其次第次第入苦集滅道諦故，自入他入如《中邊分別論》說。

(1)由身故麁行得顯現，思擇諸行故得入苦諦。身者麁大諸行為相，麁大者名行苦，因此行苦一切有漏諸法，於中聖人觀苦諦。

(2)受者貪愛依處，思擇諸受故得入集諦。

(3)心者我執依處，為思擇此心得入滅諦，離(我斷)怖畏故。(斷常我見)

(4)法者不淨淨二品，為思擇此法，離不淨淨品無明故得入道諦。(於染淨法遠離無明，斷所治修能治)

是故，初行為令入四諦中，修習四念處所安立。

4.緣緣勝修： 緣一切眾生身等為境界故。

5.作意勝修： 身等不可得故。(聲聞作意身不淨等，菩薩於身等無所緣而作意)

6.至得勝修： 身等不離不合故。

(聲聞於捨身等無餘陰境而修，菩薩得無住處涅槃而修，非捨身之涅槃，亦非未捨之輪迴)

7.隨順勝修： 得諸障對治，能對治彼障故。

8.隨轉勝修： 凡夫二乘所修念處亦攝隨轉為教授故。

9.覺境勝修： 知身如幻色相似故，知受如夢皆邪覺(領納)故，知心如空自性淨故，知法如客，客謂(率爾之)纏垢，譬如虛空有烟雲塵霧故。

10.受生勝修： 故意受生成就轉輪王等最勝，身受心法亦不染故。

11.限極勝修： 修下品念處亦過餘人修最上品，自性利故。

12.最上勝修： 能不作功用總別修習四念處故。

13.長時勝修： 修至無餘涅槃亦無盡故。

14.後證勝修： 十地及佛地中皆可得故。

(4)念住差別 《大毗婆沙》187,188) 《瑜伽師地論》28)

①依能觀所觀分

❶自性念住：若慧若念攝持於定(慧離助伴(念定心所、根、力)不能獨斷煩惱)。

(體為聞思修慧)

❷相雜念住：所餘相應諸心，心法。《婆沙》187 (體為慧及餘俱有法(心心所))

a.相雜念住：

(a)能攝念慧等心所作為慧心所之助伴
(b)能對所緣作總相觀、略觀
} 故能斷煩惱

b.有聞思修所成念住三階段，唯修所成能斷煩惱。(聞思所引發助成)

c.相雜念住之修所成念住

(a)身念住
(b)受念住
(c)心念住
} 自相作意所攝(身念住僅緣色蘊，受念住受蘊，心念住識蘊)

(d)法念住 } 共相作意所攝，能斷煩惱。

(法念住有二：

1.雜緣法念住

(1)於五蘊或緣二、三、四或總緣及緣無為法(虛空、擇滅等)。

(2)依四諦分：緣苦集道諦斷煩惱。

2.不雜緣法念住

(1)只緣想行蘊及無為。

(2)依四諦分：緣滅諦斷煩惱。)

❸所緣念住：於此(身受心法)住念者。

(所緣十八界，廣而散，不能斷煩惱)(體為慧所緣諸法(身受心法))

②依修行次第分

聞思各修自類，修所成念住可同時修聞思修三念住。

三乘皆俱修之念住，但所得有差。菩薩以修所成為勝，獨覺以思所成為勝，聲聞以聞所成為勝。

❶聞所成念住：於十二分教受持讀誦思量，一切時依名於義轉。⎤由身受心法增上所
❷思所成念住：依聞起思，或依名或不依名於義而轉。⎦生善，有漏。
❸修所成念住：依思起修，一切時離名於義轉。⎤通漏、無漏。

③依因上說果分

❶言說究竟念住；　❷思惟究竟念住；　❸出離究竟念住。

三種四念住，每種皆可攝一切修行法門。

*17 **四念住之關鍵層面與證悟**　《念住》　無著比丘

(1)<u>隨觀與核心層面</u>

①念住之要素

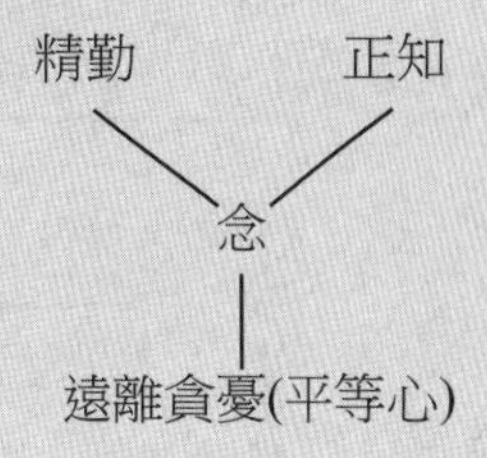

❶具念(sati)為中心；

❷平衡而持續的精勤 (ātāpī)；

❸正知(sampajāha)現前；

❹遠離貪(abhijjhā)憂(domanassa)(平等心)

②接納性的覺知

「念」代表對「接納性的覺知」之培養及對其品質之改善。其重要層面是單純平靜的接納力，結合警覺寬廣和開放的心之狀態。「念」蘊含著不起反應且警覺的接納之要素，形成念住作為中道之基礎。「念」既不壓抑經驗的內容，也不對經驗作強迫性的反應。其任務之一是去除習慣性之反應和感知評價，如此則會漸進地重組感知之評價，而到達不扭曲地洞察如實的實相。

③念住之推動力

念住之主要推動力為：

「持續寧靜地知道變化。」

❶持續

指精勤(ātāpī)、持續的覺知，全面地隨觀內(自己)和外(他人)。

❷寧靜地

指遠離貪欲和憂惱，遠離執取或依賴。

❸知道

指結合純然的正知(sampajāna)和持續的念(sati)。

❹變化(改變)

從知道身受心法導向知道其生起和滅去。(隨觀生滅法)

從隨觀此<u>無常</u>導致體證<u>緣起性</u>，或成為體證<u>緣起現象</u>(苦 dukkha 和無我 anattā)之基礎。基於對無常之直接體證，增長對「緣生有」及「空性」之觀。

④藉由隨觀發展四個核心層面 (禪修方法)

每一個念住都可以成為修習之主要焦點，而導致深度的觀和證悟。修持每一念住隨觀，必須將 1.精勤、2.正知、3.具念、4.平等心結合在一起，以此為手段而導向四個核心層面之發展，以獲得對主體經驗真實性質全面而平衡的知見。

四個核心層面為：

[隨觀範圍] ❶於內、於外； ❷生起、滅去；

[隨觀態度] ❸純然的知、持續的念； ❹無所依賴、不執取。

念住之修習從單一特定之內容，轉向隨觀其普遍特性，從而導致洞見真實相的無常、苦、無我的本質。

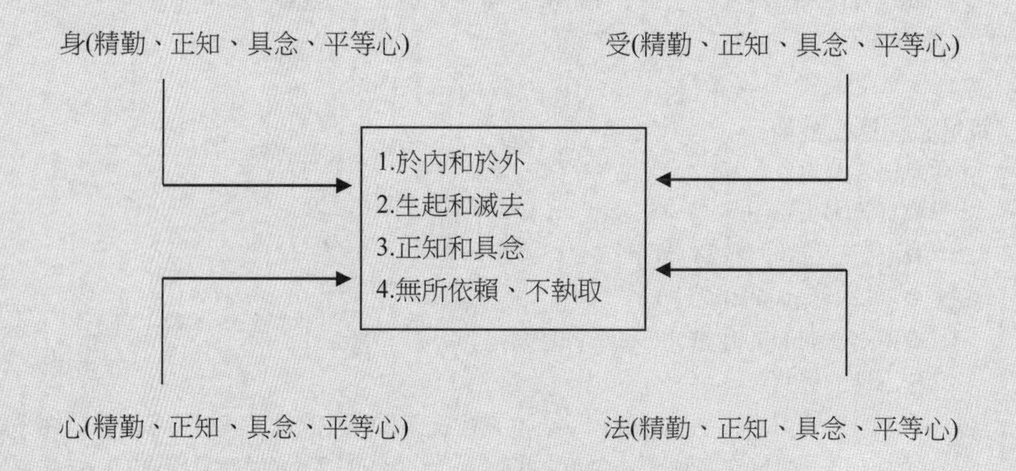

⑤隨觀動態之交互關係

念住一修習，不必局限於《念住經》所明列對象之範圍。隨觀從粗顯之經驗層面發展到細微層面。經中所說的是念住之理論模式，而不是個案研究。在實修中，可以各種不同方式去組合經中所述之不同隨觀。實修時念住隨觀間有彈性交互之關係。

以觀呼吸為例，以呼吸為中心，如同花蕊，身、受、心、法等其他念住如同花瓣。隨觀之動力，在任何時刻，都可以從對禪修主要對象（花蕊）之覺知，導向其他念住（花瓣）之修習，然後再回到主要對象。

若有新生起之禪修對象需要持續的注意和更深的審視，則這對象可以成為花蕊的新中心。而前一對象則轉變成花瓣之一。念住架構的彈性可作自由的改變和結合。

修習念住，既要隨觀某個念住，也要隨觀其他念住。在較深入之修習階段，當修習者能安住於「無所依賴且不執著世間任何事物」時，念住之修習，就能從任何特定對象或區域，進展到越來越全面的隨觀。

(2)通往涅槃之道

《念住經》：通往涅槃直接之道是一組全面性的隨觀。

四念住的修習，構成過去現在未來一切諸佛覺悟之共通特點。事實上，不僅是諸佛，而且是所有已證悟或將證悟者，也都是經由去除五蓋、建立念住及發展諸覺支而覺悟。

「如果任何人，以這方式發展四念住七年，他可期待兩種果位之一：

當下(證得)究竟智，

或者，如有絲毫的執著，(則得)不還果。

不用說七年…六年…五年…四年…三年…二年…一年…

七個月…六個月…五個月…四個月…三個月…二個月…一個月…半個月…

如果任何人以這方式發展四念住七天，他可期待兩種果位之一：

當下(證得)究竟智，

或者，如有絲毫的執著，(則得)不還果。

因此宣說：

『比丘們啊！為了眾生之清淨，為了憂傷悲歎之超越，為了苦和不滿之滅除，為了正理之成就，為了涅槃之證悟，直接之道就是四念住。』」

一旦「念」已經穩固建立之後，每一剎那都孕育著潛在的覺悟，持續的努力將帶來期望中的結果。達到涅槃的頓然突破，是依賴內在發展和內心修養的漸次過程，就如同母雞孵蛋，小雞從蛋殼中突然出現，是藉由母雞孵蛋的漸次過程。通往證悟的漸次過程是通則，但這種漸次地預備到證得果位所需時日，因人而大有不同。為了終究會頓然的突破而達到證悟，漸次的發展是必要的準備。

***18 三十七道品是大乘相**

(1)四念住

四念住詳如前說。初習行時，念為初門，智慧隨念，以念為名。四念住實體是智慧，觀內外身，即是智慧，念持智慧於緣中，不令散亂，故名念住。

(2)四正斷

與九十六種邪行求道相違，故名正斷。

諸外道等雖捨五欲自苦身，但不能捨惡求善，不能集諸善法。佛有二種斷惡不善法，已來者除卻、未來者防使不生；有二種善法，未生善法令生，已生善法令增長，是名正斷。

(3)四神足 (如意足)

智慧火得正斷風，無所不燒。正斷若過，則心散亂，智火微弱，如火得風，過者或滅或微，不能燒照。是故須定以制過精進風，則可得定。

定有四種：欲定、精進定、心定、思惟定。

制四念住中過智慧，是時定慧道得精進故，所欲如意；後得如意事成辦，故名如意足(神足)。足者，名如意因緣，亦名分。

四正斷、四神足，雖各各別位，皆在四念住中。

慧多名四念住，精進多名四正勤(斷)，定多名四如意足(神足)。

(4)五根、五力、七覺支、八聖道支

前說十二法，於鈍根人名為根；於利根人名為力，於事了了，能疾有所辦。

事未成辨名為道；事已辨，思惟修行名為覺。
菩薩修此三十七品，以本願牢故、大悲心深入故、了了知諸法實相故、十方諸佛所護念故，不疾取涅槃。

*19 別明三十七道品《中邊分別論記要》修住品

(1)修四念處

諸愚昧者不了涅槃與生死之功德與過失，而執著諸行中之樂淨常我，喜愛有與資具，對於涅槃生起恐怖。然由於見諦，對於彼功德與過失之不了悟以及對樂等之執著得以止息。以厭離輪迴為目的，以及以現向涅槃為目的，為入四諦，故於初始先說念處之修習。

①由身念處入苦諦

❶麁重由身顯了

麁重為惡住之義，此乃日常行作唯身變異，由身而麁重顯了。
故由身之觀察而入苦諦。
何以故？
彼身相具有麁重之行故。
苦諦之相與自性具有麁重之諸行，而麁重由身而顯了，故由身之觀察而入苦諦。

❷麁重實是行苦

麁重實是行苦。
行者即是諸法之生起，此又是一切害之依處，故為麁重，
背戾諸聖人，故又為苦性。
如云:「此生是害。若有生則有老、死、病、不幸、殺害、繫縛等怨敵故。
若是無滅無生，則應無如此之害，如無木之生，則無火、風、森火之破壞」。
此由行苦，非由苦苦與壞苦，此二無遍通故，又以行苦為因故。

1.有漏諸法皆苦

有漏之一切法是諸聖人所觀之苦，無漏則不爾。
對於生之生，道諦有對治之義，則諸異生非能見此一切有漏法為苦性，以由顛倒而意樂損害故。故如經中云:「總言五取蘊是苦」。(中部 141 諦分別經)

2.行苦為不堪能性

有言：行苦為不堪能性。又有言：麁重非不堪能性。
何以故？
不堪能性是有漏，有漏性必由種子之因而生起。
阿羅漢之相續是無漏，非是麁重。於阿羅漢之相續中，雖無種子，但不堪能性常因食事等之過失而起。

❸由觀身入苦諦

阿黎耶識中所存之有漏法種子為麁重。而身(與樂苦非苦非樂俱)是彼麁重(種子)之果，故與樂等分位俱。由剎那剎那生起之身，能顯了彼麁重，(如於含有肥料之洞穴中，種子由芽而顯了)，故於身之觀察可入苦諦。
此處說因，其相是具麁重之行故，以具種子之行為體故。

行苦隨順壞苦與苦苦，又是彼二麁重之因性，故稱麁重。

故由行苦，諸聖者觀有漏一切法為苦。

若是如此，則是由身念處入苦諦。

②由受念處入集諦

❶渴愛之因

渴愛之因是受，此指由無明之觸而生之受，無漏之受非其因故。

1.樂受：是與此和合而不欲離的渴愛之因。

2.苦受：是不與此和合而欲離的渴愛之因。是希欲樂的渴愛之因(如說「彼觸苦受時，歡喜欲樂」)。

3.非苦非樂受：是或於等至愛樂其分位的渴愛，以及與此和合而不欲離的渴愛之因。

❷由觀受入集諦

由自性、因與果而觀察彼受是無常及苦，而入集諦。(俱舍論 23)

1.渴愛為受之果體：渴愛之因為受故。

2.渴愛為(苦)集體：喜後有之渴愛而與貪俱故，為苦之集。

由如是之受念處而入集諦。

③由心念處入滅諦

執著我之依處是心，意指別無有常等殊勝之德的我，故我執之所緣唯只心，由觀察彼心而悟入滅諦為寂靜性。

悟入之因：

❶離我的斷絕之怖畏，而成苦之斷絕。

❷由觀察心為無常等，起止息我執之苦的想。

故悟入滅諦為寂靜之義。

由如是之心念處而入滅諦。

④由法念處入道諦

由法之觀察而對於染汙與清淨之法無愚迷，故入道諦。

染汙法是指煩惱與隨煩惱，清淨法是指其之對治的深切與仁慈等。

已知如此之染汙與清淨法之所對治與對治相，即現向一切害畢竟斷之方便的道諦。

由如是之法之念處而入道諦。

⑤結釋：

此處所說之入，是指於一一諦解了諦之相。

❶身念處之修習

修習身：

1.是無常、苦、空、無我。

2.是諸多不淨物之自性、不淨之種子、不淨之等流、不淨住之因、不淨之變異。

3.無實如泡沫之破。 4.是趣、生處。

❷受、心與法之修習

修習受、心與法：

1.是無常、苦、空、無我，是自相。　　2.是因、果、界、地、趣。
3.是善、不善、無記。　　4.是所對治、能對治。

諸菩薩念處之修習不只如此，進而又為斷分別不可得之行相而修習。

諸念處以慧為自性，但念處是指依念力而住，故稱諸慧為念處。

(2)修四正勤

①遍知所對治與能對治

經由法念處之修習，

❶由界與地之分位、共相等之相，

❷由有漏、無漏、界、地、學、無學等之相，

❸由有漏、無漏、界、地、學、無學等之差別。

於一切種遍知所對治與能對治。

②遠離所對治、生起對治

所對治(非助道黑法)之遠離，是於此處已生者之相續的斷絕，以及未生者之不生起。

對治(助道白法)之生起，是指已生者相續之隨起與未生者之生起。

③四種正勤

由所對治與能對治二者已生未生之差別而起之正勤有四種。

❶為斷已生之惡不善法，而起願、策勵、發勤、極持心、正考慮。

❷為令未生惡不善法不生，而起願、策勵等等。

❸為令未生之善法生起，而起願等等。

❹為令已生善法持久(安住不忘，無退失)、增大(相續而起)、無毀損(修)、充足(滿，得增上)，而起願(生欲，具尊敬而精進修習之加行)、策勵(指斷懈怠而身心現向)、發勤(為除惛沉與掉舉)、攝心(策心持心)。(《雜阿含經》卷 26，647 經：生欲、方便、攝心、增進。)如是之諸正斷是勤之自性，由此而正制持身語意，故為正勝。

(3)修四如意足

禪波羅蜜所依止有四足差別。神足即是由欲、勤、心、觀等而起四種心之堪能性。

此即①成就欲三昧之斷行的欲神足。(欲三昧依神通意欲力而起)

②成就勤三昧之斷行的勤神足。(勤三昧依精進加行力而起)

③成就心三昧之斷行的心神足。(心三昧依心念力而起)

④成就觀三昧之斷行的觀神足。(觀三昧依詮擇思惟所緣而起)

心之堪能性以修習八禪定資糧(八斷行)斷五過失而成。

(四種方便)	八斷行	斷五過失
1.起作	1.欲(願)　由信(解)起欲(願) 2.勤(精進)　由欲起勤 3.信(深信解)	1.懈怠(加行時之過失)
2.隨攝	4.輕安(堪能性)　由勤離麁重，生歡喜而身心輕安	
3.繫縛	5.正念(不離所緣) 6.正知(心離所緣，覺已隨攝)	2.失念(忘聖言) 3.惛沉掉舉

4.對治	7.思(為離惛沉掉舉而現作) 8.捨(離惛沉掉舉已，不現作)	4.不作(沒纏) 5.作(思)(掉纏)

(4)修五根

由諸如意足而心有堪能，順解脫分之善根種置於心相續中，為此種之增上，安立信等五根：信根、勤根、念根、定根、慧根。

根者增上義，於善根種植分位上有欲等之增上，故於信等安立根性，此中欲等之增上與信等之自性無任何差異。

①欲增上安立信根

對有性、德與功能信解，淨信、願樂是信之相。

(信實有自性住佛性、信引出佛性、信至果佛性。起三信已，於能得方便之施等波羅蜜中，求欲修行故名為樂。)

②加行增上安立勤根、不忘失所緣之增上安立念根、不散亂增上安立定根、思擇增上安立慧根。

(5)修五力

順解脫分種植善根，其分位為五根。五根由不信、懈怠、失念、散亂、不正知等所對治所陵雜。於通達分(順決擇分)則此等所對治薄弱且不相續起，則說為力。

①次第

有信者通達因果(此果之因即此，此因之果即此)，由於對果之信，而對其因發勤精進。

發勤精進者專心，故念心住。念止住者無散亂，故心平等持成為一境。心平等住者為如實之正知，故三昧所隨攝之慧明白。

②通達分之分位

煖頂善根弱，稱為根；忍世第一善根增大，稱為力。

信等有上中下差別：

下者煖，中者頂，上之下中上者下中上忍，上上者世第一法。

順解脫分之善根是破壞顯現輪迴之功能，通達分是令無漏法生起之力。

(6)修七覺分

世第一法之次見道起，此依覺分而顯了。

於通達分位，諸諦之知見如以薄衣遮隱，於見道位之知見則是如除去彼薄衣。此時之現等覺真實，是覺無分別之智。此中念等六者順覺，故為彼覺之分。然擇法是悟了自性，故為覺，其餘是彼覺之伴侶，故為分性。

①念：是覺所依之分，由念力而於彼所緣不散亂故。

②擇法：是自性分，覺中有知之自性之義故。

③正勤：是出離分，由正勤而超出異生地故。

④喜：是功德分，由此而利益身心故。

⑤無染障：

無染障分為三種，即猗(輕安)、定與捨，染障之對治故；又有無染障之因緣、所依與自性之差別故。

❶猗：猗(安)是無染障之因緣。

染障由麁重之因而起故，彼輕安是彼麁重之對治故。此為染障因緣之對治，故為無染障之因緣。身與心之不堪能性說為麁重。有彼麁重時，無心一境性，故為心散亂。而心散亂時，起貪等之染障。由輕安而起心與身之堪能性，故安立輕安為無染障之因緣。

❷定：定是所依，心與身等二者隨攝輕安時，心置於平等。心等持時，人如實正知。由如實之見而斷諸煩惱。

❸捨：捨是自性。是與染障之住相應、心無平等性、心不正直、具心功用之位的對治故。有餘人言：由諸斷道而見所斷之染障斷時，離彼染障之隨縛，自性清淨，解脫道所攝之慧於所知善決定生故，彼慧即是此處所言之捨。所作已辦，故於滅盡而滅盡，而作捨故。

(7)修八道分

見道之次是修道，此中有道分故。

①令得分別

由修道中應得之修習，而分別修習之見道分是正見。

❶世間正見：此世間具分別，雖於道中而等至，然彼正見之安立是得彼生起之力故。

❷出世正見：出世間無分別，雖無分別，然是正見之所依，故稱為正見。

❸出世間後得：指由出世間見道後之力而得(即生之義)。

此正見以見道為境，由見道所證得，分別我如是之證得故。

②令他得

由正見而分別之真實，由正語、正思惟而令他至，故為令他得之分。

由等起之語而令他人得故，此中正思惟是語之等起。

③令他信

令他信分有三種，即正語、正業及正命。

❶正語

由於對法之談議及現觀而有決定，則對語言之執著止滅，善決擇無有相違義，而有了義之語，故此人真正了解真實，而他人於彼之慧起信。

❷正業

由正業而有戒，於戒起信。

以不作不如法事故，正業與惡行相違故，故人具彼正業時，不為生活作不可作事，此人正是具聖者所樂戒之人，於彼起信。

❸正命

由正命而輕財(知足)。

如法如量的乞求法衣等，離為生活資具而作詭詐等之過失，依身語而行是正命。

若只為身之住如理如量乞求法衣等，必斷對資具之渴愛，故對其人之輕財(知足)而起信。

以上諸分中，由正見而無慢，如實遍知自之所證故；正思惟是指由等起之語而獅子吼；而正語正業正命正顯自己之立宗。

④對治煩惱

對治分有三種：正勤、正念與正定。

❶正勤

修道所斷之煩惱(大惑)是最初之所對治，其對治是正勤。

由正勤而修習道故，離惛沉與掉舉而於三昧之分位的精進，正見所攝，是正勤。為斷修道所斷諸煩惱而修習其之對治道，故成就正定，故正勤為最初之對治。

❷正念

以惛沉與掉舉為相之隨煩惱(小惑)之對治的是正念。

於止、攝持、捨相之上念安住而遠離惛沉掉舉故。此中，止等之相是止等之作因。

1.心掉舉時，或有欲掉舉之掛念時，特作意可厭嫌之法是<u>止之相</u>。

2.心惛沉時，或有欲惛沉之掛念時，作意可喜悅之法，是<u>攝持之相</u>。

3.一向止，一向觀，或於兩者結合而起之道，由惛沉與掉舉之彼兩者之隨煩惱所染時，作意無功是<u>捨之相</u>。

❸正定

以神通等功德為自性的自在之所對治，是以等至之障為體的不染汙無知。其對治是正定。

由依止禪定而顯成神通等功德故，實則禪定是顯成一切勝功德之所依，故顯成神通等功德，是所對治之定障之對治。

故由如是之正勤表遠離煩惱障，由正念表定之清淨，由正定表等至障之遠離。

***20 三依一向**　《雜阿含經》卷 26, 656 經

指依離、依無染、依滅、迴向捨。(出世間法解脫道上之重要檢驗標準。)

(1)依　離：viveka，依遠離界，遠離對世間苦樂、財富、得失之顛倒妄想，遠離我見我愛我慢看待世間，遠離令我貪憂之境界，遠離世間趨樂避苦之輪迴。(遠離四取：欲取、見取、戒禁取、我語取。)

(2)依無染：virāga，身離五欲、心離五蓋。

(3)依　滅：nirodha，只看蘊界處之滅，見滅即見無生，過去已死未來未生，當下寂靜。(無生遠離)

(4)向於捨：vossagga，如實了知五蘊無常、苦、無我，深知執取不捨之患。(捨離任何執取和執著，無所依賴)參考*10 之(2)②(隨觀方法)

前三依都歸結於捨，趨向涅槃寂靜。

***21 空等三摩地**

(1)《大乘莊嚴經論》覺分品

①所行境

❶空三昧所行：人法二無我。

❷無願三昧所行：彼(人法)二執所依五取陰。

❸無相三昧所行：彼依畢竟寂滅。

彼三種所取體為三種境界，彼三種能取體為三種三昧。

②行相

❶空三昧義：無分別，由人法二我不分別故。

❷無願三昧義：厭背，由厭背我執所依故。

❸無相三昧義：樂得，由樂得彼所依畢竟寂滅故。

③三三昧云何起？

[應知及應斷　及以應作證]

應知謂人法二無我，應斷謂二我執所依，應證謂彼依畢竟寂滅。

[次第空等定　修習有三種]

為知人法二無我故修空三昧，為斷彼二執所依故修無願三昧，為證彼依畢竟寂滅故修無相三昧。

④依止四法印

無常印及苦印為成無願三昧依止。 (諸行無常，有漏皆苦)

無我印為成空三昧依止。 (諸法無我)

寂滅印為成無相三昧依止。 (涅槃寂靜)

為利益諸眾生故菩薩說此四印為三三昧依止。

❶無常義：無義是無常義，由分別相畢竟常無故。

無我義：分別義是無我義，由分別相唯有分別。

此二是分別相，由無體故。

❷苦　義：不真分別義是苦義，由三界心心法為苦體故。

此是依他相。

❸寂滅義：息諸分別義是寂滅義。

此是真實相。

(2)聲聞乘與大乘之三三昧

若依三三昧之觀行而證入空、無相、無作即得解脫，轉名為三解脫門。三三昧同為聲聞、緣覺與大乘所攝。

①聲聞乘之三三昧

聲聞乘三三昧所緣各別不同。

空三昧：以空行、無我行攝心。

無相三昧：以寂滅行、離行攝心。

無作三昧：以無常行、苦行攝心。

❶空三昧(二行相)

空三昧與苦諦中之空無我二種行相相應。行者觀諸法為因緣生，因而我我所皆空。

「如是緣眼色生眼識，三事和合觸，觸俱生受、想、思。此等諸法非我、非常，是無常之我，非恆、非安隱、變易之我。」《雜阿含經》273 卷 11

根塵合生識，及受想思等心所，造成對「我相」之覺知。此等因緣和合而有，故是無常無我。由無常無我積聚而成之「我相」，並無一不變之主體，而是非恆且不斷變化，此種「我相」即是「空」。

❷無相三昧(四行相)

聲聞乘之無相三昧必須是根塵不相對。因此必須遠離色、聲、香、味、觸、男、女等七種相。在遠離七種相後，即能除去煩惱與繫縛，並因而遠離災禍而達凡人所不能達之殊勝境界。故聲聞乘之無相三昧是相應於滅諦之滅繫縛、靜煩惱、殊妙境、離災禍四行相，也即是經上所說的「寂滅行」、「離行」。

❸無作三昧(十行相)

此三昧相應苦諦的苦，無常二行相，集諦之因、集、生、緣四行相，道諦之道、如、行、出四行相。

集諦四行相：說明愛執是苦之因，可集取苦而為苦生起之助緣。

道諦四行相：表示滅苦之聖道，是行者實踐之正道，超出虛妄之生命形式，趣向解脫境界。

此等行相說明，在無常而不斷變異下，無人能免於「生老病死、愛別離、求不得、五陰熾盛」等變化與失去之苦(苦、集諦之行相)。聲聞眾對世間「無常必苦」產生厭離心，以致追求「空」「無我」之境地，斷滅對世間一切的意願而成無願(道諦行相)，因無願所以不作，是故無作三昧又名無願三昧。

②聲聞乘之實際作證

聲聞眾在證入我空的涅槃之後，由於體認「無常而致苦」，故溺於涅槃寂靜境界而無願出世。可是這種只觀諸法為無常變異，並非正確認識。

「汝修行般若波羅蜜，莫觀色無常。何以故？色，色性空。

是色性非法若非法，即名為般若波羅蜜。般若波羅蜜中，色非常非無常。何以故？是中色尚不可得，何況常無常。」《摩訶般若波羅蜜經》卷 10, T08, P.296a

引導得渡彼岸之般若波羅蜜，不是以觀修諸法無常而得，而是經由完成對諸法真正性相的認識而得。諸法本際的性相皆空，其中諸法尚不可得，何況常或無常。

聲聞眾認知世間諸法之緣起與變異，以及其所導致的苦、空、無常、無我的結果，沒有認識到諸法的真實性。他們懼怕面對世間諸法所起之苦，故在成就三三昧、入解脫門後，即安住在空、無相、無作的涅槃境中不動不出而實際作證，不願再出世間，不再追求大乘法，終不能完成阿耨多羅三藐三菩提之修行。

③大乘三三昧

三三昧是養成般若波羅蜜之必要手段，是在上求佛道下化眾生的菩薩道中，必須要學習之課程。

❶對諸法之認知

以虛妄分別而有(虛妄有)之諸法，若將之認知為苦空無常無我，則非正確之認知。

❷境界

大乘三三昧所緣為諸法實相，觀世間即是涅槃，涅槃空、無相、無作，世間亦如是。諸法不生不滅的真實自性相，必須在排遣掉虛妄有的自性相後才得顯出。大乘之三三昧即是引導行者進入此境界中。行者對諸法性相的知見和思惟由世諦轉為第一義諦，通過禪定，除滅一切心心所法，在見道後即融入沒有能所分別(無作)、不起心行(無願)、且無相的三昧狀態中。行者安住在此境界中即是安住在「諸法空義」中。

然大乘行者不安住在諸法空義或三三昧中，不動不出而實際作證，若實際作證則墮聲聞緣覺地。大乘行者為度眾生之願力，雖在「空」中而不住「空」，如空中之鳥不住空，亦如空中射箭，後箭接前箭，箭不落地。行者若取證三三昧，則將於三三昧的空、無相、無作中不動不出，則將缺繼續施行六波羅蜜及諸餘善法之動力，就無法圓滿阿耨多羅三藐三菩提。

④入涅槃城之三門

❶三門及助開門法

菩薩道修習般若波羅蜜中所要學習的各種三昧，略說百八三昧，而此等三昧統攝於空、無相、無作三三昧中。而在述說三十七道品後，即說此三三昧，是因為三十七道品是趣涅槃道，行是道已到達涅槃城，而此涅槃城有三門，即是空、無相、無作，四禪等是助開門法。

「三三昧是所行入門。四禪、無色是行之所依，四無量下是起行方便。又復分三：初明道品，明涅槃勝行。行成，要由門入，是故第二明三三昧為涅槃之門，門不自開，由道品勝行。勝行成立，要須方便，是故第三四禪以下訖於九相，有八種行法，明勝行方便助開門法。」

《大智度論疏》6, (卍新續藏 46, 800c13-18)

(八種法：空等三三昧、四禪、四無量心、四無色定、八背捨、八勝處、九次第定、十一切處。)

❷一法隨觀成三

體是一法，觀諸法空名空，於空中不可取相，是時空轉名無相，無相中不應有作為三界生，是時無相轉名無作。諸法實相是涅槃城，城有三門，違者一門能入，不違則轉入餘門。若人入空門，不得空亦不取相，則直入成辦不須二門。若入空門，取相得空，則通途更塞，若除空相，則從無相門入。若於無相相心著生戲論，是時除取無相相，入無作門。(空門為見多者說，無作門為愛多者說，無相門為愛見等者說。)

*22 十一智　《大智度論》23

(1)法　智：欲界苦集滅道四諦下，苦法等無漏之智，能斷欲界見惑煩惱，故名法智。

(無漏者謂不漏落三界生死，見惑者謂意根對法塵起諸分別也。)

(緣欲界繫法、法因、法滅、斷法道)

(2)類　智：色無色界四諦，以欲界四諦比類而觀，從是斷上二界見惑，發苦類等無漏之智，故名類智。

(緣色無色界繫法等)

(3)他心智：知欲界色界繫見在他心心所法，及知無漏心心所法(少分)，故名他心智。

(緣他心有漏無漏心心數法)

(4)世俗智：世間有漏智，不能出離生死，故名世俗智。但有其名，而無其理。(緣一切法)

(5)苦　智：苦即逼迫之意，謂觀五陰等法，以無常苦空無我得無漏智，故名苦智。

(無常者五陰身終壞滅也。苦者此身受生死逼迫等苦。空者此身四大假合而成，畢

竟不有也。無我者四大各離何者是我？) (緣五陰等)

(6)集　智：觀見思煩惱之因能招集生死之果得無漏智，故名集智。(有漏法因：因、集、生、緣)

(見即見惑，思謂眼等五根色等五塵起諸貪愛也。) (緣五陰等)

(7)滅　智：斷滅見思煩惱得無漏智，故名滅智。(滅、止、妙、出) (緣無漏五眾)

(8)道　智：謂戒定慧之道能通至涅槃，依此而修得無漏智，故名道智。(道、正、行、達) (俱緣四諦)

(9)盡　智：謂我見苦已、斷集已、盡證已、修道已，如是念時無漏智慧見明覺，故名盡智。(俱緣四諦)

(10)無生智：謂我見苦已不復更見，斷集已不復更斷，盡證已不復更證，修道已不復更修，如是念時無漏智慧見明覺，故名無生智。

(11)如說智：謂於一切法總相、別相，如實正知無有罣礙，是佛之一切相智，故名如說智(如實智)。

***23 三根**

(1)未知欲知根

未知欲知根能生信等五根，是五根力故，能得諸法實相。

未具足此等五根，雖有願欲知諸法實相而不可得。

若得信等五根，則能信諸法實相不生不滅、不垢不淨、非有非無、非取非捨、常寂滅、真淨如虛空，不可示、不可說，一切語言道過，出一切心心所法，所行如涅槃，是則佛法。

五根所依意根必與受俱，若喜若樂若捨。

依是根入菩薩位，乃至未得無生法忍果，是名「未知欲知根」。

(2)已知根

知諸法實相了了故名「已知根」。從是得無生法忍果，住阿鞞跋致地，復受記，乃至滿十地坐道場得金剛三昧，於其中間，名為「已知根」。

(3)具知根

斷一切煩惱習，得阿耨多羅三藐三菩提，一切可知法智慧遍滿故，名為「具知根」。

(二十二根中，有十根但有漏，自得無所利益(眼耳鼻舌身根、男女根、命根、苦根憂根)。有九根不定，或有漏或無漏(意根、喜樂捨根、信進念定慧根)，故不說菩薩應具足。此只取三根。)

***24 有尋有伺等三摩地**

麁心相名尋，細心相名伺。尋伺能生三昧，亦能壞三昧。

(1)有尋有伺三摩地

欲界、近分定(未到地)、初靜慮中尋伺相應法，若善若不善若無記，指欲界、未到地、梵世。

(2)無尋唯伺三摩地

中間靜慮相應法，若善若無記，指初靜慮第二靜慮之間的中間靜慮(善修是地作大梵王)。

(3)無尋無伺三摩地

離尋伺法，一切色、心不相應行及無為法。指第二靜慮乃至非想非非想處定中，一切光音、一切遍淨、一切廣果及一切無色地。

*25 十隨念

(1)十隨念之所緣

①佛隨念：以佛之特質(聖德)為所緣。

②法隨念：以「善說」等法之特質為所緣。

③僧隨念：以「善行道」等僧伽之特質為所緣。

④戒隨念：以「不毀壞」等戒德為所緣。(破戒心畏墮地獄)

⑤捨隨念：以施捨等特質為所緣。(慳貪心畏墮餓鬼貧窮中)

⑥天隨念：以天人為證，以自己的信等特質為所緣。(諸天為布施持戒之果報)

⑦死隨念：以斷絕命根為所緣。(五眾身念念生滅，從生已來，常與死俱，今何以畏死？)

⑧身隨念：以髮等身體之三十二身分相為所緣。

⑨安般念：以出入息相為所緣。(細覺尚滅，何況恐怖麁覺)

⑩寂止念：以一切苦的止息為所緣。(貪愛的調伏、執著的破滅、輪迴的終止)

(2)佛隨念　《大般若經》第二會，《清淨道論》

①《大般若經》第二會

❶(§16,3)利他之勝解修道 (§16.3.7)

「世尊！若有欲得常見十方無量、無數、無邊世界一切如來應正等覺色身、法身，…。彼見十方無量無數無邊世界一切如來應正等覺二種身故，漸修般若波羅蜜多，速令圓滿；是時應以法性修習觀佛隨念。

世尊！法性有二：一者有為，二者無為。

此中何謂有為法性？

謂內空智乃至無性自性空智，四念住智乃至八聖道支智，三解脫門智，佛十力智乃至十八佛不共法智，世間出世間法智，雜染清淨法智，諸如是等無量門智，皆悉說名有為法性。

此中何謂無為法性？

謂一切法無生無滅、無住無異、無染無淨、無增無減、無相無為諸法自性。

云何名為諸法自性？

謂一切法無性自性。

如是說名無為法性。」

若要親見十方如來之法身，主要依靠修習般若波羅蜜多，至於要親見十方如來之色身，則從修習佛隨念做起。

將般若波羅蜜之修學導向對「有為法性」與「無為法性」之諦觀，並結合到佛隨念之修習。

佛隨念是指與二種法性之諦觀結合，而非只是世間善法之佛隨念。將以「佛」為對境，擴充到以「佛、有為法、無為法」為對境。

❷念佛漸次加行 (第 56 義)

1.佛隨念之六個步驟 (六個面向)

(1)不以色等作意之佛隨念 (§56.1)　　(不念有漏五蘊)

「善現！云何菩薩摩訶薩修學佛隨念？

謂菩薩摩訶薩修學佛隨念時，不應以色思惟如來應正等覺，不應以受想行識思惟如來應正等覺。

何以故？

色乃至識皆無自性，若法無自性，則不可念、不可思惟。

所以者何？

若無念無思惟，是為佛隨念。」

(2)不以相等作意之佛隨念 (§56.2) (不念相好)

(以三十二相、真金色身、常光一尋、八十隨好專念如來)

(3)不以戒蘊等作意之佛隨念 (§56.3) (不念無漏五蘊)

(以戒蘊、定蘊、慧蘊、解脫蘊、解脫智見蘊專念如來)

(4)/(5)不以十力等作意之佛隨念 (§56.4)

(4)(以五眼、六神通、佛十力、四無所畏、四無礙解、大慈大悲大喜大捨、十八佛不共法專念如來) (不念諸佛功德)

(5)(以無忘失法恆住捨性、一切智、道相智、一切相智及餘諸佛法專念如來) (不念三智等)

(6)不作意緣起之佛隨念 (§56.5) (不念十二因緣)

(以緣性法、緣起法專念如來)

(①此緣性(idappaccayata)：緣起中，此(因緣)與彼(結果)之間之有無、生滅現象，此彼之關係靠此緣性連結。此緣性指出緣起法之因果實相。

①緣起法：無明乃至老死之緣起法。)

2.覺一切法無自性之佛隨念 (§56.6)

「善現！是菩薩摩訶薩以一切法無性為性方便力故，覺一切法皆無自性，其中無有想亦復無無想。

善現！諸菩薩摩訶薩應如是修學佛隨念，謂一切法無性性中，佛尚不可得，況有佛隨念！」

佛隨念以六步驟修學，但最後結論是佛隨念亦不可得，此說明佛隨念已被般若波羅蜜多所攝引，從而轉成般若波羅蜜多式之佛隨念。

②《清淨道論》

❶憶念佛陀功德

具足正信之禪修者，在十隨念中，欲修習佛隨念，應在適當住所，獨居靜處禪修：「彼世尊即是阿羅漢、等正覺者、明行具足者、善逝、世間解、無上調御者、天人師、佛世尊。」他應如是憶念佛陀之功德。

1.阿羅漢 (應供 arhat)

先憶念世尊為阿羅漢，

(1)遠離故(已斷除一切煩惱)； (2)破賊故(以道破煩惱賊)；

(3)破輪輻故(以精進、戒、信、慧摧破一切業，和無明乃至老死三有輪迴之輪輻)；
(4)應受資具等故；　(5)無秘密之惡故。

2.等正覺者 (正遍知 saṃyaksaṃbuddha)

應通達之法已通達，應遍知之法(四聖諦)已遍知，應斷除之法(集)已斷除，應證悟之法(滅)已證得，應修之法(道)已修習。

3.明行具足者(vidyācaraṇasampanna)

世尊具足「明」(三明或八明)，一切智圓滿；具足「行」，世尊大悲圓滿。

明：指三明(《怖駭經》,《中部》4，《增一阿含》卷 23，或八明《阿摩晝經》,《長部》3，《長阿含》20

行：指十五法：(1)戒律儀；　(2)守護根門；　(3)飲食知量；　(4)努力覺知；
(5)-(11)七種善法(信、慚、愧、多聞、精進、念、慧)；
(12)-(15)色界四禪。

4.善逝(sugata)

世尊由如下行稱善逝。　(「行」亦名「逝」)

(1)善 淨 行：世尊之行是善是淨，故為善逝。

(2)善妙處行：即向不死涅槃中行。

(3)正　　行：已斷煩惱不再生起。

(4)正　　語：

1.如來不說

不實無益、他所不喜；真實無益、他所不喜；真實有益、他所不喜；

不實無益、他所喜；真實無益、他所喜等之語。

2.如來說真實、有益、他所喜之語。

5.世間解(lokavid)

世尊依自性、起因、滅、滅的方法而了解世間。

世尊了解

(1)諸行世間

有情依食而住、名色、三受、四食、五取蘊、內六處、七識住、八世間法、九有情居、十處、十二處、十八界。

(2)有情世間

有情之習性、意欲、隨眠、天分、利鈍根、善惡行、教化及證悟能力等。

(3)空間世間

一世界之縱橫大小、世界之結構、四大洲等。

6.無上調御者(anuttaraḥ puruṣadamyasārathiḥ)

世尊之戒德、定、慧，解脫及解脫知見無與倫比。

世尊調伏(雄的)畜生(龍王等)令其無煩惱，並皈依、住戒。調伏人及非人(夜叉、帝釋天王等)，並調御那些已被調御之人(為持戒清淨者宣說初禪等，為須陀洹等宣說更高之道)。

7.天人師(śāstā devamanuṣyāṇām)

世尊教誨天、人、畜生，為其成就道果之近因。由於這有力之因緣成就，在第二生或第三生便能證得道果。

8.佛(buddha)

世尊之解脫智覺知一切所應知的，故稱為佛(覺者)。或以自己覺悟四諦，亦令他有情覺悟。

9.世尊(bhagavat)

佛陀德行在一切眾生之上，為人所尊敬。

「世尊」是依原因(特殊成就)而立名。「世尊」非母親所取，而是依究竟解脫後獲得的。

⑴依功德立名

具足祥瑞吉祥之德；破除貪瞋痴與一切惡法；吉祥相應，成就百福特相之色身；分別諸法；

具足親近；已去除諸有，故稱為世尊。

(具世間出世間樂，並有得以到彼岸之布施等吉祥之德，稱具足吉祥者(bhāgyavā)也稱世尊(bhagavā)。)

⑵已破除一切惡法

略言之：破除煩惱、五蘊、業行、天魔、死魔等五魔。

已除貪瞋痴慢嫉慳等、三不善根、三惡業、三雜染、四顛倒、四漏四繫四暴流四軛四取、五縛五蓋、六諍根六貪愛、七隨眠、八邪、九貪愛根、十不善業道、六十二見、百八貪愛行、百千煩惱等。

此中以「具吉祥」說佛陀有百福相的色身成就，以「破惡」說明佛陀的法身成就，為世人所尊敬。

⑶善分別諸法

佛陀以善等差異解說一切法。分別蘊處界諦根緣起等善法，分別苦聖諦、集聖諦、滅聖諦及道聖諦，故稱世尊。

⑷善修習世出世間上人法

佛陀多修習、多作天住梵住聖住，身遠離心遠離與遠離執著，空無相無願三解脫以及所有世間出世間之上人法，故稱世尊。

10.如來(tathāgata)　《大智度論》21

⑴如說

得如實智，大慈大悲成就，故言無錯謬。

⑵如來

如過去未來現在十方諸佛於眾生中起大悲心，行六波羅蜜得諸法相，來至阿耨多羅三藐三菩提中。

⑶如去

如三世十方諸佛身放大光明遍照十方，破諸黑闇，心出智慧光明，破眾生無明闇冥，功德名聞遍滿十方，去至涅槃中，此佛亦如是去。

❷佛隨念功德

1.如是憶念佛德，其心必正直，不被貪等所纏，故能鎮伏五蓋。以正直心向著業處，生起傾向佛德的尋與伺。當他以佛德為所緣時，尋與伺持續而喜生起。心喜者，以喜為近因，身心得以輕安，身心生起樂，有樂者以佛德為所緣，得以入定，在一心識刹那中，生起五禪支。

由於佛德甚深，或因憶念種種佛德，只入近行定，不入安止定。

2.其他功德　《大智度論》21

(1)念佛身相好功德

(2)念佛五眾俱足

具足戒眾、定眾、慧眾、解脫眾、解脫知見眾。

(3)一切智乃至十八不共法功德

念佛一切智、一切知見、大慈大悲、十力、四無所畏、四無礙智、十八不共法等，念如佛所知無量不可思議諸功德，是名念佛。

(3)死隨念(maraṇānussati)　《清淨道論》

此處死指時死(kālamaraṇa 時節死)：由於福盡或壽盡，或兩者皆盡而死。

非時死(akālamaraṇa 非時節死)：指(生存)業為斷業所毀。

①修習法之一

獨居靜處，如是如理作意：「死將來臨，命根將斷。」

❶看見被殺或死之眾生，過去曾是知名之士，生憶念感動及智。

❷之後，作意「死將來臨」，此為如理作意(或方便作意)。

❸若能如是作意，則鎮伏諸蓋，以死為念住之所緣，生起得入近行定之業處。

②修習法之二

若上述修法不能現起業處，另有八種修法：

❶以殺戮者之追近憶念

死亡是與生俱來的，從出生後必定邁向死亡絕不退轉，如舉劍之殺戮者終將取人性命。當以殺戮者的追近來憶念死亡的追近。

❷以興盛之衰敗憶念

沒有永久持續之光榮，生命之興盛終將衰壞而死，故以興盛之衰敗來憶念死亡。世間眾生在出生後，逐漸走向老朽，為病所苦，為死所襲，即使無憂王也要憂傷的面對死亡。

❸以與大名聲福慧者比較

所有大名聲大眷屬大財富之大王、所有世間之大福者、所有大力士、所有大神變者如目犍連、所有大智慧者如舍利弗、所有的獨覺者、阿羅漢等正覺者，都不免入滅，都難免一死，像我這種人如何不會死去？如此比較則可生起得入近行定之業處。

❹此身與眾生共有

此身由八十種蟲所共有，內有數百種病，外有蛇蠍、災難等致死之因，都足以使我命終。

(《起世經》世界如周羅(盤起來螺旋狀之頭髮)，人身是蟲巢蟲窠，蟲有八十種。)

❺生命是危脆的

生命虛幻無力而危脆，必須有持續的出入息、平衡的四威儀、均衡的冷熱、平衡的四大種以及有食物之滋養，生命才能存續。

❻對生命無相無知

生命是無相的，因為不確定、不可預料。

1.壽命無相

無法確定能否活這麼長，從羯羅藍乃至百歲之中隨時都可能會死，不可預料。

2.病無相

病是無相的，無法確定是否因此病致死。

3.時無相(跡象)

無法確定是必在此時死或不在此時死。

4.身倒臥處無相

無法確定死於此處或不死於此處。

5.趣(往生處)無相

無法確定在五趣輪轉中，死此生彼或不生彼。

❼以生命之有限念死

「生命短促，不久便去來世，故當行善，當修梵行。」

「讓我活過咀嚼吞下一口飯的時間，以便聽聞佛法，我將多有所作。」

不放逸比丘，為了漏盡而精進修習念死。

❽以剎那的短促念死

依究竟義，眾生壽命只在一心識剎那間，心識停止名有情滅。

「在現在之心識剎那，他非過去存活，是現在活著，非未來存活。」

當如是「以剎那的短促」來念死。

③入近行定

以死為所緣，數數作意，修習其心，鎮伏五蓋，使禪支生起，入近行禪那，不入安止念。

念死無清淨修習及超越所緣，故不入安止定，只入近行禪那。

(依清淨修習次第得入出世間安止定。由於修習超越所緣得入無色界禪那(第二、第四無色禪)。由於此等自性法之殊勝，得入安止定。)

④念死之功德

勤習念死，對「有」持不愛樂道(去除對生命之執著)、離慳念(不貪資具)、增長無常想、生起苦想及無我想。即使現世未證得涅槃，來世至少可往生善趣，臨命終時不生恐懼昏昧。

*26 解脫、勝處、一切處、九次第定

(1)八解脫 (八背捨)

《長阿含經》卷 10，《大緣方便經》

「八解脫，云何八？

1.初解脫：色觀色。　　2.二解脫：內無色想，觀外色。

3.三解脫：淨解脫。　　4.四解脫：度色想、滅有對想，不念雜想，住空處。
5.五解脫：度空處，住識處。　　6.六解脫：度識處，住不用處。
7.七解脫：度不用處，住有想無想處。　　8.八解脫：滅盡定。」

(八解脫又名八背捨，背捨者淨潔五欲，離是著心。修此觀能發無漏慧，斷三界見思煩惱。)

①初二解脫 (緣不淨相)

初解脫：不壞內外色，不滅內外色相，以是不淨心觀色。(觀自色身爛壞不淨，更觀他色身不淨而棄捨。)

二解脫：壞內色滅內色相，不壞外色不滅外色相，以是不淨心觀外色。(已滅內身色相，觀其骨人亦碎壞成空；觀未壞滅之外色，心生厭惡，棄捨外貪。)

❶愛多者著樂，多縛在外諸結使行，故觀外色不淨。
見多者多著身見等行，為內結使縛，故觀自身不淨壞敗。
又初學者繫心一處難，故內外觀，漸習調柔後能內壞色相，但觀外。

❷一解脫見內外色，二解脫但見外色。(有二勝處見內外色，有六勝處但見外色)
此言內有壞色相是勝解作意(假想觀)，行者見身有死相，取是未來死相以況今身。而外色(外四大)不見滅相，為實觀(自相作意、共相作意)。

②第三解脫 (緣淨相)

此為淨解脫身作證，為不淨中之淨觀。(緣淨故名淨解脫。遍身受樂故名身證。得是心樂，背捨五欲，不復喜樂是名解脫。)

❶不淨轉淨
先觀身不淨，繫心觀中而生厭，婬恚痴薄。心既調柔，去除皮肉血髓不淨，唯有白骨。繫心骨人，見白骨流光如珂如貝，能照內外物。後觀骨人散滅，但見骨光，取外淨潔色相。

❷觀淨色
另觀(金剛寶物之)淨地、淨水、(無煙)淨火、(無塵)淨風、(金精山)青色、(瞻蔔花)黃色、(赤蓮華)赤色、(白雪)白色，取是八相，繫心淨觀，隨是諸色各有清淨光，是時行者得受喜樂，遍滿身中，是名淨解脫。

❸三事一義 (解脫、勝處、一切處)
未漏盡故，中間或結使心生隨著淨色，復勤精進斷此著。如是淨觀從心想生，如幻主觀所幻物，心不生著，能不隨所緣，隨意運轉自如，是時「背捨」變名「勝處」。
淨觀雖勝未能廣大，是時行者還取淨相，用背捨力及勝處力，使淨地相漸遍滿十方虛空，水火風亦爾。取青相漸令廣大，亦遍十方虛空，黃赤白亦如是。是時「勝處」復變為「一切處」。

❹實觀與假想觀
觀淨不淨是實觀。身相實是不淨是實觀，外法中有淨相，種種色相是實淨。
以少許淨廣觀一切皆淨，取一水遍觀一切皆水，取少許青相遍一切皆青等是勝解作意(假想觀)。

③第四至第七解脫

四無色解脫如四無色定中觀。

欲得解脫，先入無色定，無色定是解脫之初門。背捨色，緣無量虛空處，餘緣識處、無所有處、非想非非想處，亦如是。

凡夫得無色定是為無色定，聖人深心得無色定，一向不迴，是名解脫。

❶第三解脫唯餘八種淨色，至第四禪，此等色皆以心住，若心捨色，色即謝滅(如幻色依幻心住)，一心緣空，與空相應，即入空無邊處，名虛空解脫。

❷若捨虛空處，一心緣識，當入定時，觀此定依五蘊起，皆苦、空、無常、無我、虛誑不實，心生厭背而不愛著，名識處解脫。

❸若捨識處，一心緣無所有處，當入定時，也觀此定依五蘊起，若五蘊空，定不可得，皆苦、空、無常、無我、虛誑不實，心生厭背而不愛著，名無所有處解脫。

❹若捨無所有處，一心緣非想非非想處，當入定時，依五蘊起，五蘊若空，定從何有，皆苦、空、無常、無我、虛誑不實，心生厭背而不愛著，名非想非非想處解脫。

④第八解脫

背滅受想諸心心所法，是名「滅受想解脫」。

無想定是邪見者不審諸法過失，直入定中謂是涅槃，從定起時還生悔心，墮在邪見，不名解脫。

五蘊中受即領納，想即思想，令行者常時散亂，此時雖無麁重煩惱，但諸心心所未滅除，故欲入定休息，盡滅一切心心所法，而非心心所法也滅，今欲背捨受想諸心所，故名滅受想解脫。

此滅受想患、厭散亂心，故入定休息，似涅槃法著身中得，故名「身證」。

(2)<u>八勝處</u>

此八法於淨不淨法皆隨意能破，亦善調制觀心，如騎馬擊賊，能破前陣，亦善制其馬。

初 勝 處：內有色相，外觀色少，若好若醜，是色勝知勝觀。

第二勝處：內有色相，外觀色多，若好若醜，是色勝知勝觀。

第三勝處：內無色相，外觀色少，若好若醜，是色勝知勝觀。

第四勝處：內無色相，外觀色多，若好若醜，是色勝知勝觀。

第五勝處：內無色相，外觀諸色青。

第六勝處：內無色相，外觀諸色黃。

第七勝處：內無色相，外觀諸色赤。

第八勝處：內無色相，外觀諸色白。

此八，深入定心者可得。

①初、二勝處

內身不壞見外緣。

多少：初解微弱故，不能<u>自在</u> <u>廣緣</u>故名少。

好醜：或約業報及約觀行得失，或就違順生心而說好醜；或約淨色為好，不淨色為醜。

勝知勝見：於緣中自在勝知勝見，於能生婬欲好色中不生婬欲，能生瞋恚醜色中不生瞋恚，但觀色四大因緣和合生，如水沫不堅固，善通達假實之相。

(修解脫唯能棄背，修勝處則能制所緣，隨所樂觀惑終不起。)

行者或時見內身不淨(三十六身分)，亦見外色不淨；或除外皮肉五臟，但觀白骨如珂如雪淨相。三十六身分觀不淨名醜，如珂如雪觀淨名好。先觀一屍之膿爛為少，乃至百千世界死屍為多。觀一切人為少，乃至牛羊走獸、虫蟻膿爛、田舍林藪臭壞為多。

②三、四勝處

行者入二禪，除滅自身相，但觀外色。(行者若內外觀時，心散亂難入禪。)

行者已得解脫觀，見是身死，死已舉出塚間，若火燒若蟲噉，皆已滅盡，是時但見蟲、火，不見內色身，是名「內無色相外觀色」。

初習行未能觀細緣故「少」，觀道轉深則增長，由一骨人乃至遍觀閻浮提皆是骨人為「多」，還復攝念回觀一骨人，名「勝知勝見」。

行者能自於不淨觀中，少能多、多能少，是為「勝處」。能破五欲賊亦名「勝處」。

③結前四勝處

內未能壞身，外觀色若多若少若好若醜是初二勝處。

內壞身無色相，觀外色若多若少若好若醜，是第三第四勝處。

④後四勝處

攝心深入定中，壞內身，觀外淨，緣青、青色，黃、黃色，赤、赤色，白、白色，是為後四勝處。

觀青色照耀，勝於解脫八色光明，諦觀此色，如幻師觀所化幻色，本無所有，故不生愛著，名青勝處。又觀黃色、赤色、白色照耀，勝於解脫八色光明，諦觀此色，知是如幻有、如水中月、如鏡中像，不起法愛，名黃勝處、赤勝處、白勝處。

行者入第四禪時，念慧清淨，此四色轉更光顯，如妙寶光，勝於前色。以不動智慧鍊此青黃赤白四色，少能成多，多能成少，轉變自在，欲見即見，欲滅即滅，故名勝處。又知此色乃從心生，不生取著，斷此法愛，八解脫轉名八勝處。

(3)一切處 (遍處)

前八勝處但觀少色，勝八解脫，如閻浮提王勝一天下。十一切處則能遍滿緣故，又勝八勝處，如轉輪聖王遍勝四天下。一切處普遍勝一切緣，勝處但觀少色能勝，不能遍一切緣。

「十遍處者，謂青、黃、赤、白、地、水、火、風、空無邊處、識無邊處遍處。」

《大毗婆沙論》85

「遍處是何義？答：由二緣故名為遍處：1.由無間；2.由廣大。

由無間者，謂純青等勝解作意，不相間雜，故名無間。

由廣大者，謂緣青等勝解作意，境相無邊，故名廣大。

大德說曰：所緣寬廣，無有間隙，故名遍處。」 《大毗婆沙論》85

①青遍處

行者於禪定中，還取八解脫與八勝處之青，以成就自在勝色。先以念清淨心，取少許青色焰相，猶如草葉之大，一心繫縛其中，當與少許青色相應之後，次以觀心運此少許青色遍照十方，功夫純熟，則見光明隨心普照，此時見諸世界皆是青色，遍滿住不動，猶如青色世界，故名青遍處。

②黃遍處、赤遍處、白遍處

行者於禪定中，取八解脫、八勝處中所見之黃色等，從少許黃色等觀起，漸令遍照十方，故名黃遍處、赤遍處、白遍處。

③地遍處、水遍處、火遍處、風遍處

行者攝心用念，仍取八解脫、八勝處中所見地色，重新起觀，漸令地色遍照十方，故名地遍處。

行者亦如是取水色、火色、風色起觀，漸令水等色遍照十方。

④空遍處、識遍處

行者心緣一念，亦如是取所見空色、識色起觀，漸令於一切處無不周遍，故名空遍處、識遍處。

空無邊處是得解之心，安隱快樂、廣大、無量、無邊，如虛空；而一切處中皆見有識，能疾緣一切法，故此二處為一切處。

又，虛空處近色界，能緣色；識處能緣下地緣色之識，且識處起能超入第四禪，第四禪起能超入識處，故說此二處為一切處。

⑤無所有處中無物可廣，亦不得快樂，而非想非非想處心鈍，難得取相令廣大；又此二處離色界遠，無色因緣，故皆不名一切處。

以上雖有十色，但其性體，本來周遍法界，互攝互融，雖各遍照十方，而不互相妨礙。由有情迷性執相，故有差別相生。諸色隨有情心，由其業感而現，若行者觀心劣小，則應之以少色，觀心勝大，則應之以遍色，色之遍、非遍，皆隨觀心大小而分。

(4)<u>九次第定</u> (參考 70.2.2, P.844)

從初禪心起，次第入第二禪，不令餘心得入，若善若垢，如是乃至滅受想定。於此功德心柔軟，善斷法愛故，能心心相次。

此中非想非非想定與滅盡定是有漏，餘七或有漏或無漏。

(九次第定不含中間禪及未到地(近分定)，以不牢固故。)

(5)<u>解脫、勝處、遍處之分別</u>

①淨不淨觀

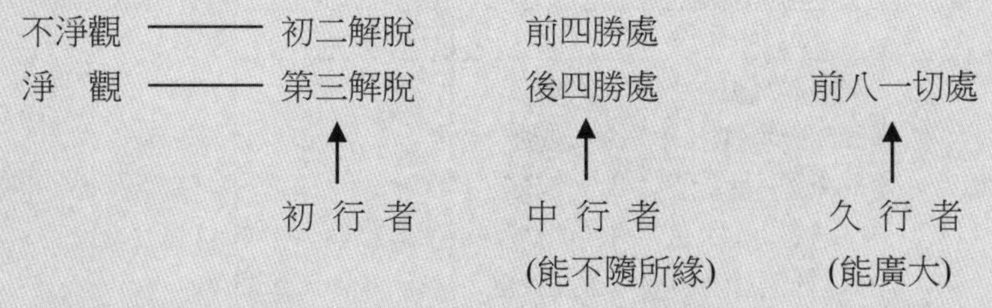

淨觀指觀外色之清淨，近於清淨之器世間(似相)。

前八種一切處，行者觀想極其清淨之四大及四根本色，不夾雜其他諸大或顏色。《清淨道論》稱之所緣之「似相」。

「應知此中修觀行者，從諸解脫入諸勝處，從諸勝處入諸遍處，以後後起勝前前故。」《俱舍論》29

②修得報得

此三種皆修行而得，非報得。

③有漏無漏

勝處、一切處皆有漏。

初三解脫、第七第八解脫是有漏，餘四、五、六解脫或有漏或無漏。

勝處、一切處及前三解脫，但是假想非實觀故有漏。

非想解脫雖是實觀但心羸劣又是邊地，故無無漏。

滅盡解脫滅心求證，非理觀相應，故唯有漏。

中三解脫，既是實觀，復非邊地，故通有漏無漏。　《大智度論疏》6

④攝地分別

初二解脫、初四勝處 ── 初二禪中攝

淨解脫、後四勝處、八一切處 ── 第四禪攝

空識一切處、空識解脫 ── 空無邊處定、識無邊處定攝

⑤緣境分別

前三解脫、八勝處、八一切處 ── 緣欲界 (依色界禪定緣欲界色為境，都是勝解假想觀)

後四解脫 ── 緣無色界及無漏法諸妙功德

(第四解脫緣四無色、第五解脫緣後三無色、第六解脫緣後二無色、第七解脫緣非想非非想處。此四解脫緣四無色及彼因彼滅一切類智品)　《大毘婆沙論》84

滅受想定 ── 非心心所法故無緣

非有想非無想處解脫 ── 但緣無色四陰及無漏法

⑥解脫、勝處、遍處、九次第定之關係

<table>
<tr><th>八　解　脫</th><th>八　勝　處</th><th>十　遍　處</th><th>攝　地</th><th>所　緣</th><th>漏無漏</th></tr>
<tr><td>1.內有色想，
觀外色解脫</td><td>內有色想，
1.觀外色少。
2.觀外色多。</td><td rowspan="2"></td><td rowspan="2">初禪
二禪</td><td rowspan="3">欲界</td><td rowspan="3">有漏</td></tr>
<tr><td>2.內無色想，
觀外色解脫</td><td>內無色想，
3.觀外色少。
4.觀外色多。</td></tr>
<tr><td></td><td></td><td></td><td>三禪</td></tr>
<tr><td>3.淨解脫</td><td>內無色想，
5.外觀諸色青
6.外觀諸色黃
7.外觀諸色赤
8.外觀諸色白</td><td>1.地遍處
2.水遍處
3.火遍處
4.風遍處
5.青遍處
6.黃遍處
7.赤遍處
8.白遍處</td><td>四禪</td><td>欲界</td><td>有漏</td></tr>
<tr><td>4.空無邊處解脫</td><td rowspan="3"></td><td>9.空遍處</td><td>空無邊處定</td><td rowspan="3">無色界
及
無漏法</td><td rowspan="3">或有漏**1
或無漏</td></tr>
<tr><td>5.識無邊處解脫</td><td>10.識遍處</td><td>識無邊處定</td></tr>
<tr><td>6.無所有處解脫</td><td></td><td>無所有處定</td></tr>
</table>

7.非想非非想處解脫			非想非非想處定		有漏
8.滅受想解脫			滅受想定	無　緣	

**1 四、五、六解脫或有漏或無漏，餘皆有漏。

第三靜慮無解脫、勝處、遍處。

1.非田器故，乃至廣說。

2.第三靜慮無識身所引緣色貪故，不立緣色之不淨解脫。(初靜慮有識身所引緣色貪故，立不淨解脫)

但前三靜慮有尋伺喜樂及入出息擾亂事，故無淨解脫。後四勝處，前八遍處緣淨妙境，能伏煩惱，其事甚難，必依無擾亂地乃得成就。

3.第三靜慮去欲界遠，於靜慮中又非最勝，故無解脫、勝處、遍處。

4.第三靜慮如第三無色無多功德，故無解脫、勝處、遍處。

5.第三靜慮有生死中最勝受樂，能令行者耽著迷亂，故無解脫、勝處、遍處。

(6)真實觀與假想觀

①佛法的解脫道，是依止四禪發真實慧，離欲而得解脫。真實慧依於如實觀：無常故苦，無常苦故無我，無我無我所空，是一貫的不二正觀，能離一切煩惱，離一切相，契入超越的寂滅。依於觀慧的加行不同，名為空、無所有、無相(想)。如止觀相應而實慧成就，依觀慧立名，名為空心三昧、無所有心三昧、無相心三昧。能得解脫的真實慧，雖有不同名稱，都是空慧之異名。空、無所有、無相(爾後著重不願後有，以無願取代無所有)與諸法無我，諸行無常、涅槃寂靜相對應，也即是(三依一向中)厭離、離欲、滅盡。

四禪、八定、九次第定等定法，原本只是四禪，其餘是由觀想而成立的。依四禪得漏盡解脫，是以不動 āṇañja，無所有 ākiñcañña，無相 anmitta 為次第。不動離欲結，無所有處離不動結，無想處(非想非非想處)離無所有處結，涅槃離無想處結。第四禪是不動(即是空住)，在不動與無所有中間，無空無邊處、識無邊處。不動、無所有、無相是如實觀的三昧，而空無邊處與識無邊處，是世俗假想觀的三昧，是依十遍處觀有情六界而立。

②「有三種作意，謂自相作意、共相作意、勝解作意。」　《大毗婆沙論》11

❶真實作意

真實作意「謂以自相、共相及真如相，如理思惟諸法作意。」　《瑜伽師地論》11

這是一切法真實事理之作意。

❷勝解作意

勝解作意是假想觀，於事有所增益。譬如不淨觀，青瘀膿爛等想，觀自身及四處充滿的屍身之青瘀膿爛，此與事實不符，是增益定境而成的。除不淨觀、持息念、四無量、八解脫、八勝處、十遍處等都是勝解作意。

勝解的假想觀，是不能得究竟解脫的，但能對治煩惱、增強心力。

1.不淨觀：如九想觀等對治猛利的貪欲。與無常、苦、無我結合成為四念住之修習。

2.入出息念。

3.淨觀：如八解脫之第三解脫，八勝處之後四勝處，十遍處之前八遍處，都是淨觀。

不淨觀與淨觀，都是緣色法，觀地、水、火、風、青、黃、赤、白、光(光明相)、淨(淨色相)，都是依勝解觀而成就。勝解淨相，在定中現見清淨身、土，漸漸引發理想中的清淨身、土之說。

③解脫、勝處(含不淨念)、遍處，都出發於色的觀想，在不同的宏傳中，發展成三類不同的定法。

❶不淨觀：前二解脫、前四勝處。

淨　觀：第三解脫、後四勝處、前八遍處(能造之地水火風，所造色之青黃赤白)。

❷依色界禪緣欲界色為境：前三解脫、八勝處、前八遍處。

❸六界(有情自體)：十遍處中地、水、火、風及空、識，此即構成有情自體之因素。

行者先觀色法之不淨，對治貪欲，進而觀色法之清淨。或超越色相、觀虛空相，勝解空為遍一切處，如不能依之發慧得解脫，則生於空無邊處。或進一步觀識相，假想識遍一切處(心遍十方)，若不能因此而解脫，則生在識無邊處。由此說無色界前二天，是依修得之定境而立。四禪名為不動，在《中阿含經》之《大空經》中與內空、外空、內外空並列。內空、外空、內外空是從根、境、識之相關中，空去五欲；不動是觀五蘊無常無我、內離我慢。不動修習成就，就是空住(suññatā vihāra)的成就。若於此著空不得解脫，則生於四禪。

不動、無所有、無相為觀之次第，是諦理的如實觀。如有著而不得解脫，則生於四禪、無所有處、無想處。在四禪與無所有處間，依於十遍處中六界次第之進修，而安立空無邊處、識無邊處。由此成立四禪八定，若加入滅受想定，則成九次第定。

***27 如來十力**　《大智度論》24，《大乘莊嚴經論》13，《大般若經》第二會 70.2.2, P.845

(1)佛十力者，

①知是處不是處智力：分別籌量眾生是可度不可度。 (處非處相)

②知業受因果智力：分別籌量是人業報因果。 (業受因果別相)

③知禪定解脫三昧智力：分別籌量是人著味、不著味。(禪定解脫差別相)

④知上下根智力：分別籌量眾生智力多少。(諸根勝劣相)

⑤知種種欲智力：分別籌量眾生所樂。(種種勝解相)

⑥知種種性智力：分別籌量眾生深心所趣。(種種界相)

⑦知一切道至處智力：分別籌量眾生解脫門。(遍行行相)

⑧知宿命智力：分別眾生先所從來。(宿住差別相)

⑨知死生智力：(天眼)分別眾生生處好醜。(死生差別相)

⑩知漏盡智力：分別籌量眾生得涅槃。(漏盡解脫相)

佛以十力只為度脫眾生，審諦不錯皆得具足。(菩薩十力除利益眾生外，尚追求無上佛果)

(2)佛顯十力降魔四事　《大乘莊嚴經論》13

魔依四事破壞眾生：

①依方便誑惑眾生 (言受用五塵得生善道不墮惡道)。

②依歸依誑惑眾生 (言自在天等是歸依處餘處則非)。

③依清淨誑惑眾生 (言世間諸定唯此清淨餘非清淨)。

④依出離誑惑眾生 (言小乘道果唯此出離非有大乘)。

佛為破魔四事顯已十力：

①以是非智力(處非處智力)破魔第一事，由善方便可得生天非惡方便故。

②以自業智力(業受因果智力)破魔第二事，由自業生天非依自在天等力故。

③以禪定智力(禪定解脫三昧智力)破魔第三事，由具知禪定、解脫、三昧、三摩跋提故。

④以後七智力破魔第四事，由下根等令出離、上根等安置大乘故。

*28 四無畏　《大乘莊嚴經論》13, 《大般若經》第二會 70.2.2, P.846

(1)說一切智無畏：對諸法皆現正等覺，住正見無所屈伏無所怖畏。(智)

(2)說漏盡無畏：斷盡一切煩惱而無外難怖畏。(斷)

(3)說盡苦道無畏：宣說出離之道而無所怖畏。(離)

(4)說障道無畏：闡示修行障礙之法，對非難無畏。(障)

此中智及斷是說自利功德，離及障是說利他功德。

外道四難：瞿曇，非具一切智、非盡一切漏、說道不能盡苦、說障不能妨道。

如來於此四難而能摧伏，故名無畏。

*29 四無礙解　《大乘莊嚴經論》10

(1)性相

①知門智 (法無礙解)

能知義中所有名門差別故。(通解別義名數)

②知相智 (義無礙解)

能知此義屬此名故。(通解諸法自相、共相)

③知言智 (詞無礙解)

能知異土言音故。(通解種種地界、人等之語言)

④知智智 (辯無礙解)

能知自能說法故。(通解智(諸實有)之差別)

(2)因緣

①能說(法)有四因緣：❶教授智；❷成熟智；❸聚滿智；❹令覺智。

所說(義)有二因緣：❶法；❷義，四智於此二有用故。

說具(言、智)有二因緣：❶言；❷智，由此二得成說故。

(精勤教化之菩薩，其四無礙解何所示？以何示？

為示法、義，以言(詞)、(辯)智示。)

②[舉法及釋法，令解與避難，建立四無礙，以是義應知]

舉法以門，釋法以相，令(他)解以言，避難(答他問諍)以智。

應知此中以所說法及義以說具言及智，次第建立四無礙解。

(3)釋名及業用

[內證及外覺，故稱無礙解，能斷一切疑，此即是彼業]

由諸菩薩初以出世間智內證諸法得平等如解，後以後得世智外覺諸法法門差別。由此道理故名無礙解。

復由此解能斷一切眾生一切疑網，此名為業(用)。

*30 十八佛不共法　《大乘莊嚴經論》13

(1)無失等

①身無失(常無誤失)　②口無失(無卒暴音)　③念無失(無忘失念)

④無異想(無種種想、涅槃差異想)　⑤無不定心　⑥無不知已捨(無不擇捨)

(2)無減

⑦欲無減(志欲無退)　⑧精進無減　⑨念無減

⑩慧無減　⑪解脫無減　⑫解脫知見無減。

(3)無著無礙

⑬智知過去無著無礙　⑭智知未來無著無礙　⑮智知現在無著無礙

(4)業隨智行

⑯身業隨智慧行　⑰口業隨智慧行　⑱意業隨智慧行

此中由行攝初節六不共，由得攝第二節六不共，由智攝第三節三不共，由業攝第四節三不共。一切聲聞緣覺於餘一切眾生為上，如來由此四事不共故，於彼上復上，故名最上。

*31 諸字門是大乘相

(1)陀羅尼門是大乘相

字平等性、語平等性，於諸字平等無有愛憎，入諸字陀羅尼門是大乘相。此諸字，因緣未合時無，終歸於無，現在亦無所有，但住我心中，由憶想分別覺觀及散亂心說，都不見有實事。

諸陀羅尼法皆從分別字語而生，四十二字是一切字之根本。因字有語，因語有名，因名有義，菩薩若聞字，因字乃至能了其義。

(2)諸字無礙不可說示，如虛空

是字，初裒 (a)，後擇(ḍha)，中有四十。 (見參考資料 9-8)

入裒字等，名入諸字門，若得善巧，於諸言音之所詮所表都無罣礙，於諸法平等空性盡能證持。

入擇字門能悟入法空邊際，除此諸字表諸法空不可得。

諸字義不可宣說、不可顯示、不可書持、不可執持、不可觀察，離諸相故。

(若無口業及身業作字，則不可書、不可見。諸法常空，如虛空相，字等亦說已便滅。)

諸法空義皆入此門方得顯了，譬如虛空是一切物所歸趣處。

(3)受持讀誦諸字門，當得二十種功德勝利。

①得強憶念；②得慚愧(集善法、厭惡法故)；③得堅固力(集福慧故心堅如金剛)；

④得法旨趣(知佛五種方便說法：作種種門說、為何事說、以方便說、示理趣說、以大悲心說)

⑤得增上覺；⑥得殊勝慧；

⑦得無礙解(因陀羅尼破諸字，言語空名亦空，名空義亦空，得畢竟空無礙慧，以本願大悲心度眾故樂說。)；

⑧得總持門(得是文字陀羅尼，故得諸陀羅尼)；⑨得無疑惑(於諸深法中無疑悔)；

⑩得違順語不生恚愛(聞善不喜、聞惡不瞋)；⑪得無高下平等而住(憎愛斷故)；

⑫得於有情言音善巧(得解有情言語)；⑬得蘊、處、界、諦善巧；
⑭得緣起、因、緣、法善巧；⑮得根勝劣智、他心智善巧；⑯得觀星曆善巧(日月歲節)；
⑰得天耳智、宿住隨念智、神境智、死生智善巧；⑱得漏盡智善巧；
⑲得說處非處智善巧；⑳得往來智、威儀路善巧。

(4)廣明字門

①現有梵文字母，十三個母音(若加 ī, ṃ, ḥ 為十六個)，子音三十五個(二十五子音及十個半子音)。在四十二字陀羅尼只取一個母音 a，及三十個子音。另外加上十一組多子音 ṣṭa, sva, kṣa, sta, rtha, sma, hva, tsa, ska, ysa, śca。其中 ysa 在梵文字母中沒有。四十二字即是結合喉音 a 及其他子音而成。

②單獨之字並無意義，我們只知道其音及字型，但當將不同字連結來用，則有其代表之意義。如 a 與 n、u、t、p、ā、d、a 連用則成 anutpāda 代表「不生」，使誦持者聯想到「一切法本無不生」，一切法本無自性，皆是因緣所生。四十二字陀羅尼也是以此方式來達到總持一切法、一切義之修持功能。若行者能熟習每一字母所舉用之意義與語義，則唱誦字母時聯想有關字例之義理，入般若波羅蜜門。此字門主旨在於從一切文字通達超越名言之自證。

③《普曜經》中之四十二字與般若經中所提的內容完全不同。但《華嚴經》中之四十二字，無論是梵字或梵音都與般若經相同。

《放光般若經》4 將四十二字門稱為「陀鄰尼目佉」(dhāranīmukha 陀鄰尼門)。

《光讚經》7 稱為「總持門」，《大般若經》第二會 470 稱「諸字陀羅尼門」。《摩訶般若波羅蜜經》雖無此等名稱，但四十二字表詮一種陀羅尼已很明顯。

《大智度論》79 稱此為「文字陀羅尼」。四十二字因為以簡單之字音與字形導行者入諸法空義，具有如種子般的「因」、「生」與「了」義，在後來的密教中被歸屬於「種子字」。

④「阿」a 字是人類發聲之最基礎音，貫串全部四十二個字，為四十二字音聲之母。「阿」代表「諸法不生義」，故四十二字以「阿」義故皆具諸法不生義。故《大智度論》說：「又如阿字為定、阿變為羅、亦變為波，如是盡入四十二字。四十二字入一字者，四十二字盡有阿分，阿分還入阿中。」四十二字從不同的面向引導行者入「不可得」。此即表示四十二字是連結諸法空義之媒介，諸法空義皆可由此四十二門契入。於是行者藉由觀四十二梵字之形、音即可使其所表述之境界──空性──成為現行，而入解脫之門。

從此看來，四十二字即是空觀的一種法門，行者可從四十二個不同範疇，相應般若波羅蜜，同時也成為行者行般若波羅蜜教化眾生所應學習之項目。

《摩訶般若波羅蜜經》24, 四攝品

「菩薩摩訶薩行般若波羅蜜時教化眾生，善男子當善學分別諸字，亦當善知一字乃至四十二字。一切語言皆入初字門，一切言語亦入第二字門，乃至四十二門，一切語言皆入其中。一字皆入四十二字，四十二字亦入一字，是眾生應如是善學四十二字，善學四十二字已能善說字法，善說字法已善說無字法。

須菩提！如佛善知字法，善知字、無字，為無字法故說字法。何以故？須菩提！過一切名字法故名為佛法。」

菩薩教化眾生四十二字時，先依世諦說名各字及其所代表之句義，然後行者才能依其所教，在禪定中觀修四十二字中任一字，若能得力，即從其句義所指而入「不可得」之境，獲現觀第一義，此即由字門入無字門之意。字門以「字」引領眾生入「無字」，成為「空」門之手段。此即「為無字法故說字法」。而且也因為字字均可領入空門，故「一字皆入四十二字，四十二字亦入一字」。

《大方廣佛華嚴經》入法界品，四十二字觀門, T19, P.709a

「善男子！我稱如是入諸解脫根本字時，此四十二般若波羅蜜為首，入無量無數般若波羅蜜門。又，善男子！如是字門是能悟入法空邊際，阿如是字，表諸法空，更不可得。何以故？如是字義不可宣說、不可顯示、不可執取、不可書持、不可觀察、離諸相故。善男子！譬如虛空一切物所歸趣處，此諸字門亦復如是，諸法空義皆入此門，方得顯了。」

***32 云何發趣大乘**

菩薩乘(坐)大乘(車)，知一切法從本已來不來不去、無動無發，法性常住故；又以大悲心故、精進波羅蜜故、方便力故，還修諸善法；更求勝地而不取相，亦不見此地。

此中以無所著、無所得行諸波羅蜜，從一地至一地，歷經十地，名發趣大乘。十地者有三乘共者，從乾慧地乃至佛地；有菩薩不共者，從歡喜地乃至法雲地。

***33 菩薩行位說之淵源** (可參考印順《初期大乘佛教之起源與發展》)

(1)<u>菩薩與其修行階位</u>

①<u>菩薩</u>

成佛以前為求無上菩提，久修大行者名為菩薩。

部派時期與大乘佛教所指之菩薩，都是有大勇心，決意精進追求正覺之有情。

❶上座部：指充滿勇氣決意精進追求正覺，卻尚未得菩提之凡夫菩薩。

❷大眾部：有凡有聖。

❸《華嚴經》十地品：初地菩薩是有大悲心，勇猛精進，志在利濟有情之聖位菩薩。

❹《瑜伽師地論》：菩薩在入初地之前必須具有菩薩種性及四因緣。又經過種性住及勝解行住，方能登入初地。

❺《小品般若》：分為凡聖二種。凡夫菩薩是初發心者，對空義及般若波羅蜜仍有疑惑。聖位菩薩，為得般若及成就佛道，可隨意不入涅槃之不退轉修行者。

❻《大品般若》：是奮力精進朝向覺悟，欲救度眾生，而還未開悟之有情。

②<u>修行階位</u>　(佛在因地修行之過程)

對無量本生所傳說，釋尊過去生中之修行，古人漸漸分別出其前後，由此顯出菩薩修行之階位，此即大乘菩薩行位說之淵源。

釋尊過去生中之修行，或依修行之時劫，或依逢見之如來，分別菩薩道之進修階位。不過各部派之意見，是異說紛紜的。

部派間對釋尊過去生中，所經時劫，所逢見之佛，傳說是不完全一致的，此可見於法藏部《佛本行集經》、說一切有部《大毗婆沙論》、銅鍱部《佛種性經》及說出世部《大事》。

(修行三大阿僧祇劫成佛，是說一切有部的傳說，為後代北方論師所通用，其實並不一定。《大智度論》說：佛言無量阿僧祇劫作功德，欲度眾生。《佛本行集經》也同有此說。《攝大乘論》說餘部別執七阿僧祇劫或三十三阿僧祇劫，應是說各部派之異說。)

(2)部派佛教時期

①四性行

法藏部(出於分別說部)之《佛本行集經》，與說出世部(出於大眾部)之《大事》，雖系統不同，但說法相似。

《佛本行集經》	《大事》
❶自性行(雖不值佛，未發心，但具足十善，生成菩薩種性)	自性行
❷願性行(發願希求無上菩提)	願行
❸順性行(隨順本願修六波羅蜜多成就之階段)	順行
❹轉性行(蒙佛授記階段)	不退行

此四性行，明確分別出菩薩行位：種性位，發心位，隨順修行位，不退轉位。(後三位與《小品般若》說相合)

②說出世部《大事》十地說

部派佛教中，十地說似乎為各部派所採用，雖然內容不一定相同，如《修行本起經》、《太子瑞應起本經》、《過去現在因果經》等。現存說出世部《大事》有明確的十地說。(此為梵文本，有英日譯)

❶《大事》十地

1.難登地(凡夫自覺發心之階位)； 2.結合地； 3.華莊嚴地；
4.明輝地； 5.應心地； 6.妙相具足地；
7.難勝地(此為不退轉地)； 8.生誕因緣地(成佛因緣圓滿，決定下生)；
9.王子位地(兜率天降、出胎、直到坐菩提樹下)； 10.灌頂地(王子灌頂登基成國王)。

此以世間正法化世之輪王比擬出世法化世之佛。

❷此十地有凡有聖

1.前七地為凡夫菩薩，都包含入地條件及晉升條件。前七地著重在基礎實踐：定之培養及心之觀照把持。初至四地在凡夫階段。五至七地著重在對心之控制及觀察諸法上；其中五地了知貪瞋痴是生死流轉因，培養止觀；六地知世間苦而不眷戀；七地為不退轉地，控制自心悲智雙運，利濟眾生。

2.八地以上少晉升上一地之要求。

八地有大悲心利濟眾生，可隨願力往生(惡趣等)。

(《大事》中之菩薩只與釋迦菩薩有關，未及於一般大乘修行者。)

❸此十地說與「十住說」及《華嚴》等十地說類似，尤其是「十住說」，此大事十地可說是華嚴十住之原型。

「十住」第七不退住，第八童真住，第九法王子住，第十灌頂住與此《大事》同。《華嚴》十地之第五難勝地與《大事》第七地相近，第十法雲地十方諸佛放光為菩薩灌頂，也保存灌頂之古義。

部派之十地說，彼此不一定相合，但依《大事》十地說，足以看出與大乘菩薩行位之關係。(《大事》可說為般若系統外大乘經典之母體，大乘菩薩思想之起源。)

(3)初期大乘「十住說」

初期大乘通行之十住：

①發心住，②治地(初業)住，③(修行)應行住，

④生貴住(生王家，生佛家，種性清淨)，⑤方便具足住(少年多學習)，⑥正心住，

⑦不退住(成年)，⑧童真住(成年未婚)，

⑨法王子住(登太子位，國王繼承人)，⑩灌頂住(成國王、成佛)。

(《阿含經》多以輪王比擬佛，此十住亦是以王子比擬菩薩。)

(4)般若經之十地

①《小品般若經》 (八千頌) (相當於《大般若經》第四會)

❶三位說：

1.發阿耨多羅三藐三菩提心(發心菩薩)；2.阿毘跋致(不退菩薩)；

3.疾得阿耨多羅三藐三菩提(最後身菩薩)。

❷四位說：

一說：1.初發心；2.行六波羅蜜；3.阿毗跋致；4.一生補處。

二說：1.學阿耨多羅三藐三菩提心；2.如說行；3.隨學般若般羅蜜；4.阿毗跋致。

綜合二說為 1.初發心；2.如說行；3.隨學般若(六)波羅蜜；4.阿毗跋致；5.一生補處。

❸《小品般若》之菩薩行位與「十住」說相近。如初發心即發心住，如說行即治地住，隨學般若即應行住，阿毗跋致即不退住，一生補處即灌頂住。

此時十地住說並非完全形成。

②《大品般若經》 (二萬五千頌) (相當於《大般若經》第二會)

《大品般若經》之發趣品，說到「從一地至一地」，敘述從初地到十地之行法，但未列舉各地之名。(此指古譯本。唐譯本有立名，並有二類十地說)

《大品般若經》繼承《小品般若》及《十住》發展而來，其內容與《十住斷結經》相同。

❶各地之治地業(發趣品二十)卷 6

1.初地行十事；2.二地常念八法；

3.三地行五法；4.四地應受行不捨十法；

5.五地遠離十二法；6.六地具足六法，復有六法所不應為；

7.七地二十法所不應著，復有二十法應具足滿；

8.八地應具足五法，復另具足五法；

9.九地應具足十二法；10.十地當知如佛。

❷十地修學之三階段

1.初至三地：深廣菩薩行基礎。

(1)般若空慧為導；(2)堅固菩薩心志(發心求菩提、化眾生、不厭苦行)

(3)導入利眾事業(為他說法，心存歡喜，行法布施不求回報)

(4)勤求菩薩法教(求共聲聞之十二部經，求不共聲聞之六波羅蜜，求十方諸佛之法)

2.四至六地：藉聲聞法深化體驗。

藉聲聞等之行法，在般若觀照下，不拘泥事相，而賦予新義涵來深化，展開六波羅蜜之修行。

(1)消極節制及積極捨棄；　(2)身遠離及心遠離；　(3)波羅蜜之展開。

(初至六地雖追求無上菩提，誓願成佛，但尚未得般若空慧，有退二乘之虞。)

3.七至十地：完成自利，展開廣大利他行。

(1)七地由觀照我法本性空寂，而除我法二執及四不壞信執。由觀三解脫門、諸法實相、離染愛得無生智忍無閡智，達到不退轉二乘之位，不流轉三界，具足悲心、定慧均等，生起欲清淨佛國土之心。

(2)八地建立自國土，以神通力依眾生根器而度化。

(3)九地具足六波羅蜜，可依願行事，以四無礙解化度眾生。

(4)十地斷盡煩惱習氣，得如佛之功德。

❸十地行法

1.初至七地為凡夫菩薩，八地以上為聖位菩薩。不退轉位在七地。

2.皆屬出家之行，從初地起即要出家。(每地皆強調不落入二乘之心)

3.所有行法都以修「般若空慧」為前導。

4.通學一切法門，含聲聞教法。(大乘行者，因願及般若空觀不同，於聲聞行法不拘泥事項，而賦以新義涵。)

5.可視為菩薩與二乘者可雙軌並行之行法。(前六地適用於一般凡夫，深發心而求佛道之人。)

③《大般若經初會》　(十萬頌)

明確的列出十地名：住初極喜地時，應善修治如是十種勝業，住第二離垢地時，應於八法思惟修習，速令圓滿，…。

於是菩薩行位，被解說為：極喜地、離垢地、發光地、焰慧地、極難勝地、現前地、遠行地、不動地、善慧地、法雲地。與《十地經》所說十地相同。同時列舉乾慧(淨觀)地，性地、八人地、見地、薄地、離欲地、已作地、辟支佛地、菩薩地、佛地(此說從阿毗達磨者敘述其修證而來)，而有二類十地之說。此時《十地經》已成立，已流傳。

④結釋

❶《小品般若》說菩薩行位時，「十住說」尚在成立過程中。而《大品般若》及《大般若經二會》成立十地行法，明顯取「十住說」，但未一一列名。而當《大般若經初會》以極喜地等十位為菩薩行位時，原來之般若古義即漸隱沒而不明。

❷「唐譯本」之二類十地說(亦見於《大智度論》，表示大乘法超越二乘，而又含容二乘，也說明大乘般若之流通，面對傳統部派佛教，有加以貫攝之必要。

(5)華嚴十住

華嚴十住為《華嚴經》各品之主要行法，此十住說受小品般若之影響。

①十住

❶發心住：緣十種難得法而發於心，應勸學十法；

❷治地住：於諸眾生發十種心，應勸學十法；
❸修行住：以十種行觀一切法，應勸學十法；
❹生貴住：從聖教中成就十法，應勸學十法；
❺具足方便住：為救護、饒益、安樂、哀愍、度脫眾生，令眾生離災難、出生死苦、生淨信、悉調伏、證涅槃，應勸學十法；
❻正心住：聞十種法，心定不動，應勸學十法；
❼不退住：聞十種法堅固不退，應勸學十種廣大法；
❽童真住：住十種業，應勸學十種法；
❾法王子住：善知十種法，應勸學十種法；
❿灌頂住：得成就十種智，應勸學諸佛十種智。

②四階段

❶初至三住：憶念佛、眾生、法，立志成佛。(有之行法)
❷四至六住：觀照空性破除對佛、眾生、法之執取，願常生佛處、隨佛行、具慈憫心。(無之行法)
❸七　　住：並行有無二法，達到空有不二，心堅住不動<u>不退轉</u>。
❹八至十住：有神通力，勇猛精進學佛行誼。

初至七住為凡夫菩薩，<u>七住不退轉</u>。
八住以上為聖位菩薩，十住為一生補處。
此十住比較傾向於《大品般若》中所說，為雖決心得正覺且奮力救度眾生，但仍未得佛智之菩薩，此中有凡有聖。

③十住位皆為在家眾。

(6)<u>華嚴十地</u>

承續自《大事》及「華嚴十住」，但自從華嚴十地興起，十住就漸漸衰退。(但在《華嚴經》中，除「十地品」外，餘品引用此十地者不多。)
中觀及瑜伽行派均有引用華嚴十地。龍樹在《大智度論》引用，且作《十住毗婆沙論》以為釋。《瑜伽師地論》及《攝大乘論》亦有引用，世親更作《十地經論》以為釋。
華嚴十地包含般若十地之內容，但是添加了許多非般若十地之行法，是一部長於組織之經典，內容豐富，井然有序。每地含有入地要求、住地、出地及不斷勝進，此與《大事》相似。菩薩之能力隨著修行而增上。

①每地皆有入地之十行法

❶初歡喜地十心； ❷二離垢地十深心； ❸三發光地十深心；
❹四燄慧地當修行十法明門； ❺五難勝地十種平等清淨心；
❻六現前地當觀察十平等法； ❼七遠行地當修十種方便慧起殊勝道；
❽八不動地大慈大悲不捨眾生(行利他事)，入無量智道，得無生法忍等十事；
❾九善慧地入如來深密法中通達如來轉法輪莊嚴事等十事；
❿十法雲地十方面圓滿，得一切種一切智智。

②此行法循序有十波羅蜜之修行。

③所攝功德

❶世間功德攝：初至三地融攝共人天功德。 (初地起即得百三昧)

❷出世間功德攝：四至六地屬慧之修行，融攝共二乘功德。

(四地修三十七道品，五地修四諦，六地修十二緣起。)

❸大乘不共出世間善攝

七地修方便慧；八地起無功用慧，得無生法忍，不退轉；九地修四無礙解，稱機說法；十地受佛職得灌頂，功德具足。(七地以上菩薩完成自修學，展開廣大利他行。)

(前七地有功用行、不超煩惱行，八地以上無功用且超煩惱行。)

④初地至五地包含在家出家二眾，六地至十地為在家眾。

⑤從初地起皆是擁有大悲心，勇猛精進，決心救度有情之聖位菩薩。

(7)各說之關連

大事十地說最早最簡樸，華嚴十地最晚但最有組織。

①大事十地與華嚴十住應在同一地區流傳，其修行及思想較為一致，此時住、地相通。其與般若十地亦應在同一時代，以其學風相似故。

②華嚴十住其本義與般若十地相同，但前者為在家菩薩之修行，後者則為出家菩薩之修行。

③華嚴十地則含攝有般若十地及華嚴十住。

(8)《第二會》與《十住斷結經》有關十地德目之比較

	《第二會》修治地品 18	《十住斷結經》 T10, P.966a~1047b
修十業	初地 (發心、求法、利眾) 1.增上意樂業； 2.有情平等心業； 3.布施業； 4.親近善友業； 5.求法業； 6.常樂出家業； 7.愛樂佛身業； 8.開闡法教業； 9.破憍慢業； 10.諦語業。	初地 (發意菩薩) 1.發心建立志願； 2.普及眾生； 3.施； 4.與善者周接； 5.說法； 6.出家； 7.求佛成道； 8.分流法教； 9.滅貢高； 10.諦語；
修八法	二地 (發心、求法、利眾) 1.清淨尸羅； 2.知恩報恩； 3.住安忍力； 4.受勝歡喜； 5.不捨有情； 6.常起大悲； 7.敬事師長如事諸佛； 8.勤習波羅蜜多。	二住地 (淨地菩薩) 1.念淨其戒； 2.謝其恩重； 3.勤行忍辱； 4.常懷喜悅； 5.行大慈悲； 6.孝順師長； 7.篤信三寶； 8.崇習妙慧。
住五法	三地 (發心、求法、利眾) 1.多聞無厭足； 2.淨法施不自高； 3.嚴淨佛國土不自舉； 4.為化有情不厭生死苦； 5.住慚愧而無所著。	三地 (進學菩薩) 1.多學問義無厭足； 2.分流法施謙下於人； 3.修治國土不貢高； 4.初發心行者令無有斷； 5.觀諸眾生說喜悅法。
修	四地 (節制(消極)、捨棄(積極)) 1.住阿練若； 2.常好少欲；	四地 (生貴菩薩) 1.閑靜山巖獨處； 2.意越知足；

十法	3.常好喜足； 4.不捨杜多功德； 5.不棄捨諸學處； 6.厭離欲樂； 7.常起寂滅俱心； 8.捨一切物； 9.心不滯沒； 10.不顧戀一切物。	3.不捨十二苦行； 4.執持禁戒； 5.見欲穢惡； 6.除愛欲意； 7.行解脫門；8.惠施所有不惜身命； 9.觀四大、六衰、十二因緣 10.布施悉無科限。
離十法	五地 (身遠離、心遠離) 1.遠離居家往還親識； 2.遠離苾芻尼； 3.遠離慳惜他家； 4.遠離眾會忿諍； 5.遠離自讚毀他； 6.遠離不善業道； 7.遠離增上慢傲； 8.遠離顛倒； 9.遠離猶豫； 10.遠離貪瞋痴。	五住 (修成菩薩) 1.遠離居家 2.遠離財會 3.遠離俗會 4.遠離世俗因緣 5.遠離忿諍 6.言當護口無亂 7.不懷貢高 8.不輕蔑人
圓滿六法、遠離六法	六地 (展開諸波羅蜜) 1.~6.圓滿六波羅蜜； 7.~9.由圓滿六波羅蜜多遠離六種所治； (由持戒、靜慮) 7.遠離聲聞心 8.遠離獨覺心； (由安忍)9.遠離熱惱心； (由布施)10.遠離見乞者來不喜愁慼心； (由布施精進)11.遠離捨之追悔心； (由般若)12.遠離於來求者矯誑心。	六住地 (上位菩薩) 1.~6.六度無極； 7.誓去聲聞心； 8.無緣覺意； 9.誓去所有珍奇殊妙之物 10.念先給人不懷悔意； 11.近智慧人解深法者。
遠離二十法、圓滿二十法	七地 [體證無生法忍] 遠離二十法 (諸法無所執著) 1.我執乃至見者執； 2.斷執； 3.常執； 4.相想； 5.見執； 6.名色執； 7.蘊執； 8.處執； 9.界執； 10.諦執； 11.緣起執； 12.住著三界執； 13.一切法執； 14.一切法理執； 15.依佛見執； 16.依法見執； 17.依僧見執； 18.依戒見執； 19.依空見執； 20.厭怖空性。 圓滿二十法 (不退轉成就) 1.通達空；2.證無相； 3.知無願；4.三輪清淨；	七住地 (阿毘婆帝菩薩) 去離計著， 1.不見有我、雖度眾生不見有度、不見我、人、壽命； 2.斷滅； 3.計常： 4.十八本持諸入之性； 5.不願求欲生三界； 6.依佛、法、僧、戒、施、天 7.亦不見有入道者。 圓滿諸法 1.空、無想、無願； 2.身口意清淨；

	5.悲愍有情而不執； 6.一切法平等見而不執； 7.一切有情平等見而不執； 8.通達真實理趣而不執； 9.無生忍智； 10.說一切法一相理趣； 11.滅除分別；　12.遠離諸想； 13.遠離諸見；　14.遠離煩惱； 15.止觀地；　16.調伏心性； 17.寂靜心性　18.無礙智性 19.無所愛染 20.往諸佛土於佛眾會自現其身	3.悲念一切眾生復不自念哀愍眾生等視諸法； 4.斯空無主亦無所入； 5.無所生忍報應之果； 6.不猗名色； 7.無所著；　8.求想知滅。
圓滿四法	八地　[廣大利他行]　(1.建構自佛土) 1.圓滿悟入一切有情心行； 2.圓滿遊戲諸神通； 3.圓滿見諸佛土，如所見自嚴淨佛土； 4.圓滿供養承事諸佛，於如來身如實觀察。	八住地 (童貞菩薩) 1.曉眾生根； 2.神通遊諸佛國； 3.觀其奇特殊妙還自莊嚴其國； 4.觀佛身相、分別諸根、常入如幻三昧、不有形像度於三界。
圓滿四法	九地　(2.嚴淨佛土、成熟有情) 1.圓滿根勝劣智；　2.圓滿嚴淨佛土； 3.圓滿如幻等持數入諸定； 4.圓滿隨諸有情善根應熟，故入諸有自現受生。	九地 觀眾生種種根性、煩惱，不捨一切攝眾生故菩薩逮正覺時…坐道場，降伏魔已、今日某方某國土有佛出現、現生兜率，或現降神接度眾生。
圓滿十二法	十地　(3.圓滿成佛之準備) 1.圓滿攝受隨有所願皆令證得； 2.圓滿諸天龍藥叉等異類音智； 3.圓滿無礙辯說；　4.圓滿入胎具足； 5.圓滿出生具足；　6.圓滿家族具足； 7.圓滿種姓具足；　8.圓滿眷屬具足； 9.圓滿生身具足；　10.圓滿出家具足； 11.圓滿莊嚴菩提樹具足； 12.圓滿一切功德成辦具足。	十地 (補處菩薩) 所度人民與成佛等

*34 初地修治

應行十事。

(1)增上意樂業 (深心)

①一切智智相應作意 (為利他希求大菩提)

②修集一切殊勝善根

❶利根者，發菩提心，誓願成佛、世間心薄。

(若世間心薄(薄塵，貪瞋痴薄)則容易持戒清淨→心不悔→心歡喜→心樂→一心(得定) →發慧)

❷信等五善根成熟，則能辨善惡。

(信等五善根不成熟不能辨善惡，如小兒五根未滿不辨五塵好醜。)

③增上意樂相

❶一切智智愛(一切智智 sarvajña-jñāna)；　❷愛佛；

❸悲心利益眾生。

(2)平等心業

①怨親平等，視之無二。

②相應一切智智，平等生四無量心。

見有情受樂，生慈、喜心；見有情受苦，生悲心；見不苦不樂有情，生捨心。

(3)布施業

於一切有情，無所分別行布施。

此中說捨財(除慳)行施，以此作為捨結(煩惱)得道之因緣，要至七地中乃能捨結。

(4)親近善知識業。

(5)求法業

①法者有三：

❶諸法中無上之涅槃；　❷得涅槃之方便：八聖道；

❸助道法：十二部經、四藏(阿含、阿毘曇、毘尼、雜藏)、般若經等大乘經。

皆名為法。

②為治有情心病故，集諸法藥，不惜身命。

③為一切智智，不墮聲聞、獨覺地。

(6)常樂出家業

①知在家過患、出家功德

在家不得行清淨行，常苦惱有情；若隨善法行，則破居家法，福德為大。

②上求下化，得戒度因緣

我今為有情故捨家，持清淨戒，求佛道，具足淨戒波羅蜜因緣。

③世世不雜心出家

不於九十六種道中出家，但於佛道中出家，具世間正見及出世間正見。

(7)愛樂佛身業

愛樂佛身三十二相、八十種好，以及十力、四無所畏功德，以此因緣，世世常得值佛。

(8)演出法教業

①若佛在世、若不在世，善住十戒，不求名利，等心一切有情而為說法。

②初、中、後善

初　善	中　善	後　善
❶ 讚歎布施	讚歎淨戒	得二法果報(生佛國、作大天)
❷ 於三界五蘊生厭離心	身離(棄捨居家)	心離煩惱
❸ 說聲聞乘	說獨覺乘	宣揚大乘

③文義巧妙

❶文妙而義淺；　❷義深而文不具足；　❸文義巧妙。

④純一圓滿清白梵行

離三毒垢故，但說正法，不雜非法，是名純一清白。

八聖道分、六波羅蜜齊備故名為圓滿。

⑤十二部經

所謂契經乃至論議。

(9)破於憍慢業

菩薩出家剃頭著染衣，持鉢乞食是為破憍慢法，為求無上菩提故。以破憍慢故，不生弊惡畜生中，若生人中常生尊貴，終不在下賤家生。

(10)諦(實)語業

實語為諸善之本，生天因緣，人所信受。行是實語者，如說隨行，不假怖施、持戒等，但修實語，得無量福。(口業中妄語罪重，初地應捨，餘三口業，第二地中能具足。)

*35 二地修治

(1)清淨尸羅

初地多行布施，但布施不能普周一切；二地說持戒，持戒普攝眾生無量，較布施為勝。諸能破佛道事，皆名破戒，離是破戒垢，皆名清淨。此中聲聞、獨覺心尚是戒垢，何況餘惡。

(2)知恩報恩

①知恩者大悲之本，開善業初門。

雖有宿世樂因，今世事若不和合，則無由得樂，故應知恩，如穀種在地，無雨則不生，云何言雨無恩？

②若人有惡事於我，猶尚應度，何況於我有恩。

(3)住安忍力

菩薩初行，但說眾生忍，不說法忍。

(4)受勝歡喜

①持戒身口清淨，知恩報恩心清淨，三業清淨，自然生歡喜。

②菩薩住戒忍中，得善法自莊嚴，無量福德皆易得，以是自喜教化眾生，令得人天福樂，漸漸誘進令得三乘。

(5)不捨有情

善修習大悲心，誓度有情故、發心牢固故、不為諸佛賢聖輕笑故、恐負一切有情故不捨。

(6)入大悲心

本願大心，為有情故，於無量劫代受地獄苦，乃至令乘於佛乘而入圓寂。

(7)承事敬重師長

①佛說依止善師，持戒、禪定、智慧、解脫皆得增長。

「於諸師長，如事諸佛。」

②若隨順世間法，善者心著，惡者遠離，菩薩則不然。若有能開釋深義、解散疑結、於我有益，則盡心敬之，不念餘惡。(法師有過，於我無咎。)

如弊囊盛寶、夜行弊人執炬。

③諸法畢竟空，從本已來，皆如無餘涅槃相，觀一切眾生視之如佛。

(8)勤求諸波羅蜜

諸波羅蜜是無上正道因緣，我當一心行是因緣。

*36 三地修治

(1)勤求多聞常無厭足

能受持十方諸佛所說之法，聞持陀羅尼故，得清淨天耳力故，得不忘陀羅尼故。

(2)以無染心行法施

法施時不求名利、後世果報，乃至為眾生故不求小乘涅槃，但以大悲於眾生，隨佛轉法輪。

(3)淨佛國土植諸善根，雖迴向而不自舉。

(4)受世間無量勤苦不以為厭。(為化有情不厭生死)

不厭生死有二因緣：

①得善根清淨

❶今世憂愁嫉妬惡心等止息。

❷更受身，得善根果報，自受福樂亦利益眾生。

②自淨世界

世界嚴淨勝於天宮，視之無厭，能慰釋大菩薩心，何況凡夫！

(5)住慚愧處

專求無上正等菩提，不起聲聞、獨覺作意。

*37 四地修治

(1)不捨阿練若住處(araṇya，叢林中空地，引申為修行人聚集處所或佛寺)。

(2)少欲：不求世間及二乘事。

(3)知足、唯為證得一切智智，不執著餘事(飲食等但為善法因緣)。

(4)杜多功德

若菩薩摩訶薩常於深法起諦察忍，是為常不捨離杜多功德。

①諦察法忍

即諦觀諸法不生不滅真理，心無妄動而安住於無生之理。《解深密經》4

②無生法忍為杜多功德 (頭陀果報，果中說因)

菩薩住於順觀無生法忍。十二頭陀為持戒清淨，持戒清淨為禪定，禪定為智慧，此無生法忍即是真智慧。

③十二杜多行

杜多(dhūta，頭陀)為修治身心除淨煩惱塵垢之梵行。

初分為阿練若行、糞掃衣、乞食三類。

❶對治處所貪

1.住阿練若：遠離聚落，住空閑寂靜處。

2.樹下坐：效佛所行，至樹下思惟求道。

3.露地坐：坐露地使心明利，以入空定。

4.塚間坐：見死屍臭爛狼藉火燒鳥啄，修無常苦空觀，厭離三界。

❷對治飲食貪

1.常乞食：不擇貧富，次第行步乞食，於所得食不生好惡。

2.一坐食：起坐不再食。(一食中節制其量，若恣意飲啖，腹滿氣漲，妨害道業。)

3.一受食：日僅受一食，以免數食妨害一心修道。

(過中食後亦不飲漿，飲之心生樂著，不能一心修習善法)

❸對治衣服貪

1.常三衣 trinicīvarani

⑴安陀會 antarvasa：內衣(中衣、內務衣)，五條，日常勞務就寢用(掩蓋腰以下)。可在安陀會下置下身內衣(涅槃僧 nivāsana，又名厥修羅 kusñlaka)。

⑵郁多羅僧 uttarasanga：上衣(入眾衣)，七條，禮拜、聽講、布薩用(掩蓋上半身)。

⑶僧伽梨 sanghati：大衣，九至二十五條，托鉢、入王宮所用。

(比丘尼五衣：另加 1.僧伽支 saṃkakṣikā(覆肩衣)：覆左肩、兩腋、胸；
2.厥修羅 kusñlaka(下裙))

三衣染成袈裟色(kāṣāya 濁色、壞色)

用三如法色：似青(青黑，銅青色)、似黑(皂灰，黑泥色)、似赤(赤黑，木蘭(乾陀)色)。

不用非法之五正色(青、黃、赤、白、黑)及五間色(緋、紅、紫、綠、碧)。

2.糞掃衣 pāṃsu-kūlika

牛嚼衣、鼠囓衣、火燒衣、月水衣、產婦衣、神廟中衣、墳間衣、求願衣、往還衣、受王職衣(《四分律》39)。若貪新好之衣，多損道行之追求。

3.毳毛衣：鳥獸細毛衣。

❹對治臥具貪

1.常端坐：但坐不臥，若安臥處諸煩惱賊常伺其便。

2.隨宜坐。

(5)不捨學處

①諸學處 śiksāpada

指學習之處所，出家眾應學之一切行事準則、戒條之總稱。

學處集結成書後，形成犍度 skandha 與毗奈耶 vinaya。

②不捨學處

入空解脫門知諸法實相，由此因緣不見持戒、不取戒相，何況破戒(捨戒)。

(6)厭離欲樂

諸妙欲樂為是心相，虛誑不實，於中不起欲心。(無相解脫門)

(7)令住寂滅

①知一切法曾無起作 (無作解脫門)

②常起寂滅俱心 (厭世間心)

(8)捨一切所有。

(9)於諸識住不起心

識依識住而起，若無識住則心不起，不滯著沉沒。

①二識住

菩薩住不二門中觀諸識所知皆虛誑無實，故諸識不生。

眼、色不生眼識乃至意、法中不生意識。十二入生六識皆是虛誑。

唯不二法中，無眼無色乃至無意無法是名為實。

故菩薩作大誓願：「令一切眾生住不二法中，離是六識。」

②四識住

四識住即色識住、受識住、想識住、行識住。

識蘊攀緣前四蘊而生愛著，以其為住處。

③七識住

有情依果報受生三界，其識所愛樂止住之處有七。

❶有色界

1.身想共異處 (人、欲界天、劫初除外之初禪三天)；

2.身異想一處：劫初之梵眾天(梵天與眾身異)；

3.身一想異處：二禪三天 (身形一)；

4.身一想一處：三禪三天(唯樂受想)。

❷無色界

1.空無邊處； 2.識無邊處； 3.無所有處。

(10)於物無顧戀

知一切法畢竟空不憶念，滅一切取相。

具清淨檀波羅蜜，於受者不求恩惠，施中無高心。

*38 五地修治

(1)遠離居家

常樂出家法，不樂習近白衣。

遠離親白衣，能集諸清淨功德。深念佛故，變身至諸佛國，出家剃頭著染衣。

(2)遠離苾芻尼

①菩薩未得阿鞞跋致未斷諸漏，集諸功德人所樂著，以是故不與共住。

②又為離人誹謗，以免誹謗者墮地獄。

(3)遠離慳惜他家

我自捨家、欲令有情得樂、有情因先世福德因緣，感得好施主家，我不應慳嫉。

(4)遠離眾會忿諍

遠離綺語、無益談處(無益於福、無益於道)，常慈悲於有情，不生瞋、惱、訟、鬪心。

(5)遠離自讚毀他

不見內外法，所謂受五蘊、不受五蘊，而自讚毀他。

(6)遠離十不善業道

常觀十不善道中種種過罪、種種因緣。

(7)遠離增上慢

行十八空，不見諸法大小相。遠離自用，拔七憍慢根本故，又深樂善法故。

(8)遠離顛倒

一切法中常、樂、我、淨不可得故。

(9)遠離猶豫

觀猶豫事都不可得。

(10)遠離貪瞋痴

三毒所緣都無定相，應遠離如是三法。

*39 六地修治

(1)~(6)應圓滿六法

應圓滿六波羅蜜，超諸聲聞獨覺地，住此六波羅蜜，佛及二乘能度五種所知海岸。

五種所知海岸：

①犢子部五法藏

❶犢子部 vātsīputrīya

從說一切有部 sarvāstivādin 分出，又分出正量部 sammatīya、法上部、賢胄部、密林山部四部。依真諦說，此部屬於舍利弗之法系。舍利弗作阿毘曇論，其弟子羅睺羅大弘其說，可住子闡述羅睺羅之說。

❷五法藏

犢子部與說一切有部，「雖多分同而有少異」。其中主要的是犢子部立「不可說我」(不可說補特伽羅)，而說一切有部是有「法」而無「我」。

犢子部將一切可知法分為過去、未來、現在、無為、不可說五法藏，以為均屬實有。此可知法就是五種所知的「所知」。其中特別主張補特伽羅(我)，稱之為不可說。以此補特伽羅與五蘊不即不離(非即非離蘊)，實則承認有生死輪迴之主體。(見參考資料 9-9「誰在輪迴？」)

②《俱舍論》五爾焰

「彼所許三世、無為及不可說五種爾焰。」

爾焰 jñeya 就是「所知」之音譯。

③《般若經》五種所知海岸

❶般若經門容攝五法藏的是《大般若經》。

「住此六波羅蜜多，佛及二乘能度五種所知海岸。何等為五？

1.過去；2.未來；3.現在；4.無為；5.不可說。」《初分》卷 54

《二分》卷 416、卷 490 也都說到「五種所知海岸」。

❷但中國古譯之《放光般若經》《光讚般若經》《摩訶般若經》都只說六地圓滿六波羅蜜，

而沒有說「能度五種所知海岸」。

④龍樹 容攝五法藏

❶《十住毘婆沙論》

提到「五法藏」者凡五次。

「凡一切法有五法藏，所謂過去法、未來法、現在法、出三世法、不可說法，唯佛如實徧知是法。」(卷 10)

❷《大智度論》

「犢子阿毘曇中說：五眾不離人，人不離五眾，…人是第五不可說法藏中所攝。」(卷 1)

「諸法實相中無戲論垢濁故，名畢竟清淨。畢竟清淨故，能徧照一切五種法藏，所謂過去、未來、現在、無為及不可說。」(卷 62)

這是肯定以五法藏攝一切法。

「一切法略說有三種：1.有為法；2.無為法；3.不可說法。此已攝一切法。」(卷 2)

(有為法因緣和合生，有分別執著；無為法離因緣造作，無分別執著；不可說法，實相不可言說，無相無著。)

卷 26 也提到相同說法。此中「有為法」即三世法，故此三種法其實就是五法藏。可見[大智度論]是容攝五法藏為正義的。

⑤不可說法

❶犢子部的「五種所知」中，三世與無為是一切部派所共通，其特色在「不可說」。

「不可說」在犢子部系本是約「我」說，而《大智度論》則通約「我、法」說。說一切有部認為「我」是假有無實的，古稱「假無體家」；而犢子部的「不可說我」，依五蘊立，而不即是蘊，古稱「假有體家」，所以也可說有「人」的。犢子部以為「我」是非有為(三世法)非無為的，是不可說(為有為或無為)的實體。

❷「五種所知」中的「不可說」是真實我，其加入「五種所知」中與《般若經》加入「實有菩薩」是同一理路。將「五法藏」中的「不可說」引入《般若經》中，當然可以解說為離言說的如如法性。但犢子部之「不可說我」使人無意中將離言說的如法性與作為流轉還滅主體的「真我」相結合。

「五種所知」沒有明說真我，而是暗暗播下真我說的種子，使般若法門漸漸的與真我說合流。

(7)~(12)應遠離六法

(7)(8)菩薩住六地中，具足六波羅蜜多，觀一切諸法空但未得方便力，畏墮聲聞、獨覺。

佛將護故說：「應遠離聲聞心、獨覺心」。

(9)(10)(11)菩薩深念眾生故、大悲心故、知一切諸法畢竟空故，施時無所惜；見有求者不瞋不憂；布施後心亦不悔。

(12)於深法不疑，滅諸戲論，遠離方便矯誑心。

為獲利譽，矯現有德、詭詐為性，是為矯誑心。

「矯妄於他，詐現不實功德為性，是貪之分，能與邪命所依為業。」《廣五蘊論》

***40 第七地應遠離過失**

有二十法不可得故，是法空不應著。

<table>
<tr><th>應離過失</th><th colspan="3">觀　　　　法</th></tr>
<tr><td>(1)我執乃至見者執</td><td>眾生空</td><td colspan="2">觀我乃至見者**畢竟非有、不可得故。</td></tr>
<tr><td>(2)斷執
(3)常執</td><td rowspan="6">法空</td><td colspan="2">法畢竟不生故無有法斷。若法不生是不作常。</td></tr>
<tr><td>(4)相想</td><td colspan="2">不應取想，無諸煩惱故。(觀貪等惑無所有)</td></tr>
<tr><td>(5)見執(因執)</td><td colspan="2">一切有為法展轉為因果。是法中著心取相生見是名因見。(觀諸見性非有)</td></tr>
<tr><td>(6)名色執
(7)蘊執
(8)處執
(9)界執</td><td colspan="2">觀名色性、蘊性、處性、界性都無所有、不可得。</td></tr>
<tr><td>(10)諦執
(11)緣起執
(12)三界執</td><td colspan="2">觀諸諦性、緣起性、三界性都無所有、不可得。</td></tr>
<tr><td>(13)一切法執
(14)法如理不如理執</td><td colspan="2">觀諸法性如虛空不可得。諸法性不可得，無有如理不如理。</td></tr>
<tr><td>(15)依佛見執</td><td>眾生空</td><td>知依佛見執不得見佛。</td><td rowspan="4">於三寶及戒起彼見而執著，觀此等皆非有、不可見。</td></tr>
<tr><td>(16)依法見執</td><td>法空</td><td>知真法性不可見。</td></tr>
<tr><td>(17)依僧見執</td><td>眾生空</td><td>知和合眾無相無為不可見。</td></tr>
<tr><td>(18)依戒見執</td><td rowspan="3">法空</td><td>知罪福性俱非有。</td></tr>
<tr><td>(19)依空見執</td><td colspan="2">觀諸空性都無所有不可見。</td></tr>
<tr><td>(20)厭怖空性</td><td colspan="2">觀諸法自性空，非空與空相違，故厭怖事不可得。</td></tr>
</table>

**我、有情、命者、生者、養者、士夫、補特伽羅、意生、儒童、作者、使作者、起者、始起者、受者、使受者、知者、見者。

***41 第七地應圓滿二十法**

(1)通達空(具足空)　　知一切法自相皆空。
七地能盡行十八空、能行眾生空法空、能行畢竟空。此三皆是自性空，以自性空為具足空。
(六地菩薩由福德故利根，由利根故分別諸法取相，不知諸法自相空。)
(佛或時說有為空無為空為具足空，或時說不可得空為具足空。)

(2)證無相　　不思惟一切相。
無相即是涅槃，可證不可修，不得言「知」，又無量無邊不可分別故，不得言具足。

(3)知無願　　無作(無願)但有「知」名，於三界法智皆不起(不作)。

(4)三輪清淨　　具足清淨十善業道。三業清淨及離著。

	或有身清淨口不清淨，口清淨身不清淨，身口清淨意不清淨，或有世間三業清淨而未能離著。
(5)悲愍有情，於有情無所執著	已得大悲及嚴淨土都無所執。
(6)一切法平等見，於此中無所執著	於一切法不增不減都無所執。
(7)一切有情平等見，於此中無所執著	於諸有情不增不減都無所執。
(8)通達真實理趣，於此中無所執著	於一切法真實理趣(諸法實相)，雖如實通達而無所通達都無所執。
(9)無生忍智	無生忍：忍一切法無生、無滅、無所造作。 (於無生滅諸法實相中，信受、通達、無礙、不退。) 無生智：知名色畢竟不生。(初名忍後名智，麁者忍細者智。)
(10)說一切法一相理趣	於一切法行不二相。(心不行二相) 十二入生六識皆虛誑，唯不二法(無眼無色乃至無意無法等)是名實。
(11)滅分別	於一切法不起分別。 住不二法中，破所緣男女、長短、大小等分別。
(12)遠離諸想	遠離小大及無量想(憶想分別)。 ①小想：了欲界想。 ②大想：了色界想。 ③無量想：了空無邊處想、識無邊處想。 (④無所有處想：了無所有處想。)
(13)遠離諸見	①先轉我見、邊見等邪見入道。 ②今轉法見、涅槃見(聲聞、獨覺地見)。(直趣佛道)
(14)遠離煩惱	棄捨一切有漏煩惱習氣相續。 (離細煩惱(愛、見、慢等)，又觀「煩惱即是實相」。)
(15)止觀地	修一切智、一切相智。 初三地慧多定少，未能攝心故。後三地定多慧少，故不得入菩薩位。今七地眾生空、法空、定慧等故，能安隱行菩薩道，從阿鞞跋致地，漸得一切相智慧地。
(16)調伏心性(調意)	不著三界。 先憶念老、病、死、三惡道，悲愍眾生故，調伏心意。今知諸法實相故不著三界。
(17)寂靜心性	善攝六根。 菩薩為涅槃故，先於五欲中折伏眼耳鼻舌身五情，意情難折伏。 今住七地，意情寂滅。
(18)無礙智性	修得佛眼。 菩薩得般若波羅蜜多，於一切實、不實法中無礙，得是道慧，將一切

	眾生令入實法得無礙解脫，得(似)佛眼，於一切法中無礙。
(19)無所愛染	棄捨六(外)處。(六塵) 於七地得智慧力，猶有先世因緣，有此肉身，入定不著，出定時有著氣；隨此肉眼所見，見好人親愛，或愛是七地智慧實法。 是故佛說：「於六塵中行捨心，不取好惡相。」
(20)隨心所欲往諸佛土，於佛眾會自現其身	修勝神通，往諸佛土承事供養諸佛世尊，請轉法輪度有情類。

***42 第八地應圓滿四法**

(1)遍知有情心行

順觀一切眾生心之所趣，動發思惟，深念順觀，以智慧分別知：

①是眾生永無得度因緣；　②是眾生過無量阿僧祇劫然後可度；

③是眾生或一劫二劫乃至十劫可度：　④是眾生或一世二世乃至今世可度；

⑤是眾生或即時可度者，是熟是未熟；　⑥是人可以聲聞乘度，或獨覺乘度。

譬如良醫診病，知差久近，可治不可治者。

(2)於諸國土遊戲神通

①先得神通，今得自在遊戲，能至無量無邊世界。

②住七地時欲取涅槃，由種種因緣及諸佛擁護，還生心欲度眾生。

③好莊嚴神通，隨意自在，乃至無量無邊世界中無所罣礙，見諸佛國，亦不取佛國相。

(3)觀諸佛土，自莊嚴其國

①觀諸佛國

❶有菩薩以神通力飛至十方，觀諸清淨世界，取淨相欲自莊嚴其國。亦能示清淨世界。

❷有菩薩自住本國，用天眼見十方清淨世界，初取淨相，後得不著心故還捨。

②如所見佛國，自莊嚴其國

如轉輪王寶輪至處，無礙無障、無諸怨敵，菩薩住是地中，能雨法寶，滿眾生願，無能障礙，亦能取所見淨國相而自莊嚴其國。

(4)如實觀佛身

①以法供養承事諸佛：欲饒益有情，如實分別諸法義。

②如實觀察諸佛法身

諸佛身如幻如化，非五眾、十二入、十八界所攝，若長若短若干種色，隨眾生先世業因緣所見。法身者不可得法空；不可得法空者諸因緣生法無有自性。

***43 第九地應圓滿四法**

(1)知眾生根勝劣

如佛十力，知眾生心所行、誰鈍誰利，誰布施多誰智慧多，因其多者而度脫之。

(2)嚴淨有情心行

菩薩自淨其身，又淨眾生心，令行清淨道，隨所願得清淨世界。

(3)入如幻三昧

菩薩住如幻三昧中，能於十方世界變化遍滿其中：

先布施次說法教，後安立眾生於三乘，一切可利益事無不成就，而心不動亦不取心相。

(4)得報生三昧

菩薩得如幻等三昧，所役心能有所作，今轉身得報生三昧，如人見色，不用心力。住是三昧，度有情安隱，勝於如幻三昧，自然成事無所役用。(報生三昧，一時一念遍十方世界，由八地以上之法身菩薩之果報自然所生者。)

為欲成熟諸有情類，隨眾生所應善根受身。

知以何身、以何語、以何因緣、以何事、以何道、以何方便而為受身，乃至受畜生身而化度之。

(《現觀莊嚴論》將此四法，併入第八地，而成八法；另將第十地十二法移至此第九地。)

*44 第十地應圓滿十二法

(1)成辦無邊有情願

已具修六波羅蜜多(五度福德具足，般若智慧具足)，或為嚴淨諸佛國土，或為成熟無邊(無量阿僧祇十方世界六道中)有情，隨心所願皆能證得。

(2)了知諸有情語言差別

由詞無礙解，能善了知天等(八部護法眾)*45、人、非人等言音差別。

(3)說法辯才無盡

由辯無礙解，為諸有情能無盡說。

(4) ①入胎具足

菩薩為益有情現入胎藏，實恆化生，於中具足無邊勝事。

菩薩母得如幻三昧令腹廣大無量，一切三千大千世界菩薩及天龍鬼神皆得入出；胎中有宮殿、台觀，先莊嚴床座，懸繒幡蓋，散花燒香，皆是菩薩福德因緣所感。

②出生具足

菩薩於出胎時，從母右脇出，示現種種希有勝事，令諸有情歡喜利樂。是時有大名聲遍滿十方世界，唱言：「某國菩薩末後身生。」

諸天龍鬼神莊嚴三千大千世界，七寶蓮花座自然而有，無量菩薩從母胎先出，坐蓮華上，叉手讚歎。諸天龍鬼神仙聖玉女皆合手一心，欲見菩薩生。

(5)種族圓滿 (6)姓氏圓滿 (7)七族圓滿

①種族圓滿(家族具足)

❶菩薩常在過去諸菩薩摩訶薩種性中生。(種性具足)

❷或生剎帝利大族姓家、或生婆羅門大族姓家，父母真淨。

(剎帝利有力勢，利益今生。婆羅門有智慧，利益後世。)

(婆羅門常用的姓有 Sharma, Trivedi, Vyas, Pandit；剎帝利有 Thakker, Rajput, Singh, Thakor, Verma；吠舍有 Gupta, Modi, Seth, Gandhi, Shah, Ghaggar, Goal；首陀羅有 Ambedkar, Solanki, Chamar, Nayi, Lohar。)

②姓氏圓滿

世間何姓為貴能攝眾生，即於是姓中生。

七佛中，前三佛姓憍陳如，次三佛姓迦葉，釋迦牟尼佛姓瞿曇、日親*46 等。

③七族圓滿

七族為親族之總稱。

❶上至曾祖，下至曾孫。

❷或說為父族、母族、姑之子、姐妹子、女子之子、從子、妻父母。

(8)眷屬具足

菩薩純以菩薩摩訶薩為眷屬。

一切眷屬皆是住阿毘跋致地菩薩，以方便三昧變化力，為男為女共為眷屬。

(9)生身具足

菩薩於初生時，其身具一切相好，放大光明遍照無邊諸佛世界，令彼界六種變動，有情遇者無不蒙益。

(10)出家具足

菩薩夜於宮殿，見諸婇女皆如死狀；十方諸天鬼神齎持幡華供養之具，奉迎將出。是時車匿自牽馬至，四天王使者接捧馬足，踰城而出。為破煩惱及魔人，示現大功德貴重之人猶尚出家，如是等因緣名出家成就。引導無量無邊有情，令乘三乘而趣圓寂。

(11)菩提樹具足

菩薩殊勝善根廣大願力，感得如是大菩提樹，吠琉璃寶為莖，真金為根，枝葉花果皆以上妙七寶所成，樹高廣遍覆三千大千佛土，光明照曜諸佛世界。

(12)功德成辦具足

菩薩摩訶薩滿足殊勝福慧資糧，成熟有情，嚴淨佛土。

①菩薩住七地，破諸煩惱，自利具足。

②住八地九地，利益他人，所謂教化眾生、淨佛世界。

③阿羅漢獨覺自利雖重，但利他輕故，不名具足。

④諸天及餘菩薩雖能利他，但自未除煩惱，亦不具足。

(《現觀莊嚴論》將此十二法移至第九地；第十地成為「究竟成就佛道」。

十地：究竟成就佛道。

此即是進入如佛境界(未斷盡煩惱習氣)；最後斷盡煩惱習氣，以方便力實踐一切佛功德的菩薩，住於佛地，即是佛。)

***45 八部眾**

有八部護法眾：

(1)天 deva；　(2)龍 nāga；

(3)藥叉 yakṣa：有翅能飛空傷人；

(4)健達縛 gandharva：食香神、樂神，演奏俗樂服侍帝釋；

(5)阿素洛 asura：鬼趣者卵生、畜生濕生、人胎生、天者化生，以天為主，性暴躁；

(6)揭路荼 garuḍa：金翅鳥，以龍為食；

(7)緊捺洛 kiṃnara：歌神，半人半馬頭生一角，歌詠法樂；

(8)莫呼洛伽 mahoraga：大蟒神，人身蛇頭。

***46 佛之五姓**　《佛本行集經》5 隋闍那崛多譯

佛之俗姓有五：瞿曇、甘蔗、釋迦、日種、舍夷，為剎帝利種姓。　《釋氏要覽》

(1)瞿曇 (gautama 梵，gotama 巴利，喬達摩，地上最勝、牛最大)

有菩薩曾為王，從瞿曇婆羅門學道住於甘蔗園中，後被誤為盜賊為兵所殺，其師取血土而咒，經十月化為男女，此後以瞿曇為姓。　《佛說十二遊經》

又相傳古瞿曇仙人(七大仙之一)空中行欲，有二渧之汙落於地面，生成甘蔗，經日照後生二子，其一即為釋王。　《大日經疏》16

(2)瞿曇、甘蔗、釋迦、日種、舍夷　《佛本行集經》5

淨飯王六代祖住樹上被獵人誤射後，從血塊生二莖甘蔗，後因日晒更由甘蔗生一男一女，男即善生王(iksvāku 甘蔗王)故姓甘蔗，又別稱日種(ādicca bandhu，日親，太陽族)。

甘蔗王為阿踰闍(ayodhya)之日種最初之王，其四子北移，能力強倡釋迦姓(śākya 能)，又因築城營邑於直樹林邊，姓舍夷(śakiya 奢夷耆耶，直樹)。

*47 三類十地

(1)無名十地

《大般若經》第二會修治地品及《摩訶般若經》發趣品之十地，並未列名(暫名無名十地以利說明)，其修治德目與《十住斷結經》之十住德目相當。(參考*33(8))

(2)三乘共十地《大智度論》75

	聲　聞	菩　薩	辟　支　佛
①乾慧地	五停心位、總別念處、有慧無定水(外凡位)	發心未得順忍	
②性地	煖乃至世第一法(內凡位)	得順忍、愛實相，不生邪見	
③八人地	見道十五心(初果向)	無生法忍	
④見地	須陀洹果 (初果)	不退位	
⑤薄地	或須陀洹或斯陀含，分斷欲界修惑 (初、二果)	過不退、未成佛、斷煩惱、薄餘習	
⑥離欲地	阿那含果 (三果) 斷欲界貪諸煩惱	離欲因緣，得五通	
⑦已作地	阿羅漢果 得盡智、無生智		
⑧辟支佛地			觀深因緣法成道
⑨菩薩地		菩薩有三說： 1.從乾慧地至離欲地如上說(共十地) 2.從歡喜地至法雲地皆名菩薩(不共十地) 3.從初發心至金剛三昧	
⑩佛地		具足佛法。** 一切相智諸佛法，菩薩於自地中行具足，於他地中觀具足。	

**非指佛果，指菩薩如佛修十八不共法等功德。

(3)歡喜不共十地

《華嚴經》十地品(《十地經》)之十地(暫名不共十地)修持內容：

①歡喜地：布施； ②離垢地：十善戒； ③發光地：得禪定、神通；
④燄慧地：三十七道品； ⑤難勝地：四諦； ⑥現前地：十二因緣(三解脫門)；
⑦遠行地：方便慧(無生法忍)； ⑧不動地：生無功用心； ⑨善慧地：得四無礙智；
⑩法雲地：近佛位地。

《八十華嚴》將十地行以之與十波羅蜜對稱。

(4)三類十地之比對

三類十地雖於義理上相互影響，但行法各各不同。

①《華嚴經》歡喜不共十地，對初地之定義是過凡夫地之聖人，但非相當於聲聞之初果。此初地證入菩薩正性離生，不墮惡道。(十地全為聖人)

②三乘共十地是從凡夫發心，向上修行成佛的過程，不離人間成佛之型式，與佛傳所說的相通。而華嚴十地成佛的歷程就大大不同。

無名十地前五地應是未達不共初地之凡夫行法，與乾慧地之「初發心未得順忍」之位置相當。

(三乘共十地二凡八聖，無名十地七凡三聖。)

③無名十地之八地到十地是法身大士，遊戲神通、度化有情乃至近似成佛。

華嚴不共十地之八地到十地亦是行成熟有情、受佛智職，與已作地及成就佛位三者應列同一層次。

④無名十地皆屬出家之行，不共十地之前五地含在家出家二眾，六至十地則為在家眾。(華嚴十住皆為在家眾。)

⑤無名十地，不退轉位在七地(與華嚴十住一致)；華嚴不共十地，不退轉位則在八地。

⑥《大般若經》初會 53，列有極喜地等十地之名，但修行德目卻和無名十地相同，此十地內容實為「十住」。

*48 歡喜不共十地　　參考《攝大乘論世親釋記要》 (參考資料 9-10)

(1)立十地

云何應知以此義成立諸地為十？

為對治地障十種無明故。

①真如無分數

菩薩入初地見真如，見真如即盡，以真如無分數故。

若見真如不盡，則顯真如有分數，若有分數，則同有為法。

②約真如體不可立十地。

③約真如功德障立十地。

真如有十種功德，能生十種正行。由無明覆故不見此功德，由不見功德故正行不成。為所障功德正行有十種故，分別能障無明亦有十種。為對治此等十種無明立十地。

(十地是在離障證真上建立，雖也從所證十相法界上說，但主要還是建立在離障上。真如性無染淨非善惡，但具足生善滅惡，除染成淨之德用。)

(2)法界十相

十相謂十種功德及十種正行，此相皆能顯法界。

於初地(歡喜)，由一切遍滿義，應知法界，於二地(無垢)由最勝義，於三地(明焰)由勝流義，於四地(燒然)由無攝義，於五地(難勝)由相續不異義，於六地(現前)由無染淨義，於七地(遠行)由種種法無別義，於八地(不動)由不增減義，由九地(善慧)由定自在依止義、由土自在依止義、由智自在依止義，於十地(法雲)由業自在依止義、由陀羅尼門三摩地門自在依止義，應知法界。

(3)十種無明

法界十種相雖復實有，由無明所覆不得顯現。十無明覆十功德障十正行。

①凡夫性無明； ②起邪行無明； ③遲苦忘失無明；
④微細煩惱行共生身見等無明； ⑤於下乘般涅槃無明； ⑥粗相行無明；
⑦微細相行無明； ⑧於無相作功用心無明； ⑨於眾生利益事不由功用無明；
⑩於眾法中不得自在無明。

因有此等無明為障，為對治此等障而立十地。

(4)明諸地義

①成就願忍

菩薩在願行地中，於十種法行(書寫、供養、施與、聽聞、披讀、受持、廣說、讀誦、思惟、修習)修願忍得成，由願忍成過願行地，入菩薩正定位。

願：此願以真如為體，初地能見真如，故此十大願至登初地乃得成立。

❶供養願(供養勝緣福田師法王)； ❷受持願(受持勝妙正法)：
❸轉法輪願(於大集中轉未曾有法輪)； ❹修行願(如佛說修行一切菩薩正行)；
❺成熟願(成熟此器世界眾生三乘善根)； ❻承事願(往諸佛土見佛敬事受法)；
❼淨土願(清淨自土安立正法能修行眾生)； ❽不離願(於一切生處不離諸佛菩薩)；
❾利益願(於一切時利益眾生)； ❿正覺願(與眾生同得無上菩提)。

忍：即無分別智。

②有二種勝能

能滅：諸地各能滅三障。(二種無明，一種麁重報)

(三障指所知障無漏業及變易生死，能障地道，有二十二無明及十一麁重報，能障十一地)

(瑜伽論 78)4

能得：諸地各得勝功德。

	入地前：地障 (三障：二無明，一麁重)	**入地後：除障入地功德**
歡 喜 地 初	凡夫性無明。(身見) 1.法、我分別無明。 (法我執是身見因，人我執是身見果，二乘除果不斷因。)	證法界遍滿義。 (5.大空)** (人法二空攝一切法盡) 十分功德圓滿： 1.入菩薩正定位； 2.生在佛家；

地	2.惡道業無明。 3.由此無明所感方便生死。***	3.種性無可譏嫌； 4.已轉一切世間行； 5.已至出世行； 6.已得菩薩法如； 7.已善立菩薩處； 8.已至三世平等； 9.已決定在如來性中； 10.已離壞卵事。(無明㲉)
無垢地二地	依業起邪行及迷一乘理無明。 1.細微犯過無明。種種相業行無明。(依業起邪行) 2.(迷一乘理無明。) (修異乘無明) 3.由此無明所感方便生死。	證法界最勝義。 (6.勝義空)** (得最勝無等菩提果，通達最勝清淨法界相) 八種轉勝清淨： (除如來地外，各地皆能得之，轉上轉勝) 1.信樂清淨； 2.心清淨； 3.慈悲清淨； 4.波羅蜜清淨； 5.見佛事佛清淨； 6.成熟眾生清淨； 7.生清淨(佛地除外)； 8.威德清淨。
明焰地三地	遲苦忘失無明。 1.欲界貪無明。(由此無明不得微妙勝定為苦，不能遍知一切法為遲。) 2.具足聞持陀羅尼無明。 (不得聞持陀羅尼，忘失所聞思修。) 3.由此無明所感方便生死。	證法界勝流義。 (7.有為空)** (緣真如起無分別智，由此流出無分別後智生大悲，大悲所流十二部經救濟眾生。) 得八種轉勝清淨及四定等(色無色定)乃至通達法界勝流義。
燒然地四地	細惑俱身見等無明。 1.三摩跋提愛無明。行法愛無明。 (未捨離以法執分別種子為因之定愛與法愛。) 2.惑俱身見無明。 (法執分別種子為因之身見無明。) 3.由此無明所感方便生死。	證法界無攝義。 (8.無為空)** (真如及真如所流法，菩薩於中見無攝義，以自他法三不可得故。於法界亦爾，故法愛不生。) 得八種轉勝清淨，及於助道品法中如意久住等，乃至通達法界無攝義。
難勝地五地	下乘般涅槃無明。 1.生死涅槃一向背取思惟無明。 (厭生死欣涅槃之無明。) 2.方便所攝修習道品無明。 (不住生死涅槃行之方便、遮止惡行方便、發起善根方便、大願度眾方便。) 3.由此無明所感因緣生死。***	證法界相續(身)不異義。 (9.畢竟空)** (此法無攝，非分別所作，故三世諸佛真如所顯，相續(身)不異。) 得八種轉勝清淨，及得捨離背取心等，乃至通達相續不異義。
現	粗相行無明。(執有染淨粗相現前)	證法界無染淨義。 (10.無始終空)**

前地六地	1.證諸行法生起相續無明。 (執有流轉染粗相) 2.相想數起無明。(執有還滅淨粗相) 3.由此無明所感因緣生死。	(十二緣生真如無染淨，此法於未來佛無染本性淨故，於過去現在佛無淨，本性無染故。) 得八種轉勝清淨，及不證諸行生起相續等染淨相(流轉相、還滅相)，乃至通達法界無染淨義。
遠行地七地	微細相行無明。(執有生滅細相現前) 1.微細相行起(現行)無明。 (猶取微細流轉染相法愛之無明) 2.一向無相思惟方便無明。 (尚取還滅細淨相，不能思惟一向無相) 3.由此無明所感因緣生死。	證法界種種法無差別義。 (11.無散空)** (由一味修行、一味通達、一味至得故，不見有異。) 得八種轉勝清淨，及離有為法微細行起諸相，乃至通達法界種種法無差別義。
不動地八地	於無相作功用心無明。(無相觀不任運起) 1.於無相觀作功用無明。 (未能離功用心任運住無相修中) 2.於相行自在無明。 (未能於自利利他相(相自在、土自在)中心得自在。) 3.由此無明所感有有生死。***	證法界無增減義。 (13.一切法空)** (一切法於道成時不增，滅時無減，此智是相自在(定自在)及土自在之依止。) 得八種轉勝清淨，及離功用心得住無相修中等，乃至通達法界無增減義。
善慧地九地	義法詞自在陀羅尼之無明。 (不能無功用行利他事是九地障。) 1.無量正說法(義)、無量名句味(法)、難答巧言(詞)自在陀羅尼無明。 (義法詞自在之無明) 2.依四無礙解決疑生解無明。 (辯才自在之無明。) 3.由此無明所感有有生死。	證法界智自在依止義。 (15.不可得空)** (此智自在四無礙解所顯，以無分別後智為體，遍一切法門悉無倒故。) 得八種轉勝清淨，及於正說中得具足相自在等(土自在)，乃至通達法界智自在依止義。
法雲地十地	於眾法中不得自在無明。 1.六神通慧無明。 (三身業自在無明。六通慧從法身出，未得化身業自在，障起事業。) 2.入微細秘密佛法無明。 (於微細秘密陀羅尼三摩地門，未得自在。障通達如來一切秘密法藏，)	證法界業自在依止義。 (17.有性空)** (通達法界為業自在依止，為陀羅尼門三摩地門自在依止，由此通達為化度十方眾生得三身三業故，名業自在。由得陀羅尼門三摩地門，如來一切秘密法藏如意通達，故名自在。三自在以真如為依止。)

	3.由此無明所感有有生死。	得八種轉勝清淨，及能得正說圓滿法身等，乃至通達法界業自在依止義(得化身果)。
如來地	(未能得清淨圓滿法身。) 1.於一切應知境微細著無明。(微所知障) 2.於一切應知境微細礙無明。 (一切任運煩惱障種。) 3.由此無明所感無有生死。***	得七種最勝清淨(離生清淨)，得清淨圓滿法身及無著無礙見智等，由此分故如來地圓滿。 十地功德皆是有上，如來地功德悉是無上。

**梵本[現觀莊嚴論]所配對者。 (參考資料 9-1，P.9-22)

***變易生死

雖不受三界之分段生死，但仍有種子之變異，故說仍有變易生死，至佛地方斷。

(1)方便生死：菩薩為利益眾生之生死，於地前及初三地感之，滅之而入四地。

(2)因緣生死：謂示現八相之生死，於四、五、六地感之，滅之而入於七地。

(3)有有生死：謂有後有，於七、八、九地感之，滅之而入於十地。

(4)無有生死：謂十地之所感，滅之而入如來地。

此四種生死，佛性論(卷二)稱之為四怨障。

三界以外之聲聞、獨覺、大力菩薩等三種聖人由於此四怨障之故，而不得如來法身四種功德波羅蜜。(攝論卷 10)

***49 大乘從何處出，至何處** 《大智度論》50

(1)「是乘何處出，至何處住」者，佛答：「是乘從三界中出，至薩婆若中住。」

(問曰)

是乘為是佛法？為是菩薩法？

若是佛法，云何從三界出？若是菩薩法，云何薩婆若中住？

(答曰)

是乘是菩薩法，乃至金剛三昧；是諸功德清淨，變為佛法。

是乘有大力，能有所去，直以至佛，更無勝處可去，故言「住」。

譬如劫盡火燒三千世界，勢力甚大，更無所燒，故便自滅；摩訶衍亦如是，斷一切煩惱，集諸功德，盡其邊際，更無所斷，更無所知，更無所集故，便自歸滅。

(2)「不二法」者，斷諸菩薩著故說。 (以無二為方便)

此中佛自說：「大乘、薩婆若，是二法不一故不合(非相應)，不異故不散(非不相應)；六情所知盡虛妄故，無色、無形、無對、一相。」

(問曰)

先言「不一故不合」，今何以言「一相」？

(答曰)

此中言「一相，所謂無相」，無相則無有出至佛道；為引導凡夫人故，故言「一相」。

***50 三界** 《順正理論》72 《俱舍論》25 《大毗婆沙論》29 《瑜伽師地論》27

三界以無為(名解脫)為自體。三種無為解脫對治道，約假有異，約實事則無別。

小乘	所證無為	約　假　有　異	所斷有漏法	大乘《瑜伽論》
1.	離界	離貪結	能繫非能染	(修所斷)行斷
2.	斷界	斷餘八結	能繫亦能染	(見所斷)行斷
3.	滅界	滅除一切貪等結所繫事件 除九結外餘諸有漏法(有漏善，有為無覆無記等煩惱) (九結：愛、恚、慢、無明、見(薩迦耶、邊、邪)、取(見取、戒取)、疑、嫉、慳)	非順繫法，非順染法	依滅(有餘依滅)

***51 六波羅蜜等空**

(問)六波羅蜜有道俗，俗可著故可說空；出世間六波羅蜜、三十七道品乃至十八不共法，無所著故，何以說空？

(答)諸菩薩漏未盡，以福德、智慧力故行是法，或有取相愛著(著六波羅蜜等)故說。凡夫法虛妄顛倒，而此法從凡夫法邊生，云何說是實？以是故，佛說是(出世間法)亦空，以喻無相法。

***52 大乘當住何處**

(1)明無住而住

先說「以空、不二法故言住」，如幻如夢雖有坐臥行住，非實是住；菩薩亦如是，雖言「至一切智智(薩婆若)中住」，亦無定住。

佛此中自說：「一切法從本已來<u>無住相</u>，云何獨大乘有住？若有所住，以<u>畢竟空法</u>住。」

(2)舉喻

譬如真如、法性、法相、實際非住非不住，不生不滅、不垢不淨、不起不作。

(3)非住非不住

<u>非　住</u>	<u>非不住</u>
①自相中不住 (非住自相)	異相中不住 (非不住自相，而住異相。)
②說空破有	說世諦有住
③說無常破常	破滅相

佛自說：自性(相)空故非住非不住，乃至無起無作諸餘法亦如是。

***53 乘大乘出者**

(1)無乘大乘出者

乘、乘者、時、地等一切法皆無所有不可得故，乘大乘者亦不可得，以畢竟空故。

(2)二種不可得

若有法，以智慧少不可得；若有大智慧，然推求不能得，以法無故。

此中言一切法皆無所有都不可得。

(3)畢竟淨

依法空、眾生空明諸法畢竟空(畢竟淨)，不落有無二邊。

(4)不可得因緣

①一切人、法不可得故

我乃至見者、預流者乃至如來畢竟淨不可得；

蘊、處、界、六波羅蜜、三十七道品乃至十八佛不共法，預流果乃至無上正等菩提，無生無滅無染無淨、三世、生住滅三相乃至若增若減畢竟淨不可得。

②十八空中十地、成熟有情、嚴淨佛土、五眼等畢竟淨故不可得。(以十八空故空，畢竟清淨故不可得。)

(5)雖觀諸法皆無所有都不可得，畢竟淨故無乘大乘而出住者，然菩薩用不可得法(以無所得為方便)、乘是乘出一切智智。

參考資料 9-1

般若系的空性種類

取材自葉阿月《唯識思想の研究》

[1]諸經論差別說

《般若經》的特色在於述說一切諸法不可得、無所得等的空性。雖然如此，但對於空性的種類的說明，《大般若經》(六百卷)以及其他般若系經典所說空性的種類，眾所周知，卻有二十空、十八空、十六空、十四空、十二空、七空等的差異。

1.《般若經》之前的「中阿含」《大空經》述及內空(ajjhatta-suññatā)、外空(bahiddhā-suññatā)、內外空(ajjhatta-bahiddhā-suññatā)等三空。《舍利弗阿毘曇論》卷十六述及內空、外空、內外空、空空、大空、第一義空等六空。但此等三空與六空異於後文所述的《般若經》與[唯識論]所見的空性說，就空定而述說是其特色。至於有關三空的說明，《大智度論》於述及諸法自性空之外，又述及依據空之三昧力的空，據此可以說是受到前述三空與六空的空定說影響。

2.《大毘婆沙論》卷八作為五見中的薩迦耶見(satkāya-drṣṭi)之對治，述及其次的十空。亦即「內空、外空、內外空、有為空、無為空、散壞空、本性空、無際空、勝義空、空空」。

3.《南傳大藏經》所收「小部經典」中的《無礙解道》，述及其次的二十五空。亦即：1.suñña-suññā(空空)，2.saṅkhāra-s.(行空)，3.vipariṇāma-s.(壞空)，4.agga-s.(上首空)，5.lakkhaṇa-s.(相空)，6.vikkhambana-s.(滅依空)，7.tadaṅga-s.(彼分空)，8.samuccheda-s.(斷空)，9.paṭippassaddhi-s.(止滅空)，10.nissaraṇa-s.(出離空)，11.ajjhatta-s.(內空)，12.bahiddhā-s.(外空)，13.dubhato-s.(俱空)，14.sabhāga-s.(同分空)，15.visabhāgā-s.(異分空)，16.esanā-s.(尋求空)，17.pariggaha-s.(執持空)，18.paṭilābha-s.(獲得空)，19.paṭivedha-s.(通達空)，20.ekatta-s.(一性空)，21.nānatta-s.(異性空)，22.khanti-s.(忍空)，23.adhiṭṭhāna-s.(依持空)，24.pariyogāhana-s.(深入空)，25.sampajānassa pavatta pariyādānaṁ sabbasuññatānaṁ paramaṭṭha-suññaṁ.(正知見者之流轉滅盡的一切空性中之第一義空)。

此中，只有空空、相空、內空、外空、俱空(內外空)、第一義空的名稱同於般若系與唯識系所述的名稱。雖然如此，但不只將空空置於此等二十五空之前，更且於其解釋中，指出眼作為我，或作為我所(attena va attaniyena)，或作為常，或堅固，或恆，或不易法，所以是空。其他，例如耳、鼻、舌、身、意也同樣是空。就此而言，可知其所說的「空空」，實是內空之意，故完全異於般若及唯識的解釋。

其餘的諸空之中，同分空與異分空是就六內處、六外處、六識身、六受身、六想身、六心身而述說，此外，其他諸空大抵是就欲欲(kāma-cchanda)、瞋(byāpāda)、惛眠(thīnamiddha)、掉舉(uddha-ccā)、疑(vicikiccā)、無明(avijjā)、不欣喜(arati)、〔五〕蓋(nīvaraṇa)的空述之。如是，此等一切煩惱之流轉永盡，到達無餘涅槃，此即是第一義空，如此的述說也是異於《般若經》及[唯識論]之所述。

4.般若系所說的二十空等也異於《中邊分別論》等的說明。尤其《般若經》不只將二十空等說為是一切諸法不可得之因，更將二十空等視為五蘊、十二處、十八界等一切諸法的一個項目，藉此述及諸法不可得、無所取、無所得方便、有所得方便、無二方便、真如、畢竟淨及大乘相。如是，以種種方法活用二十空等，因此在揭示般若的真理方面，有其特色。

[2]<u>空性的名稱</u>　(二十空、十八空、十六空、十四空、十二空、七空)

1.二十空

(1)二十空加四空

《大般若波羅蜜多經》(600 卷)全部分成十六會，其中的第一會(卷 1~卷 400，亦即 ŚSP 十萬頌般若)，主要是述及二十空以及其餘的有性由有性空等四空。其他漢譯本的第十二會(卷五八四、五八七、五八八)也可見及二十空。

(2)二十空

①與漢譯第二會相當的梵本 PSP《二萬五千頌般若》述及與漢譯第一會相同的二十空之名稱，最後的四空是漢譯第一會所述的二十空以外的四空，因此，內容上，略有差異。

②AAP《現觀莊嚴論》的二十空其名稱同於 PSP 的二十空，更且順序也一致。

③第一會相當的 ŚSP 述及同於前揭二種梵本所述的二十空，但就形式而言，可以說只是述及十八空或十六空。

❶十六空加四空

此因第十六空(無性自性空)之後，如同漢譯本(亦即《大般若經》卷 51 或卷 413 中，述說二十空或十八空之後)，都有「復次善現」(Punar aparaṁ Subhūte)一語，因此，從一併述及此四空的名稱看來，一如漢譯本，此四空可以說是另外的四空。尤其此四空之名稱：1.bhāvo bhāvena ś.(有性由有性空)，2.abhāvo'bhāvena ś.(無性由無性空)，3.svabhāvaḥ svabhāvena ś.(自性由自性空)，4.parabhāvaḥ parabhāvena ś.(他性由他性空)，不只完全同於前述的漢譯本以及 DSP《一萬頌般若》，對於此四空，其之所述，也同於漢譯本及 DSP，亦即異於 PSP，於敘述各空之後，缺少作為慣例的理由句的“akuṭasuthā vināśitāmupādāya”(非常非滅故)，因此，此四空是不同的四空，故其所述，只是十六空。

❷十八空加二空

但也可視為是十八空，此因於此四空的最後二空的說明之後，並沒有「自性由自性空」與「他性由他性空」，而是如同 PSP 與 AAP，是述及「自性空」(svabhava-s)與「他性空」(parabhava-s)，由於加上此二空，故可視為是述及十八空。此乃是依據 ŚSP 的一四〇七頁~一四一二頁的內空至他性空之說明的空性的種類。(但在此說明之前，亦即在一四〇七頁，述及菩薩摩訶薩之大乘，揭出內空乃至無性空、自性空、無性自性空等十八空的名稱。此十八空異於前述的十八空，而是完全同於第二會的十八空。尤其一四〇七頁以前所述的空性的種類幾乎同於此十八空，據此可以推察此十八空的形式是為最古。)

2.十八空

(1)漢譯第二會(卷 401~卷 478，亦即梵本 PSP《二萬五千頌般若》)之中的卷 406，述及二十空之外，其餘的可說幾乎是述說十八空。

(2)異譯本的鳩摩羅什譯《摩訶般若波羅蜜經》(大品般若)卷五以及無羅叉譯《摩訶般若波羅蜜經》卷四、竺法護譯《光讚經》卷六皆述及十八空。此外，梵本 DSP 也述及同樣的十八空。

漢譯第二會所述的名稱與順序幾乎同於第一會所述，但較第一會少了二空，其因在於第一會所述的自相空與共相空，在第二會是合併成自共相空(或只說為自相空，或相空)之外，又省略第一會的無變異空。

3.十六空

第三會(卷 479~卷 537，亦即《一萬八千頌》)述及十六空。此處的十六空是略去第二會的十八空的自性空與不可得空。又，卷 479 於此十六空之外，又述及所緣空、增上空、無空，而卷 483 以及卷 488 則略去此三空。尤其現今諸本所見的順序是空空、大空、勝義空，但卷 479 是將大空移至空空之前，此一順序同於《中邊分別論》等唯識系所述。但唯識系將大空移至空空之前，致使空空與勝義空具有先後的關係之所以，是因於在唯識的十六空等之中，此二空扮演著重要的角色。而《大般若經》卷 479 雖挪移此二空的位置，然不能確知其解釋是如同其他般若系諸本，或是同於唯識系的解釋？之所以作此說，是因於此卷 479 只是述及此等之名稱，並沒有就各各的空性作說明。

4.十八/十六/十四/十二空

(1)述及十八空的第二會的異譯本的無羅叉譯《放光般若經》卷四同樣述及十八空，然其卷二述及十六空。尤其在卷一，述及十四空。此等的譯語異於玄奘譯，此如後文的圖表所示。

(2)《仁王般若波羅蜜經》(羅什譯)述及十二空。然其異譯本的不空譯《仁王護國般若波羅蜜多經》卷上述及十八空。後者的十四空(從內空至一切法空)其名稱與順序幾乎同於玄奘譯的《大般若經》，但兩者的差別是，前者不只略去此等十四空中的大空、空空、畢竟空、散空，更將第一義空(勝義空)移至般若波羅蜜多空之前。兩者最後都述及空空。此經將空空置於最後述說，是其特色。

5.七空

(1)羅什譯《大智度論》是《大品般若》的註釋，因此其卷三十六所述的七空相當於《大般若》所述的十八空之最後七空。《大智度論》謂此七空是十八空之略。此正如同七覺分是三十七品之略說。略成七空的目的是為多利益眾生。之所以作此說，是因於前揭之大空、無始空恐令眾生生起邪見。

(2)同樣使用「七空」此一數字的《光讚經》卷九(竺法護譯)、「分曼陀尼弗品」與《大集經》卷四十八(大正十三，三一七頁下)所述的空三昧之七空，其名稱異於《般若經》所述，此如圖表所示。

[3]<u>空性的意義</u>　(二十空等)

第一會的卷 51 不僅述說六波羅蜜等是菩薩摩訶薩的大乘相，更指出二十空與一切諸法都是大乘相，此外又就二十空各各的空性，一一述說其意義。同此的二十空之說明可見於梵本 PSP 及 AAP。

將十八空視為大乘相而作說明的，是第二會的卷 413，及其異譯本的《摩訶般若波羅蜜經》卷五、《光讚經》卷六、《放光般若經》卷四，以及《大智度論》卷四十六。後者的卷 31 提出十八空義，並就各各的空性詳細論之。梵本的 ŚSP 及 DSP 也有相同的十八空的解釋。

同樣作為大乘相而述說十六空的，是第三會的卷 488。《佛母般若圓集要義論》

也觸及十六空。若依據施護的《釋論》所述，此係受《中邊分別論》之所影響。

此下將以梵本的 PSP 與 AAP，以及漢譯第二會卷 413 作為中心，藉此比較前述各種異本，更就二十空之各空述之。

1.內空(adhyātma-śūnyatā)

(1)PSP

「何謂內空？內在之諸法也，亦即眼、耳、鼻、舌、身、意。此中，眼依眼而空(cakṣuś cakṣuṣā śūnyaṁ)。非常，非滅(akūṭasthāvināśitā)故，何以故？此乃是其本性(prakṛti)。耳作為耳，是空。非常，非滅故，何以故？此乃是其本性。乃至其他的根，此即是所謂的內空。」

AAP

「亦即內在的眼等是非常非滅(akūṭasthāvināśitā)的本性(prakṛti)，所以是內空。」

《大般若經》卷 413

「云何內空？內謂內法，即是眼、耳、鼻、舌、身、意，當知此中眼由眼空，非常非壞，乃至意由意空，非常非壞，何以故？本性爾故。善現！是為內空」

此等之中，對於 PSP 所述的「眼依眼(cakṣusā)而空」，玄奘是直譯為「眼由眼空」。若依無叉羅譯的《放光般若經》載為「眼本空」看來，前揭二譯的經意應是「眼作為眼，是本來空」之意，因此，《大智度論》所引用的「眼眼相空」(大般若經之經文)，應該也是此意。

(2)《大智度論》

論說「眼空無我，無我所，(是)無眼法。」此說異於 PSP 等諸本。而《光讚經》所載「眼眼所見者，則亦為空」，其意同於上述二本。「眼作為眼而空」可作為「本來空」之具體說明，亦即無主觀的我(眼等)及無客觀的我所(眼之所見)，此即是空。此無我無我所之空說明眼等內空，也說明色等外空及十二處之內外空。

《舍利弗阿毘曇論》卷 16

所謂空定是指一切法或一處法的思惟空、知空、解空、受空。所謂空義指我空與我所空。據此述說空定之六空，亦即內空、外空、內外空、空空、大空與第一義空。

上述中，《大智度論》認為內空、外空、內外空等共通之空義是無我無我所。而[舍利弗阿毘曇論]更述說空空、大空、第一義空之空義。智者大師《仁王護國般若經疏》則縮小空義範圍為內空是指無神我，外空是無我所，而內外空指無我無我所。

(3)對於言及內空等諸空時，作為空義重要思想所述及的「非常非滅」，《大智度論》認為此等的空性就其本來而言，是非常非滅等，故行空者應離此等二邊，依中道而行。亦即十八空是為度眾生，以大慈悲心而揭示之大乘。

2.外空(bahirdhā-śūnyatā)

(1)PSP

「何謂外空？所謂外法，即是色、聲、香、味、觸、法，此中，色作為色而空。非常非滅故，何以故？此乃是其本性。乃至他處亦同，故說為外空。」

AAP

「外在之色等，同樣是(非常非滅之)本性，所以是外空。」

《大般若經》卷 413

「云何外空？外謂外法，即是色聲香味觸法。當知此中色由色空，非常非壞，乃至法由法空，非常非壞，何以故，本性爾故，善現是為外空。」

(2)對於外處，ŚSP、DSP 以及《放光般若經》、《光讚經》同樣述及色等的六外處之名稱。但對於第六的 dharma(法)，《放光般若經》載為「細滑法」，《光讚經》載為「細滑念」。

(3)對於「色作為色(rūpeṇa)而空」，《放光般若經》是譯為「色本空」。據此可知《放光般若經》以及梵本等，都認為色本是空。但《大智度論》則是說為無我我所，亦即色的主觀與客觀等兩者的「無」，即是色空。對於色以外的聲、香、味、觸、法，如同對於色的說明，ŚSP 對於各法一一予以詳述，而 DSP 只是略述為「聲、香、味、觸、法作為法而空」。

3.內外空(adhyātma-bahirdhā-śūnyatā)

(1)PSP

「何謂內外空？六內處(ṣaḍ-ādhyātmikāny āyatnāni)與六外處。稱此為內外空。此中是因於何者？是內在諸法依外在諸法(bahirdhā-dharmaiḥ)而空，亦即內在之眼、耳、鼻、舌、身、意依(外在的)色、聲、香、味、觸、法而空，非常…。此中是因於何者？是外在諸法依內在諸法而空，亦即依色聲香味觸法而空，非常…，此說為內外空。」

上來所述的內、外、內外等三空，「中阿含」的《大空經》既已述之，故此三空在二十空之中，可說是最為原始的空性。是故諸本所述大體上一致。但對於內外空的解釋，《光讚經》除外，《大般若經》卷

413、《放光般若經》卷 4 與 PSP 以及 ŚSP，都指出內在諸法依外在諸法而空，以及外在諸法依內在諸法而空，但相對於 DSP 所說的內法是依內法而空，以及外法是依外法而空，《光讚經》只是說為內法與外法悉空。

(2)《大智度論》卷 31

①指出內外空正如同前述的內空及外空，此等的空都是無我無我所的「無法」。如此的述說，不只是《大智度論》，前述的南傳的《無礙解道》與《舍利弗阿毘曇論》也是如此強調，唯識說也有此說。是故，內法、外法與內外法的「無我無我所」，可說是空性說的根本思想。

②❶互相因待

對於內外空，《大智度論》特別給予「互相因待」之名稱，就本來而言，並無「內法、外法」之定相，所以是內外空，據此看來，前述諸本中，內在諸法依外在諸法而空，或外在諸法依內在諸法而空之說，是依據互相因待而作說明。

❷觀自法

內法依內法而空，外法依外法而空之說，則是就「自法而觀之空」而作說明。就本來而言，並無內外法之定相，因此《光讚經》不依據互相因待之說明，而是直接指出內法外法悉空，但究極而言，可以說都是指出「內外法無自性」。

是故《大智度論》主張內法等的無我無我所之空，此外，更強調一切諸法之自法空。

③要言之，述說無我無我所之空的，是鈍根的小乘弟子，但利根的大乘弟子是述說內法之中無內法之相，又外法之中亦無外法之相的一切諸法自法空。此正如《般若經》所說的色作為色相而空，乃至聲、香、味、觸、法作為法相而空。[唯識論]的說明並不只是述說無我無我所之空，是超越《般若經》的一切諸法之自法空之說，是主張「無之有」，故異於《大智度論》之所述。

《大智度論》更述及學般若時，應住於內等三空之理由與修習之目的。亦即迷者對於不淨、苦、無常、無我，有淨、樂、常、我等四顛倒，故對於內法、外法、內外法，不能離去我執及我所執，故生起種種煩惱。為破此四顛倒，應修習四念處等，據此而與內觀、外觀、內外觀之空三昧相應，內等三空因而成立。

(3)AAP

「內外處同樣(是非常非滅之)本性，故內外空。其內處者根之性質(indri-ya-rūpa)所攝，外(處)者境之性質所攝，內外(處)者根之依處(adhiṣṭhāna)所攝。又，內在者心所執受故，又外在者非根所攝故。以上三者之空(內空、外空、內外空)是信行地(之空)。」

如此的說明稍異於上來所述。尤其指出內空等三空是信行地所修習之空，又如後文所述，對於其次的空空，認為是加行道之空，乃至將大空等一一對配十地之舉，相較於其他諸本，可說是具有特色的說明。(參考*48, P.9-133)

4.空空(śūnyatā-śūnyatā)

(1)PSP

「何謂空空？一切諸法之空性其本身依空性而空。非常…，此即說為空空。」

(2)《大般若經》卷 413

「云何空空？空謂一切諸法空，此空復由空空，非常非壞…是謂空空。」

《放光般若》卷 4

所載的「諸法之空持諸法空，空於空，是為空空」，雖然表現不同，但意義相同。

《第三會》卷 488

是將此空空移至大空之後，被置放於勝義空之前，如此的順序異於般若系，同於唯識系。

(3)《大智度論》卷 31

述及以法空破內外空，更以其空破內空、外空、內外空等三空，進而又指出：

「又如服藥，藥能破病，病已得破，藥亦應出。若藥不出則復是病，以空滅諸煩惱病，恐空復為患，是故以空捨空，是名空空，復次以空破十七空，故名空空」

不只是破內空等三空，更指出空空以外的十七空亦應破之。

(4)AAP

「依據一切諸法之空性，以緣內(處)等(adhyātmādi)空性之智為自性的空性亦空，故說為空空(śūnyatena śūnyatāśūnyatā)。此中，一切諸法之空智(sarvadharma-śūnyatā-jñāna)基於一切諸法之空性，故又空空。棄其取與分別故(tasya grā-haka-vikalpa-prahāṇād)，此乃是加行道(之空)。」

依此文意，如同後文所述的唯識系之說，AAP 同樣在空空的解釋之中，述及空智之空。就此而言，可以說般若系的二十空說之中，具有特色的解釋。

5.大空(mahā-śūnyatā)

(1)PSP

「何謂大空？如東方依東方而空，南(dakṣinā)、西(paścimā)乃至上方依上方而空。非常…，此即說為大空」

《大般若經》卷 413

「云何大空？大為十方，即東西南北四維上下，當知此中東方，由東方空，非常非壞，乃至下方由下方空，非常非壞，何以故？本性爾故…是為大空。」

《放光般若》卷 4

「何等為大空？八方上下皆空是為大空。」

據此看來，相較於 PSP 所述，漢譯本清楚指出所謂的「大」，是指東西南北等四維以及上方下方。而《放光般若》更言及八方，但略去其明細。

(2)AAP

「十方依諸方而空，故說為大空。此等係大安住故(mahāsanniveśatv-ād)，又依一切遍在之義而成為第一地(之空)。」(初地所證法界遍滿義，真如法界於一切遍滿無餘，諸法中無有一法非無我故。)

(3)《仁王護國般若經疏》卷 3(智者大師)

「般若波羅蜜空者，大經云，大空者是般若空，大論云，十方俱空名大空也。」

亦即指出十方俱空之大空是般若空，也可說是具有特色之說。

6.勝義空(paramārtha-śūnyatā)

(1)PSP

「何謂勝義空？所謂勝義，是指涅槃(nirvāṇa)。此又依涅槃而空。非常…，此說為勝義空。」

(2)《大智度論》卷 31

將勝義空說為是涅槃空(如同《大般若經》卷 413 所述)，進而又如次述說諸法實相空：

「第一義空者，第一義名諸法實相，不破不壞故，是諸法實相空，何以故？無受無著故。」

(3)AAP

「最勝涅槃依以涅槃義為性質之空性(nirvāṇārtha-rūpaśūnyatvena)而勝義空。此僅只是離結合故(visaṁyogamātratvād)，依最初義因而是第二地(之空)。」(二地所證法界最勝義，於一切法最勝清淨、一切有情最勝無等菩提果。)

此處所說的結合，是指與煩惱之結合，是故若離煩惱，當然是到達涅槃之境地。此即是 para mārtha(勝義)，此即意味著依勝義之涅槃義而空，所以是勝義空。

(4)《光讚經》卷 6

「何謂真妙空者？曰無為者也。其無為者無為亦空，不可毀傷不可壞起。所以者何？本淨故也。是謂真妙空。」

若視此「真妙空」一語相當於「勝義空」，則「無為」即意指滅去煩惱之涅槃。涅槃之境地是修行者最高的目的，故將其空說為勝義空或真妙空，又相當於《仁王般若經》卷上所述的佛果空。之所以作此說，是因於智者大師於《仁王經疏》中，是將「果空」註釋為菩提涅槃空。《仁王般若經》卷上所揭十二空之中，其第八已有第一義空之名稱。雖然如此，但依據智者大師所作註釋，此係世諦空之意，因此，名稱雖同於《大般若經》所說的第一義空，但意義並非一致。

7.<u>有為空(saṁskṛta-śūnyatā)</u>

(1)PSP

「何謂有為空？所謂有為，是指欲界(kāma-dhātu)、色界與無色界。此中，欲界依欲界而空。非常…，色界依色界而空。非常…，此即稱為有為空。」

AAP

「有為的三界依欲等之界的空性而有為空，此非圓成實性(tasyāparini-ṣpanna-svabhā vatvena)。對治能力性故，依等流最勝義(niṣyandāgrārthena)因而是第三地(之空)。」(三地所證法界勝流義，菩薩得真如所流、無分別智所流、大悲所流，難行能行，難忍能忍。)

漢譯諸本也都指出所謂「有為」，是指三界。但 AAP 的「非圓成實性」之說，頗具特色。

(2)《大智度論》卷 31

「…有為法名因緣和合生，所謂五蘊、十二入、十八界等…，今有為法二因緣故空，一者無我無我所及常相不變異不可得故空。二者有為法、有為法相空，不生不滅無所有故…」

其中並沒有「有為是三界」之說，而是指出因緣和合生的五蘊、十二處、十八界等即是有為，如此的論述也可見於 Prasannapadā(《淨明句論》)以及智者大師的《仁王護國般若經疏》。

總的說來，作為空之因緣，有為法依(一)無我無我所以及(二)有為法之相是空，所以是空。

8.無為空(saṁskṛta-śūnyatā)

(1)PSP

「何謂無為空？所謂無為，意指任何事物皆是不生(anutpāda)、不滅(anirodha)、不住(asthiti)、不異(nānyathā)。此即說為無為。無為依無為而空。非常…，此即說為無為空。」

《大般若經》卷 413

所述如同梵本，同樣認為無為即是不生、不滅、不住、不異等四相。此異於《光讚經》所載的「不起不滅，亦不自在，亦無所存在真諦」。又《放光般若經》沒有各別譯出不生等四相，而是載為「不生、不滅住於不異」，在意義上，反而是承認「住」，此又是彼此的差異。

AAP

「無為的不生不滅不異是依此而空性，故說為無為。不生等無與生等有關之假相故(an-utpādādīnām utpādādi-pratiyogi-prajñapti- nimittābhāvāt)，依無執受之義，因而是第四地(之空)。」(四地所證法界無攝義，於真如、真如所流法，非我所攝非他所攝，以自、他、法三義不可攝故。)

亦即指出四相之中的不生、不滅、不異等三相是無為。

(2)如同前述的 PSP，DSP 同樣述及不生等四相，但 ŚSP 則是述及不生、不滅、不住異(na sthiter anyathātvam)等三相。之所以如此，是因於「住」與「異」不作區分，是「住之異」(sthiter anyathātvam)之相。此異於 AAP 所述的「不異」。但漢譯《大般若經》卷 51 所說的不住、不異，同於 PSP 所述，異於其梵本的 ŚSP 所載。

(3)《大智度論》卷 31

指出「無為相者，不生不滅、不住、不異」等四相，其卷 46 曰：「無為法名無生相、無住相、無滅相」，略去四相之中的無異相。此與《中論》卷 2《觀三相品》的「無為相名不生、不住、不滅…」所述一致。但略去「不異」的三相則異於 AAP 與 ŚSP 所述的三相。

在其有關十八義的說明之中，特別指出：

「復次離有為則無無為。所以者何？有為法實相即是無為，無為相者則非有為，但為眾生顛倒故分別說，有為相者生、滅、住、異。無為相者不生、不滅、不住、不異，是為入佛法之初門。若無為法有相則是有為⋯。」

指出有為法之實相，即是無為法，更且述及兩者的緊密關係。此中的有為相是指無為相之相反的生、滅、住、異，Prasannapadā 載有「世尊認為有為有 utpāda、vyaya、sthity-anyathātva(生、壞、住異性)等三相」。從又有 utpāda、sthiti、bhaṅga(生、住、滅)等三相之說看來，四相之中，生滅二相是固定的，而住與異此二相之術語並非固定。

又，關於有為法與無為法何以是空？《大智度論》指出因緣和合的有為法無自性，所以是空，故稱為有為空，非因緣和合的無為法之空是因於有為空之實相。是故，有為若是空，則無為亦空。

9.畢竟空(atyanta-śūnyatā)

(1)PSP

「此中，何謂畢竟空？任何事物皆無邊際可得，亦即畢竟依畢竟而空。無常⋯，此即稱為畢竟空。」

《大般若經》卷 413

「云何畢竟空？畢竟謂若法究竟不可得，當知此中畢竟由畢竟空，非常非壞⋯，是為畢竟空。」《放光般若經》卷四語《光讚經》卷六所述旨趣同此。

AAP

「邊際依邊際而空性故，依過去之邊際而畢竟空。邊際(anta)即是部分(bhāga)。是故，於斷常二邊之中間，依斷此二(邊)之部分的因相(nimittatvena)，任何的自性不成立。依相續不斷之義，因而是第五地(之空)。」(五地所證法界相續不異義，三世諸佛真如所顯，故法界相續(身)不異。)(法界生死、涅槃無差別性。)

如上來諸本所述，ŚSP 述及邊際(anta)不可得。但 DSP 則是載為“yasya dharmasya notpāda upalabhyate”，亦即指出是「法之生不可得」。

(2)《大智度論》卷 31 並沒有上來所述的「邊際不可得」之說。而是就與「畢竟」此一名稱有關的種種方面，述說畢竟空。尤其是以先前所述的有為空與無為空破一切諸法，無所殘餘，故說為畢竟空，進而又指出有為空與無為空皆破之外，世間之內空乃至大空，以及出世間的第一義空亦破，基於一切法畢竟空，故畢竟空自己亦空。

10.無始終空(anavarāgra-śūnyatā)

(1)PSP

「何謂無始終空？如同任何事物之無始，其終亦不可得。任何事物亦無中間的存在。又任何事物皆無始、無中、無終之可得，故無來，又無去。始(ādi)、中(madhya)、終(avasāna)又依始、中、終而空。無常…，此即稱為無始終空。」

(2)《大般若經》卷 488 所載經意同於梵本。但 ŚSP 僅只述及無終、無始、無來、無去，如同《大般若經》卷 413 之所揭，略去其中際。尤其 DSP 雖同樣言及無始終空(anava-rāgra-ś.)，然其說明之中，僅只觸及「法之來不可得」。如此的述說亦見於《光讚經》與《大品般若經》。但有關「無始終空」此一名稱，《大品般若》是載為「無始空」，《光讚經》載為「廣遠空」，《放光般若》載為「無有原空」。

(3)依據《大智度論》卷 31 所作解釋，世間之眾生或法皆是無始。對於執著此為有者，是揭示無始，破其有始之邊見。若對於無始又生起邊見，則以無始空破其無始之邊見，故名無始空。

(4)AAP

「依無始(ādi)、中(madhya)、終(paryavasāna)之邊際的空性而無始終空。始等之法性依連結(anusyūtatvena)而畢竟故，此(無始終空)依無雜染清淨義因而是第六地(之空)。」(六地所證法界無染淨義，十二緣起染(流轉)淨(還滅)畢竟空，染淨平等。)(此法於未來佛無染，本性淨故；於過去現在佛無淨，本性無染故。)

11.<u>無散空(anavakāra-śūnyatā)</u>

(1)PSP

「何謂無散空？任何法皆無任何之散。所說的散，即是放(avikiraṇa)、棄(chorana)、捨(utsarga)。無散依無散而空。無常…，此即稱為無散空。」

《大般若經》卷 413

「云何散無散空，散謂有放、有棄、有捨可得。無散謂無放、無棄、無捨可得。當知此中散無散由散空。非常非壞…，是為散無散空。」

AAP

「依具有放、棄、捨之特質的散之相反而無散。此(無散)依此(無散)而空，所以是無散(空)。依無放等作用之性質而無無捨的假設之因相故(prajñapti-nimittatvāyogāt)，依無異之義，故此為第七地(之空)。」(七地所證法界種種法無別義，除去對如來教法微細取相行，通達一切法門無差別(無相觀)，得無差別法界相。)

(2)ŚSP 揭出同於前述二種梵本的無散空。《大般若經》卷 413 述及散與無散之空(即散無散空)。但卷 488 所載同於梵本的無散空，然其釋文則如卷 413 所述，是分成散與無散而作說明。

第一會的卷 51 正式提出散空與無變異空(無散空)等二空。此中，對於無變異空所作的「無變異謂無放、無棄、無捨可得，此無變異由無變異空…」的說明，完全是無散空之意。

(3)《大智度論》為揭示所謂「散」，是指與諸法和合別離之相，故述及車或火之和合相與別離相，進而指出眼識之生，或其識之不可得，完全在於有否眼根與色之因緣。如是，凡夫於諸法生起愛著心之所以，是因於不能離欲。是故，了知散空者以離欲最為重要。

(4)《放光般若經》卷 4

「何等為無作空，於諸法無所棄，是為無作空。」

《光讚經》卷 6

「彼何謂不分別空，彼無能捨法亦無所住，所以者何，本淨故也。是為不分別空。」

此二本所言及的「無作空」，或「不分別空」，其名稱當然異於前文所揭的「無散空」。但所謂「無作空」，是指於諸法不棄捨，亦即無所棄。又所謂「不分別空」，是指無能捨與無所住，依此看來，此二者與無散空是同義語。

12.<u>本性空(prakṛti-śūnyatā)</u>

(1)PSP

「何謂本性空？任何事物皆是一切諸法有為或無為之本性，非聲聞所造(kṛtā)，非緣覺所造，亦非如來、阿羅漢(arhati)、正等覺者所造，又非惡作。本性依本性而空。非常…，此即稱為本性空。」

此中的「非惡作」(nāpakṛtā)之說，ŚSP 與 DSP 皆不得見之。又，有關一切諸法本性的說明之中，於前述的聲聞、緣覺之外，ŚSP 與 DSP 更言及非 bodhisattvaiḥ mahāsattvaiḥ，亦即非菩薩摩訶薩所造。然其「依阿羅漢」之說，DSP 與《大般若經》卷 413 皆予以略去，《放光般若經》則可見之。

(2)《光讚經》卷 6

「彼何謂本淨空？悉能解了一切諸法所作，是為本淨空。」

AAP

「本性非一切聖者所作。彼(本性)依彼(本性)而空，所以是本性空。此中，有為、無為之變異(vikāra)與無變異(avikāra)不可得故。」

《光讚經》所述的「本淨空」，即是「本性空」，然其解釋異於其他諸本。又，AAP 的本性空中，有為、無為之變異與無變異不可得之說，是重要的論述。

(3)《大智度論》卷 36

指出一切諸法不待因緣而自有的，稱之為「性」，然其性常空，不可得，於世俗諦依業相續之假設而說為不空。此如水性微冷，依火則熱，但火若止，則回復其冷之性。又性空有二種，亦即十二入之中的無我無我所的空，以及十二入之相是自然空的無我無我所等二種。同此，以無我無我所之空為本性空的述說也可見於《仁王護國般若經疏》。但《大智度論》對於一切諸法之性空，更有如次的二種論述。

①總性：即無常、苦、空、無我、無生、無滅、無來、無去、無入、無出等。

②別性：即火熱性、水濕性、心為識性、善性、惡性等。

(4)總地說來，對於本性空，《光讚經》譯為本淨空，是指一切諸法清淨現象之根本。是故，ŚSP 與《大般若經》卷 47 指出一切諸法，亦即從心的方面見之，凡夫異生乃至聲聞緣覺等之心包含在內的一切智(智)心皆是無漏(sarvajñātā-cittam anāśravam)，又是不墮於三界。之所以如此，是因於此等(心之)本性空(prakṛti-śūnyatam-upādāya)。

除此之外，五蘊、十二處、十八界、六波羅蜜，以及(十八空)皆是無漏，又是不墮於三界。此同樣是因於本性空。進而四念處乃至不共佛法、道相智(mārgākāra-jñātā)以及一切相智(sarvākārajñātā)皆是如此。

要言之，ŚSP 指出十八空皆依本性空，所以是無漏，又不墮(於三界)，據此看來，十八空之中的本性空，可說最受重視。

13.<u>一切法空(sarvadharma-śūnyatā)</u>

(1)PSP

「何謂一切法空？所謂一切法，是指色等(五)蘊、(六)根、(六)處、(六)識、(六)觸，緣觸之受(saṁsparśa-pratyaya-vedanā)乃至緣意觸之受得有為法與無為法。稱此為一切法。此中，諸法依諸法而空。非常…，此即稱為一切法空。」

(2)《大般若經》卷 488

「云何一切法空？一切法謂色乃至識，眼乃至意，色乃至法，眼識乃至意識，眼觸乃至意觸，眼觸為緣所生諸受，乃至意觸為緣所生諸受，若有為法，若無為法，名一切法，此中一切法由一切法空，非常非壞…」

《大般若經》卷 413

「云何一切法空，一切法謂五蘊十二處、十八界、有色無色、有見無見、有對無對、有漏無漏、有為無為、是為一切法。當知此中一切法由一切法空，非常非壞…」

(3)同於第二會的卷 413 及《放光般若經》所載，DSP 述及所謂一切法，是指五蘊、十二處、十八界。ŚSP 對於五蘊、十二處、十八界、眼觸(cakṣuḥ-saṁsparśaḥ)乃至意觸(manaḥ- saṁ- sparśaḥ)的六觸，以及眼觸所生受(cakṣuḥ saṁsparśa-jā-vedanā)乃至意觸所生受(manaḥ saṁs parśa-jā-ve-danā)的六觸所生受，一一詳述其名稱，但 PSP 與第三會的卷 488 則略去此等的名稱。

(4)《光讚經》卷六述及色、痛癢、思想、生死識的五蘊，以及「眼、耳、鼻、舌、身、意」、「色、聲、香、味、觸、細滑之法」、「眼色識、耳聲識、鼻香識、舌味識、身細滑識、意法識」等的十八界，以及眼所觸，乃至「耳、鼻、舌、身、意」所觸的六所觸。

此等六觸與六意觸之說，卷 413 不得見之，而是述及「有色無色、有見無見、有對無對、有漏無漏、有為無為」等的二法門。ŚSP 僅只述及有色法(rūpiṇo dharmāḥ)、無色法、有為法與無為法，略去中間的二法門。相對於此，PSP、卷 488 與 DSP，以及次下所揭的 AAP，更僅只述及其中的有為法與無為法。

(5) AAP

「法依法而空，所以是一切法空。於一切法有為與無為之集相待，自性不圓成故(dharmaṇām saṃskṛtāsaṃskṛta-rāśyar itaretarāpekṣatvena svabhā-vāparinișpanntvāt)。

以上的二空(第十二的本性空與第十三的一切法空)基於無減無增(ahīnānadhika)之義，(又)依無分別的令國土清淨之自在力(vaśitā)等二所依性(āśrayatva)，又是果地故，依通達(prativeda)與陶冶(parikarma)之別，因而是第八地(之空)。」(八地所證法界無增減義，離有功用相，證無生法忍，通達諸法不增不減(道成時不增，滅時不減)，得二種自在依止。相自在，為成熟佛法，所欲求相即得現前；為成熟有情，如所願此國土成琉璃等。)

(6)《大智度論》卷 31 指出一切法是指五蘊、十二處、十八界等，此等一切法之中，有有相、知相、識相、緣相、增上相、因相、果相、總相、別相、依相等。其中所說的「依相」，是諸法各共相之依止，故此依止相含攝一切法。此即一法門攝一切法。進而述及二法門攝一切法。所說的二法門，是指「色、無色法、可見不可見法、有對無對法、有漏無漏法、有為無為法、內法外法、觀法緣法」等相對的二法門。此外，又有三、四、五、六，乃至無量法門，此等無量法門相攝一切法，又此等諸法無定相，故一切諸法空。

(7)有關此等空性之順序，DSP 與[放光般若經]除外的其他漢譯本，皆於一切法空之前，揭出自相空，或自共相空(卷 413 之譯語)。

14.<u>自相空(svalakṣaṇa-śūnyatā)</u>

(1)PSP

「何謂自相空？色以變礙(rūpaṇa)為其特質，受(vedanā)以知覺(anubhava)為其特質。想(saṁjñā)以取得(udgrahaṇa)為其特質。行(saṁskāra)以現前造作(abhisaṁskāra)為其特質。識(vijñāna)以認識(vijñānana)為其特質。乃至有為法之有相無相、無為法之有相無相的此等一切諸法是自相空。非常…，此即稱為自相空。」

《大般若經》卷 413

「云何自共相空？自相謂一切法自相，如變礙是色自相，領納是受自相，取像是想自相，造作是行自相，了別是識自相，如是等若有為法自相，若無為法自相，是為自相。共相謂一切法共相，如苦是有漏法共相，無常是有為法共相，空無我是一切法共相，如是等有無量共相，當知此中自共相由自共相空，非常非壞…是為自共相空。」

《大般若經》卷 488

「云何相空？相謂諸法自相共相，當知此中相由相空，非常非壞…。」

如上來所述， PSP 所揭的自相空之外，卷 413 也述及共相空，但合併此二空，稱之為「自共相空」。但第一會的卷 51 則是分成自相空與共相空，各別述其空性。第三會的卷 488 並沒有作自相與共相之區分，僅以「相空」此一簡稱述之。

(2)同於 PSP，僅只述及自相空的，是《大品般若》、《大智度論》與《放光般若》。後者的譯文略有差異，茲揭之如次，以作參考：

「何等為自相空？色相所受相是所持相為想。所有相便有所覺相是為識，乃至有為無為相。從有為無為相至諸法皆悉空。是為自相空。」

又，《光讚經》卷 6 曰：

「彼何謂自然相空？為色相故，色無所有相，受痛癢思相造生死相，知生死識相，痛癢思想生死識，亦復如是，眼耳鼻舌身意，色聲香味細滑法，及十八種一切所更，有為法相無為法相，是一切法自然相空。」此二本的說明異於前述諸本。《放光般若》並沒有各別說明五蘊之各蘊，而是結合色、受、想(與想之相有關)的所持相，進而結合於相有所覺相的識之相，據此揭出其相互的關係。又，《光讚經》所載的「自然相空」是「自相空」之同義語，但有關五蘊之譯語以及對於各蘊的說明異於其他諸本。

(3)AAP

「以變礙(rūpaṇa)等為相的色等，其相(lakṣaṇa)是空性，所以是相空。相之建立只是共同(總，sāmānya)與特殊(別，viśeṣa)之假設。」

(4)DSP 所載大抵同於 PSP。但 ŚSP 於前述的五蘊的特質之外，又詳述六波羅蜜、四禪定及四無色定，乃至一切相智智之相，茲就其中部分的解釋見之：

「此中，何謂自相空(svalakṣaṇa-śūnyatā)？色以色(rūpa)為相，受以無取得為相(anupalambhanāma- lakṣaṇā-vedanā)，想以取得(udgrahaṇa)為相，行(sa-ṁskāra)以想起的形成力(abhijñā-saṃskāra)為相。識以認識(vijñāna)為相。蘊(skandha)以苦(duḥkha)為相。界(dhātu)以毒蛇(āśiviṣa)為相。處(āyatana)以苦難之門(āpadvāra)為相，緣起(pratītya- samutpāda)以集合(sāmagrī)為相。布施波羅蜜多(dānapāramitā)以施捨(parityāga)〔物〕為相…精進波羅蜜多(vīrya-pāramitā)以無壓服(an-avamardya)為相…四禪定(catvāri dhyānāni)以無憤怒(a-kapana)為相。四無色定(catasra ārūpya-samāpattayaḥ)以四無量(catvāry apramāṇ-āni)為相。…願解脫門(praṇihita-vimokṣamu kham)以不受苦所逼(duḥkhāmoha)為相。解脫(vimokṣa)以解脫(vimocana)為相。力(bala)以善集中(sunicita)為相。無畏(vaiśāradya)以善安立(supratiṣṭhitā)為相。無礙解(pratisaṁvid)以無斷(anā cche da)為相。…十八不共佛法(aṣṭādaśāvenikā buddha-dharmā)以不退轉(asaṁhārya)為相。一切相智智(sarvākārajñtā-jñāna)以現證(pratyakṣa)為相…。」

(5)《大智度論》卷 31 將一切法之相分成總相與別相等二種而作說明。

總相是指無常、苦、空、無我，相對於此，別相是：

「地堅相，火熱相，水濕相，風動相，眼識依處名眼相，耳鼻舌身亦如是。識覺相，智慧相，慧智相，捨為施相，不悔不惱為持戒相，心不變異為忍相，發懃為精進相，攝心為禪相，無所著為智慧相，能成事為方便相，識作生滅為世間相，無識為涅槃相，如是等諸法各有別相。」

此中，有關六波羅蜜相的說明，略同於 ŚSP 的自相之說明。

關於一切法皆是自相空的理由，《大智度論》指出和合的因緣法展轉，故皆空。之所以此中有總相、別相等一異之相的區分，是因於眾生顛倒，依此等之相而執著諸法故。因此，是為斷此等之執著而分成總相與別相作說明。

15.<u>不可得空(anupalambha-śūnyatā)</u>

(1)PSP

「何謂不可得空？過去、未來、現在等諸法不可得。何以故？於過去，未來不可得。又於未來，過去(不可得)。於現在，過去、未來不可得。又於未來，過去(等諸法不可得)。任何事物現在的此等(諸法)皆不可得。(何以故)，自始(ādi，亦即本來)清淨，故非常…，此即稱為不可得空。」

ŚSP 只是就過去、未來、現在之不可得，分別述之。

(2)《大般若經》卷 51 所述同於前揭梵本，但卷 413 與《放光般若》有如次之簡述：

卷 413：「云何不可得空？不可得謂此中求諸法不可得，當知此中不可得由不可得空，非常非壞…」

《放光般若》卷 4

「何等為無所得空？從無著無壞至無所得法，亦無所得，是為無所得。」

DSP 與《光讚經》只是略述一切法不可得。

(3)AAP

「過去等諸法於過去等(三)世互為相反不可得，故說為不可得空，只是作為(三)世之存在而假設故(adhvanāṁ bhāvaprajñapti-mātratvāt)。

以上的二空(第十四的相空，第十五的不可得空)依智自在(jñāna-vaśitā)之所依性，如前(亦即依通達與陶冶)因而是第九地(之空)。」(九地所證法界相自在依止義、土自在依止義、智自在依止義，斷耽著無相寂滅障(對利益有情事能無功用行，得四無礙智，說法自在，(此智以無分別後智為體，能令有情入甚深義)，便得智自在依止法界。)

(4)《大智度論》卷 31 並無述及過去、未來、現在之不可得，但揭出有關不可得空的諸說。例如：有人言於眾(五蘊)、界(十八界)、入(十二入)之中，我法與常法不可得，故名不可得空；又有人言諸因緣中，求法不可得，故名不可得空。又有人言一切法及因緣畢竟不可得，故名不可得空。

但《大智度論》的本意並不是在於以如此否定而述說不可得空。因此，雖指出一切法不可得空，但又指出行不可得者能得戒定慧乃至十無學法之聲聞法，以及般若波羅蜜，又能具足六波羅蜜與十地的諸功德。之所以作此說，是因於得此戒定慧等諸法，皆得自不可得空所助，故此等又名不可得。尤其無受無著，故名不可得…，聖諦也是第一義諦，故名不可得，從中可以窺見般若思想之特色。

述說十六空的經論是略去此不可得空。

16.無性自性空(abhāva-svabhāva-śūnyatā)

(1)PSP

「何謂無性自性空？結合的法無自性(nāsti-sāṁyojikasya dharmasya svabh-āvaḥ)，是緣起故(pratītyasamutpannatvāt)，結合依結合而空。非常…，此即稱為無性自性空。」

AAP

「具有結合之法是緣起，故無自性。結合依彼〔結合〕而空性，故無性自性只是以和合為性(bhāva)。」

ŚSP 與 DSP 所載同於前揭二種梵本，述及具有結合之法無自性，但漢譯卷 488 所作「法具有結合之性質以及無結合之性質」的說明則異於前者所說。然其理由是因於緣起，故趣旨同於諸本。卷 488 的經文之中，「眾緣生故」除外，其他的經文完全同於第一會的卷 51 以及第二會的卷 413。

(2)《放光般若經》卷 4

「何等為有無空？於諸(法)聚會中亦無有實，是為有無空。」

《大品般若》卷 5

「何等為無法有法空？諸法中(本來)無法，諸法和合中有自性相是無法有法空。非常非壞…，是為無法有法空。」

《大智度論》卷 31

「無法有法空者，取無法有法相不可得，是為無法有法空。」

此三本之中，《大品般若》卷五對於前揭的「諸法中無法」之說，是就諸法之本來無法，亦即是從第一義諦而言。對於其次的「諸法和合中有自性相」，則是從世俗諦立場而見的諸法和合之中，有自性相而言。合併此二諦，遂有「無法有法空」之說成立。但[放光般若]只是依第一義諦而作說明，諸法的和合(聚會)之中，其諸法無實體，據此而名為「有無空」。《大智度論》不是依據無法與有法，而是直接指出無法與有法之相不可得，認為此即是無法有法空。

(3)DSP 與漢譯諸本皆於此無性自性空之前，述及無性空(abhāva-śūnyatā)與自性空(svabhāva- śūnya -tā)。

①[DSP]

「此中，何謂無性空？於任何處所，任何自性不可得。此稱為無性空。此中，何謂自性空？任何事物是由結合所成的無自性。此稱為自性空。」

②《大般若經》卷 413、《放光般若經》卷 4、《大品般若》卷 5 與《大智度論》卷 31 所表現的文句雖略有差異，但對於無性空的說明一致。亦即所謂無性空，是指諸法無其性。但對於有性空之說明，卷 413 與《放光般若》皆指出和合的諸法無自性。但《大品般若》則說為諸法和合之中有自性。DSP 與《大智度論》卷 31 指出因緣和合，故無有法，實則從述說內空以來，作為空之理由句，《大品般若》所揭的「非常非滅故」，此處也可見之，依其共通之理由句揭示有法空，因此，可以說是揭示根本的空的理由。總的說來，此無性空與自性空只是將無性自性空二分而作說明。故 PSP、AAP 以及 ŚSP 略去此二空。

③對於此等三空，《光讚經》的譯文異於前述諸譯，茲揭之如次，作為參考：

「彼何謂無所有空？索所有形貌而不可得，是謂無所有空。彼何謂自然空，無有合會為自然，是為自然空。彼何謂其無所有自然空者，其自然者無有合會，是謂其無所有自然空也。」

④此外，《大智度論》卷 31 於前述的說明之外，更引用異說，據此看來，對於三空，當時的論師之間已有種種意見。

此三空之中，對於無性自性空，DSP 以及各種漢譯本，無論是二十空，或十八空，或十六空，都被置於最後。

但漢譯本另外述及有性由有性空、無性由無性空、自性由自性空、他性由他性空等四空。

就梵本而言，與此相當的四空，亦即有性空(bhāva-śūnyatā)、無性空(abhāva-śūn-yatā)、自性空(svabhāva-śūnyatā)與他性空(parabhāva-śūnyatā)是被當作二十空之中的最後四空，故可以說其文體形式異於漢譯本。

17.有性空 (bhāva-śūnyatā)

(1)PSP

「何謂有性空？有性是指五取蘊(pañcopādānaskandha)。又其有性依有性而空。非常…此即是有性空。」

AAP

「以取蘊為相的有性是依彼(有性)而空，所以是有性空。何以故，蘊之義是聚之義(rāśyartha)。又，聚者，非實體性故(apadārthatvāt)，無以取為相的性質之因(niṁitta)。

以上二空(第十六的無性自性空與第十七的有性空)是業的自在之所依(karma-vaśitāśrayatva)，因而如前，是第十地(之空)。」(十地所證法界業自在依止義、陀羅尼門三摩地門依止義，斷有情中不得自在之無明，通達法界為作有情利益事，得佛身口意三業用自在；得佛所說無忘，總持善法遮止惡法；於定自在，由定發慧，總持一切不散。)

《大般若經》卷 488

「云何有性由有性空？有性謂有為法，即是五蘊，如是有性由有性空，色等五蘊不可得故，無生性故。」

上來所述諸本中，AAP 僅只述及有性(bhāva)是取蘊之相，異於其他諸本認為 bhāva 是五蘊(或五取蘊)。雖然如此，但仍言及蘊之義即是聚義，此乃非實體性，因而就無以取為相的性質之因而說為空。其他諸本雖無此說明，但就言及有性(bhāva)是 bhāvena śūnyaḥ(依有性而空)而言，也含有此意。

(2)如同 ŚSP，DSP 也述及 bhāva 是五蘊，進而更指出五蘊是色、受、想、行、識。其他的漢譯本同樣指出有性之法是五蘊的，是第一會的卷 51，以及《放光般若》卷 4、《光讚經》卷 6；《大智度論》卷 46。但第二會的卷 413 只是指出有為法，略去五蘊之說。

就漢譯本而言，此有性由有性空以下的四空是二十空或十八空以外的另外四空。《光讚經》所譯異於其他諸本，是將「有性由有性空」譯為「所有者所有空」，其所作解釋如次：

「彼何謂所有所有空？謂五陰也，彼五陰者，所有所有空，是謂所有所有空。」

18.無性空(abhāvaśūnyatā)

(1)PSP

「何謂無性空？無性即是無為。又其無為依無為而空。非常…，此即是無性空。」

《大般若經》卷 413

「云何無性由無性空？無性謂無為法，此無性由無性空。」

(2)ŚSP、DSP 以及《大品般若經》卷 5 等都將無性註釋無為(asaṁskṛta)。

《放光般若經》卷 4 是說為「無以無為空」:

「何等為無？以無為空無所成，無所成為空，空者亦非知可作，亦非見可見。」

《光讚經》卷 6

「何謂無所有無所有空？謂無為也，彼無為者無為故空，是謂無所有無所有空。」

(3)AAP

「無為的無性之空等依彼(無性)而空性，所以是無性空。依事物(vastu)的法之覆障(āvaraṇa)等而被假設故。」

19.自性空(svabhāva-śūnyatā)

(1)PSP

「何謂自性空？自性實是無顛倒之本性(prakṛtiraviparīta)，對此，任何事物(的自性)依彼(自性)而空。非常…，彼(自性)又非依智與見(jñānena darśanena)而造，何以故？此乃彼(自性)之本性。此即是自性空。」

《大般若經》卷 413

「云何自性由自性空？謂一切法皆自性空，此空非智所作，非見所作，亦非餘所作，是謂自性由自性空。」

AAP

「稱為自性空的，非依聖者之知見所造，故說為自性空。知見是照如實義故。」

(2)ŚSP 與 PSP 同樣述及自性以無顛倒為本性，而 DSP 所述同於《大般若》卷 413 與《大品般若》卷 5 的漢譯，指出是一切法之空性(sarvadharmāṇāṁ śūnyatā)。

《放光般若經》卷 4 略去此自性空之說。《光讚經》卷 6 亦不見之，然而有如次的「自然自然空」:

「何謂自然自然空？其為空者，則無有相，亦無所作，亦無所見，是謂自然空。」

20.他性空(parabhāva-śūnyatā)

(1)PSP

「何謂他性空？任何事物無論如來生故，或不生故，彼(亦即)諸法之法性(dharmātā)法住(dharma-sthititā)，乃至實際(bhūtakoṭi)如是而住。對此，任何事物(亦即他性)依彼(他性)而空。非常…，彼(他性)非依他而造，何以故？此乃彼(他性)之本性(prakṛti)。此即稱為他性空。」

《大般若經》卷 413

「云何他性由他性空？謂一切法若佛出世，若不出世，法住，法定，法性，法界，法平等性，法離生性，真如，不虛妄性，不變異性，實際，皆由他性故空，是謂他性由他性空也。」

此二本若相互比較，可知 PSP 是略去漢譯本的「法定、法界、法平等性、法離生性、真如、不虛妄性、不變異性」等七性。但其中「法定、法平等性」除外，ŚSP 皆得以見之。亦即比 PSP 多出 dharma-dhātu(法界)、dharma-niyāmatā(法離生性，或法決定性)、tathatā(真如)、avitathatā(不虛妄性)與 ananya tathatā(不變異真如性)等五種。

(2)[DSP]

少了 PSP 的「法性」(dharmatā)，但另外述及 dharmadhātu(法界)、dharmān-avadyatā(法無過失)、tathatā(真如)、aviparyāsa-tathatā(不顛倒真如)與 ananyatathatā(不變異真如)等五種。

以上諸本若作比較，漢譯本(卷 488、卷 413 及卷 51)所見的「法平等性」，梵本不得見之。而「法定」一語恐是譯自 dharmasthititā 或 dharmaniyāmatā，但比起「法定」,「法住」或「法離生性」(法決定性)的譯語恐較近似，據此可以說此「法定」一語不見於梵本。

第二會的《大品般若經》卷五述及「法住、法相、法位、法性、如、實際」，而《放光般若經》卷四述及「法性、法寂如、及爾真際住如故」，又，其異譯本所揭如次：

《光讚經》卷 6

「彼何謂為他故空？假使恒薩阿竭興出現者，若恒薩阿竭不興出現，其法常住，其法界亦寂滅故無本，無本斯則本際，其於此者為他空，是謂為他故空。」

(3)AAP

「如來生故，或不生故，諸法之法性如是住。依其他之作者(pareṇa kartrā)而空性，故說為他性空。何以故？純為遮止(vighātāya)安住(śūnyatādhiṣṭhāna)於空性的人之行為(puruṣa-vyāpāra)而作。

以上三空(第十八的無性空，第十九的自性空，第二十的他性空)依序依斷有習氣的煩惱障(savāsana- kleśāvaraṇa)之所依性，又依斷有習氣的所知障(savāsana-jñeyāvaraṇa)之所依性，又依自然性之義(svayam bhūtvārthena)，是佛陀地(之空)應知。」

(佛地之空：無性空、自性空、他性空是佛地之空。

1.無性空：依斷微細礙無明(有習氣之任運煩惱障)之所依性(他性)。

2.自性空：依斷微細著無明(有習氣之微所知障)之所依性(他性)。

3.他性空：依自然性。得七種清淨、離生清淨及清淨圓滿法身，於一切應知境得無著無礙見及智。)

此等諸本中，有關法性等之同義語彼此多少有所差異，但諸本同樣指出無論如來(tathāgata，竺法護譯為怛薩阿竭)出世，或不出世，此等的法性皆常住。如此的敘述形式可見於原始佛典的「相應部」的因緣篇的第一因緣相應。但此處是就他性空而述說法性等，而相應部是就如次的緣起述說此等的法界等：

諸比丘！何謂緣起？諸比丘，依生而有老死。諸如來出世或不出世，彼〔法〕界(dhātu)、法位(dhamma-ṭṭhitatā)、法決定性(dhamma-niyāmatā)常住。即是相依性(ida-ppacayatā) …。諸比丘！依無明而有行。諸比丘！任何事物，真如(tathatā)、不虛妄性(avitathatā)、不異如性(anaññathatā)是相依性。諸比丘！此稱為緣起(paṭiccasamuppāda)。」

(4)據此看來，「相應部」所述法界等的同義語是指緣起。緣起的法界等語詞在如來藏系經論中，被當作如來藏之意而引用之，而前述的《般若經》中，則是以依他性空之意而作說明。就此而言，緣起也可以說是他性空。此因所謂緣起，是依他起性故，又因於無獨立之固執性，或實體，所以是空性。如此的依他的緣起性之空，《般若經》是稱為他性空。此等同義語之中的法界、真如以及實際，之所以在《中邊分別論》是與其他的無相、勝義(法身)結合，作為圓成實性之空性的同義語而作說明，可以推察是受到「阿含」的緣起說，以及《般若經》的他性說所影響。

(5)如上來所述，《般若經》對於他性空的說明是依法住等十種同義語述之，而《大智度論》卷 32 只是就其中的如、法性與實際等三種加以說明。

①真如

首先對於諸法之如(亦即真如，tathatā)是分成「各各相」與「實相」等種。此中：

❶所謂「各各相」，如同地堅相、水濕相、火熱相、風動相，諸法有各自之相(lakṣaṇa，性質)。

❷所謂「實相」，是指於各各相中，分別求其實(體)不可得，又不可破，又無諸過失。如地堅相，具有堅相的膠蠟與火會時，自然捨其堅相。又破地為微塵，更破其微塵終歸於空。其空即地之實相。

②法性

所謂「法性」，如先前說各各法空，空有差別品，稱為如，彼同是一空，故稱法性。

③實際

對於此法性也是分成二種加以說明。

所謂「實際」，以法性為實證，故說為際。此恰如名阿羅漢住於實際。此「實際」與前述的「如」、「法性」都是諸法實相之異名。此中的「如」，佛弟子不顛倒的如實見一切法苦、空、無我、不淨，此即是「如」。尤其諸法中有涅槃性，此即是法性，如實(如)證得其法性時，即是實際。如是，述說「如」、「法性」、「實際」的緊密關係，據此強調應住於《般若經》所主張的般若波羅蜜，此即是[大智度論]對於空性的說明。

[註]PSP：pañcaviṃśatisāhasrikā prajñāpārimitā 《梵本二萬五千頌般若經》

DSP：daśasāhasrikā prajñāpārimitā 《梵本一萬頌般若經》

ŚSP：śatasāhasrikā prajñāpārimitā 《梵本十萬頌般若經》

AAP：abhisamayālaṃkārāloka 《梵本現觀莊嚴論》

般若系空性種類(一)

二十空		十八空		
Pañcaviṁśatisāhasrikā-P. (Dutt p.195~198) Abhisamayālaṁkārāloka (Tucci p.89~92) (Wogihara p.95~96)	大般若波羅蜜多經 第一會卷 51	Śatasāhasrikā-P.*1	Daśasāhasrikā-P. (Sten kanow 本 p. 103-105)	大般若經 第二會 卷 413
1.adhyātma-śūnyatā	1.內空	1.adhyatma-śūnyata	1.同左	1.內空
2.bahirdhā-ś.	2.外空	2.bahirdha-ś.	2.同左	2.外空
3.adhyātṃa-bahirdhā-ś.	3.內外空	3.adhyātma-bahirdhā-ś.	3.同左	3.內外空
4.śūnyatā-ś.	4.空空	4.śūnyatā-ś.	4.同左	4.空空
5.mahā-ś.	5.大空	5.mahā-ś.	5.同左	5.大空
6.paramārtha-ś.	6.勝義空	6.paramārtha-ś.	6.同左	6.勝義空
7.saṁskṛta-ś.	7.有為空	7.samskṛta-ś.	7.同左	7.有為空
8.asaṁskṛta-ś.	8.無為空	8.asamskṛta-ś.	8.同左	8.無為空
9.atyanta-ś.	9.畢竟空	9.atyanta-ś.	9.同左	9.畢竟空
10.anavarāgra-ś.	10.無際空	10.anavarāgra-ś.	10.同左	10.無際空
11.anavakāra-ś.	11.散空 12.無變異空	11.anavakāra-ś.	11.同左	11.散無散空
12.prakṛti-ś.	13.本性空	12.prakṛti-ś.	12.同左	12.本性空
13.sarvadharma-ś.	16.一切法空	13.sarvadharma-ś.	13.同左	13.一切法空
14.svalakṣaṇa-ś.	14.自相空 15.共相空	14.svalaksaṇa-ś.	14.同左	14.自共相空
15.anupalambha-ś.	17.不可得空	15.anupalambha-ś.	15.同左	15.不可得空
X	18.無性空	16.abhāva-ś.**	16.同左	16.無性空
X	19.自性空	17.svabhāva-ś.**	17.同左	17.自性空
16.abhāva-svabhāva-ś.	20.無性自性空	18.abhāva-svabhāva-ś.	18.同左	18.無性自性空
17.bhāva-ś.	1.有性由有性空	1.bhāvo-bhāvena ś.	1.同左	1.有性由有性空
18.abhāva-ś.	2.無性由無性空	2.abhāvo bhāvena ś.	2.同左	2.無性由無性空
19.svabhāva-ś.	3.自性由自性空	3.svabhāvaḥ'svabhāvena ś.	3.同左	3.自性由自性空
20.prabhāva-ś.	4.他性由他性空	4.parabhāvaḥ parabhāvena ś.	4.同左	4.他性由他性空

** Śatasāhasrikā-P

Bibliotheca Indica New Serles 1006, P.1407 載為十八空。但 P.1411 之說明是略去 abhāva-ś.與 svābhāva-ś.，僅述其餘之四空(故與漢譯之十六空相等)，其後至 P.1412，有 svabhāva-ś.與 parabhāva-ś. 之說明。

般若系空性種類(二)

十八空				十六空	
大品般若經卷 5 大智度論卷 31	放光般若經 卷 4	光讚經 卷 6	仁王般若經 卷上(不空譯)	大般若經第三會 卷 488	放光般若經 卷 2
1.內空	1.同左	1.同左	1.同左	1.同左	1.同左
2.外空	2.同左	2.同左	2.同左	2.同左	2.同左
3.內外空	3.同左	3.同左	3.同左	3.同左	3.同左
4.空空	4.同左	4.同左	4.同左	4.同左	4.同左
5.大空	5.同左	5.同左	5.同左	5.同左	5.同左
6.第一義空	6.最空	6.真妙空	6.勝義空	6.同左	6.最第一空
7.有為空	7.同左	7.所有空	7.有為空	7.同左	7.同左
8.無為空	8.同左	8.同左	8.同左	8.同左	8.同左
9.畢竟空	9.至竟空	9.究竟空	10.畢竟空	9.同左	X
10.無始空	10.不可得原空	10.廣遠空	9.無始空	10.無際空	9.無邊際空
11.無散空	11.無作空	11.不分別空	11.散空	11.無散空	X
					10.作空
12.本性空	12.性空	12.本淨空	12.本性空	12.同左	12.性空
14.一切法空	13.諸法空	13.一切法空	14.同左	14.一切法空	13.一切法空
13.相空	14.自相空	14.自然相空	13.自相空	13.相空	11.自空
15.不可得空	15.無所得空	15.不可得無所有空	15.般若波羅蜜多空	X	X
16.無法空		16.無所有空	16.因空	15.無性空	14.無空
17.有法空	16.無空	17.自然空	17.佛果空	X	15.有空
18.無法有法空	17.有空	18.無所有自然空	18.空空	16.無性自性空	16.有無空
	18.有無空		(以上四空較特殊)		
1.法法相空	1.有以有為空	1.所有者所有空	X	1.有性由有性空	X
2.無法由無法空	2.無以無為空	2.無所有者無所有空	X	2.無性由無性空	X
3.自法由自法空	X	3.自然者自然空	X	3.自性由自性空	X
4.他法由他法空	3.異以異為空	4.為他故者為他故亦空	X	4.他性由他性空	X

般若系空性種類(三)

十　四　空	十　二　空	七　　　空		十　六　空
放光般若經 卷 1	仁王般若經 卷上(羅什譯)	光讚經 卷 9	大智度論 卷 36	佛母般若波羅蜜多 圓集要義論(陳那作)
1.內空	1.同左	1.同左	X	1.內空
2.外空	2.同左	2.同左	X	2.外空
X	3.內外空	X	X	3.內外空
5.空空	12.空空	X	X	6.空空
3.大空	X	X	X	4.大空
4.最空	8.第一義空	5.真空	X	11.勝義空
6.有為空	4.同左	X	X	14.有為空
7.無為空	5.同左	X	X	15.無為空
8.至竟空	X	X	X	8.畢竟空
9.無限空	6.無始空	X	X	9.無際空
X	X	X	X	16.無散空
10.所有空	X	X	X	X
11.自性空	7.性空	X	1.自性空	7.自性空
12.一切諸法空	X	X	3.諸法空	10.一切法空
X	X	X	2.自相空	5.相空
13.無所猗空	9.般若波羅蜜多空	X	4.不可得空	X
14.無所有空	10.因空	7.無所有空	5.無法空	12.無性空
X	11.佛果空	6.所有空	6.有法空	
X			7.無法有法空	13.無性自性空
		3.近空		
		4.遠空		

參考資料 9-2

唯識系(瑜伽行派)空性種類及特色

取材自葉阿月《唯識思想の研究》

[1]空性種類

將空空置於勝義空之前，可說是唯識系的特色。《般若經》的二十空等的解釋之中，各空並無前後關係，可說是獨立的，縱使《大般若經》卷 479，如同唯識系，將空空置於勝義空之前，但在內容上，並無任何變化。若依據安慧《中邊分別論釋疏》與真諦譯《十八空論》的解釋，唯識系的十六空等的順序是空空必須置於勝義空之前。之所以如此，是因於其中含有頗具特色的解釋。

《顯揚聖教論》卷 15 所述說的十六空，只是列舉名稱，並沒有內容解釋，故此將以《中邊分別論》的十六空為主要，探究安慧之《釋疏》與《十八空論》所作的解釋。

安慧是將十六空分成空境(śūnytā-viṣaya)與空之自性(śūnyatā-svabhāva)等二部分，更將空境中之第七的有為空至第十四的一切法空視為修習空之用(śūnyatā-bhāvanā-prayojana)。相對於此，《十八空論》將第一的內空至第六的真實空(paramārtha-śūnyatā，玄奘譯為勝義空)等六種的空稱為「空體」，第七的有為空至第十六的無法空等十種稱為「空用」。但空用之中，第十五的有法空與第十六的無法空被視為是前十四種空所攝之空，故空用共計有八種空。第十七的有法無法空被攝於空體，最後的第十八的不可得空被攝於空用，故十八空成為十六空，又十六空也能略為十四空，此與安慧的分科多少有所差異。此下是就安慧所分類的十四種空境之中，如同《十八空論》所作，將前六種空性稱為空體，其餘的八種空性名為修習空之目的，最後的第十五與第十六等二空，以安慧所稱的「空之自性」稱之，據此說明此等空性之意義。

1.空體

(1)四事之空(catur vastu-śūnyatā)

①食者空(bhoktṛ-śūnyatā)

❶所謂食者空，是指與諸內處(ādhyātmikāny āyatanāni)有關之空，此又稱內空(adhyātma-śūnyatā)。對於此等內處，安慧的註釋同於《般若經》所述，認為是指眼等乃至意。而唯識系稱此等為「食者」(bhohtṛ)之所以，是因於眼等受用色等之境。《般若經》並沒有稱此等為「食者」。

❷對於眼等之內處空，《般若經》是說為眼依眼而空。作為其理由，是指出「非常，非滅故(akūṭasthāvināśitām upādāya)…此即是其本性

(prakṛtir asyaiṣā)。」此乃各各空性共通的空的根本理由，因此內空以下的各各空性都有如此的說明。雖然如此，但《中邊分別論》並無此說，對於各各空性共通之空的根本理由，世親是提出最後的第十五的無性空與第十六的無性自性空，因此，對於各各空性的理由，幾乎沒有述及。在形式上，可見彼此之間的差異。

❸就此等理由的內容而言，雖然《大智度論》卷 31 等，對於內空、外空、內外空等三空，指出此等之空義是無我、無我所，似乎類似唯識說的第十五的無性空之說，但唯識說中，頗為重要的「無之有」(abhāvasya bhāvaḥ)的第十六的無性自性空所含之意，全然沒有觸及，就此而言，兩者在內容上大為不同。

❹安慧補足《世親釋》之不足，曰：

「見眼等有受用境之作用(pravṛtti，亦即 activity)，故世間於眼等之上有食者(bhoktṛ)之增上慢(abhimāna)。故稱眼等之處之空性為食者空。」

簡單的述說眼等處之空性。相對於此，《十八空論》是以「無執」而作說明。

②所食空(bhojana-śūnyatā)

❶世親所說「所食空是與諸外(處)(有關)」之中的「諸外處」，是指色、聲、香、味、觸、法等六外境。此六外境並無受用之實體，故說為所食空。

❷境識俱泯說

1.唯識無境

《十八空論》曰：

「…若諸眾生所受所用但是六塵，內既無人能受(所依)，外亦無法可受(所緣)，即人法俱空，唯識無境故名外空。」

此係將唯識無境中之「無境」稱為外空。所謂無境，是指識之對象(境，artha)不存在，亦即無受用之實體，故稱為外空(bahirdhā-śūnyatā)或所食空。

但此處所說的無境之「境」，是指人與法。亦即內在的人與外在的法，因此，「境」不只是外在的諸法(六塵)，內在的人(亦即六根)，在說明此第二的外空時，同樣也被視為是一種的「境」(artha)。是就六根如同六境，皆無其實體而說為「外空」。

2.境無識亦無

至於六識又是如何？就主張空性而言，此六識當然也是沒有實體存在。

因此，《十八空論》進而又曰：「以無境故，亦無有識(能緣)即是內空。」

此即所謂「境識俱泯」之說。基於前文所述的根塵之無，是外空，此識之無，當然是稱為「內空」。

3.對於人的解釋之中，有識與根等二義，故內空與外空的解釋也有二種。《十八空論》為補充其解釋，又有如次之述說：「六入無識即是無人，無有根塵即是無法，故內外二空兩義相成也。」

如是，揭示人是由內空與外空等二義之所相成。如此的解釋，可說是《十八空論》的特色。之所以作此說，是因於《般若經》只是提出色依色而空的自法空以及非常非滅等的理由。

③身空(deha-śūnyatā)

身空又稱內外空(adhyātma-bahirdhā-śūnyatā)。之所以如此，是因於地、水、火、風等四種元素(四大)所成身體(śarīra)是內在六根與外在六境之所依。亦即身體是六根之所依持，而六境則是依六根的知覺，才有六境之存在，故身體是內六根與外六境之能持者。然此內外之能持者的身體亦無實體，故稱身空為內外空。《般若經》並沒有述及內外法之能持者的身體，只是述及六內處與六外處相對關係的空，以及彼等的自法空。

④器世間空(bhājana-loka-śūnyatā)

世親曰：「pratiṣṭhā-vastu(住處之依事)是 bhājanaloka(器世間)。」亦即器世間是有情住處之依事。世親進而又曰：

tasya vistīrṇatvāt tacchūnyatā mahāśūnyatocyate.

「彼廣大性，故稱其空為大空。」

安慧對於此「廣大性」一語，並沒有作說明。而《十八空論》也只是說為「十方無量無邊」。然而此一釋文卻含有《般若經》所述的「東西南北四維上下…六方…八方…或十方」之意。總的說來，如此廣大性的器世間並無實體，故稱為大空(mahā-śūnyatā)。上來所揭的四事空是其次所述空智之對象，故又稱所觀境空。可以認為唯識系將大空置於空空之前，是基於此一理由。

(2)<u>無分別智空</u> (空空)

①無分別智空即是空智之空(śūnyatā-jñāna-śūnyatā)，亦即空空

(śūnyatā-śūnyatā)。《十八空論》稱此為「能觀智空」。是因於世親於《中邊分別論》指出依空智(śūnyatā-jñāna)見內外處等四種空，見其空之空智本身亦空，所以是「空空」。若不說空智之空，則依空智見內外處等空時，對於其空智生起所取能取之執著(grāhya-grāhakābhiniveśa)，此則違反唯識所主張的境識俱泯之本意。

如前所述，對於境的解釋，有❶外在六境，❷人(根)與法(境)，❸內外等四空之境等三種類。因此，見此等四種空境之空智(śūnyatā-jñāna)非識(vijñāna)，但基於空性立場，並不承認其空智(śūnyatā-jñāna)之存在。若承認其存在，則對於其空智生起所取能取之執著分別，故又回歸於vijñāna(識)之性格。因此，為離其執著，唯識說連空智之存在亦不承認。進一步言之，連空智回歸於識也不承認。此即是境識俱泯之旨趣。

②《般若經》對於「空空」的解釋，只是述及一切諸法之空性依其空性而空，所以是空空。但 AAP 述及空智之空，故依無所得之方便而無內空之智(jñāna)，乃至無「無性自性空」等二十空(或十八空)之智之說，亦可見於 ŚSP。此並非只是十八空等的空空的說明，而是述說全體十八空等的空智之無，此乃是般若說之特色。

《大智度論》卷 31 對於空空的解釋，是以空破內空、外空、內外空等三空，所以是空空，此外又以此空破其餘的十七空，但並沒有明確提出上來所揭 AAP 及 ŚSP 所述的空智之空，因此，破十七空之後，又有空空存留。上來所揭般若系的解釋異於唯識說。

③唯識說是將大空置於空空之前，之所以如此，是因於大空被視為是內外空等四種空境之一，同時，能觀智之空智是觀此等四種之空境。而見此等之空的空智又依自己之空性而空，前述的 AAP 及 ŚSP 除外，此一論述不得見於其餘的《般若經》。

但鳩摩羅什譯的《佛說仁王般若波羅蜜經》卷上述及十二空。其中將空空置於此等十二空之中最後的位置，此舉就般若系經典而言，是頗為罕見，但若依據智者大師所作註釋，此仍非唯識所說的空智之空的說明。

然而如《大智度論》卷 31 之所述，此空是為破諸空。之所以作此說，是因於若執空則成為有，故此空是為破其有。

《仁王般若經》將空空視為是最重要的空性，故空空被置於最後之位置。然而此仍異於唯識系說，並沒有揭示大空、空空、勝義空等三空的相互關係，故仍是維持般若系之所說。

(3)所分別境界相貌空 (勝義空)

①依據《十八空論》所載，paramārtha-śūnyatā(真諦譯：真實空，玄奘譯：勝義空)又稱「所分別境界相貌空」。亦即相對於第五之空智是能知，第六之勝義是所知之相貌。安慧所說「如依其空智所見(tac chūnyatā-jñānena yathā dṛṣṭam)，彼(亦即空境)於此有勝義相(paramārthā-kāra)之分別」，是就世親所說的 yathā ca dṛṣṭaṁ paramārthākāreṇa…(如見勝義之相貌…)所作的註釋，同時又與《十八空論》所揭「所分別境界相貌」之意一致。總的說來，如安慧進而所作的說明，為觀察(vibhāvanārtha)「觀行地」(yogibhūmi)之迷亂的因相(bhānti-nimitta)的二種分別，亦即為觀察對於空智的所取與能取之的分別，以及視其空智所見之空為勝義相的分別，而述說空空與勝義空。

②為揭示先前的空空與勝義空的緊密關係，《十八空論》曰：

若無第五智空治前四境，則有人有法是分別性，由此智見前境是無人無法，即治前境。若無第六境空治第五智，此智但真解還成分別性，故言第六真實空名為治智也。

此處所說的第五智空是意指空智之空。依此空智觀內外等四境，其四境成為無人無法之四空。因此，空智被稱為四境的人法我執之能對治。然而若執著此空智為真實智，則成為分別性。為離其分別性，第六的勝義空成為第五的空智之對治，故此第五之空智亦空。亦即空空成立。

(第五智空治前四境人法之分別性，成四空。第六境空治第五智執實空智之分別性，成空空。)

③第五的空空之對治的第六的勝義空是基於何意而被稱為「所分別境界相貌空」？如前所述，空智見內外等四境時，先前對於四境所起的人法之我執即時泯滅，故成為四空。雖成四空，但從空智而言，此等四空是所觀之境。此所觀之境是空智所見，若如所見，生起此等是勝義之相貌的分別，此即是《十八空論》所稱的「所分別境界相貌」。然而立於空性立場，並不承認對於勝義相之分別性的存在，故稱此為「所分別相貌空」。

④何以空智是內外等四境之能對治，而其自身之空智卻是依境空之勝義空的所對治？

此一問題是依據唯識說之特色的境識俱泯之旨趣而產生，而其解答可見於《中邊分別論》與《佛性論》所揭的有名的「離二邊行」的幻師喻(māyākāra-dṛṣṭānta)之說明。(唯識無境(無所取)→境無識亦無(無能取)，此二邊非實。)

如是，到達境識俱泯時的空智之空，正同於真諦所譯「無分別智空」之本意。

⑤《楞伽經》稱此為「第一義聖智大空」(paramārthārya-jñāna-mahāśūnyatā)。此亦可視為是結合第六的 paramārtha- śūnyatā 與第五的 śūnyatā-jñāna 所成之空性，依據其解釋，得自證聖智之人(svapratyātmārya- jñānādhigama)離一切諸見、過失與習氣，故稱為第一義聖智大空。《楞伽經》雖是述說「圓成自性如來藏心」(parinișpanna-svabhāvas tathāgata-garbha-hṛdaya)，但對於圓成自性，是指出離名相(nimitta-nāma)、事相(vastu-lakṣaṇa)及一切分別(vikalpa)，獲得真如聖智(tathatāryajñāna)，獲得自證聖智(pratyātmāryajñāna)之境界，正是圓成自性，據此看來，圓成自性即是第一義聖智大空，又，等同無分別智空。為到達如此的無分別智空，異於將空空與勝義空區隔，視勝義為涅槃，涅槃依涅槃而空的般若說，唯識說是積極的認為空空與勝義空具有前後的關係，彼此的重要性相等，亦即就境識俱泯的唯識說之旨趣而言，可以說唯識系的空性說較般若系之空性說更具特色。

2.修習空性的目的

(1)為了自利

對於第七的有為空至第十四的一切法空，是說為 yat artha(為(得)某事物)而修習空性，故稱此等為修習空性的目的。然而空性既是離執著，若又有某種目的，亦即有對於因相之執取(nimitta-grāha)，將成為修習空性之過失。是故，菩薩若以某種目的行空，即是增益彼物之自性(bhāva-svarūpatva)，為觀察之，故說明有為空乃至一切法空空性，此乃安慧所作的註釋。然而如前文之所觸及，有關此等諸空共通的空性之根本理由，亦即有關離人法之增益見，以及對治此等之無的損減見，是以第十五的無性空與第十六的無性自性空的空之自性作說明，因此，此下將就與此等空性修習之目的有關的 yat artha 述之。

①有為空(saṁskṛtaśūnyatā)

世親以及彌勒皆將此有為空與其次的無為空之行，說為 śubha-dvayasya prāptyartham(為得二淨，真諦譯為二善)。對於此處所說的「有為」，世親全然不作註釋。《般若經》所述是「所謂有為，是指欲界、色界、無色界等三界」，又《大智度論》卷 31 指出有為是指因緣和合所生的五蘊、十二處、十八界，而安慧僅只說為 mārga(道)。《十八空論》指出所謂「道」，是指三十七道品之外，更述及此等諸道具有本來無人無法，又非真實、非虛妄之性格。故觀行空者，若離人、法、真實、虛妄等四種執見，可得有為空的善因。

②無為空(asaṁskṛta-śūnyatā)

《般若經》認為所謂無為，即是不生、不滅、不住、不異等四相，或說是三相。在《中邊分別論》中，世親對此毫無註釋，但安慧將此註釋為「涅槃」(nirvāṇa)。《十八空論》更述及有「有餘涅槃」與「無餘涅槃」等二種善果。此乃是相對於前述稱有為的「道」為善道，或善因而提出的名稱。此因就有餘涅槃而言，集諦若滅，則離常、樂、我、淨等四顛倒，到達不執著此等的常、樂、我、淨的境界。然而於無餘涅槃若苦諦滅，則入於真實的常、樂、我、淨顯現之境地，故名此為善果。為得如此善果而修習無為空，是其旨趣，但此又是依據前述的有為的「道」之善因。此係揭示有為與無為的善因善果之因果關係，但《大智度論》所揭的是，有為之實相即是無為的相即關係。

上來所述的有為空與無為空是以得善道與善果為目的，若從次下所述是以利他為目的而言，此兩者自利之目的較強，故名為「為自利」。

(2)<u>為了利他</u>

①為救濟眾生

關於第九的畢竟空(atyanta-śūnyatā)之修習，彌勒於第十八偈中，如此述說：

sadā sattva-hitāya ca 「又常為利益(一切)眾生」

安慧對此所作的註釋是，「於一切相(sarvākāra)與一切時(sarvakāla)，思我應利益有情。此空即是畢竟空。」。

《十八空論》曰：「菩薩修空，畢竟恆欲利他至眾生盡，誓恆教化，此心有著，今此觀心，此心定令捨畢竟之心，自然利益，方是真實智名畢竟空也。」

要言之，若捨教化眾生之執著心，眾生自然能得利益，真實智顯現。其智即名為畢竟。然而窺基於其《述記》所說的「此有情等畢竟不可得故，畢竟即空名畢竟空」，其意有別於前述。

《般若經》指出任何諸法皆畢竟不可得，畢竟依畢竟而空，籠統又廣泛的述及諸法之畢竟空。若就前揭唯識說述及依據救濟眾生之誓願的畢竟心之空而言，兩者的空性說有所差異。

②為不捨輪迴

前述的第九的畢竟空是與有關救濟眾生之目的的空之修行，而此第十的無前後空(anavarā- graśūnyatā，玄奘譯：無際空)同樣是有關救濟眾生的空之修行，關於其救濟方法，彌勒曰：

saṁsārātyajanārthañ ca 「又為不捨輪迴」

對此，安慧所作的註釋：

「為一切有情，我不捨輪迴。此因若捨輪迴，則菩薩不得菩提，安住於聲聞菩提故。」

顯示出不捨輪迴的菩薩行之重要性。因此，應觀生死無始終際的空性。之所以如此，是因於若不能見無始終邊際的輪迴之空性，則將生倦厭，將捨離生死，此如世親之所述。

《十八空論》對此的說明亦同，若見生死之空，則無前、後、始、終之分別，故對於長短，心無憂喜。因捨離憂喜心，故不捨生死，畢竟得以給予眾生利益。

相對於《般若經》認為初際、中際、後際不可得之法無來無去，上來的說明是基於為救濟眾生，更以見生死空，不捨生死的積極的意義而發展出的空之實踐。

③為不滅善根

此係就第十一的無散空(anavakāra-śūnyatā)而論述。所謂「散」(avakāra)，具有放、棄、捨等義，而「無散」是其相反，亦即意指無放、無棄、無捨等，此乃《般若經》之所述，但對於無散，是指不捨何者，並無明言。在《中邊分別論》中，彌勒對此是說為 akṣayāya śubhāya ca(又，為不滅善)。對此，安慧作如次的註釋：

「於無餘依涅槃(nirupadhiśeṣe nirvāṇe)，我不滅善根(kuśalamūla)。」

但對於善根是何等善根，亦無任何揭示；《十八空論》指出是功德之善根，亦即有漏之果報雖已盡，功德之善根給予眾生教化之利益為恆有。故如來雖入無餘依涅槃，然隨眾生機緣而現應身與化身等二身，教化眾生。法身是無漏法之依處，故此法身於無餘依涅槃界，是無斷絕，此乃安慧的"Ṭīkā"以及《十八空論》之所述。

如是，為救濟眾生，菩薩先觀無始終空，作為其修行，不捨生死，住於輪迴中，進而又觀此無散空，住於無餘依涅槃，以佛菩薩的三身無窮的完成教化及救濟眾生的大乘行。

上來所述的三空性之解釋異於《般若經》所述，尤其救濟眾生的利他行之主張，可說是唯識說之特色。但《般若經》既然是大乘經典，絕非無視於自利利他的大乘菩薩行。若依據《大智度論》卷四十六所作解釋，《般若經》所述說的二十空，或十八空等各空之中，作為空性之理由，必然有「非常非滅…本性爾故」之說，此即指出各空性是「離常滅等二邊的中道行」。就此等十八空而言，內空等各空性之中，有「非常非滅」之中道思想，故能以大悲心度眾生。而此即是稱十八空等為大乘相之所以。《大般若經》卷四十八指出菩薩與一切智智之心相應，故以大悲為上首，尤其提出以無所得為方便，生起內空智乃至無性自性智等十八空智，迴向眾生以及阿耨多羅三藐三菩提，給予有情利樂的救濟眾生的利他行思想。是故，在般若系中，十八空也是扮演救濟眾生的角色。然而沒有如同安慧的"Ṭīkā"以及《十八空論》將十八空(或十六空)的各各空性之性格作區分，明確指出第九的畢竟空、第十的無始終空、第十一的無散空等三種空是為救濟眾生而修習的空性，是因於僅只視此等為唯識說以前的單純的空性說而已。

(3)為自利利他

①本性空 prakṛti-śūnyatā

❶唯識論書

1.《中邊論》頌 19 說為「又為種性清淨」。(gotrasya ca viśuddhyartham)
世親釋：「所謂 gotra(種性)，是指本性(prakṛti)，自然義故(svābhāvikatvāt)。」
安慧疏 (ṭīkā)
「餘人曰：
『一切有情有如來種性(tathāgata-gotrikatvāt)，此處所說種性(gotra)，即是如來性(tathātva 如實性)應知。』」(引用時人所說)

2.《瑜伽師地論》卷 35 稱 gotra 為種子(bīja)，又稱為界(dhātu)或本性(prakṛiti)。

3.《十八空論》稱之為佛性，亦即諸法之自性。

是故，本性(prakṛti)即是種性，又有佛性、如實性等同義語。
為清淨其本性、種性、佛性，應修習本性空。

❷《大乘入楞伽經》

「云何性空，謂一切法自性不生，是名自性空。」
此中譯為「性空」之梵文為 bhāva-svabhā-śūnyatā，而非 prakṛti-śūnyatā。此處並無 prakṛti 及 gotra 與佛性之意，而是指一切諸法的 svabhāva(自然的、固有的本性)，但漢譯為「性空」，似乎是與《中邊分別論》所述 prakṛti-śūnyatā 同義。

❸《般若經》

對於 prakṛti，指出「一切諸法之有為或無為的本性，非聲聞所造，又非緣覺與如來所造。」此乃無始以來而有，亦即自然而有之意，此與《中邊安慧疏》及《十八空論》有關種性(gotra)所述相同。

❹本性/種性義

本性或種性具有前述無始以來而有之意，此外又有因(kāraṇa)之意。安慧於此並無詳述，而依《十八空論》自性有無始及因等二義。

1.無始的佛性

說為無始，即是自然，即是無因。

如同無始之生死中的有心與無心二法是自然，是無因，佛性也是如此。

2.以佛性為因

雖說虛妄也有自然無因意，但現實之現象界是以無始之佛性為因。正因有此佛性為因，故有眾生能從六入(根、識)而求得解脫。若不以此無始佛性為因，則無解脫果。

❺自性空之作用

《十八空論》指出自性空(即令種性清淨之佛性空)之作用，是捨離五種過失彰顯五種功德。

《寶性論》《佛性論》有與此類似之文意，但著重在述說佛性、界、如來藏。《寶性論》將佛性(buddha-dhātu)、種性(gotra)、真如(tathatā)、法身(dharma-kāya)視為如來藏之同義語。《十八空論》之清淨佛性(即自性空)是意指《寶性論》如來藏之空性。《十八空論》佛性空之作用是捨離五種過失(下劣心、高心、著虛妄、我見、怖畏)及顯五功德(生正勤、生平等、生慈悲、生般若、受正法)，如此作用雖異於《寶性論》之如來藏及《佛性論》之佛性，但旨趣相同。

❻《般若經》以本性空為「有為或無為一切諸法其本性是空」。

《大般若經》卷 47 指出一切諸法，即一切智智心及五蘊、十二處、十八界、十八空乃至十八不共佛法等，皆是無漏、不墮於三界，乃是因於此等之本性是空。此與唯識說相同，皆重視十八空之中的本性空。但此本性說有別於唯識說。

唯識說將本性視為佛性或種性，是一切諸法之根底，更令眾生覺悟自己有此平等之佛性，據此去除高慢心，為完成利他事業而令慈悲心生起。

❼陳那在《佛母般若波羅蜜多圓集要義論》中，對本性空的種性之解釋為：

「以識為相的種性實是悲與般若所成。」

於此特別重視五功德中之慈悲與般若，揭示此具有識相與種性之性質，即是採用般若系之般若 prajñā 與唯識系之識 vijñāna。此說頗具特色。

②相空 lakṣaṇa-śūnyatā

❶《中邊論》頌 19 說為「為得相好」。(lakṣaṇa-vyañjanāptye)

世親釋：「為得具有隨形好(sānuvyañjana)的諸大士夫相(mahāpuruṣa-lakṣaṇa)。」

此係指莊嚴的三十大相與八十小相。《十八空論》將此大相稱為三十二大相，並將其分為色相(四大五塵)及無色相(受想行識四蘊)。

❷《般若經》指為五蘊之自相(色之變礙相乃至識之了別相)。《大般若經》卷 51 與 413 更指出空無我為一切法共相等。《大智度論》則稱為總相與別相。ŚSP 十萬頌則詳述四禪定、四無色定、三十七菩提分乃至十八不共佛法與一切相智智等諸法各自之特質(lakṣaṇa)。

❸《楞伽經》對於相並無詳細之述說，只說一切的自相與共相是相互積聚相待。

❹《中邊論》不只是說一切諸法各自之特質，而是指出菩薩行自利與利他，有必要獲得自己之相好(lakṣaṇa-vyñjana)，為得相好，首先應修習相空，是故述其相具有隨形好之大人相，但未說明「相空」。

《十八空論》

「所謂相空，是指為教化眾生的三十二相、八十種好之相空，此相空不僅無生死之虛妄相，又無涅槃之真實相。以如此之相空之修習為根底的，能得有助於教化眾生的化身之清淨相貌。」

③一切法空 sarvadharma-śūnyatā

❶《中邊論》頌 19 說為「菩薩為清淨諸佛法而行」(śuddhaye buddha-dharmāṇām bodhisatvah pradyate)

安慧釋：為得諸佛法(力、無畏等不共法)，我應行精勤。

❷《十八空論》

1.將重點放在於有助於教化眾生之三身上，亦即能利益眾生之應身與化身。法身與應身不即不離，以此不即不離中道真理而修行，能得應身果。為教化眾生，化身如同於眾生播種，而應身令種子成熟。兩者具有如此緊密關係，能令一切法空，令一切佛法清淨。

2.一切佛法有二義：(1)無離無不離，不可偏執；(2)無執及所執，以境智無差別故。

❸《般若經》說五蘊、十二處、十八界等一切法，而《中邊論》《十八空論》僅就特殊的清淨佛法而說。

3.空的自性(śūnyatāsvabhāva)

第 15 無性空(abhāva-śūnyatā)

第 16 無性自性空(abhāva-svabhāvaśūnyatā)

(1)《中邊分別論》

①《中邊分別論》的「相品」第二十偈曰：

pudgalasyātha dharmāṇām abhāvaḥ śūnyatā ’tra hi |

tad abhāvasya sad bhāvas tasmin sa śūnyatā ’parā ‖

「實則人與諸法之無，即是空。其無之有，於此中，是另外的空。」

對此，世親曰：

人與法之無是空性，其無之有也是(tad abhāvasya ca sad bhāvaḥ)(空性)。前文所述的食者等，有另外的空性，為顯說空之特質(śūnyatā-lakṣaṇa,空相)，最後設定二種空性，(亦即)無性空與無性自性空。

基於此一文意，安慧稱此二種空性為空之自性(śūnyatā-svabhāva)。此因「人法之無」的無性空與「無之有」的無性自性空是與前述十四空共通的空之特質，故稱此空的特質(śūnyatā-lakṣaṇa)為空之自性(śūnyatā-svabhāva)。

②前十四空雖有內空等名稱，但有關此等的解釋，只是指出各各空性的空性之對象，但對於何者是此等的空性，並沒有明確述說。例如：

所謂內空，是指食者空。食者是指眼等六處，眼等之處的空性稱為食者空。

又對於空的修習之目的，就此下之例見之：

二淨實是有為(淨)與無為(淨)，是道與涅槃。其二依序屬有為空與無為空。

只是如此述說，對於所說的空是何者之空，並沒有揭示。此第十五的無性空與第十六的無性自性空，正是為彌補此等十四空的共通缺陷而就最為重要的空之自性(śūnyatā-svabhāva)作說明。

③此二種空的自性最重要的作用，是為捨離人法之增益見而說人法之無，

故安立無性空；又為捨離對於無性空的空性之損減見，故依「無之有」之說而設立無性自性空。若不說此中的無性空，則對於內空，對於諸愚夫思為食者的諸內處，將墮入食者之人，以及所分別之相(kalpita- lakṣaṇa)的眼等的有性之執著。又若不說無性自性空，雖依人法之無的無性空而捨離有性之增益見，但對於其無性空，將墮入虛無之損減見，故完全的內空不能成立。此處所說是就內空的空之自性而論述，至於其他的十三空也是如此。

④對於如此的人法的「有見」以及對於無性的「無見」等二種邪見，是十四種空性的共通的邪見，是故，為對治此等邪見而揭示無性空與無性自性空。因於有如此的空之自性，故得以說明因於空空與勝義空之相互關係的境識俱泯。又依第七的有為空至第十四的一切法空的空修習之用，得以說明以自利利他為目的的菩薩行。安慧基於此二種的空性，特就如次的六種空體的內空至勝義空，述說各各空性中的空之自性。此下依序就其中的內空、空空與勝義空述之。

❶內空：「是其中異熟識之自性(vipāka-vijñāna-svabhāva)，於諸愚夫思為食者的諸內處，食者之人與所分別之相(kalpita-lakṣaṇa)的眼等之無(此即無性空)，及其無之有性(此即無性自性空)是內空。」

❷空空、勝義空：「知(jñāna)(知道空性之智)與形相(ākāra)(勝義之形相)之無及無之有性，即是空空與勝義空。

1.人(pudgala)：知(智)之知者、形相之取者(gra-hitṛ)。
2.所分別之相：空性之知、勝義形相。

❸有為空至一切法空的修習空的目的，其共通點一致，故作如次的總括：於菩薩應行的(因相的)有為等乃至一切諸佛法的菩薩行，人與所分別之相的諸法之無及其無之有性，是如次的有為空至一切法空。

(2)《十八空論》

①《十八空論》是述說十八空，故第十五的有法空至第十八的不可得空的名稱當然異於《中邊分別論》所揭。其名稱類似漢譯《大般若經》所見的十八空，或二十空其最後四空。但在順序上，《大般若經》將不可得空置於前方，而《十八空論》是置於最後，不只如此，在意義的解釋上，也不相同。作為其中一例，此下且就《大般若經》卷 413 所述見之：

「云何無性空？無性謂此中無少性可得，當知此中無性由無性空⋯。

云何自性空？自性謂諸法能和合自性，當知此中自性由自性空⋯。」

對此，《十八空論》曰：

「有法空者：謂人法二無所有，為除增益謗。言無法空者：謂真實有此無人無法之道理，除眾生妄執謂無此道理。故名無法空為除損減謗。」

如此的解釋不僅異於《大般若經》所揭，也與《中邊分別論》的說明以及用語有所差異。

②對於無性空，《中邊分別論》是說為「人法之無所有」，指出二無的空性，《般若經》認為是任何的少性亦不可得。或如 PSP 所作的無為空之說明。因此，名稱雖然相同，但兩者的意義並不一致。《般若經》所作的籠統的說明中，並沒有直接的明確的指出人法之無所有，《大智度論》卷 31 以內空、外空、內外空為代表，述及各各空性的無我無我所的無法，而此正與《中邊分別論》所揭的無性空之意相當，但從《大智度論》沒有指出如此的說明是十八空的無性空之所獨有看來，兩者對於無性空的解釋仍是不同。

③《十八空論》指出人法雖是無所有，因於增益為有，故基於除其增益之「有法」之意而名為有法空。就名稱見之，此完全異於無性空，但若就內容而言，兩者具有相似之意。對於其次的無法空，《中邊分別論》是載為無性空，然其所述其意完全與無性空相反。反而近似其次的無性自性空。之所以作此說，是因於《中邊分別論》的無性自性空是在揭示無之「有性」，而《十八空論》的無法空是主張真實有。說為真實有，可能被認為只是著重於「有」，但《十八空論》認為只是以「人法之無」的道理除去眾生妄執，並無道理。因為若執著人法之無，將又起其他妄執，故此「人法之無」的無法空是指「真實有」。可以說此中多少含有「無之有」之意。雖然如此，但次下所述的「真實有」與「真實無」之說最能生起「無之有」之意。

④對於與「無之有」的無性自性空相當的《十八空論》之有法無法空，是作如此的註釋：

「第十七有法無法空，此一空出諸空相，所言有法無法空者明此空體相。決定無法即名決定無，有此無人法之道理故名決定有。此無此有空體相，體明理無增減，相明其體決定，決定是無，決定是有，即是真實無，真實有，真實無人無法，真實有此道理。」

因此，略異於安慧的註釋。然而此引文中的「決定無法即名決定無」，可以說實與「無性空」相當，而「有此無人法之道理，故名決定有」則與「無之有」的無性自性空相當。但《十八空論》進而又指出「決定是無，決定是有，即是真實無，真實有」。如此的真實有與真實無的主張，當然與《中邊分別論》的「真實品」，作為圓成實性之真實義所揭的 sad asac ca tattvam(有與無之真實)，以及「相品」第五偈其長行所述的圓成實性有關，與真諦特別附加的「真實有無故」之意一致。故不能說此一思想是真諦獨有的思想。總的說來，說為「無之有」，容易偏向於「真實有」，為救其偏見，故提出真實有與真實無之說，因此，就其揭示「有與無」之平等性而言，《中邊分別論》所主張的「無之有」的思想更能生起，最能發揮「真實品」所強調的 sad asac ca tattvam 的意義。

(3)前述的無性空之外，《般若經》(第二會)的十八空說亦述及自性空。但在 PSP「二十空說」中，此二空皆被省略。之所以如此，是因於對於《般若經》而言，此二空只是無性自性空的分割。是故，此二空雖被省略，然其無性自性空之說明不受任何影響。

又，《般若經》(第二會)所揭的十六空雖同於《中邊分別論》，略去二空中之自性空，只述說無性空與無性自性空，然其說明不變，仍是《般若經》固有的空的思想。之所以作此說，是因於對於《中邊分別論》視為重要的此無性自性空，《般若經》(例如“PSP”)是說為依緣起而結合的諸法無自性。是故《中邊分別論》作為重要思想的「無之有」的說明，此中全然不見。

[2]空性特色

《中邊分別論》與《十八空論》引用《般若經》之十六空，論述依他性所具虛妄分別識之特質，以及真實性所具心性清淨空性之特質，進而揭出瑜伽行派獨特之空性說。

1.空性之特質

《中邊分別論》相品

[無二有此無，是二名空相，故非有非無，不異亦不一。] (頌 13) (真諦譯)

(實是二無，無之有即是空之特質，是非有又非無，亦無別或同一之特質) (梵文直譯)

(1)無二

dvayābhāva 二無，所取能取之無。

由虛妄分別之阿賴耶識所顯現的二取之無。

所取：artha 塵 sattva 根

能取：ātman 我 vijñapti 識

此即是唯識無境之「無境」，廣義說是指「無所取境，能取識亦無」之境識俱泯。

dvayābhāva(二無)，玄奘譯為「二空」，含有空性之義，真實性即是空性。

(2)有此無 (無之有)

abhāvasya bhāva 無之有。

真實性除了「二取之無」外，又具有「無之有」之特質。

如《中邊分別論》真實品言及，真實性相是「有無真實」。 (記要 P.73)

①《安慧釋》

云何無之有？

無之本質(abhāvasyātmatva)即是有性(astitva)。

若非如此，其「所取能取之無」之有(bhāva)之空性將不存在，故雖說為二取(bhāva)卻是有性(astitva)。

說為「無之有」即是指「無之本質(ātmatva)」是有性(astiva)，故雖是「無之有」的有(bhāva)，然並非指「事物之體相」(bhāva-rūpalakṣaṇa)。

②世親：無的自性 abhāva-svabhāvalakṣaṇa。

安慧：無的本質 abhāvasyātmatva，無的自體 abhāvasya svarūpam。

玄奘：「顯空無性為性」，一切是無之自性或空之性質。

③此無之自性並非如同兔角之虛妄之無，而是在「無」之中，具有「有」的特質(bhāva-lakṣaṇa)，故顯現出法性之相(dharmatā-rūpa)，此「無之有」可以說即是法性、真如，即是心性清淨，又是勝義諦。

此「無之有」為對治將二無之空相視為如兔角般之邪見，但不於有性生起執著。

(3)非有非無

na bhāva nāpi cābhāvaḥ

此揭出「無之有」的中道性格之空性。

《中邊分別論》否定有與無之論意與《中論》一致，但更具有「有與無二者」相互融和及相互交徹之特色。

「虛妄分別中有空性，空性中也有虛妄分別」 (相品頌 1，頌 2)

如是，虛妄分別與空性不一不異。

(4)不異不一

na pṛthaktvaika lakṣaṇa

空性與虛妄分別既非不同，又非同一。

此與虛妄分別不一不異之空性之異門為真如、實際、無相、勝義、法界等。《攝大乘論》則當作真實性四種清淨法之第一自性清淨而論述。《中邊分別論》《十八空論》將此空性解釋為本性清淨心或阿摩羅識。

此空性之特質並不只是以「二無」之空性為基底，更含有以「無之有」的空性。

2.十六空等之分類

《中邊分別論》安慧說

1.空境：第 1 內空乃至第 14 一切法空。

2.空之自性：第 15 無性空 (abhāva-ś.)。

第 16 無性自性空 (abhāva-svabhāva-ś.)

3.空修習之用：空境中第 7 有為空(saṁskṛta-ś.) (為得二淨)，至第 14 一切法空(sarvadharama-ś.)(為得佛法)。

《十八空論》

1.空體：第 1 內空至第 6 真實空。

2.空用：第 7 有為空至第 14 一切法空。

3.十四空體用所攝：第 15 有法空與第 16 無法空。

4.六空體攝：第 17 有法無法空。

5.八空用攝：第 18 不可得空。

3.空之自性 (前十四共通之空性)

「二無」與「無之有」的空性特質是唯識說中最具特色之空性說。

此二即是第 15 無性空與第 16 無性自性空，即是前十四空共通的空性的自性。

(1)《中邊分別論》

[人法二皆無，此中名為空，彼無非是無，此中有別空] (真諦譯) 相品頌 20

(人與法之無實是此處之空性，其無之有是此中另外之空性。)(梵文直譯)

「人與法之無」之空性，即是頌 13 之「二無」，即是第 15 之無性空。

「無之有」之空性，即是頌 13 之「無之有」，即是第 16 之無性自性空。

前十四空只述說各各空性之對象，而於彼等性並無明確論述。

①離人法增益見

說人法之無而安立無性空。

若不說無性空，對於內空，就愚夫思為食者的諸內處而言，將墮入食者的人以及分別相的眼等之有性之執著。

②離對於無性空之空性損減見

以「無之有」之說而安立無性自性空。

若不說無性自性空，雖依人法之無的無性空而離有性之增益見，但對於無性空又墮入虛無損減見，故完全之內空不能成立。

不僅對於內空，對於其他十三空，此等作用也是相同。

對於人法之有見以及對於無性之無見等二種邪見是對十四種空性共通之邪見，為對治如此邪見，故揭出第 15 的無性空及第 16 的無性自性空的空之自性。

(2)《十八空論》

第 15 有法空至第 18 不可得空，其名相似於《大般若經》十八空或二十空之最後四空，但名義解釋不同，且順序也不同。

①《大般若經》第二會 卷 413

「云何無性空？無性謂此中無少性可得，當知此中無性由無性空⋯。云何自性空？自性謂諸法能和合自性，當知此中自性由自性空⋯。」

②《梵本二萬五千頌般若》 pañcaviṁśatisāhasrikā prajñapāramitā

「云何無性空(abhāva-ś.)？無性即是無為(asaṁskṛta)。其無為因於無為而空 ...。云何自性空(svabhāva-ś.)？自性是無顛倒之本性(prakṛtiraviparītatā)，就此而言，任何事物之自性亦依其自性而空。無常⋯，其自性非依智與見(jñānenadarśa-nena)而造。其因云何？此乃其本性。此稱自性空。」

此中梵本之無性空、自性空之內容與前述漢譯第二會之內容不同。其內容相當於漢譯最後四空(有性空、無性空、自性空、他性空)所述。

「云何無性由無性空？無性謂無為法，此無性由無性空。云何自性由自性空？

謂一切法皆自性空，此空非智所作，非見所作，亦非餘所作，是謂自性由自性空。」

③《十八空論》

「有法空者，謂人法二無所有，為除增益謗。

無法空者，謂真實有，為除損減謗。此無人無法之道理，除眾生妄執謂無此道理，故名無法空。」

此釋異於《般若經》，也與《中邊分別論》不同。

(3)無性空

①《中邊分別論》說是人法無所有的「二無」之空性。

《般若經》或說為些許少性亦不可得，或說為無為空。

此二名稱雖同為「無性空」，但意義並不一致。《般若經》並未明確論述人法之無所有。

②《大智度論》卷 31，以內空、外空、內外空作為代表而述說各各空性之無我、無我所之「無」，相當於《中邊分別論》之無性空。雖然如此，但未將此說明當作「無性空」之註釋，因此可說此兩者對無性空之解釋是不相同的。

③《十八空論》以人法雖是無所有，卻增益人法為「有」，基於為除去其增益之「有法」，而名之為「有法空」，名稱雖與「無性空」不同，但內容相同。

④《般若經》之自性空，以名稱說相當於《十八空論》之「有法空」相當，但內容不同。《中邊分別論》並未論及「自性空」。

⑤《十八空論》之「無法空」名稱似乎與《中邊分別論》之「無性空」相同，但意義不同。其意義近似「無性自性空」。「無法空」指真實有，為除損減而說。

(4)無性自性空

①《十八空論》中與無之有之「無性自性空」相當的是「有法無法空」。

「第 17 有法無法空，此一空出諸空相，所言有法無法空者，明此空體相，決定無法即名決定無，有此無人法之道理故名決定有。

此無之有是空體相，體明理無增減，相明其體決定，決定是無，決定是有，即是真實無，真實有。真實無人無法，真實有此道理。」

略異於安慧釋。

②《大般若經》卷 413

「云何無性自性空？無性自性謂諸法無能和合者性，有所有和合自性，(眾緣生故)，當知此中無性自性由無性自性空，非常非壞…」

③《梵本二萬五千頌》

「無性自性空者，即是無具有結合之法之自性(nāsti sāṃyojikasya dharmasya svabhāvaḥ)」，緣起故(pratityasmutpannatvāt)，結合者因於結合而空。非常…，此稱無性自性空。

此亦異於《中邊分別論》之解釋。

④《十八空論》所述「決定無法即名決定無」之意義反而與「無性空」相當，而「有此無人法之道理故名決定有」之意義與「無之有」的「無性自性空」相當。但《十八空論》又說「決定是無，決定是有，即是真實無，真實有。」此說與《中邊分別論》真實品頌 3、相品頌 5 有關

真實性之「真實有無」之主張相同。《十八空論》除提出「真實有」與「真實無」之說，更進而強調「有與無之平等性」。就此而言似乎比《中邊分別論》所主張「無之有」更進一步。

(5)《中邊分別論》所強調的前十四空其共通的空之自性，亦即「二無」的無性空與「無之有」的無性自性空之思想，是《大般若經》所不得見的，但在《十八空論》中可窺見其共通思想有進一步的發揮。

4.識境俱泯之空義的主張

(1)空空 śūnyatā-ś.

所謂空空，是指空智之空(śūnyatā-jñāna-ś.)或無分別智之空。

①《十八空論》將此稱為「能觀智空」。《中邊分別論》中，世親說為依空智而見內外處等四種空。見此空之空智其自身也是空，故說為空空。若不說空智之空，則依空智而見內外處等空時，將對其空智起所取能取之執著，此將違反其主張境識俱泯之本意。

此處所說空智之對象的境，即是內外等四空之境。因此，見如此內外等四種空境的空智並不是識(vijñāna)，就空性立場說，也不承認有此空智存在。若承認其存在，對此空智生起所取能取之執著分別，將又回歸到識之性格。因此為離其執著，唯識說終究不能承認空智之存在。不能同意其空智回歸於識，可以說此即境識俱泯之主旨。

②《般若經》對於「空空」僅指一切諸法之空性依其空性而空，故說為空空。

《大智度論》31 以空破內空、外空、內外空三空，故說為空空。此外，以空破十七空故，名為空空。空破一切法唯有空在，空破一切法已，空亦應捨，以是故須是空空，空緣一切法，空空但緣空。

《現觀莊嚴論》中論及空智之空，而《般若經》中以無所得之道理，而無內空智，乃至無無性自性空智之主張，在《十萬頌般若》得以窺見。論述十八空等的空智之無，即是《般若經》之特色。

③《中邊分別論》將「空空」移至「大空」之後，置於「勝義空」之前，視「大空」如同內空等三空作為空境，依能觀智之空智(無分別智)而觀，而見此等空的空智亦依自己之空性而空。

(2)勝義空 paramārtha-ś.

勝義空《中邊分別論》稱「真實空」，《十八空論》稱為「所分別境界相貌空」。

①《十八空論》

前四皆是所觀境空，第五能觀智空，第六所分別境界相貌空。前四所知，第五能知，第六所知相貌。

若無第五智空治前四境，則有人有法是分別性，由此智見前境是無人無法，即治前境。若無第六境空治第五智，此智既但真解(執此空智為真實智)，還成分別性，故言第六真實空名為治智(空智之對治)也。

②《中邊分別論》

如道理觀第一義相為空，是名第一義空。(勝義空)

《安慧釋》

菩薩作意四種所知法之空性時，起二種執。

1.對於空智作為所取能取之分別執。為除此智之分別而有空空。

2.將依空智所見的空視為勝義相(paramārthākāra)之分別執。為除此相之分別而有勝義空。

(3)境識俱泯

①云何所分別境界相貌空？

以空智見內外等四境時，對於四境所起人法我執即滅，故成為四空。此四空依空智而見，即是所觀之境。若依所見而生起勝義相貌之分別執，即是《十八空論》所稱之分別境界相貌，然就空性之立場而言，不許勝義相之相貌(分別性)存在，故將此稱為所分別相貌空。

②若空智是內外等四境之能對治，何以其自身之空智卻依境空之勝義空而被對治？

此即是境識俱泯之主旨，如《中邊分別論》與《佛性論》4 有關離二邊行幻師譬所論述。

《中邊分別論》離邊修(幻師譬)

「唯識智(jñāna)之所作是境無之智。然境無之智還止滅彼相同的唯識之智。境無時，識(vijñapti)亦無，如是，此(幻師喻)相對於此(所譬之唯識→境無→識無)，是相同之法性。」(中邊記要)P.167

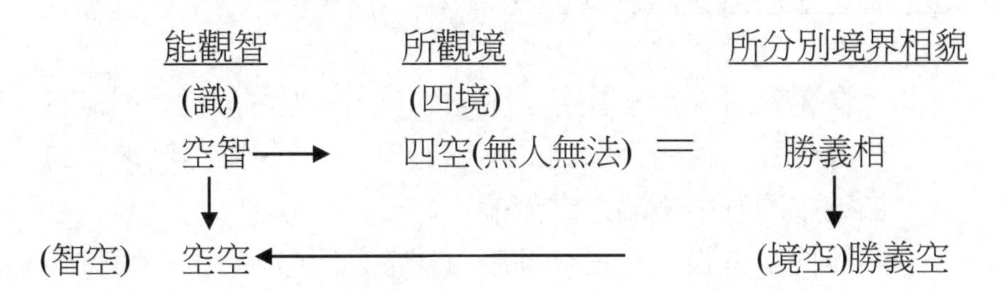

如是，臻於境識俱泯時的空智之空，可說與真諦譯「無分別智之空」本意一致。為達到此無分別智空，《般若經》將空空與勝義空區分開來，以勝義空是涅槃，涅槃是依涅槃而空。唯識論書中不作此說，而是積極的對於空空與勝義空，就其前後關係發揮兩者境識俱泯之意義。此為唯識空性說之特色。

(《楞伽經》中，稱為第一義聖智大空(paramārthārya-jñāna- mahāśūnyatā，可視為勝義空與空空結合之空性，可視為與無分別智空相等。)

5.以自利利他為目的的空性之修習

[為得二淨，又為常利益一切眾生，又為不捨輪迴，為令善不盡] (中邊頌 18) 梵文直譯

[為種性清淨，為得相好，菩薩為諸佛法清淨而行] (中邊頌 19) 梵文直譯

此二偈中有「…artha」(以…為目的)之文句，顯示此八種空性，係以空性修習為目的，如此之說不見於《般若經》中。

空性雖是離去執著，但又基於某種目的而執取因相(nimitta grāha)，則成空性修習之過失。菩薩若因某種目的而行空，將增益其物之自性(bhāva svarūpatva)，故為作觀察而說明有為空乃至一切法空之空性。

自利	第 7 有為空(saṃskṛta-ś.)為得道 (三十七道品)
	第 8 無為空(asaṃskṛta-ś.)為入涅槃
利他	第 9 畢竟空(atyanta-ś.)為利益眾生
	第 10 無前後空(anavarāgra-ś.)為不捨輪迴
	第 11 不捨離空(anavakāra-ś.) (功德)為善根不滅
自利利他	第 12 佛性空(prakṛti-ś.)為種性清淨
	第 13 自相空(lakṣaṇa-ś.)為得(三十二)相
	第 14 一切法空(sarvadharma-ś.)為清淨諸佛法

對於如此諸空共通之空性之根本性，亦即對於離人法之增益見，以及對治此等之無的損滅見，隨即於其後之第 15 無性空與第 16 無性自性空的空之自性加以說明。就此二偈述說空性修習之目的，《般若經》亦不得見。

6.作為善取空的真實無與真實有

(1)無之有之空性

①《中邊分別論》等借用無性自性空名，但內容與《般若經》不同，不說「緣起故，因結合而成的諸法無自性」，而揭出無之有的空性。此乃是為破中觀派中極端之虛無論。

其無性空主張「人法無所有」的空，正是反駁說一切有部及經量部之實

有論。

此二空揭示一切空義概括之定義，超越《般若經》十六空等之說，對空性確立新的分類與解釋。

②《十八空論》的有法空、無法空與有法無法空之說，同樣含有反駁虛無論與實有論之意涵。

對實有論說「人法無所有」之無性空，與《般若經》同，並非新說。而強調「無之有」的無性自性空，或主張「真實有、真實無二者平等」的有法無法空之說，則為新說。

(2)惡取空與善取空

此新說，在《瑜伽師地論》菩薩地稱之為善取空(sugṛhītā-ś.)，與惡取空(durgṛhitā-ś.)相對。

①惡取空、善取空

《瑜伽師地論》菩薩地卷 36 (T30, P488C)

「云何名為惡取空者，謂有沙門或婆羅門，由彼故空亦不信受，於此而空亦不信受，如是名為惡取空者。何以故？由彼故空，彼實是無；於此而空，此實是有。由此道理可說為空。」

「云何復名善取空者，謂由於此彼無所有，即由彼故正觀為空；復由於此餘實是有，即由餘故如實知有。如是名為悟入空性如實無倒。」

與此相似之論述可見於《寶性論》及《中邊分別論》相品第一偈之釋文。

《中邊分別論》

「若法是處無，由此法故是處空，其所餘者名為有。若如是知，即於空相智無顛倒。」

②空(假說自性)與有(假說所立)

「於一切色等想事(rūpādisaṃjñaka vastu)，所說色等假說性法(prajñapti vādātmakodharma)都無所有，是故於此色等想事，由彼色等假說性法說之為空。

《瑜伽師地論》菩薩地卷 36 (T30, P489a)

「於此一切色等想事，何者為餘？謂即色等假說所依(prajñapti-vādāśraya)。」

稱為色等之事的假設語言為性質的法並不存在。從虛妄分別事(vastu)顯現的二取之假說性法，其本質不存在，是因在被顯現的事本質就是空。二取是虛妄分別之識所顯現，因此也是假說性法。由於假說性法本來是空，故其 vastu 本質也是空

《中邊分別論》第一偈「虛妄分別有，彼處無有二，彼中唯有空，於此亦有彼。」之論意與此相當。換言之，此說二無之無性空，進而如實正觀空性。

③如實知離言自性真如

唯識說並不將無性空視為最高之空性，故又強調「無之有」的無性自性空。

餘者 avaśiṣṭa：

《菩薩地》認為是假說之所依(prajñapti vādāśraya)。

若依《中邊分別論》，此所依即是 vastu，即是虛妄分別。亦即雖在空性中，但就現實而言，仍有虛妄分別的 vastu 的作用。此依 vastu 之作用，假設假說性(prajñapti)法也存在。

故對於如實了知僅只存在的唯事(vastumātra)及此唯事中之唯假(prajñaptimātra)。於實無(asad bhūta)不增益，實有(bhūta)亦不損減，亦即對於不增不減、不取不捨之執著，如實了知以離言為自性的如實真知(yathābhūtaṃ ca tathatāṃ nirabhilā pya svabhāvatām)，《菩薩地》稱之為善取空。

④真實有與真實無之空性 (空妄交徹)

上述之善取空，一方面不主張只有空，另一方面強調有虛妄分別的 vastu，而將有無及無增益無損減執見，稱為色等想事之假設以及其假設之所依，進而如實見真如之空性。所謂真如，是指心性清淨，然此常與客塵煩惱俱存，此中顯示空性與虛妄分別之交徹，同時與《十八空論》所述之真實有與真實無的空性同一意義。《中邊分別論》所述具有「無之有」之思想，於其真實品第三偈所揭真實性之「作為真實，是有與無」之真實義，與此所說有相同意旨。

(3)大常、大樂、大我、大淨果

唯識說所說之空性，並不主張極端的虛無之空，亦不主張極端的實有之空。而是提出離此二邊之邪見，進而強調平等如實的正觀二者的空性說。《十八空論》為顯具如此特色的空理之果之難得，因此最後揭出所謂的「不可得空」。其說異於《般若經》的「三世諸法不可得」之說，而以非斷非常為根底提出大常，以非苦非樂、非我非無我、非淨非不淨為根底之大樂、大我、大淨。由此可見，另一唯識空性說之特色。

唯識論書與般若經空性種類比較

般若經	唯識論書					
十八空	十八空	十六空		十七空	四空	七空
第二會	十八空論	中邊分別論	顯揚聖教論	瑜伽師地論		楞伽經
卷 413	真諦 譯	真諦譯 玄奘譯		卷 77	卷 12	卷 2 實叉譯
1.內空	1.內空	1.adhyātma-śūnyatā.	1.內空	1.內空	3.內空	X
2.外空	2.外空	2.bahirdhā-ṣ.	2.外空	2.外空	4.外空	X
3.內外空	3.內外空	3.adhyātma-bahirdhā-ś.	3.內外空	3.內外空	X	X
5.大空	4.大空	4.mahā-ṣ.	5.大空	5.大空	X	6.第一義 聖智大空
4.空空	5.空空	5.śūnyatā-ś.	4.空空	4.空空	X	X
6.勝義空	6.真實空	6.paramārtha-ś. 第一義空 勝義空	6.勝義空	6.勝義空	X	6.第一義 聖智大空
7.有為空	7.有為空	7.saṁskṛta-ṣ.	7.有為空	7.有為空	X	X
8.無為空	8.無為空	8.asaṁskṛta-ṣ.	8.無為空	8.無為空	X	X
9.畢竟空	9.畢竟空	9.atyanta-ṣ.	9.畢竟空	9.畢竟空	X	X
10.無際空	10.無前後空	10.anavarāgra-ś. 無際空	10.無初後空	10.無先後空	X	X
11.散無散空	11.不捨離空	11.anavakāra-ś. 不捨空 無散空	11.無損盡空	11.無變異空	X	X
12.本性空	12.佛性空	12.prakṛti-ś. 性空 本性空	12.本性空	12.本性空	X	2.性空
13.自共相空	13.自相空	13.lakṣaṇa-ś. 相空	13.自共相空	13.自共相空	X	1.相空
14.一切法空	14.一切法空	14.sarvadharma-ś.	14.一切法空	14.一切法空	X	X
15.不可得空 Anupalambha-ś.	15.有法空 ↘	X	X	X	X	X
16.無性空 abhāva-ś.	16.無法空 ↘	15.abhāva-ś. 非有空 無性空	15.無性空	15.無性空	X	X
17.自性空 svabhāva-ś.	17.有法無法空 →	16.abhāva-svabhāva-ś. 非有性空 無性自性空	16.自性空	16.自性空	X	X
18.無性自性空 abhāva-svabhāva-ś.	18.不可得空	X	X	17.無所得空	2.彼果空	X
					1.觀察空	3.無行空

						4.行空 5.一切法 不可說空 7.彼彼空

*般若經另有四空：

(1)有性由有性空 bhāvo bhāvena ś.；

(2)無性由無性空 abhāvo’bhāvena ś.；

(3)自性由自性空 svabhāvaḥ svabhāvena ś.；

(4)他性由他性空 parabhāvaḥ parabhāvena ś.。

參考資料 9-3

《中邊分別論》、《十八空論》之空性說

參考《中邊分別論記要》《十八空論》

[1]空性之相 (由相而識空性)

云何應知空相？

偈言：

[無二有此無　是二名空相　故非有非無　不異亦不一](中邊頌 1-13)

無　　二：謂無所取能取。

有 此 無：謂但有所取能取無。

是二名空相：謂無及有無是名空相，此顯真空無有二相，是法以二無為性，不可說有不可說無。

非有非無：云何非有？是二無故。
云何非無？是二無有故。
故偈言：非有非無是名真空相。

不異亦不一：與虛妄分別不異相亦不一相。
若異者，謂法性與法異，是義不然。譬如五陰與無常性及苦性。
若一者，清淨境界智及通相不成就。
如是道理顯現空與虛妄離一異相。
是故說不有非不有，非一非異相。

《安慧釋》

[二(取)無及無之有是空相，非有又非無、非一異之相] (梵文直譯)(中邊頌 1-13)

1.二無及無之有是空相

所取與能取等二者，是於虛妄分別之中被妄分別者，或是依於虛妄分別而有被分別之體，故作為物之體是無，及彼二無之有(abhāvasya bhāva)，此即空性之相。

云何是「無之有」？

無之體性就是有性，若非如此，則應有二有之有性，無彼所取能取的無之有的空義，故所取能取二者正應是有性。故言「如是顯無之自性是空性之相」，雖稱為無之自性，然非有(或存在)之體性。「無」即顯遮有，稱為「無的有之彼」雖無有字，但有其義。若無此附加之「有」，只以二無說空性之相時，則猶如兔角之無，為二無之自依性，空性不可是如「苦

性」的法性之相。二者之無是空性，彼無於虛妄分別中是有，稱為空性。其「無」領容「有」相，故顯為此法性之相。

「二者之無體是空性」的無顯示其共性。

云何說為此處之無？

為顯示究竟無而說虛妄分別中的二無之有。

前無與壞無等二者非是依自己之執受體，而是就餘處而說，

且是交互無，由兩者之相依義故，不可單獨自為所依性，

故由有的無之相，顯示所取能取等二者之畢竟無正是空性。

2.非有又非無

若無體是空性，云何說為勝義？

以為勝知之境故，如無常性，(故說為勝義)。然以是物性故，此空性又為非勝義。

又此亦非無之自性，以此即是虛妄分別無的自性故。

此空性是非有又非無。

(1)云何非有？

二無故。

於有性中，應非二者之畢竟無，又應非虛妄分別之法性。

(2)云何非無？

二無之有故。

實則此二者之無，作為二無之體非無。若彼為無，二者應是有性，又不應為虛妄分別之法性。

如同無常性與苦性，有情因顛倒而增益的，是常與樂物之無性。

故稱非有亦非無。

3.非一異之相

若虛妄分別之空性是法性時，虛妄分別(依他性)與彼法性(真實性)是異不異？

此處空性之相正是無之體性，又是遮無之體的有，與彼虛妄分別是非一異之相，法性不宜異於法。

(1)法性不宜異於法

云何不宜？

法性若是異於法之相，法性只是異法，如同於此之外其他之法，而異法不可是異法之法性。於此須更求異法，故有無窮之失。

若言無常性與無常不異，苦性亦與苦不異，則空性亦與空不異。

(2)亦非一

若是一，應非清淨之所緣及共相。

①非清淨之所緣

若依此而成為清淨，則清淨即是道。法性若與法之自相非異，則此如同法之自相不應成為道之所緣。

又為令成為清淨之所緣者即自應是清淨之所緣，然物在緣自相時就不得清淨，若得清淨，則墮一切有情清淨之過失故。

②非共相

若與自相非異，則自為共相，此亦不爾。對此共相而言，如同法之自體相互差異，而破壞其共性。(自相是依自而成非他，故與自體無別。而其共相則無。)

尼乾子論法之有，但不記一性異性。

若言空性非法(之有)，則無尼乾子之過。如是之空性之三相係(分別性之)無相、(依他性)無之自體相以及(真實性之)無二相(二無之體的自性)，顯示離脫一異之相。

[2]空性之異門

云何眾名應知？

[如如及實際　無相與真實　法界法身等　略說空眾名](中邊頌 1-14)

云何眾名義應知？

[非變異不到　相滅聖境界　聖法因及依　是眾名義次](中邊頌 1-15)

如如：無異為義故，是故名如如，恒如是不捨故。

實際：無顛倒為義故，說實際，非顛倒種類及境界故。

無相：相滅為義故，說無相，離一切相故。

真實：無分別聖智境界故，第一義智為體故，說真實。

法界：聖法因為義故，是故說法界，聖法依此境生，此中因義是界義。攝持法身為義，故說法身。

《安慧釋》

[略說空性之異門時，是真如 tathatā、實際 bhūtakoti、無相 animitta、勝義 paramārthatā 及法界 dharmadhāta。]　(梵文直譯) (中邊頌 1-14)

此偈中所說諸名，於諸餘經中正顯空性。

此五異門依教可領得：無二性、無分別界、法性、不可言說性、不滅、無為、涅槃等。

[不變異、不顛倒、彼滅、聖行境故，又，聖法之因故，為異門。如次。]

(梵文直譯) (中邊頌 1-15)

1.不變異 ananyathā

不變異故為真如，指由於無變易之義，故說為常如性故。

於一切時，常是無為性，故無變異。

2.不顛倒 aviparyāsa

不顛倒義而說為實際。

(實者諦與不迷義，際者終邊，越此無餘可知，故云實際，實之終邊。)

如性云何說為所知之終邊？

令所知障清淨的知之行境故。

不顛倒義，即是由不增益不損減之義。此處說因，非顛倒之依事。

顛倒實是分別，非分別之所緣，故非顛倒之依事。

3.相滅 tannirodha (彼滅)

相滅故無相。

無相性在此是指相滅，為正顯之，故說為一切相無故。

空性作為一切有為無為之相是空，故稱為無相。無一切相故有無相(空性之異門)。

4.聖行境 aryagocara

聖智之行境，故為勝義性。

勝者是出世間智，其對境為勝義，故云「聖智之行境故」。

5.聖法因

聖法之因，故為法界。

法為諸聖法，即以正見為首乃至正解脫智，如此之因，故說為界。

諸聖法以此為所緣而生故。

由自相而執形體之處亦說為此界，此中因義為界義。

如金界銀界銅界，及餘諸經揭示其餘之異門，亦依此法以相同之意義說明。

[3]空性之染淨

如是空眾名義已顯，云何空分別應知？

[亦染亦清淨　如是空分別](中邊頌 1-16-ab)

何處位空不淨？何處位空淨？

有垢亦無垢。

若在此位中，是諸垢法未得出離與共相應，是位處說不淨。

若在此位出離諸垢，此位處說淨。

若已與垢相應後時無垢，不離變異法故，云何不無常？

為此問，故答：

[水界金空淨　法界淨如是](中邊頌 1-16-cd)

客塵故、離滅故、不是自性變異故。

《安慧釋》

[染與清淨，此係有垢又無垢，許如水界、金與虛空淨之淨。] (梵文直譯) (中邊頌 1-16)

空性是無所取能取之體相，故無差別。然應識知其所顯之差別相。

1.云何應識空性之差別？

虛妄分別是染汙，故斷彼染汙稱為清淨。然於染汙與清淨時，除空性之外別無可染汙或清淨者，故為顯染汙與清淨之空性正是可染汙又可清淨，故曰：[染與清淨](中邊頌 1-16-a)是彼空性之差別相。

2.何時而令染汙？何時而令清淨？

[此係有垢又無垢](中邊頌 1-16-b)等。

由未轉依與轉依而安立有垢與垢之斷滅。

(1)由無智而現貪等於所取能取。由此貪等煩惱而心之相續成為有垢之人，有無解與邪解之過失，而空性不顯現時，對於彼等安立空性之有垢位。

(2)然諸聖人由真性之覺知而心不顛倒，空性就如同虛空之無塵無間之顯現時，對於彼等聖人，則言空性之垢斷滅。

應知如是之空性是相對待於染汙與清淨，而不應把明亮的本性看作為有垢的自性。

3.空性非無常性

(1)若空性先與垢相應，爾後成無垢，有變異之性質，云何空性非無常性？

空性從染汙分位而變異至空性清淨之分位，並無有別。而空性由於與客塵分離之故，其作為真性而存在的自性並無變化。

(2)[許如水界、金與虛空淨之淨]，故非無常。 (中邊頌 1-16-cd)

如水界、金與虛空其性為真清淨，非是垢之自性，在有客塵時以及離客塵時，並無不同之自性。

空性雖是無變異之自性，然由離彼客塵而成清淨。

於相同之法安立先有染汙相後有清淨相，雖無自性變異之變異法之止滅，然並非彼染淨二者是偶來之客，而不許先有染汙後有清淨變異之分位。客塵變異法與空性之法性變異並無交涉。

[4]空之差別相 (十六種空)

空性如虛空之無差別相，故可以在無分別狀態中呈顯。雖於無分別性中，然因於客染和合又離別之分位差別而有差別，又由於人與法增益之差別，而有十六種差別。

1.內空； 2.外空； 3.內外空； 4.大空； 5.空空； 6.第一義空； 7.有為空； 8.無為空； 9.畢竟空； 10.無前後空； 11.不捨空； 12.性空； 13.相空； 14.一切法空； 15.非有空； 16.非有性空

十四種空之安立

如是略說空，應知：

[食者所食空　身及依處空　能見及如理　所求至得空] (中邊頌 1-17)

(1)內空：能食空者，依內根故說。

(2)外空：所食空者，依外塵故說。

(3)內外空：身者是能食所食者依處，是重空故說內外空。

(4)大空：世器遍滿故，故說名大，此空說大空。

(5)空空：內入身及世器此法是空，無分別智能見此空。
此無分別智空，故名空空。

(6)第一義空：如道理依第一義相觀此法空，是名第一義空。

(7)有為空(8)無為空：為得此菩薩修行空。
是此法空為何修行？
為至得二善：①有為善，②無為善。
此空是名有為無為空。

(9)畢竟空：為常利益他。
為一向恒利益他故，修此空，故說畢竟空。

(10)無前後空：為不捨生死。
此生死無前後，諸眾生不見其空，疲厭故捨離生死。
此空是名無前後空。

(11)不捨空：為善無窮盡，諸佛入無餘涅槃。
因此空不捨他利益事，是名不捨空。

(12)性空：為清淨界性。
性義者種類義，自然得故故，故立名性。
此空名性空。

(13)相空：為得大相好。
是大人相及小相相，為得此二相修行此空。

是名空相。

(14)一切法空：為清淨佛法故，菩薩行彼。

十力四無畏等諸佛不共法，為清淨令出，菩薩修此空。是名一切法空。

2.**非有空非有性空** (通出前十四空體)

如是十四種空已安立。

應知分別此相，是十四中何法名空？

[人法二皆無　此中名為空　彼無非是無　此中有別空] (中邊頌 1-20)

人法二無有是法名空，是無有法決定有亦空。

如上說能食等十四處，此二法是名空。

為顯空真實相故，是故最後安立二空。

(15)非有空　　人法二無有

(16)非有性空　　真實有(無有法決定有)

立二空何所為？

為離人法增益，為離人法空毀謗。

如次第如是空分別應知。

《安慧釋》

空由依事(vastu)之差別而成十六種，但所取能取二無之自性無差別。(vastu 事實存在之事物)

一切法無二性之義的空性是總相。若非如此，不能說彼空性有差別，故由依事差別而揭示彼空性之差別義。

1.明體相　(前六空) (空之體)

(1)四種依事之空

[食者、所食、其身、依處之事空。]　(梵文直譯)(中邊頌 1-17-1)

《安慧釋》

首先應觀察食者，為捨棄對彼之愛與執著。

(對彼之愛與執著是得佛果與解脫之障礙。)

其次應觀察彼所食。

其次是彼(食者與所食)二者之住處之身。

其次應觀察彼身依處之器世間，為迴遮彼之愛與執。

(愛執世間為我所，而有利益食者之義)

事空指此四種依事之空性。

[1]內空　(食者空) (受者空)

《安慧釋》

食者空指依諸內處(眼乃至意)而說，此外無食者。

眼等由見可受用境而起，世間於此起增上慢：眼等正是食者。

眼等處之空性稱為食者空。

《十八空論》

第一內空，亦名受者空。凡夫二乘謂六入為受者，以能受六塵果報故。今明但有六根，無有能執，以無執故，言受者空也。

[2]外空 (所食空) (所受空)

《安慧釋》

外處(色乃至法)作為境之體而被受用，故稱為所食。

外處空稱為所食空。

《十八空論》

第二外空，亦名所受空。

①離六外入無別法為可受者也。若諸眾生所受所用，但是六塵，內既無人能受，外亦無法可受，即人法俱空。

②唯識無境，故名外空。以無境故，亦無有識，即是內空。六入無識即是無人，無有根塵即是無法。故內外二空，兩義相成也。

[3]內外空 (身空)

《安慧釋》

食者與所食二者，於身上互不相離，其軀幹即是身。

故稱其空為內外空。

《十八空論》

第三內外空，謂身空也。此身四大為內外所依。內依即六根，若五根皆有淨色及意根並依此身，故名內依。外依者謂外六塵，若己身四大唯除五根淨色，所餘色香等屬外六塵，攝持於五根故稱為外，非謂離身之外也。此身能持根塵，故名為依，根塵所依也。此根及非根，皆悉是空，故名內外空也。

[4]大空 (器世間空)

《安慧釋》

住處之依事是器世間，於一切處作為有情之住處事而被知故。

由其廣大性故稱其空為大空。

《十八空論》

第四大空，謂身所栖託，即器世界。十方無量無邊，皆悉是空，故名大空。

(2)智境之空 (無分別智之空)

[菩薩由空知，其空即是空空，其相貌之空即是勝義空。] (梵文直譯)(中邊頌 1-17-2)

[5]空空 (無分別智之空) (能照空)

《安慧釋》

內入身及世器(四種依事)此法是空，無分別智能見此空。

此無分別智空，故名空空。

《十八空論》

第五空空，能照(見)真(如)之相。會前四空，從境得名，呼為空智。空智亦空，故立空空。

[6]第一義空 (勝義空) (真如境之空)

《安慧釋》

如道理觀第一義相(真實性)為空，是名第一義空。

《十八空論》

第六真實空，謂真(如)境空。行者見內外皆空，無法無人，此境真實，立真實名。由分別性，性不可得，名分別性。性空即真實空也。

(前四皆所觀境空，第五能觀智空，第六所分別境界相貌空。前四所知，第五能知，第六所知相貌。)

《辨中邊論述記》

如理體即勝義，即法性真如。如實行(稱理知)所觀真理(真如境)，此即空。…約詮說名勝義空，約體說名無性自性空。

《安慧釋》

觀行之菩薩作意(有尋之如理作意)四種所知法之空性時，即起別別相執：

1.由空知見內外處之空時，對與空知相對之所取能取之執著。(對於空智的所取能取之分別執。)

2.如彼空知所見，有勝義相之分別執。(將依空智所見之空視為勝義相之分別執。)

為觀察此二種分別(以觀行地之迷亂為因)，而有空空與勝義空，即是略去(去除)此知與相。

1.空空：空性為境體，故說其知也是空。然其空知作為所取能取之法而空，即是空空。

2.勝義空：如見內處等之彼空知，思此為勝義，其相貌之空，即是勝義空。

何以故？作為分別性之自性，勝義是空故。

(3)明空體與對治

《十八空論》

1.此六空辯空體，自成次第：

(1)受者空(內空)；(2)所受空(外空)；(3)自身空(內外空)；(4)身所住處空(大空)；(5)能照空(空空)；(6)所觀境空(第一義空)也。

前四皆是所觀境空，第五能觀智空，第六所分別境界相貌空。

又前四所知，第五能知，第六所知相貌。

2.第五智空治前四境，四境是空。

第六真空治第五智，故智成空。

(1)若無第五智空治前四境，則有人有法，是分別性。由此智見前境，是無人無法，即治前境。

(2)若無第六境空治第五智，此智既但真解還成分別性，故言第六真實空名為治智也。

2.明事用 (後八空)

《安慧釋》

菩薩因有增益物之自性(bhāva-svarūpatva)之相執(nimitta-grāha)，而成為修習空性之過失。為觀察之故明(7)有為空乃至(14)一切法空之空。(八種空)

云何菩薩修習空性？ (為何而行?)

(前五)

[1.2.為得二淨，又3.為常利益一切眾生，又4.為不捨輪迴，5.為令善不盡]

(後三) (梵文直譯)(中邊頌1-18)

[6.為種性清淨，7.為得相好，菩薩8.為諸佛法清淨而行] (梵文直譯)(中邊頌1-19)

(1)為得(自度)二淨 (為自得二淨而行)

《安慧釋》

二淨實是有為(淨)與無為(淨)，是道與涅槃。此二者如次屬有為空與無為空。

《十八空論》

菩薩學行空與非行空，為得二種善法：

1.善道：即三十七品等。 (有為淨) (道 mārga)

2.善果：即菩提(涅槃)等。 (無為淨) (涅槃 nirvāṇa)

[7]有為空 (行空)

第七行空者，明三乘諸道無人法、非真實、非虛妄。離此四種心是名善因。

為得此善因，是故菩薩學觀行空。

[8]無為空　(非行空)

第八非行空者，謂二種善果，即餘無餘涅槃。

若有餘除集，此果則離四種顛倒，非是常樂我淨。

若無餘滅苦，即是常樂我淨。

此第七第八兩空，是淨菩薩自度。初得道後一得果。

(2)為利益眾生

[9]畢竟空　(為常利益一切眾生而行)

《安慧釋》

於一切相一切時，思惟我應利益有情之空，即是畢竟空。

《十八空論》

第九畢竟空，為恒利益他，菩薩修空。

畢竟恒欲利他至眾生盡，誓恒教化，此心有著。

今此觀心，此心定令捨畢竟之心，自然利益，方是真實智，名畢竟空也。若作畢竟心能為利益，不作不益，不復自然，恒利益不空。

此畢竟之心，是智第九名畢竟空。

[10]無前後空　(無始空) (為不捨輪迴而行)

《安慧釋》

(思惟)為一切有情，我不可捨棄輪迴。若捨輪迴，不得菩薩之菩提，而安住於聲聞菩提故。其空是無前後空。

何以應說其空？

不見無始終的輪迴之空性時，即生倦厭而捨棄生死故。

《十八空論》

第十無前後空，亦名無始空。為成畢竟空利益一切有情，故不捨生死。

此生死無前後(無始終)，諸眾生不見其空，疲厭故捨離生死。

既見生死是空，則不分別前後及始終。既不分別始終，則於短於長心無憂喜(於長不憂，聞短不喜)，既離憂喜，則能不捨生死。以不捨故，畢竟利益乃得成也。

(若捨生死，不得菩薩之菩提，但安住於聲聞菩提故。)

是故第十觀無始空。

[11]不捨空　(無散空) (為令善不盡而行)

《安慧釋》

於無餘依涅槃，我亦令善根不捨盡。此中之不散捨，是指不捨棄此。

若然，云何得無餘依涅槃界？

無有漏法異熟之身故，然諸佛世尊無漏體之法身，於無餘依涅槃界中不斷絕，故成究竟，故其空稱不捨空。

《十八空論》

1.第十一不捨離空，菩薩修學此定止，為功德善根無盡。

何以故？

一切諸佛於無餘涅槃中，亦不捨功德善根門。

有流果報已盡，功德善根本為化物故，恆有此用。如來雖入涅槃，猶隨眾生機緣，現應化兩身，導利含識，即是更起心義，故眾生不盡應化之用亦不盡。故言雖入無餘而不捨功德善根也。

若二乘入滅，無更起心，以慈悲薄少，不化眾生。

若佛入無餘而更起心者，以諸佛菩薩三身利物無窮故，如來法身即是一切無流法之依處故，言散滅不捨離功德也。

所以得知涅槃之中猶有法身者，以用終體，既覩應化之用不盡，故知此身之體常自湛然，永無遷壞。

2.如毘婆沙師說「無涅槃無有自相」，而不可言無。

何以故？

為能顯事用故。

若不依涅槃不成智慧，智慧不成則煩惱不滅。涅槃既能生道，道能滅惑，即是涅槃家事。既見有事，則知應有體故，不得言無也。

如來法身在涅槃中，即義亦爾。

3.為除分別涅槃不捨功德(此是分別性)，真實義中無此分別，故名不捨離空。語言說涅槃不捨功德，而涅槃中無不捨之意，故名不捨空，即成不捨生死之意。

4.前[10]明不捨生死畢竟利他，異於二乘不能永利。

今[11]明雖在生死及涅槃並皆化物，此義不異故。

此即第十一不捨空，亦名不散空也。

前來至此，凡有三空[9][10][11]名利他事。

(3)自利利他因

[12]性空 (為種性清淨而行) (佛性空)(本性空)

《安慧釋》

為清淨界性而修空。

其空性是本性空。如此之因，故言種性(gotra)實是本性(prakṛti)。

何以故？

自然有故。自然性是無始來時已有，非偶來而起之義。

無始以來之生死中，如某者有心，某者無心，此處亦某六處有佛種性，某者有聲聞等種性，而種性無始以來展轉而起故，非如心無心之差別忽然性。

餘人言：一切有情有如來種性。故此處之種性是如來性應知。

《十八空論》

第十二(自)性空

1.諸法自性空

空何所為？

為清淨佛性即空，故名性空。

何故名性空？

佛性者，即是諸法自性。

何以故？

自然有故。

自性有兩義：1.無始(自然有)，2.因。

(1)佛性自然無因

譬如無始生死中，有心無心兩法自然無因。

若心有因，此因為本有？為始有？

①若本有

若本有因，此因即是自然，亦應許心是自然。

②若始有

昔未有因應(無心)無眾生，有時有因(有心)方有眾生。如土石等若有因時(有心)應成眾生。

故知自然一分作有心，一分作無心，故言譬如無始生死中，有心無心兩法自然無因。

佛性亦爾，自然無因。

(2)無始佛性為解脫因

虛妄尚有自然義，何況真實而不自然。

故由無始佛性為因，所以(眾生能從)六入(根、識)欲求解脫。

若無佛性，解脫之果不得成就，譬如淨珠能清濁水。

以佛性無始故，生死無始。一異空(不一不異)、淨不淨空(亦染亦淨)等如上說。

2.性空離五失顯五德

此空性為離五失，顯五種功德。

(1)三性差別

人法是分別性。

從人法生分別，是依他性。

就分別性覓法不可得，就依他性覓所分別之人法亦不可得，即真實性。

真實無體，無體故無相，無相故無生，無生故無滅，無滅故寂靜，寂靜即是自性涅槃。

(2)除五過失

此自性空除五種過失。

①除下劣心

不薄信佛性是有可得，得之有無量功德，(薄信)則不能發菩提心。不發此心，常守下劣，佛性令其發心，故言能除下劣心也。

②除高心

若人不解佛性平等，謂我有佛性，我已發心，他無佛性，不能發心，故高慢。

若體此理無有此彼，高心即滅，故言能除高心也。

③除著虛妄棄捨真實

虛妄所以是生死過失者，如人來打拍罵詈毀辱等事，一非本有，二由心作。虛妄所起，非是自然，即是虛妄。

若不體真實道理，謂此是真實，則取著虛妄，皆棄真實，故生三毒利等煩惱。

若識生死虛妄非是實有，則不見能拍所罵，不見眾生過失，不生煩惱，即棄虛妄，但見眾生皆有佛性，功德圓同，即是能取真實，由此即生慈悲成菩薩者。

④能除我見

諸法本來自性真實，若有若無，二皆平等。若人能作此解，即捨我見執相之心也。

⑤除怖畏

能令眾生信受甚深正法，正法有相與無相，體解佛性則能信受。無相正法則不謗大乘也。

(3)引五功德

此性空能引五種功德。

①除下劣生正勤，　②除高慢生平等，　③除虛妄生慈悲，

④除我見生般若，　⑤除怖畏受正法。

故言性空，顯佛性理有五種功德，離五過失，治護性令得清淨，即是自利因故。

此第十二名為性空，佛性即是空也。

[13]相空　(為得相好而行)

《安慧釋》

為得相好而修空。有隨形好之諸大士夫相之空稱為相空。

《十八空論》

第十三自相空，為得三十二大相，八十小相。

(相有二種，1.色相：謂四大五塵，2.無色相：謂一切四陰心法。)

化身非生死非涅槃。

1.非生死

生死是虛妄顛倒，不過苦集兩諦，化身不爾。

化身依法身應身而有體，故非顛倒，復能除眾生顛倒，故言非生死。

2.非涅槃

有始終故。

以非生死，則無生死虛妄之相，以非涅槃，亦無涅槃真實之相，故名相空。

若菩薩能修此相空，則令三十二相八十種好，即修治化身之相貌令得清淨故，第十三名為相空。

[14]一切法空　(菩薩為諸佛法清淨而行)

《安慧釋》

菩薩為得一切佛法(十力無畏等諸佛不共法)之清淨而精勤行。於此等所知上生起無障礙之知，稱為觀察，其空稱為一切法空。

《十八空論》

第十四一切法空者，謂一切如來法無量恆河沙(如十力無畏等)。明其相離不相離空。

1.明相離不相離

若以法身望應身，有離不離，但應身沒不離法身。

何以故？

法身是本應身為末，末不離本，本為離末。

①法身不即應身

若法身不離應身，則一人得佛，一切人皆應得。以一切人不同得故，故知法身有不即應身義。

②法身亦不離應身

以法身無有差別，常不離三世諸佛功德故。

2.令諸佛法清淨

若能如此亦離亦不離道理而修行者，此則能得應身之果。但應化兩身悉能利物，化身正為下種，應身為成熟，令此一切法空為清淨一切佛法。

(一切佛法有二義：1.無離無不離，2.無執及所執，以境智無差別故。)

此即第十四辨一切法空。

至此凡有三空[12][13][14]明自利利他因。

3.通明空體用 (前十四空攝)

《安慧釋》

前十四空僅只述說相對於各各空性之對象，而未明其性。故以此二空說前十四空共通空性之自性，屬前十四空所攝。

(1)出空體

[人與法之無，是此處之空性，其無之有是此中另外之空性。](梵文直譯) (中邊頌 1-20)

(食者等十四中)何法名空？何法是其自性？

無(食者等)之人法是空性，

彼無之有(無有法決定有)亦是空性。

(2)安立二空

安立二空攝前十四法(六空體、八空用)。

[15]非有空 (無性空) abhāva śūnyatā

顯二無之空，除增益執。 (人法二無有)(無之空)

[16]非有性空 (無性自性空) abhāva-svabhāvā śūnyatā

顯無之有之空，除損減執。 (彼無有法決定是有)(無之有之空)

①為何最後安立此二空？

為顯空真實相故。

②為何顯示空？

❶為離人法之增益，故立非有空。

若不說此空，應墮分別性人法之有性。

❷為離其空性之毀謗(損減)，故立非有性空。

若不說此空，應墮空性之無，若彼空性無，則應有人法。

(3)諸空所攝義

①內空

異熟識之自性，於諸愚夫思為食者之諸內處：

食者之人與分別性眼等之無，以及其無之有，即是內空。

②外空

色等之記識顯現之自性，於愚夫思惟所受用之諸外處：

我所之所食與分別性色等之無，以及其無之有性，即是外空。

③內外空

於彼軀幹，亦即於其身：

食者之人及愚人所分別之色等與身之無，以及其無之有，即是內外空。

④大空

於器世間：

有情世間之無與彼分別性之無，以及其無之有，即是大空。

⑤空空⑥勝義空

於知空性之知與勝義之形相：

知知者、形相之取者的人與分別性之空性之知、勝義形相之無，以及彼無之有，如次即是空空與勝義空。

⑦有為空⑧無為空⑨畢竟空⑩無前後空 ⑪不捨空

⑫性空 ⑬相空 ⑭一切法空

今從菩薩行因相之有為等乃至一切諸佛法之菩薩行，人與分別性諸法之無，以及彼之無之有，如次即是有為空乃至一切法空。

所說之有為，是主(支配者)或行者之人的無，也是愚者分別性體之無。要略言之，此中是為對治一切分別執，又為顯示一切經之深意，而揭示此聲聞不共的菩薩十六空。

(4)空之分別 (差別相)

世尊於此揭示空之境與空之自性，以及空修習之用。

①空之境 ([1]~[14])

是[1]食者等義乃至[14]佛法。

此乃為令知空性之「遍滿一切處」義。 (一切法遍滿於空性) (偈 1-12a)

②空之自性 ([15]、[16])

是無之自性與無之有的自性。

此乃為令知依對治增益與損減，而有出離一切見之體。

(前十四空是空相，後二空為空體，故就體奪於相言之，十六空成為十四空。)

③空修習之用 ([7]~[14])

空修習之用始於[7][8]為得二淨，終於[14]為得佛法。

此乃為顯自他色與法之身圓滿之最勝係因於空之修習。

(如同十八空論所說：大常大樂大我大淨空果之難得。)

結：此中所說應知空之分別，指應知於垢之分位為染汙，於無垢之分位是清淨，以及前述十六空等之差別相。

《十八空論》

1.通明前十四空體用 (明體用)

第十五有法空，第十六無法空，此兩空通出前十四空體，為十四空所攝。(為空體及空用二方所攝)

(15)有法空：謂人法二無所有，為除增益謗。

(16)無法空：謂真實有，為除損減謗。

此無人無法之道理，除眾生妄執謂無此道理，故名無法空。

離增離減，則非有無，故名空體也。

(此明諸十四空離增益與損減之相，第十五第十六空攝於此十四空中。)

2.通明前六空體相 (明空體)

(17)有法無法空，此一空出諸空相。 (從決定性論述諸空之相)

所言有法無法空者，明此空體相：

(1)決定無

決定無法，即名決定無。即是真實無，真實無人無法。

(2)決定有

有此無人法之道理，故名決定有。即是真實有，真實有此道理。

此無此有，是空體相。體明理無增減，相明其體決定。

此空為六空體所攝。

(前說十四空捨離增益損減，決定空相是廣。第十七空但為狹體所攝)

3.通明後八空用果 (明空用)

(18)不可得空出空果，此空屬八空事用所攝。 (與空修習之用相關聯)

所言不可得空，明此果難得。

何以故？

(1)是大常

如此空理，非斷非常，而即是大常。

常義既不可得，故斷義亦不可得。無有定相可得，故名難得。

(2)是大樂

此之空理，非苦非樂，而是大樂。

(3)是大我

非我(非)無我，而是大我。

(4)是大淨

非淨非不淨，而是大淨。

此空屬八空事用所攝，以見無人法正是空體，故名隨事用不同離張成異。

此後四空(15)(16)(17)(18)併屬前十四攝，還辨前諸體相故。

4.結明廣略攝

問：空無分別，云何得有十八種耶？

答：為顯人法二無我，是一切法通相，今約諸法種類不同，開為十八。

(1)十四空

初六明空體，後八明空用。

(2)十六空

初六空明空體，十空明空用。

用中後兩空(有法空，無法空)為前十四空所攝。

(3)十八空

第十七有法無法空，為前六空體所攝。

第十八不可得空，為後八空用所攝。

(合此兩空為十八空。)

故十八成十六，十六還十四，或先廣後畧，或先畧後廣。

理事不同，體相差別，若離若合，其義如此也。

[5]空性成立義

1.淨不淨

云何空成立義應知？

[若言不淨者　眾生無解脫　若言無垢者　功用無所施(梵文直譯)(中邊頌 1-21)

若諸法空，(雖於)對治未起時，為客塵(所)不染，故自然清淨：

(則由)煩惱障無故，不因功力一切眾生應得解脫。
若(雖)對治已起，(而由)自性故不淨：
(則)為得解脫修道(之)功用無果報，故作如是果。
故說：

[不染非不染　非淨非不淨　心本清淨故　煩惱客塵故(梵文直譯)(中邊頌 1-22)

云何不染非不染？
心本自性清淨故。
云何非淨非不淨？
煩惱客塵故。

《安慧釋》

在明空之差別後，應知空性之成立。
故問：云何應知空性之成立？此中何者被成立？
答：是被客塵的隨煩惱所染汙之性，以及自性之清淨性。

[若彼非染污，一切有身應解脫；若彼非清淨，功力應無果。] (梵文直譯)(中邊頌 1-21)

(1)染汙性之成立
[若彼非染汙，一切有身應解脫。]
此(說)有關染汙性之成立。
解脫是指染汙之斷除，彼染汙之斷除乃是由於道之修習。
此中，雖對治未生，然諸法之空性依於客塵之隨煩惱。
若對治生起或不生起，空性都同樣不被染汙，則由無染汙故，無功用(無對治)一切有情(有身 dehin)應得解脫。
然無對治則無諸有情之解脫，故在異生性之位，在真如之中，畢竟應有依客塵而受染汙之義。(修道即是對治，即是遮遣心性之染汙。)
如是，成立空性染汙之差別。

(2)清淨性之成立
[若彼非清淨，功力應無果。]
此(說)與諸有身之功用有關。
若對治生起或不生起，空性都同樣不能清淨，則解脫之功用應無果。
以對治之修習亦不能離垢故，具垢者無解脫之理故。
然不許為解脫所作之功用無果，故以修習對治離客塵之隨煩惱，由此畢竟有空性之清淨。(修道有果，即是證道，以有情本具清淨分故。)

如是，成立空性清淨之差別。

(3)染淨分別

雖由執取染汙法而成染汙，執取清淨法而成清淨，然於空性上，不許有染汙或清淨現前。(染汙與清淨非究竟義，但為方便建立。)

此中由於在法性中有依於法之義，故說：「一切有身應解脫」。

而諸有身正是說彼染汙或清淨之質料因 upādāna。

(問)若非如此，於空性現前時，應是染汙？應是清淨？

(答)此與有身之不同有關。

一方面由於空性清淨說有身清淨，另一方面由於空性染汙而說有身染汙。

於異生分位中空性是染汙，於聖分位中空性是清淨。

[非染非不染，非淨非不淨。] (梵文直譯)(中邊頌 1-22-1)

①云何非染亦非不淨？ (淨)

以遮遣此二者而令解了空性之清淨義。

此顯聖教：心正是本性清淨。(心中雖有染汙相，但其本性清淨)

②云何非不染亦非淨？ (染)

以遮遣此二者而令解了空性之染汙義。

此顯聖教：彼空性雖受客塵煩惱所染，然其本性不被染著。

③四種空性分別相 (非染、非不染、非淨、非不淨)

❶異於世間出世間道

依世間出世間道而說有差別。

世間道：世間道雖被自地諸垢所染，然由於對治而不被下地諸垢所染。

出世間道：縱使有小、中等之差別而為不淨，但於無漏義是淨。

空性則不爾。

❷異於五根

眼等無覆無記故非染，然彼等具漏，故本性非清淨。

空性有別於五根，故說非不淨。

❸異於有漏善 (禪定等)

有漏善屬輪迴，故非不染，然有可愛之異熟，說為淨。

法性與有漏善有別，空性於染之分位是染，是不淨。

由此成立由染汙與清淨顯示之空性分別。

2.空性總義

如是空分別略說已，

安立空眾義者，應知有二種：

1.體相

何者為體相？

為有相故，無有相故。

是有相者：離有離無相，離一離異相。

2.安立

安立者眾名等四義應知。

《安慧釋》

應知空性之總義是依於相與安立。

(1)空性之相總義

[二(取)無及無之有是空相，非有又非無、非一異之相。](梵文直譯)(中邊頌 1-13)

①無相：　[二(取)無]

②有相：　[無之有]

離有無相：[非有非無]

離一異相：[非一異之相]

(空性之相與虛妄分別非一非異)

[虛妄分別有，彼處無有二，彼中唯有空，於此亦有彼。](中邊頌 1-1)真諦譯

(2)空性安立之總義

應知安立即是異門(眾名)等之安立。

指異門與其義、其分別、其成立。

於此就四種隨煩惱之對治而有自相、業相、染淨相、知相。

①自相：作為分別之對治，而有自相。

彼分別是執有、無、俱與一異義之體。

②業相：對治聞空性之相而未信解者之怖畏，是業相。

得不迷亂的真如之業、不顛倒業、斷一切相之業，一切世間智的境性之業時，即成聖法因性之業。

③染淨差別相：執只聞空之自性與業即已滿足，為除其懈怠而有差別之相。

④知相：空性云何染汙？云何清淨？為除此疑而有知相。

《十八空論》

1.成立空義

分別空道理有三：

(1)淨不淨理

①明淨不淨理

(釋 1)

1.非定不淨

若空定是不淨，則一切眾生不得解脫，

以定不淨不可令淨故。

2.非定淨

若定是淨，則修道無用，

以未得解脫無漏道時，空體本已自然清淨故，則無煩惱為能障智慧。

(釋 2)

1.非定淨

(若定淨)能除(煩惱)，則不依功力一切眾生自得解脫。

現見離功力眾生不得解脫，故知此空非是定淨。

2.非定不淨

(若定不淨，則由功用亦不得解脫。)

(現見)由功用而得解脫，故知此定非定不淨。

是名淨(離功用，成)不淨，不淨(由功用，成)淨道理。

(釋 3)

非定不淨

若言空理定是不淨，一切功力則無果報。

以空界(若)自性是不淨，(則)雖復生道俗(亦)不可除，道則無用。

無此義故，故知此定非性不淨。

②釋妨難

❶法界非淨非不淨

(問 1)若爾既無自性不淨，亦應無有自性淨。

云何分判法界非淨非不淨？

(答) 阿摩羅識是自性清淨心，但為客塵所汙故名不淨，為客塵盡故立為淨。

(問 2)何故不說定淨定不淨？

而言或淨或不淨？

(答) 為顯法界與五入及禪定等義異，

1.不說淨

為明法界與五入體異。

(1)眼等諸根

雖為煩惱所覆，而不為煩惱所染，又非是淨，又非自性淨，故不說為淨。

(2)法界

雖為煩惱所覆，而不為煩惱所染，故非不淨，而是自性淨。以是自性淨故，不說為不淨。

2.不說定是不淨

為明法界與禪定有異。

若言法界定有煩惱，即自性不淨。

而此法界雖為煩惱所覆，而非自性不淨故，不得說定是不淨。

非不淨正是法界之道理定有。

❷如如淨不淨義

(問)何故不說如如定淨？而言淨不淨耶？

(答)為令眾生修道故。

1.如如異於五根

說為淨不淨，即顯如如與五根有異。

如如及五根，同為煩惱所覆，而並不為煩惱所染，

同皆是淨，而淨義有異。

(1)五根

五根體離煩惱，非煩惱性故五根唯淨，非是不淨。

(2)如如

如如不離煩惱，而是煩惱自性，故知淨而復有不淨之義。

2.如如異於禪定

如如及禪定同為煩惱所覆，並有不淨義，而不淨義不同。

(1)禪定

禪定為煩惱所覆，而復被染。一向失於自性，舉體成煩惱，亦成不善。

(2)如如

如如雖復不離煩惱，名為不淨，而猶不失自性，亦不轉成煩

惱及以不善，故言即不淨而復有淨義。

3.結顯淨不淨義

(1)五根：離煩惱，不為煩惱所染，但是淨非是不淨。

(2)禪定：成煩惱，為煩惱所染，但是不淨無復有淨。

(3)如如：異於五根，不為煩惱所染是淨，不離煩惱是不淨，淨有不淨義。異於禪定，不離煩惱故不淨，不失自性亦不轉成煩惱及不善，不淨有淨義。

(2)非有非無理

無人無法故言非有，(無)

實有無人無法之道理，故言非無。(無之有)

亦言真實有真實無，即非有非無。

(3)不一不異理

諸淨不淨，淨則離斷離常。常義異我故言不一。我體常故言不異。

此明如如具(淨、常、我)三德。

2.四科料簡

就此十六空，作四科料簡。

(1)空之自性

初有六空，辯空之自性。

(2)空之事用

次有八空，辯空事用。

(3)空之淨不淨

三有兩空，辯淨不淨。

(4)明空理除四過

明此十六空理，能除四種過失。

①除戲論(分別) (六空相)

❶前四空 (內空、外空、內外空、大空)

世間眾生，於內外法中起無量戲論，謂有我無我等，皆依人道果等，是名戲論。若見道及道果皆悉空，則能除此戲論。前四空能除世間人法二我之戲論。

❷次二空 (空空、第一義真實空)

此二空，能除出世間因果境智等戲論。

②除怖畏 (八空用)

眾生聞人皆空，則生怖畏不肯修道，故如來為說此空有事用。

若人能修八空事用，則能得道及以道果，乃至三身等一切功德。

③除懈怠 (兩空淨不淨)

若觀定淨不勞修道，

若言定不淨，則永不可除滅亦不假修道，唯處生死永無解脫。

是故須辨是有淨不淨。

以有惑之時則不淨，除惑已後即清淨，故應須修道。

④除疑惑 (兩空之非有非無)

惑者之心，既聞如如是有是無，則生猶豫不能決斷。

謂如見杌謂人，呼人為杌故。

佛為分判明人法二我決定是無，無人無法之道理決定是有，故空有無兩義存焉，如此道理能除疑之心也。

參考資料 9-4

空思想與唯識思想

取材自上田義文
《佛教思想史研究》

一、空的論理

關於「一切法空」的意義，說這是反覆否定一切、空去一切，大概是有關空的解釋中最具代表性的一個。漢譯佛典中的「空」字屢屢用做動詞，就是一個佐證。(梵語中，空只用作形容詞 śūnya 或名詞 śūnyatā，沒有動詞的形式。)漢譯屢屢用破、遮遣、遣蕩等詞表示空，也顯示出同樣的理解。「一切法空」中的一切法，通常解釋為外道、凡夫及二乘說的一切我法，因此「一切法空」就意味著遮遣凡夫、二乘等我法之想法，但這不是滅去存在的我法，而是這種我法本來就不存在，並澈悟一切法是空即是正觀，進而住此正觀。亦即，在空說中，說空我法或是破我法，都不是滅去存在的我和法使之不存在，而是教知眾生，我法本來就不存在，要滅去對我法的妄執。在這裡，我法不是被滅成空，而是本來空。這裡被破的不是我法本身，而是認為本來無的我法是有的妄執。一切法空不是空去一切物的自體，而是滅去對此一切物的妄執，如果執著於空本身，亦應破除，故說空亦是空。像這樣，只要妄執存在，就一直重複不斷地破除之，直到一切妄執滅去為止，這就是一切法空的意義。

1.空的二義

這種對空的理解，是過去最普遍的說法之一。

但我們對此理解，必須注意兩點。

其一、一切法空不是空一切法本身，而是破對一切法的妄執和邪說。

其二、是一切法本身不待被破、本就是空。

若以第一個意義來理解，空就是破、就是遣蕩。若以第二個意義來理解，空不是破除什麼，而是不待被破、是本來空。兩者之間有絕對不能混同的明顯差異。在前者，起初存在的妄執後來被空成無，因此，空意味著滅去或否定。但在後者，不是有的色變成無，而是色本身本來就是空。空在前者當動詞用，在後者不能當作動詞。

2.般若經之空義

那麼，般若經說一切法是空，這個空是哪一種意義呢？是和這兩者都不同的其他意義嗎？

(1)法本是空

《摩訶般若波羅蜜經》，在奉鉢品中有下述明瞭的敘述。

「舍利佛白佛言：『菩薩摩訶薩云何應行般若波羅蜜？』佛告舍利佛：『菩薩摩訶薩行般若波羅蜜時，不見菩薩，不見菩薩字，不見般若波羅蜜，亦不見我行般若波羅蜜，亦不見我不行般若波羅蜜。何以故？菩薩、菩薩字性空，空中無色、無受想行識，離色亦無空，離受想行識亦無空，空即是色、色即是空，空即是受想行識，受想行識即是空。(中略)諸法實性無生無滅，無垢無淨故。菩薩摩訶薩如是行，亦不見生，亦不見滅，亦不見垢，亦不見淨…不見故不著。』」

文中的「菩薩乃至受想行識(以下以色代表)是空」，意思當然不是空去色本身，也不是空去對色的妄執，而是色性是空。修行般若波羅蜜的菩薩不見菩薩不見其行乃至不見識，不是因為空去那些而不見，而是那些是性空(prakityasunyam 本來空)，故菩薩看不見。是因為「諸法實性無生無滅、無垢無淨故」，因此菩薩看不見這些，並不是因為菩薩看不見，那些無生無滅無垢無淨才成立。如果空意味著破或否定，「色即是空」這個命題的主詞和客詞就不能對調而說「空即是色」了。空不是單純的無或否定，是諸法之性。因此，色本身是空，空即是色。般若經的空，明顯是空的二義中的後者。

對於這種解釋，或許有人會說，即使色空不是意味著空去色，而是色是本來空，但藉由澈悟色是本來空，滅去對色的執著，如果不滅，修行般若波羅蜜的意義即不存，因此，色是本來空的觀中必須含有滅去對色的執著。這個疑問理所當然。菩薩不見諸法，即是他不執著諸法，因此，必須認同他藉由修行色空觀(即般若波羅蜜)滅去他對色的執著。但不能因此說「空」就是「滅」執著的意思。般若經的空不是用於滅去菩薩執著的意思，是作為色本身的性而說。雖然執著滅去，有成為無，但空不是對這個滅去的執著的述語，而是表現色的本來性的述語。因此，還是必須認為「空」不是單純的無、滅或否定。從下段經文更可明瞭般若經中空的意義。

「菩薩摩訶薩行般若波羅蜜時如是思惟：不以空色故色空，色即是空，空即是色，受想行識亦如是。」(幻學品第 11)

(2)空之立場與修之立場

般若經的空不是意味著滅物、有成為無，而是諸法作為性、是空。空的立場是諸法本身的立場(這裡暫且稱為性的立場)，不是滅去修行者執著的立場(這裡暫時稱為修的立場)。空的立場是「無生無滅」，修的立場是滅去執著。般若經也區別這兩個立場，前者稱為第一義，後者稱為世俗。

「菩薩摩訶薩行般若波羅蜜時…知佈施持戒果報自性空已，是中不著，不著故心不散，能生智慧。以是智慧斷一切結使煩惱入無餘涅槃，是世俗法非第一實義。何以故？空中無有滅亦無使滅者。諸法畢竟空即是涅槃。」(實際品第 80)

生智慧、斷煩惱、入無餘涅槃都屬於世俗，不屬於第一義。因為空(第一實義)中無滅亦無使滅者。空的立場明顯區別於生智慧、斷煩惱的立場。前者意味著第一義(真諦)，後者意味著世俗。如果空意味著第一義，那麼，說它是諸法實相的異名，自是當然，說它是涅槃，也不奇怪。

(3)空是諸法實相

空意味著諸法實相。但我們必須說，只把空解釋為達到實相的方便性階段的否定，認為空去一切法後才達到實相的妙有境界，這是不對的。因為不是遮遣後顯實相，而是實相也是空。彌勒的《中邊分別論》中，舉出空的眾名有如如、實際、無相、真實、法界、法身，這是直接繼承般若經和龍樹的空思想。一切法空雖然不是空去一切法，但必須認為，不是為了方便破除凡夫對一切法的執著而把不是空的一切法暫時說是空，是因為諸法實相是空，因此說是空。過去對空的理解幾乎都忽略了「空之說是實相的開示」這點，只是為了滅修行者的執著而說空，這個看法非常普遍。

有說空與客觀的諸法本身沒有任何關係，只是滅除主觀的意識，不是客觀否定萬物。這剛好相當於般若經中的世俗意義。這種空的解釋歷史似乎相當古老，以集中國三論宗大成而知名的吉藏(嘉祥大師)傳述過一段有趣的史實。

「心無義者，然此義從來太久，什師之前道安竺法護之時已有此義。言心無義者，亦引經云。『色色性空者，色不可空，但空於心。以得空觀，故言色空，色終不可空也。』肇師破此義明，得在於神靜，失在於物虛。得在神靜者，明心空此言為得。色不可空此義為失也。」

般若經等的空思想是在中國佛教初期傳入中國，中國學者苦於這種理解，產生種種錯誤的解釋。這裡說的心無義是其中之一。吉藏說「此義從來太久」，可以想見這種解釋已經通行了相當長的時間。這是藉由「色是空」的空觀空去執著色的心，這時空的否定不及於色。這是過去常見的日本學者見解代表。吉藏引用僧肇對此的批評，並加以解說，指色不能空是錯誤。心無義只注意藉色空之觀滅去執著的心，說這就是空的意義，完全忽略色本身是本來空，亦即，不只心是空，對象的色也是空。僧肇的批評尖銳地指出這點。般若經的空意味著諸法實相。在諸法實相(即第一義)中，無可滅的煩惱，亦無可得的菩提，是生死即涅槃。這就是空。以我們的話來說，空的立場不是修的立場，是性的立場。色滅不是空，色本身是空，因此，空本身是色。空是色的自性。

3.龍樹之空義

(1)龍樹空與般若經空之差異

我們看注釋般若經的《大智度論》，找出其中敘述空是破、滅、無等意義的明顯例子如下。

[1]般若波羅蜜名諸法實相，滅一切觀法。十八空則十八種觀令諸法空。(卷 31)。

[2]復次發大乘者以十八空破十八種法，亦捨是十八種空智慧。(卷 45)

[3]問曰：何以名為空空故空？答曰：為破十八事實，故有十八空。破眾生心中變化法，故用空空。(卷 96)

文中說以十八空破十八種法或十八事實(也有寫為實事)，十八空是十八種觀，藉此空諸法。在這裡，空明顯是破或滅的意思，也意味使非空之物成為空(空智)。空意味著有變成無、物之無、以及使之成空的觀智(稱為空智慧)。這和般若經的空的意義明顯不同。般若經和龍樹對空的定義不同，從兩者對十八空的說明中看到有趣的對照。

《般若經》：

「須菩提白佛言：何等為內空？佛言：內法名眼耳鼻舌身意。眼眼空、非常非滅故。何以故？性自爾。耳耳空、舌舌空、身身空、意意空、非常非滅故。何以故？性自爾。是名內空。何等為外空？外法名色聲香味觸法。色色空，非常非滅故。何以故？性自爾。聲聲空…法法空，非常非滅故。性自爾。是名外空。何等為空空？一切法空是空亦空，非常非滅故。何以故？性自爾。」(問乘品第 18)

[4]以眾生顛倒著內六情，故行者破是顛倒名為內空，外空內外空亦如是。空空者，以空破內空外空內外空，破是三空故名為空空。復次，先以法空破內外空，復以此空破此三空，是名空空。(中略)空破五受眾，空空破空。問曰：空若是法空，為已破。空若非法空，何所破？答曰：空破一切法，唯有空空。空破一切法已，空亦應捨，是以故須空空。(卷 31)

《大智度論》的空悉數用在破或破除者(能破者——空智)的意義上，破完一切法時，已無可破，因此能破者本身「亦應捨」。但般若經的空不是破的意思。眼是空，不是破眼使之成無，是眼性本就如此。因此，這裡的空沒有被捨去。

由此看來，兩者的空意義不同，已毫無疑問。般若經的空意味著無破亦無滅的實相。那是諸法實相，因此即是諸法本身。但龍樹的思想中，空作為空觀，是觀法或觀智，因為能破和使之成無，因此，也意味著無。我們可以說在本節一開始顯示的空的二義中，前者和龍樹的一致，後者和般若經的相符。

(2)龍樹不認同般若經空義？

那麼，龍樹把空用在和般若經不同的意義上，是龍樹不認同般若經的空的意義嗎？應該不能這麼想。事實如下。

[5]復次、菩薩方便者，非十八空故令色空。何以故？不以是空相強令空，故色即是空，是色從本已來常自空。色相空故空即是色。(卷 44)

[6]不以空分別色。色即是空即是色。以是故般若波羅蜜無所失無所破。若無所破則無過罪。是故不言非法。空即是般若波羅蜜。不以空智慧破色令空，亦不以破色因緣故有空。空即是色色即是空故。以般若波羅蜜中破諸戲論。(卷 55)

第五則說，不是因為十八空而令色空，因為不是以空相強令色空，所以色空，而是色本來就是常常自空，所以空即是色。更在第六則說，不是以空智慧破色使之成空，也說空(即般若波羅蜜)中無所失也無所破。這些空的意義又和般若經沒有不同吧。

龍樹的空用於兩種意義，而且看似彼此矛盾。前三則說十八空是十八種觀或空智，以此破十八法，使之成空。五、六兩則說不是以空智破色使之成空，也說不是因為十八空破諸法使之成空。這明顯互相矛盾。龍樹是如何思考這個問題呢？

他說十八空是十八種觀或空智，破諸法，使之成空，但被這些觀或智破去成空的諸法是什麼？實在的諸法不可能被主觀的觀或智滅去。那麼這十八種法是什麼呢？雖然說是十八事實(或實事)，但根據第四則的說法，這是眾生顛倒的產出物，說諸法被破，其實是這個顛倒被破。這在第三則中清楚顯現。十八事實之一的空法被十八空之一的空空所破，但這被破的空法是存在眾生心中的變化空法。換言之，是顛倒分別的產物。因為是心中之法，因此可以被觀或空智所破。而這些諸法的顛倒分別(即戲論)滅去同時，能破者的觀或空智也被捨去。如果藉十八空破諸法使之成空是這個意思，就可以說諸法不是被十八空所破。第五則說「非十八空故令色空」，第六則說「不以空智慧破色令空」，都做此意義解釋。但這個情況下，諸法本身如何呢？它不是空嗎？五、六兩則都有說明這點。諸法本身本來就常常是自空。不是顛倒被空觀破去時才成空。般若經的空義是這樣。諸法本來常常是空，但眾生顛倒執著於此，故為滅此顛倒而說空觀。因此，被空觀破滅的是顛倒，不是諸法。但不能因此就說諸法不是空。不管顛倒滅否，諸法常常是自空。心無義的錯誤，在於它只看到空觀中的顛倒之滅，完全不知更重要的諸法本身常常是空這一點。由此可知，龍樹的空的二義——藉空觀破諸法使之成空和不是藉空觀去空諸法——非但不矛盾，反而藉此二義互存而完整說明空觀。這點從第六則可知。第六則先說空(即般若波羅蜜)中無所破，不是以空智慧破色使空，是色本身是空、空本身是色，又說在此般若波羅蜜中破諸戲論。藉由澈悟般若波羅蜜中色即是空空即是色(色本來常自空)而滅諸戲論、離顛倒、住正智，藉此正智澈悟色本來常自空的實相。這裡並無矛盾之處。

(3)性的立場與修的立場

我們大致可以理解龍樹這看似矛盾的空的二義。但是仔細再想，這個矛盾並沒有完全解決。第六則前面說般若波羅蜜中無所破，後面又說般若波羅蜜中破諸戲論。如果般若波羅蜜中無所破無所滅是真，那麼，被破的戲論就不是真了。這個矛盾在其他地方也出現。第一則說般若波羅蜜名為諸法實相，這是滅一切的觀法，十八空觀即是此。如果般若波羅蜜是諸法實相，必須說彼處無可破。如果諸法實相是滅一切的觀法，那麼，在所破的顛倒諸法被滅同時，它本身也必須被捨去，這種東西不可能是諸法實相。

①二種矛盾的空

如果般若波羅蜜是諸法實相，它就不可能是滅一切的觀法(能破的智)。反之，它如果是滅一切的觀法，就不可能是諸法實相。難道龍樹沒有發現這個矛盾嗎？這樣思考時，感覺般若經的說法更加清晰。

般若經的空是以「無生無滅、不是滅色令空、而是色本身是空」的實相意義一貫到底。因此，這個空(即般若波羅蜜)是諸法實相，很容易理解。但龍樹的空字用在這種意義上，也用在滅顛倒的意義上。不論是說破諸法使之成空還是破盡諸法後空智慧本身也被捨去，空似乎都意味著滅無。但是，空觀並不是以滅一切為目的，大乘之悟不是這種東西。雖然這裡看見說空是諸法實相的原因，但如果空是實相，其中有滅，又是什麼道理呢？諸法的實相必須是諸法的原有狀態。如果空用於和龍樹相同的意思，那就陷入該說空(即般若波羅蜜)中無破無滅還是有破有滅的矛盾中。

②二種立場

般若經嚴格定義空為第一義，滅為世俗，以作區別，因此不會出現矛盾。但龍樹也用使諸法成空的空來說戲論之滅，於是產生諸法實相是滅一切觀法的矛盾。這是龍樹思想的混亂嗎？還是般若經的空思想展開後必然的結果？這個問題可以換成下述的說法。龍樹在戲論之滅也用使諸法成空的空字結果，為空新加上破、能破者和滅的意義。我們不得不說龍樹擴大了空的字義。這個新擴大的意義對般若經的空意義，是外在的附加物呢？還是有內在的必然關聯？進一步說，這是般若經第一義和世俗是什麼關係的問題。第一義和世俗是不同之物，他們的關係是外在偶然的呢？還是有不能互離的內在必然關係？用我們的話說，就是性的立場和修的立場是什麼關係？性的立場是諸法實相的立場，無生無滅；修的立場是滅戲論分別、生正智的立場。如果只是單純的兩個不同立場，那就沒有問題，但龍樹把這兩者包含在同一個空字裡，因而出現這個關係的問題。在性的立場，空是諸法本身的性，諸法不是被空破去。在修的立場，藉空觀使戲論分別成空。

4.《大智度論》空之二義

空中無破和被破是否矛盾？龍樹是如何想呢？

(1)二種譬喻

關於這個問題，資料雖少，但《大智度論》的下段敘述值得注意。

問曰：云何名般若波羅蜜？

答曰：諸菩薩從初發心求一切種智，於其中間，知諸法實相慧，是般若波羅蜜。

問曰：若爾者，不應名波羅蜜。何以故？未到智慧邊故。

答曰：佛所得智慧是實波羅蜜。因是波羅蜜故，菩薩行所亦名波羅蜜，因中說果故。是般若波羅蜜在佛心中變名為一切種智。菩薩行智慧，求度彼岸，故名波羅蜜。佛已渡彼岸，故名一切種智。

問曰：佛一切煩惱及習已斷，智慧眼淨，應如實得諸法實相。諸法實相即是般若波羅蜜。菩薩未盡諸漏，慧眼未淨，云何能得諸法實相？

答曰：此義今但略說。(二種譬喻)

①如人入海，有始入者，有盡其源底者。深淺雖異，俱名為入。佛、菩薩亦如是。佛則窮盡其底，菩薩未斷諸煩惱、習。勢力少故，不能深入。如後品中說譬喻。

②如人於闇室燃燈，照諸器物、皆悉分了。更有大燈，益復明審。則知後燈所破之黯，與前燈合住，前燈雖與闇共住，亦能照物。若前燈無闇，則後燈無所增益。

諸佛菩薩智慧亦如是。菩薩智慧雖與煩惱及習合，而能得諸法實相，亦如前燈亦能照物。佛智慧盡諸煩惱及習，亦得諸法實相，如後燈倍復明了。(卷 18)

(2)性與修立場不同

根據上述，諸菩薩初發心求一切種智，修行期間知曉諸法實相，此慧即是般若波羅蜜。般若波羅蜜達到極致之處，成為佛智，稱為一切種智。一切種智是斷盡煩惱及習。般若波羅蜜則尚未斷盡煩惱習。換句話說，於般若波羅蜜，煩惱習是漸漸被斷。這相當於龍樹說的在般若波羅蜜中「破戲論」。

①煩惱習已斷盡的佛智慧得諸法實相，但是煩惱習未盡、還在繼續斷滅中的般若波羅蜜，如何得諸法實相呢？問題的根本即在此。這是站在修的立場來看性的立場和修的立場的關係。

②如果從性的立場來看，諸法原本就是實相，如何能說區別習氣之斷與未斷？眾生本來是佛，何故需要修行？

引述的文章以兩個譬喻巧妙說明菩薩煩惱習雖未盡也能得諸法實相，但沒有詳細解說這個論理的構造。空之說無法得到這個論理構造的解說。因為那是到達唯識思想後才開始進行的論理。

5.綜合立場之論理與轉依

(1)轉依顯示性與修之綜合立場

無着在《攝大乘論》同時引用《婆羅門問經》和《大乘阿毘達磨經》，以染污分為分別性、清淨分為真實性、此二分合併為依他性，提出三性之說。其中，《婆羅門問經》說依他性的二分是無差別，《阿毘達磨經》說染污分顯現時清淨分不顯現，染污分滅時清淨分顯現。前者是二分成立的關係，亦即同時的；後者是異時的，而且是從染污分移向清淨分，是過程的。兩者有離開彼此即不成立的不離關係。最能顯示這個關係的是轉依思想。轉依之說簡明顯示了「二分無差別的」性的立場和「二分是過程關係的」修的立場是一個立場的兩面。藉此，可以解明空說沒有釐清的「修的立場與性的立場在一個綜合立場上成立」，以及其論理的構造。我們在轉依之說中，說明了性的立場和修的立場的關係，但對轉依的探討不夠充分，因此，在性的立場和修的立場的關係上，留下幾個不明的重點。在這裡，我想做若干補充。

(2)轉依

①轉依在佛果位才成立？

(難)轉依是無住處涅槃及法身之相(特質)，是在染分不顯現而淨分顯現時成立。因此，轉依是在修行最後的佛果位才成立，在這之前的修行是在中道，應該沒有轉依的意義？

(解)但根據《攝大乘論》，轉依不是只在最後出現一次，它可以有很多次，即使剛開始修行的人也有轉依。依據前述的《阿毘達磨經》文，轉依是無分別智火燒煉虛妄分別性識時成立。因為在無分別智十地的初地即起，因此轉依在初地時即成立。也就是說，無住處涅槃及法身於此成立。

真諦譯的《世親釋》說「以初地已上為無上覺」，也說「菩薩在見位(即初地)中時已得如來法身」，並說明是「菩薩入初地、見真如即盡，何以故？真如無分數故，若見真如不盡，真如即有分數。若有分數，則同有為法。」這些是真諦譯《世親釋》才有的字句，在《世親釋》的其他譯本裡沒有，但沒有必要因此說這是真諦所傳的特有之說。因為這種思想只是《攝大乘論》「菩薩於初地通達真如法界時皆能通達一切地」的衍伸。

②初地已通達真如法界，何須逐修十地？

(難)如果在初地即得無上覺、見真如即盡，修行即成，此後不就沒有轉依了？但這裡只是初地，菩薩的真正修行才剛開始，可知這裡不是完成修行。為何說在初地即能通達一切地卻還需要一步步修行至十地？

(解)《攝大乘論》的回答是：「為對治地障十種無明故、於十相所顯法界有十種無明猶在為障。」既然登初地、得無上覺後猶有無明，而對治這些無明的階段有十地，那麼，在一一之地惑(也包含習氣)滅而轉依成立，自是當然。因此，轉依不是一次就結束，是在整個修行過程中數度出現，因而有多種意義。

《攝大乘論》說「此轉依若略說、有六種轉。」《世親釋》的說明是「若廣說，有多種轉依義，今略說故，但有六種。」這六種轉依是益力損能轉、通達轉、修習轉、果圓滿轉、下劣轉、廣大轉。最後兩個意味著聲聞的轉依和菩薩的轉依，因此和前四者有所重複。前四者依序顯示修行的進展過程。益力損能轉是到達初地的轉依，通達轉是初地到六地的轉依，修習轉是七地到十地的轉依，果圓滿轉則是佛位的轉依。

③六地七地之轉依為何不同？

(難)在初地才起無漏智、見真如，因此可以區別地前和地上的轉依。但是六地和七地之間有所區別而說兩種轉依，是什麼原因？

(解)這是因為到達十地的過程中，各地深淺不一，尤其是六地和七地之間，有很大的差別。

《世親釋》說「前位(六地通達轉)之修習依相起，此位(七地修習轉)之修習依無相起。」指出這裡是無相和有相的分水嶺。(其他經論以七地以前是有相，八地以後是無相。)總之，印度的大乘佛教徒普遍認為，在修道的進展過程中，登初地時(相當於一般說的回心)和六地轉七地(或七地轉八地)時有很大的轉換。

④地前也有轉依？

(難)登初地以後，無分別智起、惑滅、轉依成立，但在地前，無分別智未起時也有轉依的意義，是什麼緣故？

(解)❶地前的轉依

真諦譯《世親釋》對這個地前的轉依(即益力損能轉)有詳細的說明，我們連同《攝大乘論》的本文、引用如下。

論曰：「益力損能轉。由隨信樂位住聞熏習力故。由煩惱有羞行慙弱行、或永不行故。」

釋曰：「由三乘聖道起阿梨耶識中，聞熏習功能更增，說名益力。於阿梨耶識中，所有諸惑熏習，由對治起故無復本用，名損能。此二事何位何因得成？若人住願樂位中，聞如來說廣大甚深正教，於中起三信，願樂修行，隨順不違。此損能以聞熏習力為因，因此二慧生修慧。修慧是聞熏習力。若無修慧，本依則不得轉。由此力故，損能義成。若人已得此轉依，煩惱若起，即生慙羞，起亦不久，又復微弱，或永不起。何以故？能羞自身，深見諸過故。」

人聽聞如來廣大甚深的正教，信樂、修行、隨順不違，聞熏力漸增，阿梨耶識中的諸煩惱熏習隨之喪失作用。這個益力損能是轉依。得此轉依，煩惱若起，也會生慙羞，故亦不久，即使再起也是微弱，甚或永久不起。因為能自覺羞慙，深見己身諸過。在此位，智還是有漏、是有分別，不是無分別。但這個聞熏習是「最清淨法界(即真如)所流」，因此這個聞熏習的聞思修三慧稱為無分別智。

❷般若(無分別智)有三品

《攝大乘論》的「般若(智)三品者：一無分別加行般若、二無分別般若、三無分別後得般若」。《世親釋》的說明是：「從聞無相大乘經，得聞思修三慧，入分別想空，通名無分別加行般若。已入三無性(即真如)即無分別智，名無分別般若。得無分別智後出觀，如前所證，或自思惟，或為他說，名無分別後得般若。」又說「無分別有三種，一加行無分別、二根本無分別、三後得無分別。」

❸地前之轉依義

像這樣，地前的心雖未脫有漏，但聽聞大乘正教所生之慧，也有真如等流和無分別智的本質。(在這裡，我們想起龍樹說的初發心之菩薩智亦是般若波羅蜜、得諸法實相。)由此可知，以無分別智成立為條件的轉依，在地前也存在。因此，地前也存有無住處涅槃的意義。

(3)修行全過程都有轉依(實相)義

由以上所述，可知從初聞大乘正教至佛果位的全部過程中，轉依都存在，如同《世親釋》說的「有多轉依之義」。也知這種出生死、入涅槃的整個修行過程永遠不離生死涅槃無差別的立場。

6.轉依與實相

(1)轉依與諸法實相無異 (無分別智與般若波羅蜜無異)

無着、世親認為從初發心至佛位的整個修行過程中都有轉依，龍樹說從初發心到得一切種智的全部過程的智名為般若波羅蜜，菩薩(行者)藉由此智知諸法實相。轉依和諸法實相，文字雖然不同，但有相同的意義。只是無着世親把知道實相的智稱為無分別智而已。無着清楚說般若波羅蜜和「無分別智」是「名異義同」。(般若波羅蜜和無分別智的關係一致)。實相是如如，轉依是無住處涅槃及法身之相，因此與如如無異。《般若經》也稱第一義的空為涅槃，但這個涅槃和只是滅煩惱所得的二乘涅槃不同，這裡已無可滅的煩惱也無菩提，很容易明白就是無着世親所說的無住處涅槃。

(2)性修二種立場之矛盾與不矛盾

①空盡諸法始得諸法實相？

(難)如果照過去一般人所想的、般若波羅蜜是滅諸法的觀法，藉此空盡一切法後始得諸法實相；那麼，實相(性)的立場和修的立場之間並沒有矛盾。

(解)但如同我們前面的說明，

❶修的全部過程具有實相的意義，換言之，修的全部過程經常即(切合)性的立場。反之，性的立場只在即修的立場時成立。如果具體地把性和修當作同一立場之物，那麼，性的立場和修的立場不得不矛盾。

❷修行的全過程是一步一步登抵佛位，因此修行是一步一步完成。但是，修行是持續的，若站在完成的立場，應該不需要再修行，若站在修行的立場，完成必須被否定。這在無着世親的唯識說和唯識觀裡都一樣。

②轉依是在得諸法實相見真如之後？

(難)過去對唯識觀的理解是，先遣境、然後空識、到達境識兩空、始得見真如，認為轉依是在實相的立場之後。

(解)本來的唯識說並非如此，而是如同我們探討的，唯識觀的全部過程中都有轉依的意義，因此，觀的每一步都有法身及無住處涅槃的意義。

③空心外諸法而心識不空？

(難)過去對於唯識說，只要是有關「唯識無境」的意義，一般都依據玄奘系的唯識說來理解，是站在「雖空心外諸法但心識不空、以此為有」的立場，

(解)❶此說幾乎不理解唯識無境說是「識是自體非識、但作為識而生並作用(識無而後有=假有)，換言之，是三無性真如(=實相)」的立場，因此很難理解唯識觀的全部過程中具有實相的意義。

❷唯識說和唯識觀都不只是「先遣境再遣識而至境識俱泯」的修的立場，而是修的立場常即境識是本來空的實相立場(即性的立場)。這可從本來的唯識說是以「分別依他兩性之同一無性為真實性」的三性說為基礎，而充分解明。

❸即使在二分依他性的三性說中，也說虛妄識的染污分(生死)非有而顯現，可見它是本來無而有。

(3)龍樹擴大空之意義

龍樹的空的二義——「色本身是空、此空中無可破」，以及「空是觀法，破色令空」——明顯相互矛盾。但他把空字的意義更加擴大，並不意味著他的思想混亂，反而突顯了空的思想本來就是以這種矛盾為核心。這個因為空的二義而顯現的矛盾，也存在無着世親的唯識說核心，在《大乘起信論》中，也以更清楚的型態顯現。

7.空之論理與《大乘起信論》

(1)心真如門與心生滅門

性的立場與修的立場的區別，在《大乘起信論》中，以心真如門和心生滅門這二門分別顯現。

①心真如門

在心真如門說：「一切法悉皆真故，無有可遣，亦無可立，以一切法皆同如故」，又說：「一切眾生本來常住涅槃，菩提之法，非可修相，非可作相，畢竟無得。」

②心生滅門

在心生滅門則說:「依如來藏故有生滅心,不生不滅與生滅和合,非一非異,名阿梨耶識。」不生不滅是真如,生滅即是諸法,諸法依無明而起。修的立場是滅此無明的立場,但是《起信論》的心生滅門含有「無明為本、諸法生之過程」的說明,這和「滅以無明為本之諸法」的修的立場正好相反。這兩個方向用既有的佛教術語來說,相當於流轉門和還滅門。

❶無明為本諸法展開

《起信論》說無明為本諸法展開,意思不是無明在時間上比諸法先存在,而是說分析現實存在的諸法,於無明中求其成立的根本。從無明到諸法的展開,是逆說這個論理的分析,不是事實的時間的諸法成立過程。修的立場是否定這種以無明為根本而成立的現實諸法,歸入真如的事實的過程,不是論理關係。

❷修的立場之流轉門與還滅門

一般所謂的流轉門是解明流轉眾生的現實相,還滅門是說脫離此相入涅槃的方法及過程;因此,修的立場包含此二門。

但深入再想,或許還滅門相當於修的立場,但流轉門則似乎不是。但流轉門是假設的迷的境界,迷界是針對悟界而想之物。這已經是迷悟對立的立場。迷悟二界的對立成立,不是性的立場,是修的立場。在流轉門,雖然還沒有開始發心修行,是迷的境界,但仍含有不久之後必須朝向悟的境界的意義。作為迷的境界的流轉門,也是在修的立場(迷悟對立的立場)才成立。

(在性的立場,迷悟同時是迷悟不二,迷的世界無法單獨確立。天台大師用他獨自的六即思想來表現修的立場,其中最低的階段是還沒有開始發心修行、對佛教毫無理解的一般人,稱為「理即」。這相當於流轉門,天台把它定位在修的立場的最下位。那是因為流轉只在修的立場成立。)

在此意義上,我們認為心生滅門全體屬於修的立場。

(2)真外無妄和真外有妄同時成立

我們探討到現在,得到的結論是,性的立場和修的立場相互矛盾,在《大乘起信論》中,也是這種關係嗎?

在什麼意義下承認心真如門和心生滅門之間有矛盾?

心真如門和心生滅門是一心法(即一眾生心)的二門,但心真如門和心生滅門都包含真如,而此二門皆能各自總攝一切法,這裡即清楚出現矛盾。

真如無二,一切法無二種,此二門各自總攝包含真如的一切法,是什麼緣故?為什麼它們不能當作一種而說呢?

因為一方面一切法悉皆真如,無有可遣、亦無可立,另方面此真如之外必須立生滅法(可遣的妄法)。不生不滅之外立生滅，承認它們之間的不一，又說它們的和合。在同一真如中，說只有真如和真外有妄，是不得不的矛盾。

真外無妄(一切為真)和真外有妄必須同時成立，作為二門而說。此矛盾在「無明之相非可壞、非不可壞」的說法中端的顯現。說「所言不覺義者，謂不如實知真如法一故，不覺心起而有其念、念無自相，不離本覺。」說「是心從本以來，自性清淨，而有無明」「一切法本來唯心，實無於念，而有妄心(妄念)」。無有不成真如實相者，迷界眾生雖皆是實相本身，但實相作為悟界、眾生作為迷界，是相反之物。說是「念無自相、不離本覺」而有妄念。妄念在自相被否定的意義上，即是真。只要它作為妄成立，就必須說它和真是否定的對立。反過來說，真是以和自己否定對立之物作為自己。

(3)心自性清淨而有無明

①絕對與相對關係

❶絕對與相對的矛盾關係

拿《起信論》的思想和前面所說的思想比較：

1.真如相當於般若經和龍樹論述裡的空和諸法實相，相當於無着．世親論述裡的無住處涅槃及法身；

2.無明和妄法則各自等同於色或諸法以及生死和眾生(虛妄分別性識)。

前者表現絕對，後者表現相對，空說、唯識說和《大乘起信論》的思想顯示各自的特色同時，具有相同的絕對與相對關係的論理。在這些思想中，相對和絕對否定地對立。從相對到絕對之間，被否定截斷。我們不能直接知道和看到佛本身。不只如此，在另一方面，我們又絕對無法走出絕對者之外，那個本質有著是絕對者本身的意味。

這種關係極其矛盾，但印度大乘佛教思想指示的正是這種觀念。

❷藉佛性連結有情與佛之關係

人們經常藉著佛性而連續思考從有情到佛的關係，這不過是抽象的一面性的想法，只看連續性同一性的一面，而不看矛盾性的對立面，來思考眾生與佛的關係。

中國佛教傾向把教理組織限於同一性面，對立面則專門委於實修(天台宗標榜教觀二門，以言語致力說對立面)，印度佛教則併說這兩面。

②心自清淨而有無明

藉由佛性在質的連續上思考和佛的關係，是硬把通俗的理解強迫灌進佛教思想中。從世親說佛性是二空所顯的真如來看，知道佛性是藉由否定而被媒介。

❶相對者 (依存無明的存在)

我們相對者對於絕對者，是作為否定的對立者而成立。法藏說這是妄違真。違不是相異的意思，是矛盾的意思。相對者是依存無明的存在。

❷絕對者 (是真覺實相)

1.佛教把絕對者當作覺・菩提 bodhi 來理解，因此人的存在被當作無明(無智)。

2.基督教則把絕對者當做愛來理解，人是負罪的存在。人即使被神創造，而被賦予自由，也必定違背神旨而犯罪。雖然說是必定，但這終究是人的自由意志，不是被神規定的。人罪的起源不在神。

❸心清淨而有無明

佛教說無明是無始。

《大乘起信論》以「忽然」一詞表現真妄之間斷絕、妄不出於真的情況，

「何以故？是心從本以來，自性清淨而有無明，為無明所染、有其染心，雖有染心而常恆不變，是故此義唯佛能知。所謂心性常無念，故名為不變，以不達一法界故心不相應，忽然念起，名為無明。」

是心從本以來自性清淨，雖有無明、染心，但常恆不變。

(4)相對(迷)到絕對(悟)之轉換

①妄依真而立，真外無妄

相對與絕對否定地對立，且絕對超出此對立。在神是全能的意義下，神創造的人依照神的意志受神支配。在此意義下，無人能出神的意志之外。但人悖神犯罪不是依照神的意志，如果也不是依據人本身的意志，罪就不在人身上成立。妄在真外是無體、依真而立同時，又作為違真之妄而成立。相對作為絕對的否定對立而成立，就是絕對的成立。和絕對否定對立的相對，對絕對來說，有就是絕對自己的意思。無明染心起，是相對本來清淨的心，但此心不變。

②真如有不變和隨緣二義

因此法藏說真如有不變和隨緣二義。隨無明之緣形成生滅變化世界的，也是不變的真如本身。如果沒有背負原罪的人的存在，神就無法實現愛——如果沒有愛，就不再是神——在此意義下，可以說人是神的本質性契機。但這不是說人分有神的性質，而是理解人是罪人的反說。

③在離生死入涅槃中成立生死即涅槃

大乘佛教雖然認為絕對者和相對者的同一性很強，但絕不消除兩者的否定性對立。這個否定性對立在「滅無明到真如、離生死入涅槃」、從相對到絕對的轉換的否定上成為現實。在這個轉換上，被否定的相對的存在(無明・生死)

對絕對而言，具有是自己的意義。是離生死・煩惱(相對)入涅槃・菩提(絕對)，此涅槃・菩提以和自己否定對立的生死・煩惱為自己。在此意義下，說生死即涅槃、煩惱即菩提。因此，生死即涅槃、煩惱即菩提在離生死入涅槃、滅煩惱成菩提、從迷到悟的轉換中成立，非常重要。在此意義下，證(涅槃菩提)之中永遠含有否定的對立，因此含有從相對到絕對的轉換。倒過來說，從相對到絕對的轉換永遠有在絕對自身中進行的意義。

8.道元之修證同一

(1)證無止境、修無開始

在此意義下，我們不得不承認道元的修證同一思想其實很深。他說：

「其認為修證非一者，是外道之見，佛法中修證同一，至今亦是證上之修，故初心者之辨道(修)，即是本證全體。故授修行心得時，教知在修之外不可求證，因修即是本證。證既與修同時，證無止境，既是證上之修，修無開始。」《正法眼藏辨道話》

「證無止境」的思想非常值得注目。

不論在印度還是中國，一般都認為佛果是佛道修行的最後目標，佛果位是修行階段的最後位。證無止境，意味著不認同這種最後位。但是印度大乘佛教的論理主動回歸道元的思想。我不認為兩者的思想本質有所不同。

(2)初地得無上覺與二地以上之漸次進化

只是在印度思想中，重要的是初地得無上覺之說。無上覺就是阿耨多羅三藐三菩提 anuttarasamyaksaṃbodhi，即是佛本身。因此這也稱做法身。

初地有究竟位的意思，初地以後還要經過兩大阿僧祇劫的修行期間才到達佛果位。一阿僧祇 asaṃkheya 是無限的時間，亦即，十地之後的佛果位是在無見的未來，不是印度人所想的不達此位即無解脫亦無救。這從印度傳說只有龍樹和無着登初地一事可以推知。

二地以上的階段區別實際上並不嚴密，不過是漸次進化的經驗，細部的區別讓人覺得有唯心之處。值得注意的是，第六地以前和第七地以後之間、以及第七地以前和第八地以後之間，有相行和無相行的不同。

修的立場明顯是漸次向佛進展，在此過程中，地前和地上的不同、亦即從有漏到無漏的轉換最大，除了其後的某一期間，從有相到無相的轉換是體驗而知。其它各地之間的區別和順序未必那麼嚴密，也有被指為唯心的地方。修的過程含有漸次進化的意義，但不是直線的漸進，而是有在初地以上各個階段究竟(完結)的意思。

從修證同一的觀點來說，即使地前也有究竟的意思，但地前不像地上那樣自覺。已經無修必要的佛，修的時間只在過程，證只是果，這是還沿用認為涅槃只是離生死之物的小乘思惟傳統，和生死即涅槃的無住處涅槃思想不一致。這不外是各派自行抽象思考應是修證同一之真實性一面的結果。

二、空的論理和三性說

1.實相不可說嗎？

我們在上一節看到空意味著諸法實相，一般認為實相不可說，在實相中，言語道斷，心行亦滅。如果空是實相，它就無法被思惟、也無法用言語表現了。

般若經等說空，其實不是實相可說，只是顯示實相中言語思想之道斷絕而已。

那麼，實相在任何意義下都不可說嗎？經書上真的只說它是言語道斷、心行亦滅，沒有說它是可以言語說的嗎？

這個問題，般若經和龍樹都以「肯定」回答。

1.如般若波羅蜜經中，了了說諸法實相。《大智度論卷》32

2.如來得是深法，能為眾生說是如相。《般若經》

3.爾時佛出覆面舌相告阿難，從今日於四眾中，廣演開示分別般若波羅蜜，當令分別易解。何以故，是深般若波羅蜜中廣說諸法相。(中略)以是故，我為汝了了說。《般若經》

(1)實相可說亦不可說

龍樹說「般若經中了了說諸法實相」，說「般若經中廣說諸法相(實相)」，還說「了了為汝說」。廣說諸法相是分別、思惟般若波羅蜜，讓四眾容易理解。像這樣，實相(法相、法性)一方面超出思惟分別和言語而不可說，另方面又了了被說。實相可說亦不可說。般若經有如下形容。

「稀有世尊！諸法實相不可說而今說之。」

如果實相不可說而說之，那是說「不可說之物」的意思。不可說是什麼意思？又如何能夠說之呢？實相不可說，無非是言語思惟到達不了實相。而它可說，自然是言語思惟分別可以到達它。先是言語分別不能到達實相，後來又是言語等可以到達實相，這究竟意味著什麼？那是先前的言語分別到達不了、後來的言語思惟可以到達。因此，前面的言語思惟性質必須和後面的言語思惟性質完全不同。前面的言語無法理解實相、表現出來，後面的言語可以理解實相、表現出來。凡夫的言語分別不能思惟實相、表現出來，已入實相的佛菩薩的言語分別可以思惟實相、表現出來。「菩薩住無生忍法得諸法實相，從實相起取諸法名相語言，既自善解為眾生說，令得開悟」。從實相起不是回到和還未入實相的凡夫分別相同的分別世界，而是即使成為有分別後也一直不離實相(無分別)。說是菩薩不動真際(實相)建立諸法。

(得無生忍、住諸法實相，以及從此實相起、自己理解同時也向他人解說、令其理解，在這裡，分別思惟作用不到的實相本身和成為分別思惟對象的實相明顯不同。《大乘起信論》說前者是離言真如，後者是依言真如。現在並不特別視這個相當於離言真如的實相為問題。)

能夠見到諸法如實之相(實相)、如實思惟，並向他人解說的思惟言語論理是什麼？般若經和龍樹說「藉由無顛倒分別、了了說諸法實相」，其中可看出什麼論理？它又如何和尚未入實相、顛倒凡夫的言語思惟論理相通呢？我們特別從論理的觀點看空說時可以看出什麼？我想對照唯識說裡的論理，進一步說明空說和唯識說的關係。

(2)實相之異名

般若經以種種名詞表現實相。

如、法相、法性、法住、法位、實際、涅槃、諸法平等、無相、無作、無起、無生、無染、無自性、寂滅、離、不可得、不可思議性、無戲論、無分別、般若波羅蜜、阿耨多羅三藐三菩提等等，不堪一一列舉之繁。

龍樹明白舉出諸法實相的異名有：

空、畢竟空、般若波羅蜜、阿耨多羅三藐三菩提四個。

如是如如真如，法相是 dharmatā。法性是華嚴宗、無作則是天台宗愛用之語。無起、無生、無染、無自性等不是起、生的否定，是意味著實相。無相、實際、如如加上真實和法界，是《中邊分別論》裡空的眾名。在《攝大乘論》，再加上空，就是本來自性清淨(四種清淨的第一)的六個異名。(從[中邊分別論]和[攝大乘論]的說法也可知，空意味著真如、實相。)至於離 vivikta，virahita 是不太使用的概念，但在般若經中常見，是離自性的意思，與無自性同義，意味著實相。《般若燈論》下面的敘述可以說明這點。

「色離色自性，如是受想行識離(受想行)識自性。若色至識諸法離者，此是般若波羅蜜。」

不可得是一切法不可得，就是於戲論分別，其境是無，因此，分別亦是無，和《唯識三十頌》第二十九頌中說的無心、轉依、如如智是無所得一樣。不可得不只是境(客觀)無，無戲論也不只意味分別(主觀)之滅，兩者都是境智兩空的實相。在這眾多名目中，被選為經名的，不是空，不是實相，更不是其他，而是般若波羅蜜。若到佛心，般若波羅蜜改名為一切種智，經的名字不用完成修行的佛智，而用中途菩薩無分別智的般若波羅蜜，大概更能讓人汲取經的旨趣吧。

總之，這些概念都意味著實相，不是某個事物的否定。例如，無生不是生的否定，而是意味著無生無滅的實相。但是無生這個詞也可能被解釋為生的否定。在印度，他派的人把佛教的空之說解釋為單純的無之說。現代西方的研究佛教者也不少此類。將無相、無生、無分別等詞就字面意義視為相、生、分別的否定，也是當然。但是，相、生、分別的否定或滅，未必就是實相。如果無相、無生、無分別意味著心所行境的一切相、生等之滅、能緣之心的滅，那麼可以說它們是要顯現實相。但與其說這是開示實相本身，不如說是要顯示實相是言語分別滅的狀態。它們不是說實相，是顯示實相不可說。因此，無相、無生、離、不可得、無分別等即使意味著實相，這些名詞也只是顯示實相是在我們思惟言語的否定上成立，並非積極地開示實相本身。它們只顯示了實相超出論理，沒有顯示實相本身的論理。

2.實相的論理 (否定對立之同一)

(1)一切法之無而有(否定而又肯定)

空如果和這些名詞同義，即使它是指示實相，也很難說它是顯示實相本身的論理。如同下面的敘述，不能把空(即實相)解釋成只是顯示分別滅的狀態。

「世尊，色空不名為色、離空亦無色、色即是空空即是色。」(參考記要 3 P.3-20)

色若是空，它就不是色，色雖藉空被否定，但不是空外有色，色在空中再度被肯定。這裡不允許「實相是對色的分別滅狀態」的解釋介入。在這裡，色以及對色的分別，不是只被否定，是在被否定同時又被肯定。

實相，是顯示色(一切法)在空中被否定同時又被肯定。實相光是作為真的絕對者，離一切法(相對者)就無法被思惟表現，必定要即一切法以一切法為媒介，作為一切法的否定即肯定，才能被思惟表現。這裡就可看到實相或空的論理。一切法的否定即肯定就是一切法是無而有，知道這種一切法的智稱為實相智、空智或如如智。

(2)實相之論理(否定對立之同一)

否定即肯定和無而有，都是矛盾的。或許不能說是真正被思惟。如果事實矛盾不能被思惟，這就不是論理。只要矛盾律是思惟的最後原則，這種概念不能被思惟，因此也不是論理。在此意義下，空・實相是超出思惟、超出論理，也就是無分別。

前曾述及，這種空之說是自入實相者「從實相起取諸法名相語言，既自善解為眾生說，令得開悟」。如果能自善解，其中應該存在思惟的程序，能向他人解說令其理解，其中必須有言語且合乎邏輯。在此意義下，我們可以看到論理。

這是超出矛盾律的不尋常論理。但不是非論理。

①在此論理中，色始終是色、不是空，空始終是空、不是色(空中無色)，顯示同一律和矛盾律一併進行。但與此同時，絕對相反的色與空是同一，這一點又超出矛盾律。

②實相作為否定性對立物的同一性，被思惟表現。

③但絕對否定對立的是有(存在)和無(非存在)，是識(能分別)和境(所分別)。它們之間不存有聯繫雙方的第三者(共通的所依)。有和無、識和境，是他即非一、是一即非他，是唯二而相互否定地對立，這裡不存在如是有也是無、或是識也是境的第三者。

④空說說明了實相是有無同一，但沒說明實相是識境否定對立的同一。說明後者的工作，留給了彌勒、無着、世親等唯識派眾人。

如果實相可說可思惟是藉由這種論理，那麼，實相不可說的意義就更加清楚了。

(3)實相不可說而說之

實相不可說並非意味著那是分別滅的根本智，或是只能體驗無法訴諸言語思惟的境地，而是無法藉由矛盾律領域內的思惟分別來述說。佛得如相、不可說而說之，是藉由佛的思惟來說以凡夫形式論理的思惟無法述說的實相。

我們在這裡有必要拋開有關空的廣泛解釋——空意味著物的相依性——。因為依據這種解釋，就不需要視空是顯示前述論理之物。《中論》的相依 parasparapeksa 不是物的相關性，而是相互否定對立之物也是同一，關於這點，我們將在別處解說明白。

3.空論理朝唯識思想發展

(1)舊譯唯識說繼承空(實相)之論理

從上述的立場可思考空或實相的論理，但這個思想和唯識說有什麼關係呢？同樣是唯識說，舊譯和新譯對這個思想的態度正好相反。舊譯原原本本繼承這個論理，新譯則是絕對無法接受。這是舊譯說性相融即，新譯說性相永別的緣故。有關新譯的說法，我們後面再談，先看舊譯是如何繼承這個論理。藉此，可以更清楚理解空說和唯識說的關係。

①否定對立之統一

❶在空說中，實相是「否定對立的同一」的論理，是關於諸法而說。

說色受想行識一切法是空，是「色若是空就不是色、而且空外無色」的意思。

在空說中，諸法是緣生。

❷在唯識說中，實相不是色等諸法，而且識是無而有。

在唯識說中，諸法是分別性，不是緣生，緣生是依他性，受限於識，唯識作為緣生，是有。諸法作為識的境，被識分別而是有、在識外是無，相對於識有(因緣有)而為無。而這個境無不只是無，同時也意味著識無。所分別境是無的同時，必然意味著能分別識也是無。

識因依他性(緣生)之故，是有，因其境無，因此是無，亦即，識是有而無、無而有。在這裡，可以看到否定對立的同一(有無的對立就是同一)。

②有無相即、識境相即

❶在中觀派，色等諸法是緣生，它們作為緣生之法，即無自性，緣生意味著有即無、無即有，與空同義。

但在唯識說，諸法不是緣生，只有識是緣生(依他性)，緣生在這裡意味著有，不是空說中的即無自性。

❷識是依他性，意味著識有。

識無不是藉由識是緣生而顯示，是藉由其境是無而顯現。若說因緣不成故因緣生(依他性)的識也不成時，此中因緣意味著作為識境的根塵等。

❸這種意味著相互否定對立的有無同一，在空說是針對色等諸法而說。

但在唯識說，這個色等諸法分為境識對立的二者(這如同說色等諸法以虛妄分別為自性或說境無自體、以識為體)，識是有、境是無(在其反面又具有相反的意思)，有無的相即就是識境的相即。

識無而有，境(無)是識同時識是境(無)，識之外無三界，三界之外無識。

❹在此，空的論理不只作為有無的相即、也作為境識的相即而被解明。也知道舊譯唯識說不只繼承了空說中的空的論理，還進一步發展。由於規定識與境有無相即的是三性說，因此可以說，空的論理來到唯識說後，變成了三性說。

(2)諸法與憶想分別之有無

唯識說或三性說是空論理的進一步發展，這點還需要做一些補充。在空說中，說色等諸法是空，是凡夫的憶想分別 vikalpa ,kalpa，因而是有。這在唯識說中，諸法是虛妄分別 abhutaparikalpa、是於無(本來無)執有，但這並不意味著兩者不同。即使在《大乘起信論》也是一樣，說諸法藉妄念而有、妄念無則諸法亦無。僅就這一點來看，空說、唯識說和《大乘起信論》(如來藏緣起說)之間不存在任何不同。

①空說中憶想分別之無而有

但空說沒有針對這個憶想分別說是有或無，唯識說則清楚說是有，說被虛妄分別(識)分別的一切法是無(這是分別性)，能分別的虛妄分別是有、是依他性。那麼，在空說中，這時的憶想分別到底是有還是無？

從空說的一切法是空的立場來說，憶想分別當然是空。但說諸法是空、只有凡夫的憶想分別是有時，被說是空的一切都是這個憶想分別的境，並沒有顯示憶想分別本身是不是空。妄分別諸法的戲論或憶想分別並不包含在說是一切法空的一切法中。

❶這個憶想分別是有嗎？

如果是有，它就和一切法是空的立場不一致。這個憶想分別若是無，一切法是空也不成立。

❷如果憶想分別不包含在說是空的一切法中，它成為空又如何成立呢？

1.那是在澈悟一切法空(即在般若波羅蜜中)，戲論滅時顯現。滅是顯示在滅之前是有。在諸法是本來空，不是被滅成空的空觀(般若波羅蜜)中，戲論滅去。戲論滅即是入實相，因此在還未入實相、藉由憶想分別妄分別諸法的凡夫，憶想分別還未滅，故有。

2.說色等諸法是空，只是為了說因凡夫的憶想分別故有，因此，憶想分別必須與諸法成空不同，在某種意義上是有。憶想分別若不是有，就不能說因憶想分別故有。在此意義下，憶想分別與諸法之空不同，必須是有。(這是因為其分別在凡夫位。)

❸憶想分別是有，和一切法空的立場不矛盾嗎？

1.在一切法空的立場，不允許任何東西是有。若憶想分別在般若波羅蜜中滅，在滅之前必須是有。但如果是前有後無，那是斷滅，這又違反緣起．空的「不斷不常」根本立場，故憶想分別也必須是本來空。從是本來空這點來說，憶想分別不能滅。憶想分別(凡夫性)也是實相(法身)。

2.諸法是本來空(本來清淨)，不是滅後成空，但是空中有戲論之滅。從實相、如如這方面來說，是本來空(清淨)變成空(無垢)，從憶想分別(垢)這方面來說，是滅而不滅。

❹因此，憶想分別是無而有。因為它是無，因此和一切法空的立場不矛盾，但也因為它是有，因此在空觀滅去。說諸法因憶想分別故有時，憶想分別作為無而有之物，是有，而憶想分別是有時，諸法是有。

❺如前所述，諸法因凡夫憶想分別故，說是有。因此，色等諸法無而有就是憶想分別無而有；反過來說，憶想分別無而有就是諸法無而有。對於這點，空說只針對諸法說色即是空空即是色，沒有說諸法(境)之無同時是憶想分別(識)之無。那是因為在空觀中，憶想分別的一切境若是無，則能分別的憶想分別也自成無。

②唯識說之境無識有

但在唯識說，不只說一切法是無，也說妄分別是有。這和唯識說的觀是唯識觀有必然的關聯。

在唯識觀，一切法即是識境，那是澈悟只有識而使境無成立。識的境被識分別而有，因此識外是無，這並非和空說「諸法是空、但藉憶想分別而有」的說法不同。

但是空說與空觀結合，從種種方面述說諸法是空的理由，因憶想分別故有不是成就諸法之空的最大理由。反之，在與唯識觀結合的唯識說中，境無作為被識分別之物而成立，因此，必須說明識有。識有若不確立，就無法說明諸法是識。如此，終而確立境無識有的主張。

(3)諸法實相與三性說

①如果單從唯識觀的立場來說，《解深密經》說的澈悟諸識所緣唯識所現，離對對象之執著，即已足夠。但從修觀的立場來看，無法說盡唯識說依據三性說的組織性思想，不足以論理說明空說中的實相論。若要充分說明諸法實相，只說一切法空或色即是空空即是色並不充分；也就是說，只說實相作為諸法無而有，仍有未盡之處，還須說明憶想分別的無而有，從而發現三性說就是說明這些的論理。

②在境是識所現的意義下說無境唯有識，不能成為三性說。要成為三性說，必須識作為依他性是有，藉著其境作為分別性是無，識也是無，而此二無性是真實性。必須說明唯有識而無境，是識無而有，即是真如。單從諸法的有無這點來說，無法充分說明諸法的實相，還必須納入境與識的關係一併說明。

空說沒有說明這點，但唯識說解明了這點，因此三性說有其論理意義。

③唯識說以境識關係為問題，深入尖銳地研究識，藉此說明時間的構造，把

識的時間相續面化為阿梨耶識說顯現。

《中論》也論及時間的辯證法構造，但終究不出「不生不滅、不斷不常(時間的不一不異)或不來不去」之域，沒有清楚解說時間的相續構造。討論和我們行為(業)有關的時間，如果不談識、只說諸法，是無法徹底解明。

因此可以說，實相的時間構造是在唯識說中才被解明。在此意義上，我們認為以思想而論，唯識說的發展比空說更進一層，此中採用唯識觀，當然是個重要的契機。

但空說與唯識說的不同，不在於觀的不同，而是思想的發展不同。如果只是觀的不同，未必能說唯識說較為發達。單從觀的立場來看，是不能一概而說唯識觀比空觀發達。因為哪個觀是最好的得道手段，根機的影響很大，不能一般性斷言哪個觀較佳、哪個觀較劣。即使同種類的觀中說得上發達的、或是在諸種觀之間可以看到變遷的，都不能說發達。

(4)二分依他性之三性說

空的論理到了唯識說，就成為三性說，這時的三性說意味著能是依他性、所是分別性，自不待言。但是還有另一個三性說，就是以二分依他性為主的三性說。這個也繼承了空的論理。我們前面已經談過，這裡再從如何繼承空論理的觀點稍做補充。

①二分依他之同時性與異時性

❶在二分依他說中，依他性的二分是同時的時候，此二分是生死與涅槃。此中具有此依他性二分的是無住處涅槃或法身。般若經和龍樹說與空、第一義、實相同義的涅槃，就是這個無住處涅槃。這時，生死與涅槃雖是否定的對立，但是無差別。

❷當依他性二分是異時的時候，也就是依他性先作為分別性存在、後作為真實性存在時，涅槃自身是真實性同時，藉著否定即肯定將分別性包含在自己之中。涅槃雖在生死的否定上成立(這是離生死=不住生死)，但不是只離生死，也不捨離生死(再度肯定生死)。生死在涅槃中被否定即肯定，生死是無而有。這和諸法在空中被否定即肯定是同樣的想法。是龍樹說空=實相=涅槃的理由。

依他二分是同時時與生死對立的涅槃，相當於二分是異時時在無住處涅槃中與生死否定對立的一面；二分是同時時涅槃與生死無差別的意義，相當於二分是異時時無住處涅槃的生死被否定即肯定、包含在自己之中的同一性(這當然不是形式論理的同一性)。

②二分依他三性說繼承空論理

如此這般，空論理也鮮明地被二分依他性的三性說繼承。

❶《攝大乘論》

《攝大乘論》中，二分是同時時藉《婆羅門問經》文顯示，二分是前後時藉《大乘阿毘達磨經》文顯示。

❷《華嚴五教章》

法藏在《華嚴五教章》中引用這兩段經文後(因為是《攝大乘論》的引用，故法藏說是論文)，有言如下。

「此上論文，又明真該妄末相無不攝，妄徹真源體無不寂。真妄交徹二分雙融無礙全攝。思之可見。」(《佛教大系》本 P.594)

❸空論理之貫穿

真妄雖是相反對立，但這些真妄也被同一性貫穿，因此這個相反對立又成為相互否定的對立。這裡的妄是生死、虛妄分別、色等一切法，真是無住處涅槃真如(如智)空或實相。後者都是作為前者的否定即肯定而成立。由此可知，空的論理貫穿了空說．唯識說．華嚴宗說以及如來藏緣起說。

法藏對二分依他性的空論理，顯示如此精闢的見解，但對另一種三性說(能是依他性、所是分別性之說)沒有提出任何見解。法藏對真妄關係雖然有如此敏銳透徹的看法，但對唯識無境說，依然無法擺脫新譯的影響，無法在舊譯中讀出能是依他性、所是分別性的三性說，因此看不出境識關係上的空論理。

③空論理之意義

❶顯真妄交徹

二分依他性的三性說顯現真妄的交徹，交徹是如同法藏說的「真妄交徹二分雙融無礙(彼此)全攝」，永遠不失二分的區別(即不失否定的對立)而又完全是一個。是生死與涅槃完全無差別同時，又始終保持生死與涅槃的差別。這在理解二分依他性的同時和異時綜合成為一個時是可能，換句話說，認為性的立場和修的立場是統一的一個立場時是可能。

❷綜合同時性與異時性

真妄交徹乍看似乎是同時的，但如果沒有異時的意義，其中的否定即無根據。我們在本節開始時暫時稱呼「同時性交互，否定性對立而又是同一」為空的論理，但同時性離開前後性、過程性，往往即不成立，在同時性的本質上具有過程性的意義下，綜合這個同時性和過程性，才應該名為空的論理，如同《大智度論》的空是這兩者綜合的意義。我們也說過，二分依他性之三性說的同時性交互和異時性過程，離開彼此即不成立，應該當作統一綜合的來理解。我們可以說，簡單的二分依他性之說巧妙表現了空論理是同時性交互也是異時性過程的概念。在這個二分依他性的三性說和「能是依他性、所是分別性」的三性說的綜合裡，有唯識思想最根本的特色。

4.空之論理與唯識說

(1)新舊譯唯識說

舊譯唯識說的三性說卓越地展開空的論理。新譯的三性說則完全排斥空的論理。雖然不能說新譯的三性說輕視空或中道，但是他們所說的空或中道，和我們上述所見的完全不同。

①新譯唯識說

雙方不同的根本，在於新譯中

❶沒有依他性和分別性的能所對立關係。

❷沒有因為二無性，因而三無性是同一無性。

❸只遣分別性，不遣依他性。

因為新譯的依他性全體不是相對分別性境的能分別，因此依他性全體不會因為分別性的無性而成為無(因所取無、故能取亦無)。分別性的無就只是無，是和有對立的相對無，沒有舊譯那種三無性是同一無性(絕對無=真如)。

②舊譯唯識說

在分別無相和依他無生的同一無性是真如的舊譯中，於此同一無性，

❶虛妄分別(依他性)是非有(依他無生)。

❷依他無生和同一無性的無性(相無性)是境無，這是藉識有才為可能(境即是識、境藉著以識為體而得以說是無)，在這一點上，必須說是境無豫想識有。

❸又因為境無同時是識無(所取無、故能取亦無)，因此識無即是豫想識有。

❹這裡存在著識無和識有若非同時就不成立的關係。亦即，識是無而有、有而無。

❺如果說「一切法(我法)是無(分別性)」是空，因為分別性的無性(相無性)和依他無生的無性是同一無性，因此，這個空就是原本的三無性・真如・實相。色空、受想行識的空不是否定或空去，而是實相・真如。因此，說唯空無色。

這個到了唯識派，說是一切眾生不出法身。這是識無而有。眾生不是與法身同質，不是於法身被肯定。眾生以有漏為本質，法身以無漏清淨為本質。無漏是藉有漏的否定才成立。因此，必須說眾生於法身被否定也被肯定。

(2)性相融即與性相永別

①性相永別

在分別性和依他性不是能所對立的關係、分別性的無性和依他性的無性不是同一無性的新譯說中，說一切法無我(我與法皆是無)的無是分別性的無性，但這個無不是否定依他性的有。因此，藉由此無而顯現的真如也不是否定依他性的有，也因而不是肯定依他性、將它包含在自己之內。

依他性的識(諸法)和真如是並存的，沒有一進入他、他也進入一的交徹關係。說這是性(真如)相(識=諸法)永別。

②性相融即

如果有交徹的關係，就是性相融即。

❶空說，說明了有無關係和一他的相依(不一不異)關係是性相融即。

❷如來藏緣起說，特別針對真妄關係說性相融即。

❸綜合兩者的是華嚴宗的法界緣起說。

❹不只對有無和真妄，甚至對境識關係都解明是性相融即的是唯識說。

龍樹以不一不異之說顯現，在華嚴宗之說中展現高度論理的一與他(一與多)性相融即思想，在唯識說中幾乎未曾出現，這點需要注意。唯識說中最常出現的依據識境融即的性相融即思想，也不見於佛教其他宗派。我們認為能綜合這兩者的才是更具體的思想，可惜，在過去的佛教思想中，始終沒有出現這種體系的思想。

③從史實與論理來說

必須注意的思想史事實是，在整個大乘佛教中，只有新譯的唯識說是性相永別的思想。此說因而稱為大乘權教，不被視為真實的大乘佛教。從論理之點來說，性相融即有超出矛盾律之處，性相永別則始終不出矛盾律之域。

(3)空與實相之異同

①新譯唯識之空與空性

❶如果空說中的空是否定的對立即同一，性相永別的新譯說是沒有繼承空之說。但新譯唯識說裡也說「空」，這個「空」究竟是什麼意義？

在新譯說，空只意味無或否定(空去)，絕不意味實相。實相稱為空性，空性和空區別分明。

❷在空說中，說色的相不是色、空意味著色的無或否定，又說唯空無色、空肯定一度否定的色包含在自己之中，無(空)同時是實相。但這成了舊譯三性說中「分別性(相無性)和依他性的無性(生無性——遣依他)作為同一無性是真如」的思想。

但在新譯說中，分別性的無性不是否定依他性(不遣依他性——生無性在新譯中不意味依他性本身的無)，因此它只是無，不是舊譯說的實性・真如。無與實性絕對有所區別。空意味著前者，後者以空性這個詞表現。《唯識三十頌》的第二十一頌說真實性「圓成實於彼常遠離前性」，《成唯識論》解釋如下。

「此即於彼依他起性上常遠離前遍計所執、二空所顯真如為性。說於彼言，顯圓成實與依他起不即不離。常遠離言，顯妄所執能所取性理恆非有。前言義顯不空依他，性顯二空非圓成實，真如離有離無性故。」

這裏看到的二空不是即圓成實性(真如)，真如只是藉由二空顯現。說此真如是空性。慈恩的《成唯識論述記》有關這部份的敘述。

「真如是空之性、非即是空、空為所由如方顯故。」

在新譯中，空與空性的區別是如此分明。空始終只意味無或否定，決不意味實相・真如。遍計所執性的無性只意味無(空)，絕不意味絕對無(空性)，那是因為此無性不與依他性的有交徹(不遣依他性)。新譯雖然認同關於真如可以說空，但只是在應該說是空性的部份暫時說是空，依然嚴密地採取空性的解釋。圓測介紹玄奘對空的四種說法中不只顯示這點，也有助於我們理解新譯對空的解釋。

「慈恩三藏泛論空者、略四種。一者、說無為空。是故瑜伽菩薩地說有為無為名為有，無我我所名為空。二者、別空無我。謂有漏五蘊上無我我所，即說五蘊為空。故成唯識云，別空非我，屬苦諦故。三者、通空無我*。如世尊說一切法皆空。空無我體通一切法。四者、生法二空所顯真如，說之為空。此即空之性故，說名為空。若依梵音，空有二義。一者舜若，此翻為空。四中第一能顯無義。二舜若多，此云空性，即是第四所顯真性。今論此中舜若多處說舜若聲、非如舊說。」(《仁王經疏》、大正藏 T33 P.379c)

*大正大藏經和續藏經這裡都是寫成「為我」，想必是「無我」之誤。

②空與實相之異同

梵文的舜若 śūnya 和舜若多 śūnyatā 之間，有新譯說的空與空性的區別，慈恩也有敘述。

「梵云瞬若，此說為空。云瞬若多，此名空性。如名空性，不名為空。」（《成唯識論述記》、九本三十）

大概是玄奘時候的印度人之間有 śūnya 和 śūnyatā 的區別吧，但在龍樹和無着、世親時代的古印度，śūnya 和 śūnyatā 之間恐怕沒有這種區別。

因此，以羅什、真諦為始的舊譯大家，都沒有使用和空有所區別的空性譯詞，也常用「空」當作 śūnyatā 的譯詞。如果說知道梵文是有 śūnya 和 śūnyatā 的區別還無視這個區別，一樣翻譯為空，這就不夠嚴謹了。但事實不是這樣。梵文中的 śūnya 和 śūnyatā 之別，只是表現方式的不同，沒有新譯的空與空性的意義差異。

關於這一點，我們有必要想起玄奘屢屢把舜若多單譯為「空」的事實。例如色是空時，用的是形容詞的 śūnya，色成為空時，用的是名詞形的 śūnyatā。兩者都是色在空中被否定即肯定，空不是無，而是意味著實相(真如)。漢譯的「色空」可以讀成「色為空」，也可以讀成「色之空」，空這個字無須像梵文那樣有形容詞和名詞的區別。

漢語的空和空性的區別會變成重要的問題，是從「空不意味實相、只意味無或否定」的解釋出現後開始。

在般若經和龍樹思想中，空是般若波羅蜜，永遠意味著實相，因此 śūnya 和 śūnyatā 之別不成問題。如果空意味著實相，色(有)與空(無)交徹，色即是空、空即是色，性與相融即。但如果空只意味著無，「色空」就意味著沒有性與相的融即。

性相永別的思想始於護法，因此，空與空性的區別成為重要的問題，也是在護法以後。在新譯說中，空只是意味著無，實相不是空本身，是藉空顯現之物，與空完全不同。

5.中觀與唯識說之中道義

新譯說的空和中觀派的空，意義完全不同，讓我們想到在新譯中，中道也隨著空的變化而完成變貌。

(1)中觀派中道說(非有非空交徹)

如前所述，在中觀派，中道和緣起及空同義，意味著實相。說中道非有非空時，是「非有(無)和非空(有)相互交徹，有無是否定的對立同時，以有之外無無、無之外無有(色若空即非色、且唯空無色)的立場是同一」的意思。
非有和非空是矛盾的關係，因此它們是同一時，不可能在相互交徹意義的同一之外。相互交徹是性相融即。

(2)新譯唯識之中道說

新譯唯識否定這個，因此，非有和非空永遠是不同之物，沒有同一的意義。非有是「心外所計實我及法」，非空(有)是「真如理空及能緣真識」。不用說，心外的實我及法是遍計所執，真如是圓成實性、識是依他性。實我及法是非有，空與識是非空，因此，把它們當成全體而看時說「離有離無、故契中道」。亦即，遍計所執的無和依他及圓成的有相對、說非有非空，這就稱為中道。本來，萬法一一具有三性，因此，在「一法具非有和非空二義，因而一一之法皆是非有非空」的意義上，非有與非空不會只是不同的二者。但即使在同一法之上，遍計的非有、依他的假有或似有和圓成的實有是不同層次，彼此之間絕對不許相互交徹。就像無之外無有一般，這個三性說中不容許有無的交徹。在新譯說，真如的實有和依他性(緣生法)的似有是同一，遍計的非有和相對的有都只是非空。

新譯的特色是不藉由遍計的無性遣依他性，這意味著依他存在於二空(遍計的無)所顯的真如之外。在這裡，遍計的無(相對無)和藉它顯現的圓成實有(絕對)以及依他緣生的似有(相對有)並立，分別配置在非有和非空兩邊，藉此說是非有和非空，因此契合中道。

意義變得和中觀派的緣起、空、中道完全不同，非常明顯。**1

(3)舊譯唯識之性相融即

但在舊譯說，分別性的無和依他性的無是同一的無，這個同一的無即是真如，因此，無不只是無，是超越有無的無，亦即是絕對無。於此二無性的同一無性，依他性被遣，這意味著依他性的緣生有不出此真如無性之外。如此，相與性融即。

三、空觀與唯識觀

1.空宗與有宗

中觀派的空說和瑜伽行派的唯識說以空宗和有宗相對立，這曾經算是常識的理解，在今天可說已是過去之物。日本學術界目前的普遍理解是，空說是以一切大乘佛教思想為基礎，唯識說也不例外。但對西方學者來說，即使是對大乘佛教有極深理解的人，似乎也很難理解空說和唯識說在根本上是一致的。

(1)西方學者之主張

史卻巴斯基(F.Th Stcherbatsky)在他的英譯《中邊分別論》序文中提出下述見解。他說，唯識說是把名為唯識 vijñaptimātratā 的絕對精神(他以此擬黑格爾的絕對精神)放在一切非實在現象基底之唯一實在的唯心一元論，空說則是不承認一切絕對實在的相對論 Relativism，此二說的根本立場徹底不同。因此，認為空說和唯識說根本歸一的日本學者見解，和龍樹「承認空的實在」(admet une réalité vide)的 La Vallée Poussin 見解，都過小評價大乘佛教兩大潮流的不同，忽視了兩學派之間論爭的意義。在史卻巴斯基的解釋中，稱空說為相對論 Relativism。《中論月稱釋》中也說，空．中道是緣起的異名 viśeṣasaṃjñā。如果緣起意味著相依性、相關性，那麼，日本學者有關空說的理解和史卻巴斯基並沒有根本性的不同。

但是關於唯識說，史卻巴斯基的見解或許無法直接獲得日本學者的認同。日本學者認為阿梨耶識是最根本的識，此識轉變展開萬象，但阿梨耶識是個人的也是相對的，不是絕對的。在此意義上，日本學者對唯識說的理解，是把它當作相對的唯心論。如果和史卻巴斯基的理解相較，雖有絕對的和相對的不同，但都是心或精神的一元論，中觀派的空說不論依據什麼，都不是唯心論。這個唯識說和空說的不同，當然不能忽視。

(2)日本學者之主張

為了修正過去唯識說和空說是以空宗立場和有宗立場相對立的解釋，日本學者主張唯識說在根本上和空說一致，這當然是無視一切法皆空的空說和唯識無境的唯識說的根本不同。只要唯識說在任何意義下都主張識有，就無法否定它和主張一切法空的皆空說不同。

(3)古唯識說與空說一致

說唯識說和空說在根本上一致，是因為古唯識說中，識不是永遠是有，是先藉識有說境無，接著藉境無說識無，說此境識俱泯是唯識真觀，到此地步，即是真住唯識。因此，識有是暫且之說，識有說是相對識空說而來，不是識有說直接和空說一致。因此，若根據過去的理解，只要有關識有，都與皆空說相反吧。如果識有說移到識空說、即內有外空說移到內外俱空說時才和空說一致。那不是識有說和空說一致，是唯識無境說移到境識兩空說時和空說一致，那是唯識說放棄識有的立場，移到識無的立場，才和空說一致。這不是唯識說和空說一致，是唯識說移往空說。唯識說和空說若是這種關係，唯識說本身作為識有說，始終和空說對立，那麼，唯識說作為有宗與空宗對立的舊有理解，就未必是錯的。只是這個舊有理解應該修正，對該學派而言，識有說不是最後的立場，識有說移到識空說才是。

(4)「從唯識無境」到「境識俱泯」

但再深入思考，會發現識有說整體是方便之說，皆空說才是真實之說，不過，無人想到那一層。唯識說是到達空說的方便之說，這種說法當然不見諸任何唯識說的文獻，大概未獲承認吧。至於唯識觀，如果是在唯識無境(所謂的內有外空)階段立唯識無境說，到達境識俱泯時立皆空說，那麼，在境識俱泯時應該已不能說是唯識，《攝大乘論》說這是唯識真觀，《三十頌》中也說這是真住唯識。因此，如果依據《攝大乘論》和《三十頌》等唯識說文獻，境識俱泯不是離開識有說的立場移到皆空說的立場，而是真正站在唯識的立場。藉此，在真唯識中，識是空，藉由識空，唯識無境說(識有說)才真正成立。唯識無境說不是放棄自己、移到皆空說立場而究竟，是在唯識無境說、皆空成就。亦即，識不只是有，還是無而有，唯識無境不只是內有外空，同時也是內外俱空。唯識無境說在這種意義上和空說一致，而且不止一致，還進一步發展空說。

2.無著世親展開唯識思想之理由 (最勝子之見解)

雖然諸法是空的教說和諸法是唯識無境的教說是這種關係，但我們還需探討空觀和唯識觀的關係來加以補充。當我們全面性思考皆空說和唯識說的關係時，有必要回頭看看無着和世親等瑜伽行派繼承空說後當作唯識說展開的理由。

龍樹的空說之後，是什麼原因而出現無着・世親等的識有說？關於這個問題，印度已有一個見解，最勝子的《瑜伽師地論釋》序文中有下列敘述。

「佛涅槃後，魔事紛起部執競興，多著有見。龍猛菩薩證極喜地，採集大乘無相空教造《中論》等，究暢真妄，除彼有見。聖提婆等諸大論師造《百論》等弘闡大教。由是眾生復著空見。無着菩薩位登初地，證法光定得大神通事大慈尊、請說此論。」

根據次述，眾生似乎因為龍樹的無相空教說而執著於空，因此無着藉瑜伽論說有，以匡正此著空之見。這種想法明顯是把教說的不同歸根於對機的不同。這和我們希望看到思想發達史的想法不同。因為所有的經都是釋尊一人說的，釋尊的思想就是自己覺證的解說，因此，如果思想本身沒有飛躍性的發展，那麼，經說的不同就只有在對機等外在因素中尋求根據。最勝子的見解明顯是不把龍樹和無着思想的不同當做歷史發達的結果，而認為是聽法者根機的不同所致。

無着說唯識說的目的是為了拯救因龍樹的空說而抱有著空之見的人，真的是歷史事實嗎？如果沒有誤解龍樹的空說(若正確理解空說，即知諸法實相，絕不可能執著空見。)而起著空之見的眾生，唯識說就不會產生嗎？彌勒・無着・世親的唯識說——構成印度大乘佛教思想史上最盛時代主要部份的體系思想——是以這種有限的一部分人為對象而說，不具有針對一切眾生、求得信順歸依的普遍性嗎？龍樹的空說只能破有見，而不能破著空之見嗎？龍樹的著述明白顯示不是這樣。說空的人都會說，空破對一切的執著，若著空，亦破其空。完全了解這一點的無着和世親，只為了破著空眾人的見而說複雜的唯識說，這能當作歷史事實來思考嗎？為了破空之見而說有，這個想法本身顯示出有認為「空說只是無之說、唯識說只是有之說」的傾向。最勝子認為識有只是有、不是無而有、依他性始終是有、無法和分別性成為同一無性。這不是無着和世親的想法。因此，《瑜伽師地論釋》的見解，說的不是歷史事實。

3.思想的發達與觀行之變遷

那麼，歷史的事實如何呢？這個問題可以從兩大方面來觀察。一個是思想的發達，一個是觀行的變遷。亦即，唯識說的成立是基於空思想的發達，而空思想的發達不是在思想領域內成立，是藉由觀行的變遷——唯識無境觀取代空觀成為實修的方法——而成立。

(1)思想的發達方面

在思想的發達方面，空說說的是諸法實相，唯識說解明的也是諸法實相。同樣是說實相，因為都是和觀密切結合，因此思想的構成免不了受到限定，但藉著和唯識觀結合的唯識說，心或識的探討才得以充分展開。

①色空與心空

空說和唯識說都以我們的心為問題，但在空說中，這點並不十分清楚。如同僧肇對心無義的批評以及我們對此的解說中所述，色空不是意味心空而不意味色空，是意味心空同時色空。心空(即無分別・無戲論)藉由境(色)無而成立，真正的無心是境智兩空。

色空意味著色空同時對色的分別也空。說「色是空但唯空無色」、在色的否定上、色再度被肯定，被色空否定的色分別，因唯空無色而同時被肯定。如果色空意味著色即是空空即是色，那也包含了分別的無而有。

但是空說對此，只說明了境方面，對於分別此色的心方面，沒有充分的分析。解明這個諸法實相的心和意識面的，是唯識說。

②從心意識面看業的時間相續

唯識說尖銳地反看在實相構造中的心之面，分析其構造。解明了從過去到現在、從現在到未來的業的時間相續，在無我或無自性的立場上如何成立。《中論》說業沒有消失，是從過去朝向現在和未來繼續相續，但沒有詳細解釋這個相續如何成為可能。

《中論》在沒有探討意識構造下，其結果是沒有確立現在，因此在理論基礎上過、現、未的時間秩序也不成立。這就是所謂的教限吧。

唯識說解明了這個空說的缺除面，讓實相構造更加清楚，可以看出其思想的發達。

空說即使說得出「諸法是實相、一切無出真如之外」，也說不出「現在即是永遠」這時間面的性相融即。

(2)觀行的變遷方面

至於觀行的變遷，是什麼意思？

①空觀

在空觀，是澈悟一切法無自性、是空。但為何一切是無自性、空？根據未必相同。諸法是緣生，因此是無自性、空，這是其中之一。在《中論》和《大智度論》中，以種種事象為根據說諸法的空、不可得。

②唯識觀

在唯識觀，諸法常做為境、被識分別，故在識外是無、因此無自性。在這裡，識是有，還不是無，為了澈悟識的無，而說所識非有故能識亦非有。如此，一切法不可得成立，無分別智顯現。

不論在空觀還是唯識觀，最後都成就一切法不可得，這一點在兩觀無異。無着說唯識觀的無分別智和真空觀的般若波羅蜜是名異義同，極其當然。空觀和唯識觀的結果是相同，但到達結果的觀法明顯有異。

雖然是殊途同歸，但在這裡，我們可以研究一下哪一條路較佳。唯識觀晚於空觀，可以說它比較優越嗎？單從觀法的觀點來看，不能這樣說。哪一個能讓人迅速確實地到達目的地，多半受根機和環境左右，很難一義斷定。或許對大部分人而言，是如同吉藏說的，一開始就澈悟一切法皆空，比先澈悟諸法(境)之無後再澈悟識之無，要來得容易些。因此，唯識觀在空觀之後，未必能說是觀法比較發達。因為這個理由，所以我們對於觀行，不說發達，而說變遷。

(3)中觀派與瑜伽行派之形成

唯識派稱為瑜伽行派，從其重要文獻之一的《瑜伽行地論》推察，唯識說和瑜伽具有密切的關係。不過，如同《修行道地經》yogācārabhūmisūtra 所顯示的，瑜伽行 yogācāra 很久以前就已存在，不是瑜伽行派成立時才出現。另外，稱為瑜伽的實修方法在印度早已相當普遍，為什麼在龍樹的皆空說後，瑜伽行派可以藉由這個瑜伽行的禪觀形成一個有力的學派呢？其實那就像早就存在的般若波羅蜜(即空觀)經過龍樹縱橫解說後展開豐富深遠的思想、成立後世稱為中觀派的學派一樣，已經存在的瑜伽行禪體驗，經過彌勒、無着、世親等人論理性組織後，成為唯識說以組織性思想立場成立的基礎。

①統合瑜伽行體驗組織建構唯識思想體系

如同《解深密經》的分別瑜伽品所述，定心的所緣境與定心無異，是識的所現，只是把禪定的體驗照本陳述，還不能作為唯識說成立。要成立唯識說的組織性思想，需要精密的論理基礎。《解深密經》認為阿梨耶識等心意識之說、三性說、三無自性說、識境即識所現說等，形成唯識說核心的思想都已存在，而且非常重要，各費一章敘述。但很難說這些思想都在一個根本立場上統一，構成一個組織性的思想。說它們各自獨立反而比較適當。三性和三無自性的關係緊密。這些各別的獨立思想藉著無着等人的優秀思索力，賦予論理的組織，構成統一的全體，唯識說以匹敵中觀說的思想立場出現，瑜伽行派成立。

②承續空論理及結合新唯識觀之展開

一個學派的成立，必須有思想的論理基礎，而思想的發達，往往以採用新觀為契機。佛教史上的思想發達、尤其是飛躍性的發達，都是和新觀結合所致。新的思想及論理的發現，都伴隨著新觀的成立。就像空論理和空思想的成立是在空觀成立後形成一般，唯識無境說(三性說・阿梨耶識說)的成立也是因為採用唯識觀作為實修方法而成為可能。這種思想的飛躍性發展係以發現或採用新觀為契機，可以看出佛教思想的實踐性格。龍樹強力展開的空論理和彌勒、無着、世親的唯識觀體驗結合，才解明龍樹的空說中沒有說明的實相側面，至此，唯識說(三性說・阿梨耶識說)因而成立。一個觀(例如唯識觀)若能得到有強力論理的思想根據，該觀自能普及於世。以上所述，是龍樹提婆等的空說之後、彌勒、無着、世親的瑜伽行派成立的原因。這裡有思想的動機和採用新觀兩面。

③唯識說解明諸法實相之時間面

雖然不能否認，唯識觀興起，為了教知大眾，進行理論研究而產生解說，是唯識說成立的根本原因之一；但三性說和阿梨耶識說組成的唯識思想體系，不是只出於這個動機，必定存有想要解決歷來思想史課題的動機。單靠空說無法充分說明諸法實相，因此我們認為，唯識說的成立中，還有想要完全解決這個問題的動機。般若思想和空說屢屢說實相不可說，但唯識說幾乎不見這種說法，這個差異值得注意，這是表明在《攝大乘論》以外的唯識說中，實相可說的自信嗎？空說只說明了實相的橫面或空間的構造，沒有說明其縱面或時間的構造。這是中國佛教認為龍樹的實相論不具時間面，將它與時間性的緣起論對立的原因之一。

實相不只是空間之物，也是時間之物。空與緣起同義，即顯示此。

(4)實相論與緣起論 (時間面之解明)**2

現代的佛教研究偏重將緣起解釋成只是空間的相依性，幾乎剝奪其時間的性格。但緣起本來是極其時間性的東西。原始佛教說緣起是「此有彼亦有、此生彼亦生」，顯示緣起是空間性同時也是時間性之物，毫無置疑的餘地。這裡一併說「有」和「生」，顯示「生」並不包含「有」，「此生彼亦生」不是「此有彼亦有」的重複。緣起也稱為緣生，有人說那是「緣生」的意思甚於「緣起」，但緣起的原文是 pratītyasamutpāda，如果是「緣生」，應該是 pratītyasamutpannatva。安慧在《唯識三十頌釋》裡表現緣生的識時即用此字。另外，從語文的意義來看，如果忽略「起」的時間意義而以「生」的空間及狀態意義為主，只說「依緣」即已足夠，沒有必須要用「起」這個字的理由。現代的研究著重「緣起是正在生的狀態」的解釋，是為了糾正過去「讓緣起與實相對立，認為實相是空間的、緣起是時間的」錯誤解釋，知道緣起和實相同義，不再認為它是諸法生出的過程。如果我們因此認為其中沒有時間的意義，又會因為相反的意思而再度陷入謬誤之中。

關於緣起，尤其是《中論》的緣起，有何時間性的意義，必須另行討論(這個問題在拙著[大乘佛教思想的根本構造]第一章有所討論)，在龍樹的思想中，緣起也有時間的意義。實相不只是空間性的，也是時間性的。

實相論不是和緣起論對立，是實相論本來就是緣起論、緣起論就是實相論。這點在龍樹和無着、世親的說法中都無異。龍樹說緣起和空及中道同義，無着、世親也一樣，只是把龍樹說得不夠充分的時間面作了充分的展開。緣起與空同義，是緣起不是時間的、而是空間的相依性意義，但同時實相反而與空一樣，是時間的。龍樹的空雖然含有時間面卻沒有充分展開，可以從「雖說因空之故、業及其他一切成立，但未說明業的相續如何成為可能？」得知。龍樹的論理沒有說明時間面。

因此，想要解明龍樹沒有說的實相時間面、解決部派佛教時代以來的業相續問題、充分說明實相以解釋佛說的思想動機，促成了唯識說的成立。但是只出於思想的動機、亦即更清楚說明實相、解決過去原封未解的教義課題，唯識說不會成立。這個思想的動機或欲求存在，還須等到能和這種思想結合的唯識觀出現，這個欲求才獲得滿足。

4.漸次觀行之階段說

本節以上的敘述，不只是空觀與唯識觀的關係，而是更廣泛涉及中觀派和瑜伽行派的整體學說，就這個意義嚴格說來，或許本節應該放在本章的最前面。但因為也牽涉空觀和唯識觀的關係，我們想把探討的範圍擴大到佛教的思想與觀行的關係上，因此還是放在本節敘述。

如同前面所述，唯識觀包含順樂位到究竟位的四位全體，因此唯識觀的智是加行、根本、後得這三種無分別智。空觀的智則稱為般若波羅蜜。菩薩從初發心到得一切種智期間，知諸法實相，此智稱為般若波羅蜜。這個般若波羅蜜沒有無分別智所見的階段性區別。般若波羅蜜真的不存在階段性區別嗎？菩薩的修行是漸進的，般若經中明載，菩薩初發心、修空觀、其智漸近真正的般若波羅蜜。《大品》深奧品中有如下記述。

「是菩薩摩訶薩住是十八空，種種觀作法空，即不遠離般若波羅蜜。若菩薩摩訶薩如是漸漸不離般若波羅蜜，漸漸得無數無量無邊福德。」

菩薩修行空觀，其智漸漸不離般若波羅蜜，即是次第深入實相。菩薩修行般若波羅蜜時，一念之中具足六波羅蜜乃至佛十力，四無所畏，四無礙智，十八不共法，大慈大悲等，是「不離般若波羅蜜的修行在每剎那都具有諸法實相」的意思，不一定是「般若波羅蜜的一念之行直接到佛果位，換言之，不是漸修而是頓悟」的意思。我們引用過龍樹的話，知道般若波羅蜜在剎那剎那知諸法實相，但是次第深入實相。菩薩的般若波羅蜜之修是漸進的，龍樹也有下述說法。

「若菩薩常不離般若波羅蜜，漸得無數無量無邊功德。何以故？若菩薩初學般若時，煩惱力強，般若力弱，漸漸得般若力，斷諸煩惱，滅諸戲論，是故得福德無數無量無邊。」

眾生的根機不同，有鈍根者，有利根者，有「初發意時登菩薩位、得阿惟越致地」者，有「初發意時便得阿耨多羅三藐三菩提轉法輪、與無量阿僧祇眾生作益厚、已入無餘涅槃」者，但不可否認，一般都是修行般若波羅蜜而漸漸接近佛果。如果是這樣，就不能否定從初發意到諸佛一切種智之間的般若波羅蜜有深淺之別。如果有，是如同唯識說的三種無分別智有階段性區別嗎？或者只是漸進式、並不存在特別突出的階段？

(1)般若波羅蜜多與無分別智名異義同

無着說無分別智和般若波羅蜜名異義同，這是瑜伽行派單方面的說法，但不是牽強附會之說，在般若經和龍樹的著述中都有同樣意義的記述。

[1]佛言：如是如是。須菩提，若菩薩摩訶薩於一切法無所得時不作是念，我當得阿耨多羅三藐三菩提。用是事得阿耨多羅三藐三菩提，是名阿耨多羅三藐三菩提處。何以故？諸菩薩摩訶薩行般若波羅蜜無諸憶想分別。所以者何？般若波羅蜜中無諸分別憶想故。(《大品》、夢誓品)

[2]世尊，譬如佛一切分別想斷，行般若波羅蜜，菩薩亦如是，一切分別想斷，畢竟空故。(《大品》、淨願品)

「菩薩於一切法無所得時」就是於菩薩、一切分別境是無時。那裡，任何境皆不存在，因此任何分別都無，就連欲得阿耨多羅三藐三菩提的思惟分別也無作用。一切有關對象的意識都沒有了。於是成阿耨多羅三藐三菩提(無上覺)；是名阿耨多羅三藐三菩提處。般若經也說：「若不二不分別諸法，則是阿耨多羅三藐三菩提。」無上菩提(無上智)是無分別智，而此無分別處是般若波羅蜜，因此，般若波羅蜜是無分別智，極其明白。這相當於一切分別憶想斷滅的智。分別憶想或憶想分別的原文是 kalpa、vikalpa、samkalpa 等，這些和唯識說的虛妄分別(屬於三界的心．心所)abhutaparikalpa 相同。引用文[2]說修行般若波羅蜜的菩薩斷一切分別，即是畢竟空。畢竟空是一切不被分別，一切法不可得，和無心、境智無差別相同。「一切法空無分別」和「一切法無分別」同義，也和「一切法空」同義。空或畢竟空和般若波羅蜜相同，都是諸法實相的異名，因為都意味著無分別處。般若波羅蜜是此無分別處智的側面，因此意味著和無分別智相同；空是無分別智境的側面，因此意味著無分別智和無相、法界、真實、如如、實際等相同。因為般若波羅蜜是無分別智，因此，不分別諸法、不作為，就是修行般若波羅蜜。藉此，當可理解下述逆說式表現的原因吧。

[3]菩薩摩訶薩不為般若波羅蜜，故行般若波羅蜜。

[4]菩薩摩訶薩不見眾生，故為行般若波羅蜜。

[5]云何菩薩摩訶薩行般若波羅蜜？佛言：「不行是名行般若波羅蜜。」

(2)加行、根本無分別智相當

般若波羅蜜是無分別智既明，為何認為它必須具有像三種無分別智那樣的區別呢？如果菩薩是從初發心、修般若波羅蜜而漸漸進入無上覺(真正的無分別智)，那麼，必須是起初有分別、漸漸離分別、終至無分別。因此，般若波羅蜜(無分別智)中也有有分別和無分別的區別，這裡是有區別相似般若波羅蜜和實際般若波羅蜜的理由。

真諦譯的《攝大乘論》有如下說明。

「如地前菩薩未見真如，分別無分別為般若波羅蜜，謂此是般若波羅蜜。若菩薩已見真如，在般若波羅蜜中，則無此分別。故言離分別處，以不應彼處故。」

龍樹對般若波羅蜜的有分別和無分別之區別，說法如下。

[6]初發心未得無生法忍者有分別。(《大智度論》卷 78)

[7]無漏無相六波羅蜜有二種，一者得無生法忍菩薩所行，二者未得無生法忍菩薩所行。(同上、卷 87)

從這兩段文字可知，從初發心到得無生法忍之間雖是無漏無相，但依然是有分別，得無生法忍時才真正成為無分別。在空說，得無生法忍時生根本無分別智，因此在這之前的般若波羅蜜相當於加行無分別。龍樹解釋無生法忍如下。

「真無生者，滅諸觀語言道斷，觀一切法如涅槃相，從本以來常自無生，非以智慧觀故令無生得，是無生無滅畢竟清淨，無常觀尚不取，何況生滅，如是等相名無生法忍。」

真正的無生是一切觀滅，所有言語之道斷絕。而這種無生本來就是如此，不是以智慧得到這個無生無滅畢竟清淨。無生法忍若是這種境界，即是根本無分別智。下段引用的敘述是說菩薩住無生忍、得諸法實相。這意味著根本無分別智契當真如。上述的引用文句則如同《攝大乘論釋》說的「見真如」。

(3)後得無分別智相當

般若波羅蜜並非與無分別智不同，而是在到達無生法忍以前是有分別，進入無生法忍後才是真正的無分別。在唯識說中，這個有分別的般若波羅蜜稱為加行無分別智，無分別的般若波羅蜜則稱為根本無分別智。那麼，般若波羅蜜也有相當於後得無分別智之處嗎？我們先參考龍樹的話。

「須菩提白佛言：世尊！何等是菩薩道種智？佛答：菩薩住無生法忍，得諸法實相，從實相起，取諸法名相語言，既自善解為眾生說，令得開悟。」

住無生法忍、得諸法實相，即是藉由根本分別智見真如，因此從實相起、取名相語言，自己完全理解後說予眾生，顯然就是唯識說後得無分別智的智功能。後得智稱為清淨世間智，但後得無分別智不是出世間智，是世間智，不是以真如為境，是以世間為境，因為對他(世間)說自己完全理解之處，令他開悟。後得智清淨，是因為依止真如，因此即使在世間，也和世間的顛倒相反，是無顛倒。在空說中，菩薩從實相起、入世間，但即使入世間，也不離實相。唯識說的後得智依止真如也是一樣。即使入世間也不離實相，就是所謂的「不動真際、建立諸法」。般若經說：

「佛有大恩力，於諸法(平)等中不動而分別諸法。」(平等品)

諸法平等即是實相，說是「諸法平等中無分別」。於諸法平等中不動而分別諸法，是不離無分別(即依止真如)而分別諸法。菩薩的情況亦同。雖說從實相起、分別諸法，也是完全不離實相；是不離實相但起分別。因此說，

「菩薩摩訶薩行般若波羅蜜時，以不壞實際法立眾生於實際中。」(實際品)

菩薩出世間渡眾生也不離實際，因此可以立眾生於實際中。不離實際就是永遠不失無分別的意義。可以說後得智的分別是無分別的分別。即使分別時也不失無分別的立場，因此般若經說：

「菩薩摩訶薩為眾生說法、不分別諸法。」(四攝品)

分別諸法的是顛倒的眾生，菩薩得無分別智，因此是無顛倒，不會像眾生那樣分別諸法。亦即，不分別諸法是得無分別智。菩薩在為眾生說法的意義上是分別，但在離眾生顛倒分別的意義上，永遠是無分別。

由上述可知，無着說般若波羅蜜與無分別智名異義同，並不是瑜伽行派的單方面解說，在般若經和龍樹的著述中也得到充分確認。進而知道般若波羅蜜和無分別智一樣，也有三種階段的區別。

5.唯識觀中修的立場與性的立場之綜合

(1)空觀與唯識觀

接著，我們必須談談比較空觀與唯識觀時更重要的一點。

空觀是般若波羅蜜，藉由澈悟諸法是本來空而滅對諸法的顛倒。但是在空的立場，沒有任何東西可滅。本來空即無可滅。在此意義下，必須說戲論分別其實也不可滅。在空觀中，一切是本來空、無生無滅的性的立場，和戲論滅的修的立場，彼此矛盾但又綜合，空有本來空和空去兩種意義。

至於唯識觀，先澈悟識(虛妄分別)境的諸法是無，遣分別諸法的識，接著澈悟諸法唯意言分別，遣除將諸法當作內在之境而分別的意言分別，最後也遣除這個唯意言分別的唯識之想，一切分別皆止，得到無分別智。在這裡，要注意分別諸法的識(虛妄分別性識和意言分別)甚於諸法(境)的無，有的識漸漸被空成無(有分別成為無分別)。在空觀，是澈悟諸法不是藉由空觀而空，是本來空；在

唯識觀，是澈悟諸法(境)只是被識分別之物，其自身是無，藉此自覺分別此境的心也成為無。**3

(2)二分依他之轉依

換言之，唯識觀是遣心及識，不認為識是本來無。那麼，識是先前有、後來變成無嗎？我們必須想起識滅是轉依(當然包含益力損能轉)，轉依依止二分依他性。識滅是依他性的不淨品分滅、淨品分成，這個轉依具有無住處涅槃的意義。依他性過程意義中的二分離開同時意義的二分即不成立。但二分的同時性意義(二分無差別)和過程性意義(他方成立於一方之滅上)彼此矛盾，因此，若過程性意義經常不離同時性意義，就是過程性意義在經常具有二分無差別意義這點上消失其過程性意義(一方滅、他方成)。不淨品滅，其實不是什麼東西滅去，淨品分成，也不是什麼新東西成立，而是不淨品本來就是淨品，淨品也就是不淨品。不淨品本來就是淨品，因此是本來無體，也因此不能滅。(因為不淨品是相對的，因此在兩者無差別、是一體上，說不淨品是本來無體。)過程性意義的二分經常不離同時性意義的二分，是本來無體的不淨品滅，雖說滅，其實沒有什麼東西滅去。不淨品即是虛妄分別性識，因此，在以種子所生為依他性的三性說中，是被攝入分別依他兩性，相當於和法性相對的諸法。分別性境是常無，依他性識是此境的體，雖說是種子所生(因緣生)，也不是單純的有，是無而有。因為識無而有，因此識滅是沒有的東西滅去(因為識有)。在有的意義上是滅，在無的意義上不能滅。這個無而有的識滅，是不淨品分的滅，這個滅即是遣識，在唯識觀中實踐。

(3)性的立場與修的立場之結合

唯識觀單做為一個觀時，是一個禪觀，是遣識(妄分別)，在此觀中，滅有的識，使之成無。但當唯識觀藉三性三無性說奠定論理基礎時，這個識就不是單純的有，是無而有，唯識觀也變成滅本來無之物的方法。這樣看來，空觀的滅戲論和唯識觀的滅識，都具有滅而無滅的意思。都是站在性的立場和修的立場綜合的立場。空這個字包括這兩面的意義，但唯識說的唯識(無境)一詞則擔任這個任務。唯識無境是一切法是無體、是識(性的立場)同時，和具有「境即是識、故無、境若無則識亦無」意義(修的立場)的唯識觀結合。這個性的立場和修的立場的結合，經常出現在真實性的定義中。真實性是依他性常遠離分別性，但這是識境經常是無(性的立場)的意義(法性真如)同時，也有藉境無空識而成境智兩空(修的立場)的意義。由此可知，「唯識」這個簡單名詞，也是性的立場和修的立場的綜合。

參考資料 9-4 之註解

**1 新譯唯識

非 有	非 空
遍計(實我及法)之無	圓成實有及依他似有

圓成實之空(性)及依他之識(相)都是有(非空)，二者並立，是為性相永別。

**2 (1)過去之錯誤：緣起(時間的)與實相(空間的)對立。

(2)現代學者之錯誤：雖知緣起與實相同義，但不再認為緣起是諸法出生的過程(時間的)，只重空間之相依性。

(3)正確的看法

實相論就是緣起論，是時間的也是空間的。

①緣起與空同義(空間的相依性)； ②實相與空同義(時間的，業相續問題)；

③唯識說與唯識觀解決此問題。

**3 (1)入(方便)唯識觀

①觀四境遣外塵

意言分別似字言及義顯現，

❶名(字言相)但意言分別。(遣名) ❷義依於名，唯意言分別。(遣義)

❸名義自性差別，唯假說為量。(遣名義自性差別)

②證意言分別遣分別

❶唯意言分別。(無四境)

❷境無故分別無實體。(不見名、義、自性差別假說)

③由二方便觀意言分別入真唯識

❶入方便：四尋思、四如實智。

❷所緣境：於意言分別，顯現似名、義，得入唯識觀。

(2)入唯識真觀

①明所入法

❶入唯量觀； ❷入相見觀； ❸入種種相貌觀。

②入三性說

❶於藤蛇智轉 (入分別性)； ❷蛇智不起唯藤智(入依他真實性)；

❸藤智亦滅知真(入真實性)。

參考資料 9-5

有與無

取材自上田義文
《大乘佛教思想之根本構造》

一、關於根本立場

1.在哲學史中，「什麼是本來的存在？」(一切存在由此發生)被提出，而構成種種世界觀：唯物論(本來的存在為物質)、唯心論(本來的存在為精神)、物活論(本來的存在是靈性生存之物質)。與西洋哲學史比較，佛教思想之中心不是任何種類之「存在」(非物質、非精神)，而是其與存在相對的「無」。

貫串佛教思想史全體的不是存在的問題。佛教思想史是以從「我」，從其根源之問開始。

如此之立場，可以用「無我」來表示。

此並非相對於物的我，或相對於客觀主觀的「我」之立場，而是破斥「以如此一切意義的我的立場，所成立的本來的「我」乃至主體的世界。」

此無我的立場，爾後用「空」、「唯心」(唯識)、「無心」等語表現，然其根本是相同的。無我的根本立場貫串全體。

相對西洋哲學史中的「存在」，此無我的立場基於何等理由，而可說為「無」？

2.佛教思想與存在哲學

(1)Jaspers**1 存在哲學思想

①主客分裂之立場

種種世界觀中，大都是將存在視為吾人之對象。我人之所思惟、所言常是異於自己之他者，我人即是主觀，彼者是諸客觀，是心之所向。若以我人自身為思惟對象時，我人自身即成為他者，思惟的自我同時於其中顯現。我人所思惟存在的基礎狀態是「主觀、客觀之分裂」，是我人得以察覺而意識之狀態。

②存在之主體 (包越者)

但存在作為全體，不是主觀也不是客觀，應是包越者(包括者，das Umgreifende)，此包越者在如此主客分裂中，作為現象而顯現。

存在作為其自身，不能是對象(客觀)。對於我人而言，成為對象的一切事物是出自於包越者而對向我人，而我人作為主觀，是從包越者所出。

對於我人而言，在可能的對象的思惟之中，唯獨包越者超越其作為對象的思惟本身，即是以對象的思惟為手段而對向對象的思惟。

(2)佛教「無我」之思想

Jaspers 開啟超越「主客分裂立場」的立場，而到達包越者之思想。在超越主客分裂立場上，無我的立場與包越者立場相同，但超越之方式與深度不同。

對於 Jaspers 而言，與超越者結合之主體是現實存在(實存)。但對於佛教而言，在說為超越之主體是無我時，即已呈現主體是無，即是徹底否定或去除主客分裂立場之主觀(自我)，簡直就是主客分裂立場的徹底否定。

主客之否定得以徹底，是由於絕對者不是超越的存在(有)，而是絕對的無。絕對者超越相對者，然因於彼非存在(非有)而是無，故與相對者(無)的主體成為一，不是只作為他者而相對立。

所謂的無我是主體，是指<u>無我即我</u>，<u>我即無我</u>。如此的<u>無我即我</u>，作為我之絕對否定(絕對無)，絕對超越相對的存在(相對有)之主體；同時，又作為<u>不外於我</u>，絕對肯定相對的存在(相對有)的我。

此我即無我、無我即我之說，爾後是以色即空、空即色表現，出現在佛教思想史中，佛教中的絕對者，可以說是將否定自己與自己對立的視為自身。我的絕對否定是否定性的(超越此主客分裂立場的)自我，此係深入於真正的自我之中。是否定即肯定，是矛盾的。

3.主觀與客觀之關係

Jaspers 所說之包越者，可分為<u>存在</u>本身及<u>我人</u>自身而說。

存在：稱為世界與超越者(神)；

我人：稱為現存在、意識一般(全般)、精神、實存。

如此二者可說是包越者的客體與主體。

無我與包越者雖然都不是主客分裂之立場，亦即不是主觀立於客觀之外，客觀相對主觀而立之關係，但無我立場客觀與主觀之關係完全異於包越者。

(1)無我之立場

①主觀在客觀之內

在無我之立場，客觀之外無我(主觀)，主觀在客觀之內。

主觀是見者知者(能識、識者)，客觀是被見被知(所識、被識)，此二者相反。

❶主觀被否定→客觀亦不可得

若主觀在客觀之內，必是客觀排除了主觀。主觀若不捨除與此客觀之對立，則不能在客觀之內。為了在客觀之內，主觀須接受否定，故主觀成為無。

主觀若只是無，存在的應只有客觀。而客觀(相對有)終究也不得成立，因為無主觀之處，客觀亦不能得。

❷客觀之內有主觀

欲成立客觀之內有主觀，必須是：

1.客觀之否定同時成為主觀之肯定。(客觀依自身之否定，得以將主觀納入自己之中。)

2.主觀之否定同時成為客觀之肯定。

在如此關係中，主觀才能在客觀之內。(無心或無我)

②客觀在主觀之內

反之，也可以說是客觀在主觀之內(三界唯心或唯識無境)。(此中所謂無心與唯心，是義同名異。)

主觀得以真正將客觀包含自己之內，必須是無(無我)。(主觀是無，方可將客觀包含在內。)

(2)主客分裂之立場

①Jaspers 雖然也有談主客相互包容他者，但其之所以不能相互包容是由於主體猶存，還有主客分裂之立場。②又如一般之觀念，意識將對象內在化，主觀將客觀包含在自己之內，都是抽象之立場。在此立場，❶不能內在化而留下來的被捨棄，❷若(能內在化的)予以保存則如物之自體。但此內在化終究是主客分裂之立場。

在此立場，主觀之否定同時也是客觀之否定，客觀之肯定同時也是主觀之肯定。此異於前述無我之立場。

(3)主客相反又同一之關係

在無我之立場，主觀與客觀之關係，一方面是矛盾的，從而是斷絕的，另一方面是相關的，是同一性的、連續的。

①主觀無而有、客觀無而有

在此，我(主觀)是無是有，事物(客觀)也具有無而有之構造。

❶(主觀無而有)主觀之無是主觀在客觀之中(無心、無我)，

❷(客觀無而有)客觀之無是客觀在主觀之中(三界唯心、唯識無境)。

因此，說為主觀無而有，主觀不只是主觀，而是不外於客觀；同樣的，(客觀無而有，)客觀也不只是客觀，而是不外於主觀。

說主觀只是主觀，客觀只是客觀，是主客分裂之立場。

②主客相反而又同一之矛盾關係

❶主觀作為能識，客觀作為所識，若非完全相反，則主觀客觀關係不能成立。

❷但唯有相反，主觀與客觀之相關關係亦不得成立。其之成立，必然是在於二種相反的結而為一的同一性關係。

而相反的關係與同一性之關係若同時具足，則是矛盾的。因此，主觀與客觀關係是矛盾的，若是主觀則非客觀，若是客觀則非主觀，但同時是主觀

又是客觀，是客觀又是主觀，是如此同一性的關係。

4.「無我」與「存在」立場之異同

(1)Jaspers 回顧西洋哲學史，是在探尋「何者為本來的存在」。由於是立於主客分裂之立場，並無可證明作為一而成為真之存在，因此認為藉由超越此立場而存在的是本來的存在。但無論如何，此仍是以存在作為問題。

佛教思想史可以說是在問「我」，不是問人的存在，不是問自身之存在，而是問主體。出發點不同、問題不同，是西洋哲學史之「有」與佛教思想史之「無」產生如此差異的根本原因。

(2)若將全體(含有我及客觀事物)視為存在，可以說已將我客體化。

Jaspers 將包越者分為二：

1.作為我人自身，如稱為現存在、意識一般(全般)、精神、實存的、主體性的。

2.將世界(及超越者)視為存在本身，也是將存在視為對象性的。

彼言：「我人常存在於世界中，以世界中之對象為所有，但世界絕非對象。」彼將世界從意識一般、精神等區分開來，可以窺視世界之客體化傾向，對於「存在」同樣可以如此說。

(3)依佛教思想史而說，自己也包含在內的世界全體不能只視為存在。僅只說為存在的之中，沒有真正的主體性。

說為存在(或有)的，是客體的基本性格。相對於此，可以說主體的基本性格應說為無。

主體的存在不僅只是有，是藉由無而有，相對於只是存在，而能確保其主體性。若將主體說為具有(或存在)的性格，則顯示其立場猶是主客分裂之立場。先前言及事物亦具有無而有之構造，是立於事物不只是客觀，而是超脫主客對立之立場。

(4)Jaspers 雖企圖超越主客分裂之立場，但由於其所承受是從存在出發的西洋哲學史傳統，是以存在為問題，而佛教思想史則是在於問「我」，探尋真正主體性，此乃二者之間的超越方式與深度產生歧異的原因之一。

對於包越者之超越，Jaspers 亦談哲學的思惟之破斥，認為不是我之所知，而是我的存在意識變化。然此本來存在之提問，終究成為超越者是另一個與基督教之神相通之神，是超越之存在，猶如對象留存，主客分裂立場之否定不徹底，因此包越者立場與無我之立場不同。西洋哲學史立場相較於「無我」立場，可以說是相對於無的存在乃至有之立場。佛教思想史中一切的「有與無」之問題，藉由此「無我」的根本立場可以闡明。

二、空

1.《大智度論》釋「一切法空」

(1)空中無色 (絕對否定)

《般若經》

「色空中無有色、受想行識空中無有(受想行)識。」

「色空故無惱壞相、受空故無受相、想空故無知相、行空故無作相、識空故無覺相。」

《龍樹釋》

「色與空相違，若空來則色滅，云何色空中有色，譬如水中無火，火中無水，性相違故。」

「五眾各各自相不可得故，故言五眾空中無五眾。」

(色空之中無色，色與空如同水與火，其性相違(矛盾)，一方若有則另一方不能為有。)

(2)色外無空、空外無色 (色即空、空即色之同一性)

《般若經》

「非色異空、非空異色，色即是空、空即是色。」

(梵文直譯)「色(rūpe)空(śūnyatā)之處之色非色、非空之外有色。空即是色，色即是空。」

《龍樹釋》

「若五眾與空異，空中應有五眾。今五眾不異空、空不異五眾，五眾即是空、空即是五眾，以是故空不破五眾。」

(色之外無空、空之外無色，空不破色(五眾)。色與空無差別(為一)，故不能說空中有色(五眾)。)

(此中五眾代表一切事物，色空代表一切法空。)

2.一切法空義

一切法空也可說是一切法不可得，但並非指任何物都不能入手。

在主客對立的立場說，一切事物並不是作為對象(客觀，與主觀相對)而立。

在此立場，客觀完全被否定，而與其相對之主觀亦滅。

(《般若經》與龍樹稱此為「一切法空」。彌勒、無著、世親稱為「無分別」，是在表現主觀(分別)方面的無，而一切法空是在表現客觀方面的無。)

(1)輪迴涅槃無別 (色即是空、空即是色)

《中論》

「心之對境滅，故語言之對境亦滅。法性(空)不生不滅如涅槃。」

(此中所說是「空」之一面，是超時間(超歷史)、出世間性的面向，但此非究極的、全體的「空」。唯有「世間性(生死輪迴)之外無空」的空才是究竟的深奧的空。

《大智度論》

「般若波羅蜜經中或說諸法空，此為淺近。或說世間法即同涅槃法，此為深奧。色等諸法即是佛法。」

《中論》

「輪迴與涅槃無任何區別，涅槃與輪迴亦無任何區別。涅槃之邊際與輪迴之邊際之間無任何微細相違。」

此等所說是的色等諸法同於輪迴，色等諸法即是佛法，是指「色即空、空即色」。

「色即空、空即色」並不是說色與空只是同一性，此中含有「空中無色」的色之絕對否定，儘管有此否定，但色即空、空即色，此同於輪迴與涅槃無任何區別之說，此中意含涅槃之成立是在輪迴之否定的超脫之中。

(2)空之二義

真正的空，含有二義：

1.空去一切法的絕對否定

2.一切法之外無空 (空與一切法絕對無差別)

①空去一切法

❶空去一切法是超脫主客分裂之立場。然此並非只是主客(即一切法)之否定，也必須是一切法之外無空，空不破一切法。

❷超脫主客分裂之立場，並不只是無主客對立的主客合一，必須是出離主客分裂立場，而成立自己與事物等之轉換(無著所說之轉依)。

❸一切法之否定，即是趣向無分別之方向，同時保有一切法本來之特性，如此才是真正之分別。此是矛盾的空之立場，同時是貫穿佛教思想史的根本立場。

❹朝向涅槃之方向即是否定性的超越生死輪迴，但此不是到達無輪迴之處，而是趣向輪迴之中，趣向邊際(究極)。

②一切法之外無空 (空與法無差別)

煩惱成菩提。(親鸞之淨土門)

親鸞稱一般之佛教為聖道門(自力教)，而以淨土門為他力教。

[依無礙光之利益　得威德廣大之信　煩惱凝冰必融解　即可成為菩提水]

[罪障成功德之體　猶如冰與水之間　冰者多時水亦多　罪障多時功德多]

依據他力(即佛力)之信，煩惱必空。其中並非只是煩惱融盡，而是以煩惱與罪障成為菩提體，不只是罪障之無，而是以其之否定即肯定為媒介，朝向出世間之方向。朝向出世間並不是要脫離世間(煩惱)，越是能察覺世間之世間性，越是能探究世間之邊際。

(3)藉由否定而肯定（無而有）

真正的超越主客分裂之立場，不能僅只藉由否定主客對立之立場而成為主客合一，而是藉由否定而肯定，才有可能是真實。此係由主客分裂立場之主體(僅只是有)轉為無而有之主體。

此即是矛盾，從而是極困難之道。對於我人而言，是無限深遠之道，但又是極為淺近之道。龍樹在《大智度論》中，以人入海譬喻入此空，亦即入世間即涅槃。

「如人入海，有始入者，有盡其源底者。深淺雖異，俱名為入。」

極初步之人，其所理解所行之空也具有此意。彌勒、無著與世親稱此為轉依(立場轉換)。從聽聞教法，開始反省主客分裂立場之當初，其所知雖淺顯，但如此之轉依已成立。

道元說：「既無始修，亦無終證。」

三、識與境

1.空

(1)具有「色即空、空即色」，是「有即無、無即有」之構造。

(2)在有即無、無即有之中，含有從有至無的過程的、轉換的意味。

2.行空

(1)行空過程常具有不破(不空)之義，亦即否定之過程是於「否定即肯定、肯定即否定」成為一而成立。

(2)行空是進向無我之方向，超脫主客分裂之立場，進入真正的主體與客體之立場。因此，在此空之中，深含「主觀與客觀」之關係。

3.空中之主客關係

《般若經》與龍樹揭出「無我」立場之「有即無」，但未揭示空中之主客關係。彌勒、無著與世親承續「有即無」之思想，更進而闡明「主觀與客觀」之關係，所依是《解深密經》、《大乘阿毘達磨經》等。

(1)法之否定與肯定

空去一切法，是藉由否定(主客分裂立場中的)客觀，滅去(與客觀相關的)主觀(自己)；另一方面，其一切法又同時被肯定(空即色)，此即意味(與其相對的)主觀亦被肯定(但此主觀不是主客分裂之立場)。

此被肯定之主觀：

①不是主客分裂之立場；

②是相對於客觀之存在，不是作為主觀之存在而對立的。

③是自己成為無而在客觀中，同時將客觀包納於自己之中。

(2)不識與識平等

《中邊分別論》

「是故識成就，非識為自性。不識及與識，由是義平等。」

《世親釋》

「所識諸塵(塵境藉由識而被識知)既無有體，是故識性無理得成。不識者，由自性不成就是故非識。此法真實無所有性，而能顯現似非實塵，故說為識。」

①對識而言，所識諸塵無體，故稱唯識無境。

②所識若無，則能識亦不能是有，故識性(主觀存在之識)不成立，亦即主客分裂的客與主不成立，因此說為不識。

如是，唯識無境中的「識」，有「識」與「不識」二重意義，而不識與識被說為平等。

識是無而有，此無即「不識」或「非識」之意，所謂非識，意為不是識，即境也。

所說顯現似塵，並不是指作為塵，作為被見聞覺知之事物而存在，而是不外於識。

識成為所識，故說為塵非實有。識不是作為識而有，而是顯現為塵，故說稱為識。

在超越主客分裂之立場，識是非識，從而是境，境為似現，故不外於識。識藉由是不識是非識，而將境包含於自己之中，此即唯識無境。所謂諸法唯識或三界唯心與此同義。

(三界唯心是立於予以超脫的無心(不識)之立場。有別於將對象內在化的觀念論。此內在化的立場是以主觀為有的主客分裂之立場。)

(3)超越主客分裂之立場 (無而有、有而無)

唯識無境之說揭示空的主觀與客觀關係之構造，具有與空相同的無與有之構造。就行空方面說，是入於唯識，超越主客分裂立場，達到前揭之主客關係。主客分裂立場之識(主觀)滅，超越立場之識(非識之識)成立，此即是轉依。

否定越深，非識之識越能成立。此非識之識是智(般若)，是真正的主體。

①主客分裂立場之主觀常依憑對象(攀緣)，從而常為對象所縛，如此之主觀常伴隨執著。

②反之，作為非識之識之主體，將對象包含在自己之中(藉由自己成為無，是在對象之中而得以成立)，故不為對象所縛(自在解脫)。

朝向此自在之主體之道，如同行空之道無限深遠(以三阿僧祇表示)。但又是極為淺近，極有可能。就唯識無境而說，因於此境空之行，真正的主體得以確立。此行空之道無限深遠，對我人而言，主客分裂立場是如此無限深遠，即意味著對於對象之執著是如何深植於人性之中。龍樹乃至無著世親將分別說為煩惱之根本，所謂分別是指主客分裂立場之主觀，是執著之主體。

佛教思想史中的有即無、無即有的思想，係成立於對於「我」之根源性的探討。從而依據上面所述，得以概觀有與無是在主觀與客觀之關係中密切結合。以上所述乃就印度佛教而說，而中國佛教的「事事無礙」或「三諦圓融」以及日本佛教的「六大無礙」思想中的無礙與圓融，也是以如此的無即有的主觀客觀關係為基礎而成立。

參考資料 9-5 之註解

**1 Karl Jaspers(1883.2.23~1969.2.26)

德國哲學家和精神病學家。基督教存在主義之代表。

參考資料 9-6

《中部》
《念住經》

我這樣聽聞。
曾有一時，世尊住在拘樓國拘樓人的一個城鎮。這城鎮名為劍磨瑟曇。在那裡，他稱喚眾比丘們說：「比丘們啊！」「尊者啊！」比丘們回應。
世尊宣說這[部經]：

[一]直接之道

「比丘們啊！這是直接之道——為了眾生的清淨；為了憂傷和悲歎的超越；為了苦和不滿的滅除；為了正理的成就；為了涅槃的證悟——就是四念住。」

[二]念住定義

「哪四種[念住]呢？比丘們啊！在此[修法中]，
於身，比丘安住於隨觀身，是精勤的、正知的、具念的、遠離世間的貪欲和憂惱的。
於諸受，他安住於隨觀諸受，是精勤的、正知的、具念的、遠離世間的貪欲和憂惱的。
於心，他安住於隨觀心，是精勤的、正知的、具念的、遠離世間的貪欲和憂惱的。
於諸法，他安住於隨觀諸法，是精勤的、正知的、具念的、遠離世間的貪欲和憂惱的。」

[三]四種隨觀

一. 隨觀身

1.呼吸

「而且，比丘們啊！於身，他如何安住於隨觀身？」
「在此[修法中]，[比丘]到森林；或到樹下；或到空屋，之後，他坐下。已盤腿後，他端正身體，並且使念安立在前，對吸氣保持覺知；對吐氣保持覺知。
「吸氣長時，他知道：『我吸氣長。』吐氣長時，他知道：『我吐氣長。』吸氣短時，他知道：『我吸氣短。』吐氣短時，他知道：『我吐氣短。』他如此訓練：『我將吸氣，體驗全身。』他如此訓練：『我將吐氣，體驗全身。』

他如此訓練：『我將吸氣，使身行安靜。』他如此訓練：『我將吐氣，使身行安靜。』」

「如同熟練的車床師或他的學徒，當他做一個長轉時，他知道：『我做一個長轉。』或當他做一個短轉時，他知道：『我做一個短轉。』

同樣地，吸氣長時，他知道：『我吸氣長。』吐氣長時，他知道：『我吐氣長。』

吸氣短時，他知道：『我吸氣短。』吐氣短時，他知道：『我吐氣短。』

他如此訓練：『我將吸氣，體驗全身。』他如此訓練：『我將吐氣，體驗全身。』

他如此訓練：『我將吸氣，使身行安靜。』他如此訓練：『我將吐氣，使身行安靜。』」

(重誦)

1.「以此方式，於身，他於內安住於隨觀身；或他於外安住於隨觀身；或他於內和於外兩者都安住於隨觀身。

2.他安住於隨觀身體中生起的性質；或他安住於隨觀身體中滅去的性質；或他安住於隨觀身體中生起和滅去兩者的性質。

3.『有個身體』的念，在他心中確立，其程度適足以[發展]純粹的知和持續的念。並且，他安住於無所依賴，不執取世間的任何事物。」

「這就是他如此地，於身，安住於隨觀身。」

2.姿勢

「再者，比丘們啊！

當走著時，他知道：『我正走著。』

當站著時，他知道：『我正站著。』

當坐著時，他知道：『我正坐著。』

當躺著時，他知道：『我正躺著。』

或者，無論他的身體擺成何種姿勢，他都相應地知道。」

(重誦)

1.「以此方式，於身，他於內安住於隨觀身；或他於外安住於隨觀身；或他於內和於外兩者都安住於隨觀身。

2.他安住於隨觀身體中生起的性質；或他安住於隨觀身體中滅去的性質；或他安住於隨觀身體中生起和滅去兩者的性質。

3.『有個身體』的念，在他心中確立，其程度適足以[發展]純粹的知和持續的念。並且，他安住於無所依賴，不執取世間的任何事物。」

「這就是他如此地，於身，安住於隨觀身。」

3.動作

「再者，比丘們啊！

當向前行及返回時，他以正知而行。

當向前看及向旁看時，他以正知而行。

當彎曲及伸直他的肢體時，他以正知而行。

當穿袈裟、持外衣及持缽時，他以正知而行。

當吃、喝、咀嚼及嚐味時，他以正知而行。

當大便、小便時，他以正知而行。

當走著、站著、坐著、入睡、醒來、說話、沉默時，他以正知而行。」

(重誦)

1.「以此方式，於身，他於內安住於隨觀身；或他於外安住於隨觀身；或他於內和於外兩者都安住於隨觀身。

2.他安住於隨觀身體中生起的性質；或他安住於隨觀身體中滅去的性質；或他安住於隨觀身體中生起和滅去兩者的性質。

3.『有個身體』的念，在他心中確立，其程度適足以[發展]純粹的知和持續的念。並且，他安住於無所依賴，不執取世間的任何事物。」

「這就是他如此地，於身，安住於隨觀身。」

4.身分

「再者，比丘們啊！他檢視這同一具身體，從腳底往上、從頭髮往下，都被皮膚所覆蓋，充滿著種種的不淨。[他檢視]如下：

『這身體內，有頭髮、體毛、指甲、牙齒、皮膚、肌肉、筋腱、骨骼、骨髓、腎臟、心臟、肝臟、橫隔膜、脾臟、肺臟、腸、腸間膜、胃中物、糞便、膽汁、痰、膿、血、汗、脂肪、淚、油脂、唾液、鼻涕、關節滑液和尿液。』」

「就像一個兩端有開口的袋子，裝滿各種穀物，例如：山米、紅米、豆子、豌豆、小米和白米。

一個有好眼力的人如果打開袋子，而且檢視它。[他檢視]如下：

『這是山米；這是紅米。這些是豆子；這些是豌豆。這是小米；這是白米。』

同樣地，他也檢視這一具身體，從腳底往上、從頭髮往下，都被皮膚所覆蓋，充滿著種種的不淨。[他檢視]如下：

『這身體內，有頭髮、體毛、指甲、牙齒、皮膚、肌肉、筋腱、骨骼、骨髓、腎臟、心臟、肝臟、橫隔膜、脾臟、肺臟、腸、腸間膜、胃中物、糞便、膽汁、痰、膿、血、汗、脂肪、淚、油脂、唾液、鼻涕、關節滑液和尿液。』」

(重誦)

1.「以此方式，於身，他於內安住於隨觀身；或他於外安住於隨觀身；或他於內和於外兩者都安住於隨觀身。

2.他安住於隨觀身體中生起的性質；或他安住於隨觀身體中滅去的性質；或他安住於隨觀身體中生起和滅去兩者的性質。

3.『有個身體』的念，在他心中確立，其程度適足以[發展]純粹的知和持續的念。並且，他安住於無所依賴，不執取世間的任何事物。」

「這就是他如此地，於身，安住於隨觀身。」

5.諸界

「再者，比丘們啊！他檢視這同一具身體，不論身體如何被放置，如何被擺置，他都視為由諸界所組成。[他檢視]如下：『這身體內，有地界、水界、火界、風界。』」

「就像熟練的屠夫或他的學徒，在他宰殺了一頭牛之後，他坐在十字路口，與那頭牛被剁成一塊塊的[肉]在一起。

同樣地，他也檢視這一具身體，不論身體如何被放置，如何被擺置，他都視為由諸界所組成。[他檢視]如下：『這身體內，有地界、水界、火界、風界。』」

(重誦)

1.「以此方式，於身，他於內安住於隨觀身；或他於外安住於隨觀身；或他於內和於外兩者都安住於隨觀身。

2.他安住於隨觀身體中生起的性質；或他安住於隨觀身體中滅去的性質；或他安住於隨觀身體中生起和滅去兩者的性質。

3.『有個身體』的念，在他心中確立，其程度適足以[發展]純粹的知和持續的念。並且，他安住於無所依賴，不執取世間的任何事物。」

「這就是他如此地，於身，安住於隨觀身。」

6.腐屍

「再者，比丘們啊！就像他會去觀看棄置在停屍處的屍體，已經死去一日、二日或三日，膨脹、青灰色、流出液體。再者，比丘們啊！就像他會去觀看棄置在停屍處的屍體遭烏鴉、老鷹、禿鷹、狗、豺或各種蛆蟲所食。再再者，比丘們啊！就像他會去觀看棄置在停屍處的屍體已經變成一具帶有血和肉、肌腱相連的骸骨。再再者，比丘們啊！就像他會去觀看棄置在停屍處的屍體已經變成殘留血跡、肌肉銷盡的骸骨，靠著筋腱相連。再者，比丘們啊！就像他會去觀看棄置在停屍處的屍體已經變成毫無血跡和肌肉的骸骨，靠著筋腱相連。再者，比丘們啊！就像他會去觀看棄置在停屍處的屍體已經變成到處散落著斷開的枯骨。再者，比丘們啊！就像他會去觀看棄置在停屍處的屍體已經骨頭變白，像海螺殼的顏色。再者，比丘們啊！就像他會去觀看棄置在停屍處的屍體已經過了一年多，枯骨堆積起來。再者，比丘們啊！就像他會去觀看棄置在停屍處的屍體骨頭腐蝕且粉碎為塵土。
他將[自己]這同一具身體，與[所見的死屍]比較；這身體也具有同樣的特性，它將會像[上述]那樣，它是無法免除那樣的命運的。」

(重誦)

1.「以此方式，於身，他於內安住於隨觀身；或他於外安住於隨觀身；或他於內和於外兩者都安住於隨觀身。
2.他安住於隨觀身體中生起的性質；或他安住於隨觀身體中滅去的性質；或他安住於隨觀身體中生起和滅去兩者的性質。
3.『有個身體』的念，在他心中確立，其程度適足以[發展]純粹的知和持續的念。並且，他安住於無所依賴，不執取世間的任何事物。」

「這就是他如此地，於身，安住於隨觀身。」

二. 隨觀諸受

「再者，比丘們啊！於諸受，他如何安住於隨觀諸受？」

「在此[修法中]，
當感覺到樂受時，他知道：『我感覺到樂受。』
當感覺到苦受時，他知道：『我感覺到苦受。』
當感覺到不苦不樂受時，他知道：『我感覺到不苦不樂受。』

「當感覺到世俗的樂受時，他知道：『我感覺到世俗的樂受。』
當感覺到非世俗的樂受時，他知道：『我感覺到非世俗的樂受。』
當感覺到世俗的苦受時，他知道：『我感覺到世俗的苦受。』
當感覺到非世俗的苦受時，他知道：『我感覺到非世俗的苦受。』
當感覺到世俗的不苦不樂受時，他知道：『我感覺到世俗的不苦不樂受。』
當感覺到非世俗的不苦不樂受時，他知道：『我感覺到非世俗的不苦不樂受。』」

(重誦)

1.「以此方式，於諸受，他於內安住於隨觀諸受；或他於外安住於隨觀諸受；或他於內和於外兩者都安住於隨觀諸受。
2.他安住於隨觀諸受中生起的性質；或他安住於隨觀諸受中滅去的性質；或他安住於隨觀諸受中生起和滅去兩者的性質。
3.『有受』的念，在他心中確立，其程度適足以[發展]純粹的知和持續的念。並且，他安住於無所依賴，不執取世間的任何事物。」

「這就是他如此地，於諸受，安住於隨觀諸受。」

三. 隨觀心

「再者，比丘們啊！於心，他如何安住於隨觀心？」
「在此[修法中]，
他知道：有貪的心是『貪的』；無貪的心是『無貪的』。
他知道：有瞋的心是『瞋的』；無瞋的心是『無瞋的』。
他知道：有痴的心是『痴的』；無痴的心是『無痴的』。
他知道：蜷縮的心是『蜷縮的』；散亂的心是『散亂的』。
他知道：廣大的心是『廣大的』；狹小的心是『狹小的』。
他知道：可被超越的心是『可被超越的』；無可被超越的心是『無可被超越的』。
他知道：有定的心是『定的』；無定的心是『無定的』。
他知道：解脫的心是『已解脫的』；未解脫的心是『未解脫的』。」

(重誦)

1.「以此方式，於心，他於內安住於隨觀心；或他於外安住於隨觀心；或他於內和於外兩者都安住於隨觀心。
2.他安住於隨觀心中生起的性質；或他安住於隨觀心中滅去的性質；或

他安住於隨觀心中生起和滅去兩者的性質。

3.『有個心』的念，在他心中確立，其程度適足以[發展]純粹的知和持續的念。並且，他安住於無所依賴，不執取世間的任何事物。」

「這就是他如此地，於心，安住於隨觀心。」

四. 隨觀諸法

1.諸蓋

「再者，比丘們啊！於諸法，他如何安住於隨觀諸法？」

「在此[修法中]，於諸法，他依五蓋安住於隨觀諸法。並且於諸法，他如何依五蓋安住於隨觀諸法？」

「如果感官的慾望在他之內現前，他知道：『我之內有感官的慾望。』
如果感官的慾望未在他之內現前，他知道：『我之內無感官的慾望。』
而且，他知道：未生起的感官慾望如何生起；已生起的感官慾望如何斷除；以及如何防止已斷除的感官慾望在未來生起。

「如果瞋怒在他之內現前，他知道：『我之內有瞋怒。』
如果瞋怒未在他之內現前，他知道：『我之內無瞋怒。』
而且，他知道：未生起的瞋怒如何生起；已生起的瞋怒如何斷除；以及如何防止已斷除的瞋怒在未來生起。

「如果昏沉和嗜睡在他之內現前，他知道：『我之內有昏沉和嗜睡。』
如果昏沉和嗜睡未在他之內現前，他知道：『我之內無昏沉和嗜睡。』
而且，他知道：未生起的昏沉和嗜睡如何生起；已生起的昏沉和嗜睡如何斷除；以及如何防止已斷除的昏沉和嗜睡在未來生起。

「如果掉舉和憂悔在他之內現前，他知道：『我之內有掉舉和憂悔。』
如果掉舉和憂悔未在他之內現前，他知道：『我之內無掉舉和憂悔。』
而且，他知道：未生起的掉舉和憂悔如何生起；已生起的掉舉和憂悔如何斷除；以及如何防止已斷除的掉舉和憂悔在未來生起。

「如果疑惑在他之內現前，他知道：『我之內有疑惑。』
如果疑惑未在他之內現前，他知道：『我之內無疑惑。』
而且，他知道：未生起的疑惑如何生起；已生起的疑惑如何斷除；以及如何防止已斷除的疑惑在未來生起。」

(重誦)

1.「以此方式，於諸法，他於內安住於隨觀諸法；或他於外安住於隨觀諸法；或他於內和於外兩者都安住於隨觀諸法。

2.他安住於隨觀諸法中生起的性質；或他安住於隨觀諸法中滅去的性質；或他安住於隨觀諸法中生起和滅去兩者的性質。

3.『有諸法』的念，在他心中確立，其程度適足以[發展]純粹的知和持續的念。並且，他安住於無所依賴，不執取世間的任何事物。」

「這就是他如此地，於諸法，安住於隨觀諸法。」

2.諸蘊

「再者，比丘們啊！於諸法，他依五取蘊安住於隨觀諸法。並且，於諸法，他如何依五取蘊安住於隨觀諸法？」

「在此[修法中]，他知道：

『色是這樣；它的生起是這樣；它的滅去是這樣。
受是這樣；它的生起是這樣；它的滅去是這樣。
想是這樣；它的生起是這樣；它的滅去是這樣。
諸行是這樣；它們的生起是這樣；它們的滅去是這樣。
識是這樣；它的生起是這樣；它的滅去是這樣。』」

(重誦)

1.「以此方式，於諸法，他於內安住於隨觀諸法；或他於外安住於隨觀諸法；或他於內和於外兩者都安住於隨觀諸法。

2.他安住於隨觀諸法中生起的性質；或他安住於隨觀諸法中滅去的性質；或他安住於隨觀諸法中生起和滅去兩者的性質。

3.『有諸法』的念，在他心中確立，其程度適足以[發展]純粹的知和持續的念。並且，他安住於無所依賴，不執取世間的任何事物。」

「這就是他如此地，於諸法，安住於隨觀諸法。」

3.諸入處

「再者，比丘們啊！於諸法，他依內外六入處安住於隨觀諸法。並且，於諸法，他如何依內外六入處安住於隨觀諸法？」

「在此[修法中]，他知道：眼；他知道：諸色；而且，他知道：依這兩者而生起的繫縛。而且，他也知道：未生起的繫縛如何生起；已生起之繫縛如何斷除；以及如何防止已斷除的繫縛在未來生起。

「他知道：耳；他知道：諸聲；而且，他知道：依這兩者而生起的繫縛。而且，他也知道：未生起的繫縛如何生起；已生起之繫縛如何斷除；以及如何防止已斷除的繫縛在未來生起。

「他知道：鼻；他知道：諸香；而且，他知道：依這兩者而生起的繫縛。

而且，他也知道：未生起的繫縛如何生起；已生起之繫縛如何斷除；以及如何防止已斷除的繫縛在未來生起。

「他知道：舌；他知道：諸味；而且，他知道：依這兩者而生起的繫縛。而且，他也知道：未生起的繫縛如何生起；已生起之繫縛如何斷除；以及如何防止已斷除的繫縛在未來生起。

「他知道：身；他知道：諸觸；而且，他知道：依這兩者而生起的繫縛。而且，他也知道：未生起的繫縛如何生起；已生起之繫縛如何斷除；以及如何防止已斷除的繫縛在未來生起。

「他知道：意；他知道：種種意的對象；而且，他知道：依這兩者而生起的繫縛。而且，他也知道：未生起的繫縛如何生起；已生起之繫縛如何斷除；以及如何防止已斷除的繫縛在未來生起。」

(重誦)

1.「以此方式，於諸法，他於內安住於隨觀諸法；或他於外安住於隨觀諸法；或他於內和於外兩者都安住於隨觀諸法。

2.他安住於隨觀諸法中生起的性質；或他安住於隨觀諸法中滅去的性質；或他安住於隨觀諸法中生起和滅去兩者的性質。

3.『有諸法』的念，在他心中確立，其程度適足以[發展]純粹的知和持續的念。並且，他安住於無所依賴，不執取世間的任何事物。」

「這就是他如此地，於諸法，安住於隨觀諸法。」

4.諸覺支

「再者，比丘們啊！於諸法，他依七覺支安住於隨觀諸法。並且，於諸法，他如何依七覺支安住於隨觀諸法？」

「在此[修法中]，

如果念覺支在他之內現前，他知道：『我之內有念覺支。』

如果念覺支未在他之內現前，他知道：『我之內無念覺支。』

他知道：未生起的念覺支如何生起；已生起的念覺支如何經由發展而圓滿。

「如果擇法覺支在他之內現前，他知道：『我之內有擇法覺支。』

如果擇法覺支未在他之內現前，他知道：『我之內無擇法覺支。』

他知道：未生起的擇法覺支如何生起；已生起的擇法覺支如何經由發展而圓滿。

「如果精進覺支在他之內現前，他知道：『我之內有精進覺支。』

如果精進覺支未在他之內現前，他知道：『我之內無精進覺支。』

他知道：未生起的精進覺支如何生起；已生起的精進覺支如何經由發展而圓滿。

「如果喜覺支在他之內現前，他知道：『我之內有喜覺支。』
如果喜覺支未在他之內現前，他知道：『我之內無喜覺支。』
他知道：未生起的喜覺支如何生起；已生起的喜覺支如何經由發展而圓滿。

「如果輕安覺支在他之內現前，他知道：『我之內有輕安覺支。』
如果輕安覺支未在他之內現前，他知道：『我之內無輕安覺支。』
他知道：未生起的輕安覺支如何生起；已生起的輕安覺支如何經由發展而圓滿。

「如果定覺支在他之內現前，他知道：『我之內有定覺支。』
如果定覺支未在他之內現前，他知道：『我之內無定覺支。』
他知道：未生起的定覺支如何生起；已生起的定覺支如何經由發展而圓滿。

「如果捨覺支在他之內現前，他知道：『我之內有捨覺支。』
如果捨覺支未在他之內現前，他知道：『我之內無捨覺支。』
他知道：未生起的捨覺支如何生起；已生起的捨覺支如何經由發展而圓滿。」

(重誦)

1.「以此方式，於諸法，他於內安住於隨觀諸法；或他於外安住於隨觀諸法；或他於內和於外兩者都安住於隨觀諸法。
2.他安住於隨觀諸法中生起的性質；或他安住於隨觀諸法中滅去的性質；或他安住於隨觀諸法中生起和滅去兩者的性質。
3.『有諸法』的念，在他心中確立，其程度適足以[發展]純粹的知和持續的念。並且，他安住於無所依賴，不執取世間的任何事物。」

「這就是他如此地，於諸法，安住於隨觀諸法。」

5.諸聖諦

「再者，比丘們啊！於諸法，他依四聖諦安住於隨觀諸法。並且，於諸法，他如何依四聖諦安住於隨觀諸法？」

「在此[修法中]，
他如實知道：『這是苦。』
他如實知道：『這是苦的生起。』
他如實知道：『這是苦的息滅。』

他如實知道：『這是導致苦滅的道路。』」

(重誦)

1.「以此方式，於諸法，他於內安住於隨觀諸法；或他於外安住於隨觀諸法；或他於內和於外兩者都安住於隨觀諸法。

2.他安住於隨觀諸法中生起的性質；或他安住於隨觀諸法中滅去的性質；或他安住於隨觀諸法中生起和滅去兩者的性質。

3.『有諸法』的念，在他心中確立，其程度適足以[發展]純粹的知和持續的念。並且，他安住於無所依賴，不執取世間的任何事物。」

「這就是他如此地，於諸法，安住於隨觀諸法。」

[四]預告證悟

「比丘們啊！如果任何人，以這樣的方式發展這些四念住七年，他可期待兩種果位之一；或者，當下[證得]究竟智；或者，如果還有絲毫的執著，[即得]不還果。

不用說七年，比丘們啊！如果任何人，以這樣的方式發展這些四念住六年，他可期待兩種果位之一：或者，當下[證得]究竟智；或者，如果還有絲毫的執著，則得[不還果]。

不用說六年，比丘們啊！如果任何人，以這樣的方式發展這些四念住五年，他可期待兩種果位之一：或者，當下[證得]究竟智；或者，如果還有絲毫的執著，則得[不還果]。

不用說五年，比丘們啊！如果任何人，以這樣的方式發展這些四念住四年，他可期待兩種果位之一：或者，當下[證得]究竟智；或者，如果還有絲毫的執著，則得[不還果]。

不用說四年，比丘們啊！如果任何人，以這樣的方式發展這些四念住三年，他可期待兩種果位之一：或者，當下[證得]究竟智；或者，如果還有絲毫的執著，則得[不還果]。

不用說三年，比丘們啊！如果任何人，以這樣的方式發展這些四念住二年，他可期待兩種果位之一：或者，當下[證得]究竟智；或者，如果還有絲毫的執著，則得[不還果]。

不用說二年，比丘們啊！如果任何人，以這樣的方式發展這些四念住一年，他可期待兩種果位之一：或者，當下[證得]究竟智；或者，如果還有絲毫的執著，則得[不還果]。

不用說一年，比丘們啊！如果任何人，以這樣的方式發展這些四念住七個月，他可期待兩種果位之一：或者，當下[證得]究竟智；或者，如果還有絲毫的執著，則得[不還果]。

不用說七個月，比丘們啊！如果任何人，以這樣的方式發展這些四念住六個月，他可期待兩種果位之一：或者，當下[證得]究竟智；或者，如果還有絲毫的執著，則得[不還果]。

不用說六個月，比丘們啊！如果任何人，以這樣的方式發展這些四念住五個月，他可期待兩種果位之一：或者，當下[證得]究竟智；或者，如果還有絲毫的執著，則得[不還果]。

不用說五個月，比丘們啊！如果任何人，以這樣的方式發展這些四念住四個月，他可期待兩種果位之一：或者，當下[證得]究竟智；或者，如果還有絲毫的執著，則得[不還果]。

不用說四個月，比丘們啊！如果任何人，以這樣的方式發展這些四念住三個月，他可期待兩種果位之一：或者，當下[證得]究竟智；或者，如果還有絲毫的執著，則得[不還果]。

不用說三個月，比丘們啊！如果任何人，以這樣的方式發展這些四念住二個月，他可期待兩種果位之一：或者，當下[證得]究竟智；或者，如果還有絲毫的執著，則得[不還果]。

不用說二個月，比丘們啊！如果任何人，以這樣的方式發展這些四念住一個月，他可期待兩種果位之一：或者，當下[證得]究竟智；或者，如果還有絲毫的執著，則得[不還果]。

不用說一個月，比丘們啊！如果任何人，以這樣的方式發展這些四念住半個月，他可期待兩種果位之一：或者，當下[證得]究竟智；或者，如果還有絲毫的執著，則得[不還果]。

不用說半個月，比丘們啊！如果任何人，以這樣的方式發展這些四念住七天，他可期待兩種果位之一：或者，當下[證得]究竟智；或者，如果還有絲毫的執著，則得[不還果]。」

[五]直接之道

因此，所宣說的正是關於這一點：

「比丘們啊！這是直接之道——為了眾生的清淨；為了憂傷和悲歎的超越；為了苦和不滿的滅除；為了正理的成就；為了涅槃的證悟——就是四念住。」

這是世尊所宣說的。

比丘們對於世尊所言，滿意且歡喜。

參考資料 9-7

《念住經》之身隨觀、受隨觀、心隨觀、法隨觀

取材自無著比丘《念住》

1.身隨觀

(1)隨觀次第

身隨觀從身體較為明顯和基本之層面開始，循序漸進。

①巴利版本　《中部．念住經》《長部．大念住經》

入出息→四種姿勢→身體動作→身分→四界→腐屍。

②漢譯中阿含及其他版本　《中阿含經》98 經

<table>
<tr><th></th><th colspan="2">循身觀對象</th><th>觀修重點</th></tr>
<tr><td>❶</td><td colspan="2">四種姿勢</td><td rowspan="4">知道 (覺知)
Pajānāti</td></tr>
<tr><td>❷</td><td colspan="2">身體動作</td></tr>
<tr><td>❸</td><td rowspan="4">入出息</td><td>長息 (如轉輪師知長短)</td></tr>
<tr><td>❹</td><td>短息 (如轉輪師知長短)</td></tr>
<tr><td>❺</td><td>息全身</td><td rowspan="2">善學 (訓練)
Sikkhati</td></tr>
<tr><td>❻</td><td>使身行安靜</td></tr>
<tr><td>❼</td><td colspan="2">身分 (如倉貯穀)</td><td rowspan="2">審察 paccavekkhati
(從解剖及物質上分析)</td></tr>
<tr><td>❽</td><td colspan="2">四界 (如屠師析牛)</td></tr>
<tr><td>❾</td><td colspan="2">腐屍</td><td>比較 upasaṃharati
(從時間上做比較)</td></tr>
</table>

從較明顯及基礎之四種姿勢開始，將入出息調至第三位，以此過渡到以坐姿為主較細微之隨觀。

(2)目的與利益

隨觀身體是要特別注意身體不吸引人之層面，因而將之前強調之吸引人層面，置於比較平衡之處境。修習者看待身體就是視之為緣起之產物。身隨觀能成為止發展之基礎，如同《念住經》所述，可以導至將「念」運用在「受」和「內心的現象」。在身體內建立覺知的穩固根基，提供止和觀兩者重要的基礎。

(3)姿勢與動作

①姿勢

「當走著時，他知道：『我正走著。』　(知道 pajānāti)

當站著時，他知道：『我正站著。』

當坐著時，他知道：『我正坐著。』

當躺著時，他知道：『我正躺著。』

或者，無論他的身體擺成何種姿勢，他都相應地知道。」

不限於這四種姿勢，而是以整體之方式去覺知身體，將心定錨在身體內。任一姿勢都與心在當下狀態的覺知相連結。對於姿勢之隨觀，能導致去探究身和心在條件上的相互關連性。

禪修不必只想到坐姿，其他姿勢也可能被用來實踐禪修之修習，取決於修習者之個性而定。(站、走適合貪性之人，坐、臥適合瞋性人)

②動作

「當向前行及返回時，他以正知而行。

當向前看及向旁看時，他以正知而行。

當彎曲及伸直肢體時，他以正知而行。

當穿袈裟、持外衣及缽時，他以正知而行。

當吃喝咀嚼及嚐味時，他以正知而行。

當大便、小便時，他以正知而行。

當走著、站著、坐著、入睡、醒來、說話、沉默時，他以正知而行。」

對於身體動作的念和正知(sati-sampajañña)，在準備的修習與實際坐禪間，居於過渡之位置，而作為正式的禪修基礎。

正知，必須被導向動作之目的及其適當性，並了解如何與禪修之修習(行處)連結，同時明白其真實性(無痴)。(正知之四個層面：目的正知、適宜正知、行處正知、無痴正知)

(4)<u>入出息</u>

《念住經》說入出息觀修有四步驟，《安那般那念經》又增加十二項，構成十六步驟之組合。此類觀修可作為「想」(saññā)和作為「定」之修習。入出息觀可能利益包括「洞察的觀」和「深層的定」兩者。

(利益包括：克服世俗(感官)的意念，瞋怒和誘惑，達到四禪和四無色定，以及證悟。)

①四個步驟

「(比丘)到森林或樹下或空屋，坐下盤腿後，端正身體，使念安立在前，對入息保持覺知，對出息保持覺知。

❶入息長時，他知道：『我入息長』；出息長時，他知道：『我出息長』。

❷入息短時，他知道：『我入息短』；出息短時，他知道：『我出息短』。

❸他如此訓練：『我將入息，體驗全身』；他如此訓練：『我將出息，體驗全身。』

❹他如此訓練：『我將入息，使身行安靜』；他如此訓練：『我將出息，使身行安靜。』

雖然禪修不只限於坐姿，但經典清楚強調正式的坐姿於修心之重要性。先修習具念之入出息，接著第一步驟開始覺知每個氣息之長度，如同輪轉師覺知轉動之長短。在第三第四步驟則以訓練取代知道。

(而《安那般那念經》知道分兩個步驟，訓練則分為十四個步驟。此十六步驟不只限於入出息過程之變化，也涵蓋了主觀經驗相關層面。)

第三步驟體驗全身(sabhakāya)指覺知整個入出息身，或可擴展到覺知入出息對整個身體之影響。(全身指整個呼吸身，從開始、中間、結束的各階段。)

第四步驟平靜身行(kāyasaṅkhāra)指入息和出息之平靜，或指一個平靜且穩定姿勢的維持，也意味著整個身體平靜的增強。(身行指入息和出息。身行平靜，如證入第四禪時呼吸之止息。)

入出息和身體平靜後，發展對於身體內部組成之覺知。

(在《安那般那念經》之十六步驟中，則由身體之寧靜基礎上隨觀更細微層面，導致覺知受和心。)

②十六步驟　《安那般那念經》(ānāpānasati sutta)

《安那般那念經》在最初四個步驟後，將覺知導向喜(pīti)和樂(sukha)的經驗。

入出息可作為專注發展，但在十六步驟之教導，總是在於「入–出–息」的清楚覺知，培養覺知入出息之無常性。任何身體或心理現象，都以「入–出–息」持續變換為背景，入出息之變化提供一個無常的持續提示。當經驗逐漸細微，入–出–息之區別不再清楚，經驗變得愈來愈合一。強調只是內心知道呼吸現前，能得定，若強調呼吸過程中有關的各種現象，保持多樣性而不是合一，則適合發展觀禪。

十六步驟中安那般那念之概觀

步驟	
16.訓練隨觀棄捨 15.訓練隨觀滅 14.訓練隨觀離欲 13.訓練隨觀無常	法
12.訓練令心解脫 11.訓練令心定 10.訓練令心悅	心

9.訓練體驗心	
8.訓練平靜心行 7.訓練體驗心行 6.訓練體驗樂 5.訓練體驗喜	受
4.訓練平靜身行 3.訓練體驗全身	身
2.知道息短 1.知道息長	

(以上每一步驟之背景，都是「覺知入出息」)

佛陀開始以入出息作為禪修的對象，

以便顯示：念能自然地從入出息觀，導致對受、心、法的全面覺知，且能導致所有念住之發展，並導致七覺支之生起。

佛陀之目的是要拓展入出息的範圍：

從對身體現象之入出息的覺知，到對於受、心、法的覺知，以此入出息作為觀的手段。(身行為身所繫之入出息，心行指心所繫之喜樂等。此喜(pīti)、樂(sukha)未必指由定而起，也可由觀而起。)

《念住經》入出息觀之四步驟，以及《安那般那念經》入出息之十六步驟，不止限於定之發展，也涵蓋止和觀兩者。

(5)身分和四界

其次之隨觀修習，是以分析式禪法隨觀身體之組成，以及從四界隨觀身體。

①身分

「他檢視這同一具身體，從腳底往上、從頭髮往下，都被皮膚所覆蓋，充滿著種種之不淨。

(他檢視)如下：

「這身體內，有 1.頭髮 2.體毛 3.指甲 4.牙齒 5.皮膚 6.肌肉 7.筋腱 8.骨骼 9.骨髓 10.腎臟 11.心臟 12.肝臟 13.橫隔膜 14.脾臟 15.肺臟 16.腸 17.腸間膜 18.胃中物 19.糞便 20.膽汁 21.痰 22.膿 23.血 24.汗 25.脂肪 26.淚 27.油脂 28.唾液 29.鼻涕 30.關節滑液 31.尿液。」　(檢視 paccavekkhati)

此清單並未徹底探討古印度人體解剖學，此組合依循從固體和外部成分，經由內部器官到各種體液。

《清淨道論》指出，此隨觀之修習，是從個別的身分到全部身分的一起覺知。隨著隨觀的進階，個別身分之重要性減退，轉而覺知身體整體上組合的、不淨的特性。此等隨觀之目的，在於減低對於身體之執著，自己本身的身體和他人的身體，本來就不是吸引人的。

首先瞭解自己身體無一處是美，以此對治我慢，同樣地對於他人身體之隨觀能為感官慾望之有力對治。

但對於不淨過度的隨觀，會導致厭惡和憎惡，以致有自殺之危險。若採平衡的態度，將身分之隨觀比作檢查裝滿穀物之袋子。隨觀身分，應以平衡而不執著的態度修習，其效果使慾望冷卻，但非激起反感。

②四界差別

「不論身體如何被放置，如何被擺置，他都視為由諸界所組成。(他檢視)如下：這身體內，有地界、水界、火界、風界。」

對於身體的地界和水界之隨觀，可藉由觀察身體固態和流動部份的身體感覺來進行。對於火界特質之覺知，可由體溫之變化，或轉由對於消化和老化過程之覺知。將覺知導向身體組織中各種不同之移動，而涵蓋代表運動特性之風界。

如同屠夫殺牛、剁牛成肉塊販賣，此時屠夫不再有「牛」想，而只有「肉」想。修習者剖析身體只是四界之組合，不再有「我」、「我所」想。

內在自身的身體與外在環境在性質上是相同的，以此對治那些最終只是在物質組合上之執取。身體以及伴隨的物質世界皆非實有，只有軟硬度、乾濕度、冷熱度以及某種程度之運動。對四界之隨觀可以證悟對於物質真實相的「無實質性」、「無我性」。了解物質現象之無常性，就能削弱對物質欲樂之追求，而產生厭離，從四界所造成之束縛中解脫。

(6)腐屍和死隨念

修習者將自己身體與所看到的屍體做比較。　(比較 upasaṃharati)

「就像他會去觀看棄置在停屍處之屍體，已死一日、二日或三日，

1.膨脹、青灰色、流出體液。

2.遭烏鴉、老鷹、禿鷹、狗、豺或各種蛆蟲所食。

3.一具帶有血和肉、肌腱相連的骸骨。

4.殘留血跡、肌肉銷盡的骸骨，靠著筋腱相連。

5.毫無血跡和肌肉之骸骨，靠著筋腱相連。

6.到處散落著斷開的枯骨。

7.骨頭變白，像海螺殼的顏色。

8.過了一年多，枯骨堆積起來。

9.骨頭腐蝕且粉碎為塵土。

他將(自己)這同一具身體，與(所見死屍)比較，這身體也具有同樣的特性，它

將會像上述那樣，它是無法免除那樣的命運的。」

這個修持強調：

1.如同屍體腐壞的各階段，所揭示身體可厭之特性。

2.一切眾生無法避免死亡命運。

①屍體之可厭性可與身分之隨觀，用來對治感官之欲貪。

(隨觀身體中本有過患之方法，但對於年輕異性美麗身體之耽溺味著，在同一身體年老生病而死亡時，過患才變得明顯。隨觀腐屍則直接對治欲望。)

②思惟自己未來身體會經歷同樣腐壞，可對治我慢。此種隨觀也適用在活人身上。

③死亡無可避免。任何執為「我」「我所」之具象化，只會存留住一段有限時間而已。

佛陀推薦死隨念：心中記住「下一口飯、下一口呼吸都不一定會發生」。

(經典描述死隨念時，並未提及隨觀腐屍之各階段。)

死隨念有助於激起精進力，以避免或消除不善，最終能證悟「不死」。死隨念也可作為面臨死亡時之準備。

作為身隨觀中總結的修法，經常修持死隨念，使人理解到只有認同「身體為我」時，死亡才可怕。藉助身隨觀，修習者了知身體真實之性質，由此克服對身體之執著，從身體執著中解脫，修習者就會從對於肉體死亡之恐懼中解脫。

2.受隨觀

受(vedanā)包括「身體的受」和「心的受」，不含「情緒」在內。

情緒是比單純的受本身更複雜的內心現象，應屬於心隨觀範圍。

「當感覺到樂受時，他知道：『我感覺到樂受。』

當感覺到苦受時，他知道：『我感覺到苦受。』

當感覺到不苦不樂受時，他知道：『我感覺到不苦不樂受。』

當感覺到世俗的樂受時，他知道：『我感覺到世俗的樂受。』

當感覺到非世俗的樂受時，他知道：『我感覺到非世俗的樂受。』

當感覺到世俗的苦受時，他知道：『我感覺到世俗的苦受。』

當感覺到非世俗的苦受時，他知道：『我感覺到非世俗的苦受。』

當感覺到世俗的不苦不樂受時，他知道：『我感覺到世俗的不苦不樂受。』

當感覺到非世俗的不苦不樂受時，他知道：『我感覺到非世俗的不苦不樂受。』」

此受隨觀是具有相當潛力的禪法修習，這個潛力是基於簡單而巧妙之方法：

經由清楚地知道當下剎那的經驗，被感覺為樂、苦、或不苦不樂，而將覺知引導到喜歡或不喜歡生起之最初始階段。

受隨觀指如實地知道「個人之感覺如何」，此立即性在開始作出反應、投射或合理化前，其「覺知之光」就現前。這立即之態度反應，是基於由諸受所提供最初之情感訊息。

(1)世俗與非世俗之受

首先覺知三種受，然後將覺知引導到受之細分。將受依「世俗的」(sāmisa)和「非世俗的」(nirāmisa)細分為六種。

1.樂受(sukha)：世俗的、非世俗的。

2.苦受(dukkha)：世俗的、非世俗的。

3.不苦不樂受(adukkhamasukha)：世俗的、非世俗的。

此種分類，並非基於受之情感特質，而是基於受生起之倫理背景。

若與三種世俗受有關，則會激發貪瞋痴隨眠。若在定中生起的非世俗之三種受，則不會激起隨眠。

經由活化隨眠，則受能導致不善心之反應生起，而緣受生愛。此受成為導致渴愛(taṇhā)生起之條件。

①渴愛的內心反應依緣於受。諸受的顯著特性，是它們的短暫性質。對於諸受短暫、無常之性質持續觀察，成為強而有力工具發展不執著態度。因為覺知諸受的<u>無常性</u>而產生<u>不執著</u>之態度，為阿羅漢各種經驗之特色。(阿羅漢對受不執著，是由於對受無常性之理解。)

②任何受的情感傾向，取決於導致受生起的「觸」之類型。一旦充分了解諸受依緣生起之性，不執著受會自然生起，對於受的認同便會開始消融。《相應部》受相應將受比作空中不同方向之風。人不需要與受鬥爭，對於受逐漸建立<u>不執著</u>態度，開始超越苦樂二分法，瓦解受之認同，將單純地經驗受導向隨觀諸受以作為一種念住。

(2)諸受與諸見

各種見解的生起為渴愛(taṇhā)，而渴愛又依緣於受而生起。受則作為觸與渴愛之連結。受隨觀是在洞察各種見解(主張)之起因，而將這類見解的超越，作為念住隨觀之目標。

由受所啟動的評價，往往是帶有情感之偏見。持有某個特定的見解通常是欲望和執著的一種顯現。正見在作為修行進展之工具，越是能遠離執著和執取，越能展現它的潛能。正見現前，會在對依緣而生之現象越來越不執著和厭離中表達出來。這種不執著反映在《念住經》上所說「遠離貪欲和憂惱」

以及避免「執著世界之任何事物」。

(3)樂受和喜

樂受不應如苦行者般刻意去迴避。禪那之樂是種「善而可取的」樂受。而修行證悟所得之解脫樂，所呈現的是身心之喜和無欲之喜。佛陀所教導的念住，在隨觀之教導，辨別世俗與非世俗類型的樂受(不善和善類型之喜悅)，不僅能區別應當追求之喜樂以及應當避免之喜樂，也能巧妙利用離欲之樂，以求通往證悟之道。以悅(pāmojja)為基礎，喜(pīti)樂(sukha)生起。智慧和證悟是有條件的依賴於無欲望喜樂的現前而成就的。

禪那之樂遠勝於世俗之樂，而毗婆舍那修習中也能生起另一種無感官慾望之樂。在漸次修過程中，最初因為無過失和滿足而生起各種快樂，這些快樂透過深定，而導致獲得不同層次之快樂，其頂點則與證悟而完全解脫之至樂一起生起。

(持戒則不悔，不悔則悅(pāmojja)，悅則喜(pīti)，喜則輕安(passaddhi)。輕安則樂(sukha)，樂則定，定生如理知見，如理知見生厭，厭生無著，無著得解脫。)

透過保持「戒清淨之樂」(無過失之樂 anavajjasukham)，與源自「抑制感官之樂」(無雜樂 abyāsekasukham)，依次導致漸增之樂：

1.初禪之離生喜樂(vivekajam pītisukhaṃ)

2.二禪之定生喜樂(samādhijam pītisukhaṃ)

3.三禪之樂住(sukhavihārī)

以及在解脫之樂中達到極致(已證得涅槃寂靜者所體驗之樂)。

漸次道之整個架構，也可以說是喜悅的漸進修持。

佛陀的教導，對於樂受不應避免，應作智慧之理解及理智的運用。對於不愉悅之受，應將其導向智慧之發展。

(4)苦受

自殘式的苦行並不能加速業果的斷除。覺悟並不只是機械式斷除過去行為之累積結果，覺悟所需要的是透過智慧之發展以斷除無明。阿羅漢以「觀」徹底地穿透無明，超越了他們所累積的大部分業行範圍，除了那些在今生應當仍會成熟的部分，在未來應成熟之業果，將沒有產生果報之機會。

苦受的經驗能活化瞋隨眠，並導致想要壓抑避免痛苦、追求滿足感官享受之傾向。隨著受(樂受或苦受)之經驗，反而更增強受縛於受。若要跳脫這惡性循環，則要對苦具念的清醒的觀察，對苦痛不作反應的覺知。熟練的修習者，也許能夠只經驗到苦受的身體層面，而不讓內心的反應生起。這種制止因為身苦而影響內心寧靜的能力，尤其與念住之修習相結合。透過念住對於疼痛的智慧觀察，能夠將疼痛經驗，轉化成獲得深度洞見之機會。

(5)中性之受

樂受苦受能分別起動貪隨眠及瞋隨眠，而中性受則能激發痴隨眠。與中性受有關之無明，不覺察中性受之生起、滅去，或不理解中性受之利益、過患及脫離之方法。阿毗達磨認為只有觸受會伴隨苦或樂，其餘色聲香味四門所起的受必然是中性受。

中性受似乎是三受最穩定的，為對治將中性受視為恆常，因此中性受的無常性必須被觀察，如此隨觀時，中性受將導致智慧的生起，從而對治無明隨眠。無明相應之中性受，主要由於對象平淡的特點所致，所以沒有苦受或樂受。而與智慧現前相應之中性受，是來自不執著和平等心，而不是來自對象所具有愉悅或不愉悅之特點。

與出離之生活有關之三受，被用來超越世俗的和感官的欲樂之類的受。與出離之生活有關的內心愉悅，則用來克服超越與出離有關之困難。這種精鍊過程，接著導致平靜的受，甚至超越無感官欲樂的內心愉悅。平靜和不執著，做為修習的極致，《念住經》有關受隨觀教導修習者無所依賴，並且不執著地觀察所有種類的受。

3.心隨觀

「他知道：有貪的心是貪的；無貪的心是無貪的。
他知道：有瞋的心是瞋的；無瞋的心是無瞋的。
他知道：有痴的心是痴的；無痴的心是無痴的。
他知道：有蜷縮的心是蜷縮的；散亂的心是散亂的。
他知道：有廣大的心是廣大的；狹小的心是狹小的。
他知道：可被超越的心是可被超越的；無可被超越的心是無可被超越的。
他知道：有定的心是定的；無定的心是無定的。
他知道：解脫的心是已解脫的；未解脫的心是未解脫的。」

心隨觀八類十六種心的狀態，分成二組。

第一組對比心之善不善，第二組則為較高心態之現前與否有關。此念住先視心為個別實體，後轉移到視其為對象而分析其特徵。同時也包括去覺知此等心的狀態之生起與滅去及受外在因素影響之程度。了解心具有無常性和依緣性，故趨向於無有認同和不執著。

(1)非反應式之覺知 (令心失能)

心隨觀並不積極對抗不善心，而是清楚認出其內心狀態，保持接納式之察覺而不干涉。

真誠地承認心中有各種隱藏情緒、動機和傾向的存在，而不立即壓抑它們。以此方式保持非反應式之覺知，抵消(不善)心中反應(或壓抑)之衝動，因而解除了不善心情緒和注意力之牽引。

透過直接觀察心生起之意志傾向或趨使力量(形成念頭之內心條件)，將可滅除形成不善心之燃料。修習者應當試著對於自己當下心的狀況，保持純潔的覺知，並且不讓反應生起。

(2)強力介入

當其他方法在處理不善念頭都無效時，在緊急狀況下避免情況失控，則以強力介入(以心對抗、鎮壓)，防止強迫性之負面念頭蔓延為不善的行動。

(3)第一組心

貪瞋痴是一切不善心之主要根源。對此不善根之隨觀必須對「善」與「不善」作清楚的區分。有系統的發展此種能力，能長養直覺的倫理敏銳感，成為修行之重要資糧。

(禪修中以顯著之方式顯現：炙熱的貪愛比作心中著火，身體緊繃的瞋怒比作被對手打敗，困惑的愚痴比作包纏在網中。)

心隨觀不僅與心的剎那狀態有關，也涉及心的整體狀況。心向內的蜷縮(saṅkhitta)是昏忱懶惰的結果，外在的散亂(vikkhitta)，則是追求感官享受(掉舉)的結果。修習者平衡心的能力是藉由避免蜷縮和散亂二者，這對更深層的定或觀之發展是必要的重要技巧。

(4)第二組心

止禪中之「廣大的」(mahaggata)代表修習者禪修所緣，遍滿廣大區域之能力，與「遍處」(kasiṇa)禪修有關。

「可被超越的」(sa-uttara 有上)心，指某層次之禪那有被捨棄之必要，以便進展到更高層次。「無可被超越的」(anuttara 無上)，如第四禪那捨平等心和念之狀態。但另一方面，「無可被超越的」經常與「完全的覺悟」相關聯而出現。

「有定的」(samāhita)指相當廣泛的範圍，可包括近行定和安止定。

「已解脫的」(vimutta)可被視為指稱與「止觀二者」有關內心解脫之經驗。在與「完全的覺悟」相關聯而出現時，與「無可被超越的」等同，指阿羅漢的心無貪無瞋無痴。在與觀禪連結時指「從煩惱中暫時的解脫」。

潛藏第二組較高狀態之心隨觀，是監測個人禪修發展較高階位之能力。在心隨觀中，「念」能夠從認出貪或瞋之現前，到覺知內心經驗中最殊勝之類型，而且都伴隨著同樣基本的工作：

平靜地注意 正在發生的事物。

(5)具念之心隨觀

在《梵網經》所述六十二見之成因中，有四十九種似乎與各種類型之定力成就有關。深定的特殊經驗具有產生見解之傾向，很可能導致形成錯誤之推測。佛陀之教導，對於各種禪定作徹底分析式的處理，其目的在於了解它們所具有的組合而成、依緣而生之特質，而不由此產生錯誤的見解。

《八城經》(aṭṭhakanāgara sutta)：

應該將禪那的經驗，看作只是心之產物，只是一種依緣而生的及由意志所產生的經驗。

此種理解，導致如下結論：

凡是條件之產物(因緣所生法)，都是無常的，而且必然會滅去。隨觀生滅性之教導，用於較高層次之心隨觀，洞見定之無常性，從而審視其苦、無我性。

佛教之特色，在於分析式審觀禪那經驗，而不引入神秘或超自然之解釋(種種異見)。

4.法隨觀

法隨觀之「法」，並不只指心之所緣(第六根門之對象)，亦不指所有心之所緣。念住中提到之法，是指在修習時，被用於作為心的對象或成為其他感官對象之任何事物。

法隨觀之進程：

五蓋→五蘊→六入處→七覺支→四聖諦

1.五蓋：藉由克服五蓋，心具有相當之穩定度。

2.五蘊：以五蘊分析「主體人格」。

3.六入處：以六入處分析主體人格與外在世界之關係。

4.七覺支：以前二分析作基礎，建立覺支，構成覺悟之必要條件。

5.四聖諦：覺悟是徹底如實體證四聖諦，此為念住成就之極致。

雖然觀呼吸之任一步驟都可能突破而達到證悟，但最後四步驟(1.直接經驗現象的無常性 aniccānupassī，關注現象之 2.離染 virāgānupassī 和 3.寂滅 nirodhānupassī，4.導致離欲或棄捨 paṭinissagānupassī)顯然是專門為此證悟目標而設計的。

同樣地，念住隨觀中任一隨觀，都可以發生證悟，但法隨觀也是特別強調此證悟目標之達到。

法隨觀特別提到觀察現象依緣而生之性質。善巧運用諸法，以便能生起對因緣理解，進而導致證悟諸法中之極致—涅槃。

(1)五蓋之隨觀

「如果感官之慾望在他之內現前，他知道：『我之內有感官之慾望。』
感官之慾望未在他之內現前，他知道：『我之內無感官之慾望。』
他且知道：未生起之感官慾望如何生起；已生起之感官慾望如何斷除；如何防止已斷除之感官慾望生起。
如果瞋怒在他之內現前，他知道…
如果昏沉和嗜睡在他之內現前，他知道…
如果掉舉和憂悔在他之內現前，他知道…
如果疑惑在他之內現前，他知道：『我之內有疑惑。』
疑惑未在他之內現前，他知道：『我之內無疑惑。』
他且知道：未生起之疑惑如何生起；已生起之疑惑如何斷除；如何防止已斷除之疑惑在未來生起。」

蓋(nīvaraṇa 障礙)，阻礙了心之正常功能。學習以覺知來承受五蓋之衝擊，在修道上是重要的。五蓋與五禪支有相互之關係。五蓋不僅阻礙入定，也阻礙覺支(bojjhaṅga)之建立。

①五蓋隨觀之兩個階段

隨觀諸蓋應交替覺察諸蓋之現前或諸蓋之消失。

有二喻：

1.諸蓋現前

五蓋使人無法正常從平靜水中看見自己臉部之映照。

感官慾望如摻雜染料的水，瞋恚如沸騰的水(讓人激昂、不安)；昏沉嗜睡如長滿藻類的水(導致停滯、鈍化)；掉舉憂悔如被風吹亂的水(使人忐忑不安、心受操控)；懷疑如又暗又濁的水(使人昏昧不明、無所適從)。

2.諸蓋消失

沒有感官慾望如免除債務；沒有瞋怒如疾病復原；沒有昏沉嗜睡如自牢獄釋放；沒有掉舉憂悔如奴隸獲得自由；沒有懷疑如穿越危險沙漠。

❶認出(知道)蓋之現前消失

認出(純然的覺知)蓋的現前，並隨觀它，如對瞋怒僅保持接納性的察覺(純然的覺知)，而不作反應(憎恨或譴責)。此種單純「認出」之技術，是為將「蓋」從障礙轉為修習對象之巧妙方法。

若認出五蓋的消失以及對其消失產生欣喜，則可為深定舖路。

❷察覺蓋現前消失之條件

依循從診斷經過治療到防範之模式。覺察導致蓋生起、有助於斷除蓋生起以及防止未來蓋生起之種種條件。

第 一 階 段	第 二 階 段
知道(認出)蓋之現前或消失。 1.感官慾望(kāmacchanda) 2.瞋恚(byāpāda) 3.昏沉嗜睡(thīnamiddha) 4.掉舉憂悔(uddhaccakukkucca) 5.疑(vicikicchā)	覺察蓋現前消失之條件 1.(診斷)知道導致蓋生起之條件 2.(治療)知道導致蓋去除之條件 3.(防範)知道防止未來蓋生起之條件

②蓋之現前與消失

若不將蓋當作障礙而轉為修習之對象，有時僅只覺察它的現前，即可斷除，如果不能斷除則需要對治法。「念」只作不干預不涉入之觀察，藉著提供清晰的狀況，監督蓋之斷除。

清楚知道(認出)諸蓋生起之條件，不僅可作去除蓋的根基，也有助於防止蓋再度生起。

❶感官之慾望

1.生起

若經常思惟將產生心理偏好，造成越來越多之聯想。慾望之生起，不只是由於外在對象，也由於深植內心對感官之偏好。由於感官之偏好影響感知外在對象之方式，導致慾望高漲生起，並多方嘗試去滿足慾望。滿足慾望更會刺激慾望之顯現，使其更強。其原因是在錯誤處尋找快樂。

《增支部》經文分析慾望之潛藏原因：

個人被束縛在自已性別認同中投入感情，與感官慾望之生起形成重要連結。阿羅漢們，已斷除最微細的自我認同，是無能力從事尋找異性伴侶滿足。(在不還果時已斷除感官之慾望)

2.消失

若要自滿足慾望之惡性循環中脫離，可平衡對於感官扭曲之認知：

(1)避開誘人之對象，(2)隨觀身分或腐屍， (3)守護根門，

(4)適量飲食， (5)保持覺醒，

(6)對心之活動察覺其無常性。

❷瞋恚

1.生起

對於令人不安或衝動之現象過度注意。

2.消失

(1)忽略他人負面素質而多注意他的正面素質，

(2)或思惟業力果報之不可避免，而發展平等心。

(3)重複地如理作意。

(4)修習慈心(修慈心不僅可對治憤怒不安，也可結合覺支，朝向涅槃發展。)

❸昏沉嗜睡

1.生起

可能因為不滿足、無聊和懶惰造成，可能因為飲食過量或沮喪心造成。

2.消失

藉著念和正知之協助，精勤地修習「認知的清晰度」(光明想)。

或者僅由減少飲食、改變姿勢、改變修習之所緣，也可藉著思惟、反覆背誦經文來克服。如果還是昏沉則當修習行禪。

❹掉舉憂悔

1.生起

由於過度興奮之談話、過度認真之修習，都可引生掉舉。憂悔則與不善行為之內疚或與教法理解不清、過度擔心證悟有關。

2.消失

觀呼吸或任何其他止禪之所緣，都是有效導致心之平靜與沉穩。奉持戒律、理解經典法義都有助令掉舉憂悔消失。

❺疑

1.生起

無法清楚知道什麼是善法或善巧，什麼是不善法不善巧，就無法克服貪瞋痴。

2.消失

借重擇法覺支協助，發展辨識善不善法能力。克服疑蓋並非「信不信」之問題，而是「明瞭理解或不理解」之問題。疑不僅障礙觀，也嚴重障礙止禪之修習。

③結釋

《念住經》強調不主動去對抗某個蓋，而是清楚地承認蓋以及伴隨蓋生起或消失之因緣。一旦蓋被認出時，就有可能立即移除，如同水滴入熱鍋上立即被蒸發一般。不論快慢，去除蓋之核心要素是「念」。若無法清楚的覺察蓋的現前或生起，就無法加以去除或預防。這「具念之認出」之任務，是隨觀諸蓋之核心。

(2)五蘊之隨觀

「他知道：『色是這樣；它的生起是這樣；它的滅去是這樣。

受是這樣；它的生起是這樣；它的滅去是這樣。

想是這樣；它的生起是這樣；它的滅去是這樣。

諸行是這樣；它的生起是這樣；它的滅去是這樣。

識是這樣；它的生起是這樣；它的滅去是這樣。』」

分二階段隨觀五蘊，先認出每一蘊之性質，隨後覺知蘊之生起和滅去，知道其無常性和依緣性。徹見五蘊之真正性質，培養對五蘊不執著和厭離主體人格，能直接導致證悟。(對五蘊之渴望和執著，是造成苦生起之根本原因。)

①五蘊之順序 (由粗顯到細微)

1.隨觀色蘊：覺知不可愛及無實體之性質，矯正視之為實體而美麗的錯誤觀念。

2.隨觀受蘊：覺知無常之本質，可抵制透過感受尋求欲樂之傾向。

3.隨觀想蘊：覺知將自身價值判斷，投射到外界現象之傾向。

4.隨觀行蘊：覺知它無我之特質，矯正將意志力視為實體自我之謬誤。

5.隨觀識蘊：瞭解其不實之表現，抵銷識蘊經常賦予事物之凝聚感和實體感，而知其無常和依緣而生之特質。

❶色 rūpa：由四大所定義之物質。

❷受 vedanā：感受 / ❸想 saññā ：認知

就感知過程說，想與受之生起密切相關。想受都依賴觸得以展現。感受主要涉及經驗之主觀影響，而認知則大多與外境之特色有關。「受」提供經驗如何產生，而「想」則是經驗(內容)是什麼。「想」借住概念或標記(記憶可提供概念之標記)，以識別(認知)原始的感官資料。

❹行 saṅkhārā：意志或意圖，相當於內心之反應層面或意圖層面。

意志和意圖(行蘊)與每個蘊交互作用，並對它們有制約作用。

❺識 viññāṇa ：指意識到某物，也是提供經驗背後實體我概念之主因。

識依賴名色(nāmarūpa)所提供之經驗特點，名色也依賴識作為其參照點。(識與名色互為緣)

色蘊如一堆無實感之泡沫隨河而逝。受蘊如下雨時在水面上形成之水泡。想蘊如海市蜃樓虛幻之本質。行蘊如不具實體之芭蕉樹。識蘊則如魔術師騙人之把戲。

②錯誤的「我」之概念

由於無明的影響，而有錯誤之假設：人類生而具有自主、不變之「我」。產生「我是」(I am)之概念：

1.我在這裡：指色。　2.我覺得…：指受。　3.我感知到…：指想。
4.我為…行動：指行。　5.我靠…而經驗：指識。

如是五個層面構成「我是」(主體人格)之概念。(自我意識)

若能洞察每一層面之究竟義，則知導致主觀經驗之五蘊，其實是無常的而且不受個人之掌握。如此即能了知佛陀教導之無我義。

③自我與蘊隨觀

❶經驗上之自我

「自我」作為一個獨立恆常之實體，它是與支配、控制等觀念相關聯的。在個人對經驗的感知和反應方式中，隱含有無意識之假想。此假想是基於膨脹自我重要感，是基於一個自我意識，這種自我意識不斷要求獲得滿足，自我意識之萬能要受到保護。

❷五蘊之隨觀

隨觀無我：五蘊中之每一蘊，都不具「我的」(mine)、「我是」(I am)和「我的自我」(myself)。

此種分析法，不僅適用於自我之見解，也適用於渴愛和執著之模式。

「這是我的」的觀念與渴愛有關。　(This is mine.)
「我是這」的觀念與自滿有關。　(I am this.)
「這是我的自我」的觀念與見有關。(This is myself.)

透過念住之修習，可對每一蘊之範圍清晰瞭解。以此方式修習五蘊隨觀，可用以揭露自我感之認同和執著。

④五蘊隨觀

❶不斷地探究潛伏於經驗和行為背後的「我是」或「我的」觀念。(對任何活動經驗，都反問自己「是誰」或「是誰的」。)一旦這背後行為者或擁有者被明確地認出，即可藉著將每個蘊視為「不是我」「不是我的自我」而執行「無認同」的無我策略。

❷五蘊隨觀可揭露個人自我感具像化的層面，這些層面是形成自我形象的原因。自我形象致使人認同和執著於自己之社會地位、職業專長或個人財務，如此之無我觀不僅顯露自我形象，又可揭露相關之自主、

獨立之主體感。這主體感會向外求取或排斥各個客體。

❸自我感認同我見和執著我執之模式有二十種。

任取五蘊之一而認為：

1.此蘊是我； 2.我有此蘊； 3.此蘊在我之中；

4.我在此蘊之中。

無我之教導，目的在根除這一切的我見及相應之我執。這種根除從預流果斷除「常我之概念」(有身見 sakkāyadiṭṭhi)開始，而最微細的我執，要到完全覺悟時才能被根除。

❹去除我見並不導向反對個人存在之作用。即使阿羅漢依然能順暢地有所作為，但已斷除內心煩惱，斷除妨礙心正常運作之障礙。

並非有一實體之「馬車」附加在組配件上，也非「馬車」實存於此等組配件之外。但此組配件之結合體仍可騎乘，此乃因緣和合無常的功能組合體。同樣地，否認「我」的存在，並不表示否認「五蘊因緣和合且無常」的相互作用。

❺五蘊架構雖然反對「我見」，但也同時界定「主觀經驗」之構成要素，因此對於「人格描述」能夠清楚了解，以便朝向證悟邁進。

相較於身受心念住之修習，五蘊之隨觀格外強調揭露「認同」模式。一旦看清這些模式之真正面目，對於主觀經驗這五個層面，就有所厭離而不執著。明瞭諸蘊之本質，從而明瞭自身，其中關鍵在於覺知它們的無常性和依緣性。

⑤諸蘊之生起和滅去

根據《念住經》，在清楚認出每個蘊後，將覺知放在每個蘊之生起和滅去。在此階段之修習，著重在五蘊之無常性及其依緣性。

隨觀五蘊之無常性以及由此隨觀自我之無常性，具有強大潛能達到覺悟，佛陀稱此種觀法為「師子吼」。

隨觀五蘊之無常性，能直接對治一切自滿及我、我所之造作。直接體驗自我每個層面都會改變的事實，來瓦解自滿及我、我所造作之執持。當人對於五蘊，不再受我、我所觀念所影響，任何五蘊之改變不再痛苦悲傷，從而放棄五蘊，因為沒有一蘊是你真正擁有的。

❶隨觀蘊之生滅

先以發生在個人經驗，每個層面之變化，來隨觀每個蘊之生滅。

如觀呼吸之出入或血液之循環；從樂受到苦受之轉變；內心種種認知和意志之反應；在任一根門，「識」之變化等本質。

隨後，進一步隨觀全部五蘊之生起和滅去。全面檢視任一經驗之五種蘊之要素，並同時體證此經驗的無常性。

❷隨觀蘊之依緣性

體證五蘊之無常，是基於了解五蘊之依緣性。既然蘊生起之因緣條件是無常的，那麼依因緣而生之蘊不會是常。

色蘊生滅與「食」相連結，受想行蘊依賴「觸」，識蘊則依賴「名色」。

依賴食、觸、名色之五蘊，則又是構成苦樂經驗生起之因緣條件。

透過任一蘊，能體驗樂受中之「味著」，抵銷此味的是樂受之無常性以及無常帶來之「過患」。唯一「出離」之道是捨離對五蘊之渴求和執著。

五蘊既是依緣而生，又是作為生起之因緣。對於此等緣起之連結，導致對於四聖諦之了解。

❸「無我」之修習

隨觀五蘊之「依緣而生」和「生起因緣」之性質，導到覺知任何身體的、內心的經驗無法受人控制。無法控制「自身主觀經驗」，我、我所完全依他，揭露了「無我」之真諦。

對五蘊重要之因緣條件，是對五蘊產生「是我」之認同，去除此認同，就是圓滿完成了「無我」之修習。

藉由隨觀五蘊之依緣性和無常性，不再執著構成「個人人格」之要素。

對「五蘊生起和滅去」生起現觀智成為預流者之必要條件，而五蘊之隨觀在覺悟的各個階位都是關鍵，阿羅漢也依然修習不輟。

瓦解對於自我之認同和執著，從而成為通往證悟之直接之道。

(3)六入處之隨觀

蘊隨觀分析主體人格，六入處隨觀則以「內六處、外六處」以及依之而起之「繫縛」，分析個人與外在世界之關係。此二隨觀相輔相成。

「他知道眼；他知道諸色；而且他知道依此而生起之繫縛。

他也知道未生之繫縛如何生起，已生之繫縛如何斷除，以及如何防止已斷繫縛在未來生起。

他知道耳；他知道諸聲；而且他知道依此而生起之繫縛。

他也知道未生之繫縛如何生起，已生之繫縛如何斷除，以及如何防止已斷繫縛在未來生起。

他知道鼻；他知道諸香；而且他知道依此而生起之繫縛。

他也知道未生之繫縛如何生起，已生之繫縛如何斷除，以及如何防止已斷繫縛在未來生起。

他知道舌；他知道諸味；而且他知道依此而生起之繫縛。

他也知道未生之繫縛如何生起，已生之繫縛如何斷除，以及如何防止已斷繫縛在未來生起。

他知道身；他知道諸觸；而且他知道依此而生起之繫縛。

他也知道未生之繫縛如何生起，已生之繫縛如何斷除，以及如何防止已斷繫縛在未來生起。

他知道意；他知道種種意的對象；而且他知道依此而生起之繫縛。

他也知道未生之繫縛如何生起，已生之繫縛如何斷除，以及如何防止已斷繫縛在未來生起。」

培養對內外六入處之了解與不執著，其關鍵在於瓦解誤認有一實質的「我」，是感官對象之「獨立經驗者」。將覺知導向諸入處，揭露「主體經驗」不是實體，而是由六個不同「入處」組成之複合體，而其中每個處，都是依緣而生的。

①六入處和繫縛

❶六入處

五根各有各自之對象，彼此並無交集，但都與意根相關。意根以其餘諸根為材料構成意義，共同產生對世界的主觀經驗。

正如修習者不可能只看、聽、嗅、嚐、觸摸自己想要的對象；同樣地，修習者不可能以沒有經過訓練的心，只在想要的時刻，以想要方式就有想要之念頭出現。禪修之目標，就是藉由逐漸調伏根之思考活動來對治。(發展對心自如運用之能力，掌握心而非受心掌控，有能力僅思惟自己想要思惟之內容，而非迷失於種種沉思、白日夢、回憶和幻想中。)

在識依緣六根和其對象而生(感知)的過程中，有二種影響造成結果：

1.客觀層面：傳入的感官印象。

2.主觀層面：這些感官印象被接收和認知的方式。

修習者經驗到的世界，是由主觀影響(個人如何感知世界)和客觀影響(外在世界)之間交互作用之結果。

固有之主觀偏見，對於感知過程之最初階段具有決定性之作用，而且可能導致「繫縛」(saṃyojana)的生起。這種隨之而起之反應，往往依據某些素質或屬性，這些素質或屬性，常常是由感知者投射到對象上而來的。

❷繫縛

六入處之念住修習，能認出「個人之偏見和傾向」對感知過程之影響，此為生起不善心之根本原因。「念」是去觀察因此而有之繫縛，此繫縛依賴感官(根)和對象(境)而能生起。但不應將繫縛歸咎於內(眼)外(色)之因緣，而應歸咎於貪欲的束縛力。

如同綁住單軛之雙牛，其束縛來自於牛軛，不是來自於各自牛本身。

常見之十種繫縛：

1.我見(實有永恆之自我) 2.戒禁取見(執著教條主義及特定儀軌) 3.掉舉 4.感官慾望 5.色界貪 6.無色界貪 7.瞋 8.無明 9.慢 10.疑。

十種繫縛的斷除，隨著不同階段之證悟發生(預流果斷身見、戒禁取、疑。一來果不還果斷欲貪、瞋恚。阿羅漢果斷色、無色愛、我慢、掉舉及無明)。

念住修習中，十種繫縛未必全部出現。隨觀諸入處時，可將覺知特別導向有關貪、瞋之繫縛上。

繫縛之生起是從被感知之對象，經由各種念頭和考量，到貪的顯現，因而有繫縛。隨觀之第二階段在於具念分明，隨觀那些導致繫縛生起之因緣。隨觀時如同隨觀諸蓋一樣只作「無反應」的純粹觀察。這種觀察導向於由感知所造成的貪欲和繫縛的個別情境，並導向於發覺修習者內心種種傾向，以便防止於未來生起。對於繫縛之生起和滅去，從診斷經治療到預防。不同的是更強調感知之過程，尤其是最初階段(以免導致不善心之反應)。

六入處隨觀之兩個階段

第一階段	第二階段
分析眼+色→繫縛；	(診斷)知道導致繫縛生起之因緣
耳+聲→繫縛；	(治療)知道導致繫縛滅除之因緣
鼻+香→繫縛；	(預防)知道防止繫縛再次生起之因緣
舌+味→繫縛；	
身+觸→繫縛；	
意+法→繫縛；	

②感知之過程

感知過程的因緣順序：

觸(phassa)→受(vedanā)、想(saññā)→尋(vitakka，思考)→戲論(papañca，概念之繁衍)→戲論認知複合體(papañcasaññāsaṅkhā，從最初感官資料到各種關於過去現在未來之聯想)

在感知過程進展至「戲論」時，個人就被繫縛在由念頭、投射和聯想構成之網中。

隨著受、想，主觀偏見就可能開始運作，扭曲感知之過程。此種扭曲會受到尋(思考)和戲論進一步強化。戲論被投射回到感官資料，心也依照最初偏見之「想」來詮釋經驗，藉此繼續繁衍(強化戲論)。「想」及「戲論」是這個依緣順序中具決定性之層面。「戲論」特別依賴「想」。佛陀教導在感知過程中清除各種潛藏的「想」以及克服可能起作用之「隨眠」(anusaya)。潛藏心中之隨眠(潛藏傾向)可能在感知過程中開始活化。

常見之隨眠有：感官慾望、瞋、見、疑、慢、有愛、無明。

感知過程中，另一個同樣重要的是「漏」(āsava)。諸漏之生起，是由「不如理作意」和「無明」。漏可影響感知過程，而漏之影響力不用有意識之意圖即可運作。斷除諸漏即同完全覺悟。

常見的有欲漏(感官慾望)、有漏(渴求存有)、無明漏。

修行之道不外乎斷除「諸漏」，徹底根除「隨眠」，以及捨離「繫縛」。諸漏代表苦生起之根本原因，隨眠是感知過程中可被觸發之不善傾向，在任何根門生起之繫縛是不斷輪迴之原因。守護根門，以正念為基礎可以抑制反應及戲論，生起喜樂，又可作為止觀之基礎。

③認知之訓練

受欲貪或瞋恚影響，導致認知上之扭曲，因此不善念頭和意圖生起。扭曲或偏見的認知，包括對無常、苦、無我、不淨等實相之誤解，以及個人錯誤觀念對認知對象習慣性之投射等。對治這些不符合真實之認知評價，要培養有益之認知。

藉由認知之訓練，修習者可以建立全然不同的新習慣，因而逐漸改變其認知，將覺知導向依緣而生事物的各種真實特性上。

認知訓練以初階的「如理思惟」作為「持續修習隨觀」之基礎，善巧地結合此二者，能逐漸轉化認知世界之方式。

如以無常為例，以理智地鑑賞無常為基礎，經常地隨觀現象之生起和滅去，將導致「無常想」生起。持續地從無常的觀點去了解各種現象。覺知無常將會越來越自然的生起，將會影響修習者日常之經驗。

持續的隨觀將逐漸改變認知之運作機制，也改變個人對世界之觀感，基於念住之隨觀，將能自如地運用自己的認知(想)。

念的生起，直接對治自動而不自覺之反應方式，這些方式就是習氣。修習者在感知過程之初期階段導入念，藉以重塑習氣。

念之兩種特質：

1.接　納：將注意力全然貫注在被認知之資料上。

2.不執著：能避免立即之反應。

透過接納而不執著的念，感知過程初期階段篩選和過濾之機制，意識到習慣性的反應，評估自己不假思索自動反應之程度有多深，不自覺主觀預設立場有多深。念住隨觀可照見不善之認知(想)生起之核心原因並矯正之，以及對種種習氣和「下意識之評價」去除其自動化和制約，因而對諸漏、隨眠和繫縛的活化加以矯正。

④婆醯迦式的教誡

佛陀對婆醯迦(bāhiya)之教導：　　　　　《南傳法句經》千品

「見唯所見；聽唯所聽；覺唯所覺；知唯所知。

當你不依彼時，你不在彼處。

當你不在彼處時，你既不在此處，也不在彼處，也不在兩者之間。這就是苦的結束。」

❶不依於彼、不在彼

在感知過程最初階段，藉由具念之注意力，維持純粹之覺知，阻止用心去評價以及對原始感官資料起戲論。僅止於記錄任何起於根門之事，而不帶有偏見之認知，不引起不善之念頭和聯想。守護根門，將覺知安住於此感知階段，於是純然的覺知能防止隨眠、諸漏和繫縛之生起。

阿羅漢對現象之直接意會，沒有加入任何細節連結到喜愛和厭惡，以避免任何形式之認同，避免導致錯誤之自我感。

1.不依於彼

如果在一切根門保持單純的念，則不被感知過程依因緣之順序所左右，也不會透過主觀之偏見和扭曲的認知(想)來更改經驗之內容。

2.不在彼

既然不會被左右，也就不會透過主觀的參與及認同而「在彼」，這就是體證無我(anattā)，也就是並不存在一個「感知的我」。

修習者若在一切根門持續地保持全然的覺知，則

(1)藉著保持遠離「對世間一切事物之執取」— 不依於彼。

(2)藉著持續「安住於無所依賴」— 不在彼。

❷無戲論之認知

「此處」指主觀之根門，「彼處」指相應之對象，「兩者之間」指依緣而生之識。若無渴愛(taṇhā)存在，則促成感知相觸之三因緣，不足以

綁在一起，而引生戲論。阿羅漢無戲論之認知，不再受主觀偏見所左右，以不帶任何自我觀點去認知一切。他們了無渴愛和戲論，不認同此處(根)、或彼處(境)或兩者之間(識)，導致能從任何存有中解脫。

(4)七覺支之隨觀

覺知是覺悟之要素，趨向於涅槃。

「如果念覺支在他之內現前，他知道：『我之內有念覺支。』

如果念覺知未在他之內現前，他知道：『我之內無念覺支。』

他知道：未生起的念覺支如何生起；已生起的念覺支如何經由發展而圓滿。

如果擇法覺支在他之內現前，他知道：『我之內有擇法覺支。』

如果擇法覺知未在他之內現前，他知道：『我之內無擇法覺支。』

他知道：未生起的擇法覺支如何生起；已生起的擇法覺支如何經由發展而圓滿。

如果精進覺支在他之內現前，他知道：『我之內有精進覺支。』

如果精進覺知未在他之內現前，他知道：『我之內無精進覺支。』

他知道：未生起的精進覺支如何生起；已生起的精進覺支如何經由發展而圓滿。

如果喜覺支在他之內現前，他知道：『我之內有喜覺支。』

如果喜覺知未在他之內現前，他知道：『我之內無喜覺支。』

他知道：未生起的喜覺支如何生起；已生起的喜覺支如何經由發展而圓滿。

如果輕安覺支在他之內現前，他知道：『我之內有輕安覺支。』

如果輕安覺知未在他之內現前，他知道：『我之內無輕安覺支。』

他知道：未生起的輕安覺支如何生起；已生起的輕安覺支如何經由發展而圓滿。

如果定覺支在他之內現前，他知道：『我之內有定覺支。』

如果定覺知未在他之內現前，他知道：『我之內無定覺支。』

他知道：未生起的定覺支如何生起；已生起的定覺支如何經由發展而圓滿。

如果捨覺支在他之內現前，他知道：『我之內有捨覺支。』

如果捨覺知未在他之內現前，他知道：『我之內無捨覺支。』

他知道：未生起的捨覺支如何生起；已生起的捨覺支如何經由發展而圓滿。」

覺支之隨觀類似諸蓋之隨觀，但隨觀諸蓋著重於未來不生起之條件，而隨觀諸覺支，要知道如何發展並牢牢建立這些有益的覺支。

隨觀七覺支之兩個階段

第一階段	第二階段
知道現前或未現前之：	如果現前，
念 sati	知道導致進一步發展和
擇法 dhammavicaya	圓滿之條件
精進 viriya	
喜 pīti	
輕安 passaddhi	如果未現前，
定 samādhi	知道導致生起之條件
捨 upekkhā	

七覺支以念作為最初的因和基礎，形成一個因緣相關之順序。覺支之發展，可說是修習念住的自然結果。

「念」覺支之發展是在任何時間和場合都有助益。擇法、精進和喜三覺支適用於心呆滯和精進不足時。輕安、定和捨三覺支則適用於心興奮和過度精進時。

①諸覺支之因緣順序

❶念

❷擇法：從已穩固建立的「念」發展而來。
　　一種對於主觀經驗之探究，其基礎是由熟悉教法所得到的辨識力(區別有益善巧與無益不善巧)。(與疑蓋對比)

❸精進：保持持續之努力或精進，在身或心中顯現出來。(與昏沉嗜睡蓋對比)

❹喜：非感官類之喜，如禪定所生之喜。

❺輕安：與身心之安定有關。(與掉舉追悔蓋對比)

❻定：輕安導致樂，樂促進定。有尋定與無尋定。

❼捨：從定所生之精練心的平衡和平靜。相當於「無所依賴，不執取世間任何事物。」

基於已穩固建立之「念」，探究主觀真實之性質(擇法)。持續(精進)的擇法，觀照之對象更清晰，修習者感受到鼓舞(喜)。持續的隨觀將心引導到平靜，不費力地專注於禪修之所緣而不分心(定)。這個過程，在穩固的捨心及無取著狀態下達到頂點。

當具念之探究(擇法)所激勵(喜)的動力(精進)，在輕安的平靜(定)的背景下發生時，證入覺悟所需之心的平衡(捨)就產生了。在此修習層次中遍滿非常深的全然放下，是修習覺支之主要目的，也是與覺支相結合之屬性。此屬性為基於遠離(viveka)、依於離欲(virāga 離染)和依於滅盡(nirodha)，以這樣的方式覺支將導向放下(vossagga 棄捨)。

捨和心之平衡是其他六覺支之極致成就，也是觀智(行捨智 saṅkhārupekkhāñāṇa，對有為法保持平等心)之極致。

②覺支之功德

在所有法隨觀之漢譯本和梵文本中，都包括諸蓋和覺支，相較之下，未提隨觀五蘊，有部份則省略隨觀諸入處和四聖諦。在所有不同版本中，一致承認法隨觀之核心是五蓋和七覺支。發展覺支，可以與各種廣泛之禪修相結合。

在隨觀諸法中，去除諸蓋和建立覺支，是證悟之必要條件，也是發展各種世俗類知識之所需。根據若干巴利經典，調伏諸蓋、修習念住及建立覺支，對過去、現在和未來諸佛的覺悟而言，確實是共通的關鍵層面和獨有的特點。

(5)四聖諦之隨觀

「他如實知道：『這是苦。』

他如實知道：『這是苦的生起。』

他如實知道：『這是苦的息滅。』

他如實知道：『這是導致苦滅的道路。』

①苦 dukkha

苦與肉體狀況相連結，如病、死；苦與不能滿足貪欲和願望所起心之不愉快相連結。這些形式的苦，在終極分析中，都可追溯到經由諸蘊而對於存在生起基本五種層面之執取。

理解苦和苦的生起(集)，導向從苦解脫以及那個解脫之道。體證四聖諦將伴隨喜悅，而八正道是一條會產生喜悅之道路。佛陀說：任何受都包括在苦之中。(《相應部》，因緣相應)

並非所有受都是痛苦的，它們的無常性也不必然是痛苦的，而是所有受都是「不可意的」，因為任何受不能提供持久之滿意。「苦」作為所有緣生現象條件之一，不必然被經驗為痛苦，因為痛苦需要被人十分地執著，才會受苦。

②四聖諦

受苦，正是緣於某種形式的執著。為了世間不令人滿意之現象能導致實際受苦，就必須有渴愛(taṇhā)。一但所有執著和渴愛，都被阿羅漢斷除，這樣的痛苦也跟著斷除。受苦與不令人滿意不同，受苦並非世間現象本有，只有在以未覺悟心去經驗世間現象，才會受苦。執著和渴愛導致受苦，能被覺悟所克服，這是四聖諦背後之潛藏之主題。一切緣生現象之不可意特質，已經不再能令阿羅漢導致受苦。

修行之道詳細探討克服上述之條件。八聖道涵蓋了必須培養之核心行為和特質，將無知之凡夫轉化為阿羅漢。八聖道為念住的發展設立了基本架構。當念住與其他七道支相互依存地修習時，念住(satipaṭṭhāna)才會成為正念(sammāsati)。

四聖諦傳遞了佛陀證悟之精髓，也構成他首次說法之核心主題。

③四聖諦隨觀

苦應當被理解，苦的根源應當被斷除，苦的止滅應當被體證，實際達到這證悟實用之道，應當被發展。五蘊應當被理解，無明和對存在之渴愛應當被斷除，智慧和解脫應當被體證，止和觀應當被發展。

四諦隨觀二階段

第　一　階　段	第　二　階　段
知苦	知道導致苦生起之條件：渴愛
知苦之滅	知道導致苦滅之條件：八聖道

為了達到隨觀目的，修習者或者可以專注於苦及苦的集，或者可以專注於苦的滅和滅苦之道。

就應用於世俗層面，可以被引導到日常生活中之「執取」(upādāna)。

當人願望落空時，地位被威脅時，事情發展不如期望時，認知渴愛(taṇhā)的潛藏類型，是這渴愛造成執取和期盼，而其結果則存在於苦的某一形式中。接著形成「放下渴愛」的必要基礎。藉著這樣的放下，執取和苦至少短暫地被克服。依此修習，就能逐漸變得「在不平靜中，平靜地過日子」。

四聖諦不僅是這系列隨觀之總結，也可以與法隨觀中其他任一隨觀相關聯。事實上，任一念住隨觀之圓滿成就，就是體證涅槃。

四聖諦是任何一念住—作為通往證悟涅槃直接之道—成功實踐之極致。

參考資料 9-8

四十二字門

	悉曇體	天城體	般若字門	其他音譯	字例	所引法義
1	𑖀	अ	Akāra 哀字門	阿，婀	ādi 初 anutpāda 不生	一切法本不生故。
2	𑖨	र	Rakāra 洛字門	羅，囉	rajas 塵垢	一切法離塵垢故。
3	𑖢	प	Pakāra 跛字門	波	paramārtha 勝義	一切法勝義教故。
4	𑖓	च	Cakāra 者字門	遮	carya 行	一切法無死生故。 (諸法不可得不不生，諸行皆非行)
5	𑖡	न	Nakāra 娜字門	那，曩	na 不	一切法遠離名相，無得失故。
6	𑖩	ल	Lakāra 砢字門	邏，攞	laghu 輕	一切法出世間故，愛支因緣永被害故 (離輕重相)
7	𑖟	द	Dakāra 柁字門	陀，娜	dama 調伏	一切法調伏寂靜真如平等無分別故。(善相)
8	𑖤	ब	Bakāra 婆字門		bandha 縛	一切法離縛解故。
9	𑖚	ड	ḍakāra 荼字門	挐	ḍamara 惱亂	一切法離熱矯穢得清淨故。(諸法不熱相)
10	𑖬	ष	ṣakāra 沙字門	灑	ṣaṣ 六	一切法無罣礙故。(知人身六種相)
11	𑖪	व	Vakāra 縛字門	和，嚩	vada 語言	一切法語言道斷故。
12	𑖝	त	Takāra 頦字門	哆，多	tathā 如	一切法真如不動故。
13	𑖧	य	Yakāra 也字門	夜	yathāvat 如實	一切法如實不生故。
14	𑖬𑖿𑖘	ष्ट	ṣṭakāra 瑟吒字門	吒	pratiṣṭambha 障礙	一切法制伏任持相不可得故。(無障礙相)
15	𑖎	क	Kakāra 迦字門		kāraka 作者	一切法作者不可得故。

	悉曇體	天城體	般若字門	其他音譯	字例	所引法義
16	𑖭	स	sakāra 娑字門		sarva 一切法	一切法時平等性不可得故。(一切法一切種不可得)
17	𑖦	म	makāra 磨字門	莽	mamakāra 我所	一切法我我所執性不可得故。(一切法離我所)
18	𑖐	ग	gakāra 伽字門	誐	gādha 底、深	一切法行動取性不可得故。(一切法底不可得)
19	𑖞	श	thakāra 他字門		tathāgata 如去	一切法所依處性不可得故。(四句如去不可得)
20	𑖕	ज	jakāra 闍字門	惹	jāti-jarā 生老	一切法能所生起不可得故。(諸法生老不可得)
21	𑖭𑖿𑖪	स्व	svakāra 濕縛字門	簸，娑嚩	svasti 安穩	一切法安隱之性不可得故。
22	𑖠	ध	dhakāra 達字門	馱摩	dharma 法	一切法能持界性不可得故。
23	𑖫	थ	śakāra 捨字門	賒	śaṃta 寂滅	一切法寂靜性不可得故。
24	𑖏	ख	khakāra 佉字門	呿	kha 虛空	一切法如虛空性不可得故。
25	𑖎𑖿𑖬	क्ष	kṣakāra 羼字門	叉，乞叉	kṣaya 盡	一切法窮盡性不可得故。
26	𑖭𑖿𑖝	स्त	stakāra 薩頞字門	哆，娑哆	stambhana 降伏	一切法任持處非處令不動轉性不可得故。
27	𑖗	ज	ñakāra 若字門	孃	jñāna 智	一切法所了知性不可得故。
28	𑖨𑖿𑖞	र्श	rthakāra 剌他字門	辣他，拖，曷囉他	artha 義	一切法執著義性不可得故。
			(呵字門)			(一切法能為因性不可得故。)
29	𑖥	भ	bhakāra 薄字門	婆	bhāga 破	一切法可破壞性不可得故。
30	𑖔	छ	chakāra	車	gacchati 去	一切法欲樂覆性不可得故。(諸法欲

	悉曇體	天城體	般若字門	其他音譯	字例	所引法義
			綽字門			不可得，五眾亦不可得)
31	𑖭𑖿𑖦	स्म	smakāra 颯磨字門	魔，娑麼	aśman 石	一切法可憶念性不可得故。(諸法牢固如金剛石)
32	𑖮𑖿𑖪	ह्व	hvakāra 嗑縛字門	火，訶嚩	āhvaya 喚來	一切法可呼召性不可得故。(一切法無音聲相)
33	𑖝𑖿𑖭	त्स	tsakāra 蹉字門	哆娑	mātsarya 慳	一切法勇健性不可得故。(一切法無慳無施相)
34	𑖑	घ	ghakāra 鍵字門	伽	ghana 厚	一切法厚平等性不可得故。(諸法不厚不薄)
35	𑖙	ठ	ṭhakāra 搋字門	咃，姹	sthāna 處	一切法積集性不可得故。(諸法無住處)
36	𑖜	ण	ṇakāra 拏字門	儜	na 不	一切法離諸諠諍無往無來行住坐臥不可得故。
37	𑖣	फ	phakāra 頗字門		phala 果	一切法遍滿果報不可得故。(諸法因果空)
38	𑖭𑖿𑖎	स्क	skakāra 塞迦字門	歌，娑迦	skandha 聚集	一切法聚積蘊性不可得故。(一切五眾不可得)
39	𑖧𑖿𑖭	य्स	ysakāra 逸娑字門	醝，夷娑		一切法衰老性相不可得故。(諸法空)
40	𑖫𑖿𑖓	श्च	ścakāra 酌字門	遮，室者	calatā 振動	一切法聚集足迹不可得故。(一切法不動相)
41	𑖘	ट	ṭakāra 吒字門	咤，侘	tāra 岸	一切法相驅迫性不可得故。(一切法此彼岸不可得)
42	𑖛	ढ	ḍhakāra 擇字門	荼	bāḍha 確實	一切法究竟處所不可得故。(諸法邊究竟處不終不生)

參考資料 9-9

誰在輪迴？ (從無我觀說起)

一、原始佛教無我觀之發展

1.無我觀念之形成

早期原始佛教純粹從「去我執」「離我所」構成「實踐無我論」。

後來發展成論證型式之「五蘊無我論」，然後再結合「和合」和「緣起」觀念對無我之觀念，不斷提出新解釋。到了說一切有部，透過分析蘊、處、界，找不到真實的自我實體，因此「無我」觀念，在佛教中更成為定說。

2.早期原始佛教之「無我論」

(1)佛陀是徹底的無我論者嗎？

①《相應部六處篇》阿難第十

婆蹉姓善行沙門赴世尊居所，…

白世尊：「世尊瞿曇！有我是不是？」世尊默然不答。

「無我是不是？」世尊亦再次默然。

尊者阿難白佛言：「何故世尊於婆蹉姓善行沙門之質問，不作回答？」

「若沙門問：『有我嗎？』，我答：『有我』，此即與常住論者沙門婆羅門等共。

若問：『無我嗎？』，我答：『無我』，此即與斷滅論者沙門婆羅門等共。

若問：『有我嗎？』，我答：『有我』，這與我說『一切法無我』智慧相應嗎？(阿難)『不是的』。

若問：『無我嗎？』，我答：『無我』，則令沙門更迷妄。」

由此可知，佛陀對於「有我」「無我」之立場，恐非如此強硬，既不正面承認，也不正面否認自我。

②十四無記　《大智度論》2

「問：十四難不答故，知非一切智人。何等十四難？

1 ~ 4　世界及我常，世界及我無常，世界及我亦有常亦無常，世界及我亦非有常亦非無常；

5 ~ 8　世界及我有邊，無邊，亦有邊亦無邊，亦非有邊亦非無邊；

9 ~ 12　死後有神去後世，無神去後世，亦有神去亦無神去，死後亦非有神亦非無神去後世；

13~14　是身是神，身異神異。(身命一，身命異)(神、命、如來同義，神指

身命之主體)

若佛一切智人，此十四難何以不答？

答：此事無實故不答。諸法有常，無此理；諸法斷，亦無此理；以是故，佛不答。

譬如人問搆牛角得幾升乳，是為非問，不應答。」

❶《大智度論》將世界與我並列，主要在論世間常住自性之有無。

其中，神顯然與「如來」、命同義。如來不是指佛陀，而是指當時印度慣用之含意：在輪迴中如如而來的生命主體。神即是指神我、真我、身命之主體，也就是命。

❷十四無記前十二項，只談兩個論題，即世間自性與真我的有無問題，因為「亦有亦無」還是有，「非有非無」還是無。第十三、十四同一論題，討論「有我」「無我」問題。所以全部十四項只是二個論題，而世間自性是真我(我的自性)之反射。故十四無記根本是論說真我，與佛陀主張之「緣起無我」不同。

③實踐上之無我與存有上之無我

佛陀對於此等問題沒有反對，也沒有採納，只是不參與討論。佛陀重視理想實踐，而不空談理論之形而上問題。佛陀本身並不是一位理論上的「無我論者」，也不是「斷滅論者」或否定自我(行為主體)的人。佛陀所提的「無我」教義，主要是為了配合宗教實踐需要而提出(去我執、離我所)，而不是在理論上反對奧義書所說「將自我看作實體」之觀念。

原始佛教的「無我」是從實踐上的無我，逐漸演變為在存有意義上否定自我(反對奧義書之實體我)，這是在部派佛教產生後才較為明顯。

(2)不可把「非我」看成「我」

佛陀並不是一位徹底的「無我論者」，其「無我論」是配合實踐修行所需而提出的，其中並無「否定主體」或「否定自我」的成份。反而是極度主張「去我執」「離我所」從而達到<u>真實自我</u>的實現為理想。

早期原始佛教仍是承襲印度文化傳統之出離(出世)之人生態度。明白一切事物都不是恆常，是壞滅法，應「去我執、離我所」，不但自己兒子、財產不是自己的，甚至連自己本身也不是自己的，而其中最難除的是「自我觀念」，這也是輪迴轉生之根本原因。而我所物也不應執著，它們都是因緣所生，本質是無常、敗滅的。因此把它看作「非我」或「無我」。

「把從因緣所生，敗壞本質之諸行看作「無我」，棄諸煩惱，便得清淨安樂。」

把「諸行」看作「無我」，其中主要原因，是因為「諸行」的本質是敗壞、是無常，所以把它看作「非我」或「無我」。如此「一切行無常」、「一切法無我」和「一切行是苦」，即成「三法印」。

早期原始佛教「離我所」「去我執」的「實踐無我論」，只是作為一個宗教實踐的命題，並非作為「否定自我」的存有命題。教人不要把「非我」的東西看作「我」，並沒抹煞行為主體、人格主體的存在，相反地繼承古奧義書倡言之「自我實現」精神。「無我論」只是作為道德實踐命題而被提出。

(3)結說

早期原始佛教的「無我論」，只是做為一宗教實踐的道德命題，而並非作為一否定主題的存有命題。因此並沒有刻意抹煞生命主體、行為主體、人格主體的企圖，反倒要求捨棄執著的自我觀，而積極實現「真實的自我」。從自淨其心邁向自我實現，去實現最高理想的涅槃。實踐的主體就是得到最後解脫的主體，造業與受報主體是相同的。

早期為配合修行實踐的需要而達到「去我執」「離我所」的解脫目標，與其說是「無我」，倒不如說是「非我」，只是指出一切所有物都不是「我」，而不是否定「我」本身之存在。

原始佛教破我的目的，是在要求實踐一個清淨無染更高層次的自我，但並未對此做太多深入的說明。因此往後在不自覺下，慢慢將印度傳統奧義書中對自我觀念所包含的各層意義全部刪除，引起後人很多不必要的誤解。

3.從實踐上的無我到存有上的無我

「無我」觀念，從實踐意義之「去我執、離我所」，演變成否定自我實體的形而上學觀念如何形成？已得解脫聖果者對破我執去實踐解脫道是深自體會，不需理論解釋及論證，但對未入佛門及外道，在教化上的需要，而有理論之論證。「無我論證」逐漸體系化。

(1)五蘊無我說

「色無常，無常即苦，苦即非我，非我者亦非我所，如是觀者，名真實正觀。如是受想行識無常，無常即苦，苦即非我，非我者亦非我所，如是觀者，名真實觀。」《雜阿含經》T2P22a

此為最具代表性，通過五蘊來驗證無我。

①此論證前提是個體生命不外乎五蘊所成，離五蘊外更無「我」。

②色不是我：色無常→無常即苦→苦即非我→非我者亦非我所。

(2)「和合假」與「假依實」

「汝謂有眾生，此則惡魔見。唯有空陰聚，無是眾生者，如和合眾材，世名之為車，諸陰因緣合，假名為眾生。」《雜阿含經》T2P22a

眾生只不過是無實體之五蘊聚集(因緣和合)而成，找不到作為眾生之本質。此種和合假，雖可破「我」，但假必依實，則能和合之五蘊可能是真實的。即使五蘊不一定真實，終必有一真實的能和合。若五蘊是實，此實的成份是不是我？因此只以和合觀念驗證「無我」是不夠的。

(3)「緣起」與「和合」

①色(五蘊)何以不是我？

❶色無常

「色無常，若因若緣生諸色者，彼亦無常。」《雜阿含經》T2P2

凡在因緣法下產生之一切現象，受因緣法支配不能自主，其本質是無常的。

❷無常即苦

苦包括苦苦(感官上的苦)、壞苦(欲望上的苦)、行苦(存在事物相續上的苦)。

「一切世間動不動法，皆是敗壞不安之相。」《遺教經》T12P1111

此敗壞本質就是苦。無常即苦正是透過「敗壞」觀念而說。

❸苦即非我，非我者亦非我所

「無常、苦是變異法。」《雜阿含經》T2P7

「苦即非我」是著眼在「無常」「敗壞」上。

色何以不是我？

以色不能自主故。何以不能自主？因為色是無常法、是變易法，其本質是苦。

若色是我，色可受我控制自主，不應於色病苦生。

因緣起故知色無常，無常本質是苦(由於敗壞不安)。苦本質中有一不能自主控制之特性，此即無我。由此證知，色由緣起故色不是我。

受想行識亦復如是。

五蘊不是我，我所亦不是我。

②緣起

❶和合說

通過五蘊來驗證「無我」，只不過是一個「假依實」的過程，最後還是要分析到一個不變的成份。

❷緣起說

而緣起、無常、苦則正是「變」的觀念，用以破斥一切對常住永恆的執著。

後世之「析空觀」則是逐漸將「緣起」和「和合」觀念統一。

從佛教對「無我論證」的解釋，似乎「緣起」是本義，「和合」是方便。

4.否定「實體我」觀念逐漸形成

(1)實踐之無我論：原始佛教實踐修行上「去我執、離我所」之無我論。

(2)存有命題之無我論

從「五蘊無我論證」變成為理論上有關存有命題之無我論。透過無我觀念，不自覺地與「和合」「緣起」觀念結合，不斷有新的說法產生。透過「積聚」「和合」論證無我，即預設有一獨立不可分割之個體。透過「緣起」「無常」「苦」論證無我，即是預設「我」是一個恆常不變的東西。

(3)緣起與和合之結合

《彌蘭陀王問經》中，那先比丘結合了「緣起」與「和合」觀念解釋「無我」，已經逐漸顯露一種否定我作為實體之傾向。

(4)部派佛教時代

這種觀念一直被繼承，後來說一切有部透過對蘊處界之分析，明白並沒有「我」的實體存在，由此論證「無我」。

在「我」的存在被否定後，即出現「誰是輪迴主體」的問題。

5.「無我」與「輪迴主體」之矛盾

如果沒有一個實在不變之主體，

1.誰來綜理一切感覺、感情、習慣、本能以及記憶？

2.誰是輪迴主體？若無主體，則一切生命的因果業報將無法建立。

(1)事用必有主體

「決定有我事用，必須事用者教。」《俱舍論》30

所有事用(指事之狀態，如知道、認識等)，必須假設有事用者(狀態之主體)。

(2)意識等之統一作用不能成立

眼見身觸同一所緣，必有一主體結合二識。

六識之統一作用，背後應有一主體(我或補特伽羅)。

(3)記憶作用不能成立

「若一切類，我體都無。剎那滅心，於曾所受，久相似境，何能憶知？」《俱舍論》30

若無「我」作為記憶(含今世經驗或前生之記憶天賦)之主體，則一切記憶聯想根本不可能發生。

(4)因果業報、輪迴解脫無法建立

「假使無我可得，那麼，

1.是誰供給你們比丘日用所需，衣食床褥、醫藥？

生病時又依靠誰？用這些(日用品)的人又是誰？

2.持戒、修禪習定、證道、證果、證涅槃的又是誰？

3.那不與自取、犯邪淫、說妄語、飲酒、犯五無間罪、造生報業的是誰？

4.就沒有功德，沒有罪過，沒有能做功德能造罪過，或能使功德罪過成就的人。無論善行惡行都沒有任何果報。

5.殺死比丘的既非謀殺者，你們各位比丘也沒有導師、戒師和律儀了。」

《彌蘭陀王問經》

這些問難，圍繞著行為主體的責任歸屬問題。

(5)「補特伽羅」觀念之興起

對於「無我論」而來之所有論難，迫使部派佛教學者，不得不另立一個「補特伽羅」作為輪迴主體之說明。此補特伽羅又被稱為「假我」，它的作用正是要取代「我」在印度思想中之功能。

「補特伽羅」觀念之產生，是為應付外教之責難，又不得不堅持「無我論」立場所作之方便。

(6)「無我」與輪迴主體之矛盾

對「無我論」之批評，主要在於生命主體問題上，不但外教，連犢子部亦是如此。他們主要著眼於行為主體、人格主體、認知主體和輪迴主體等特性。這些批評都是在主體上。

佛陀極力鼓勵弟子從「去我執、離我所」的實踐中，去達到更高層次之自我。但以後佛教逐漸演變成把自我看作實體，而對「無我」所衍生出各種混淆。

「無我」是要否定實體，還是否定主體？

原始佛教「無我論」，出現了新的難題，即是「無我」與「輪迴主體」矛盾如何調解。

二、犢子部的「補特伽羅」

「補特伽羅」的提出，主要從對「無我論」之反對而來，為了要成立輪迴主體又不能採用「我」，於是借用耆那教物質因中之「補特伽羅」，使之變成解釋輪迴主體「我」之代名詞。

1.成立「補特伽羅」之依據

(1)對「無我論」之基本反應

佛教自從標舉出「無我」觀念後，曾一度引起其他外教之攻擊。不僅外教如此，犢子部也提出責難。

犢子部對「無我論」提出質疑，是相當大膽之作風。初期遭到教內強烈指責，甚至說有外道之嫌。

然而犢子部必須面對三種問題：

①輪迴主體之問題必須解決

「若定無有補特伽羅，為說阿誰流轉生死，不應生死自流轉故。然薄伽梵於契經中說：諸有情無明所覆、貪愛所繫、馳流生死，故應定有補特伽羅。」《俱舍論》30

②記憶主體必須成立，否則人類記憶作用即無法解釋。

③必須有一主體來承擔，否則意識作用無法統一。

對於此三問題要能解決，必須安立有一主體。

(2)補特伽羅觀念之由來

補特伽羅 pudgala，即數取趣(或「人」)，意即不斷趨向於輪迴之主體，此種安立主要在取代印度各派思想中之「我」的功能。

說一切有部批評「補特伽羅」只能依「五蘊和合」關係假立，勝義上則無，而其餘各部派也採反對之態度，但暗地裡卻採納而加以變化。

補特伽羅來自耆那教之物質因概念。耆那教對「我」的實踐面常與物質因「補特伽羅」所成的「業」並論。「補特伽羅」其實是「業」的物質化說明，它主要包含了污染輪迴的物質形而下之要素。

犢子部採用耆那教的「補特伽羅」觀念作為輪迴主體，可能有其地緣關係之影響。

(3)理論依據

①依蘊處界而建立

「有犢子部本宗同義。謂補特伽羅：

非即蘊離蘊，依蘊處界假施設名。諸行有暫住亦有剎那滅。

諸法若離補特伽羅，無從前世轉至後世，依補特伽羅，可說有移轉。」

《異部宗輪論》

❶非即蘊、非離蘊 (不一不異)

❷依蘊處界假施設名

依現世存在之種種五蘊的執愛現象而建立，由於現象界的種種經驗是短暫無常、剎那生滅，因此背後有一不變之主體串連，此主體即是補特伽羅。

②依三種施設建立 (見《三法度論》，東晉瞿曇僧伽提婆譯)

❶受施設 (依說人) (治無見)

「受施設者，眾生已受陰界入，計一及餘。」

指眾生對所執受之蘊處界計執為「即蘊我」及「離蘊我」。

主要是對色蘊說，依四大所造之色蘊建立，而蘊與「我」之關係如水乳交融，密不可分。

❷過去施設 (度說人) (治斷見)

「過去施設者，因過去陰界入說。我於爾時名瞿旬陀。」

佛陀用以度眾生所施設之「我」。(佛陀度眾生分為過去說、未來說、現在說。)

❸滅施設 (滅說人) (治常見、有見)

佛陀在般涅槃時所施設的涅槃主體我。

犢子部把這三類歸納為佛所施設的主體我，其用意在指出這些「主體我」的施設，必然有所依據，所以不應該是假的。

初期各部派反對犢子部的主張，但到了後期連經量部也跟犢子部一樣，公開承認有「我」，這便是「勝義補特伽羅」。

2.「補特伽羅」之內容

(1)補特伽羅之功能

在作為輪迴主體之功能上，「補特伽羅」與「我」幾乎無分別，尤其與勝論派及正理派之「我」沒有不同。

其功能主要為：

①從前生轉至後生之輪迴主體

透過「捨前蘊取後蘊」相續不斷方式，輪迴於生死之間的主體。

❶與五蘊不一不異，非即蘊非離蘊，依蘊處界假施設名。

❷諸法不完全是剎那滅，亦有些是暫住的(如山河大地)。

(心法剎那，有部份法可暫住，把色心分開看，色可在心外獨存，有唯物傾向。)

②是記憶的保持者

補特伽羅把過去一切經驗，加以領納接受，在現今加以記憶。

③是六識所依之背後主體

在六識間斷時，必有一「補特伽羅」存在串連六識，是六識背後所依止的主體。(此與印度各派之「我」的功能相同)

④能使眼等諸根增長的「本住」

眼等諸根的增長，必須依靠「補特伽羅」的作用才能生起和增長。

對於人們的認識活動(感覺、思考等)之統一、記憶作用、輪迴及善惡業報、修道證果都要有個主體，此即是「補特伽羅」。

(2)補特伽羅與五藏法

犢子部為避免陷入「神我論」之嫌疑，遂斷然採取「雙非論法」。

以非假非實、非有為非無為、非常非無常、非即蘊非離蘊來形容，最後只以

「不可說我」稱之。

「補特伽羅是不可說攝，彼宗立我，若在生死中，與三世五蘊不可定說一異，若捨生死入無餘涅槃，又與無為不可定說。」《俱舍論記》29

犢子部之三世有為和無為法觀念與說一切有部大致相同。

「不可說我」不可說為有為、無為、常、斷。

①「補特伽羅」是無常：從前生轉至後生之輪迴主體便不可能成立。
「即蘊我」便有斷滅過失。

②是常住：「補特伽羅應可離無常的五蘊而獨存，不應有苦樂受。
「離蘊我」也有過失。

故犢子部才說是非有為、非無為，非假、非實。「非即蘊、非離蘊」如薪與火，薪非火，也不可說離薪有火。

補特伽羅與五蘊非即非離、非假非實、不一不異之關係，或許脫胎自《大般若經》之「五種所知海岸」(卷 416,490)，與後來大乘如來藏說相似，也可能影響阿賴耶識之思想。

後世對於犢子部之批判，著重在「我」之主體義少，多偏重於實體義上。

三、其他部派佛教之說

1.說一切有部——世俗補特伽羅

(1)安立「世俗補特伽羅」(作為輪迴主體)

主張「三世實有、法體恆存」。

①依現有執受相續假立

❶世俗補特伽羅建立在五蘊不斷相續的執受作用上。(執持、攝受)

❷依有為法之生滅作用而有三世，但其作用背後之法體是恆住三世不變。
(有為法未生時為未來，生起後未滅為現在，已生滅為過去。)
有為法之剎那生滅及不變之法體都不能是輪迴之主體，故立「世俗補特伽羅」作為輪迴主體。

②我有二種：法我及人我 (補特伽羅我)

❶人我：從分析蘊界處中，找不到真實的自我實體。(此為無我論之立場)

❷法我：法性實有，法體恆存。

③變相採取犢子部之說法，承認有世俗補特伽羅。
雖不承認實有補特伽羅，但有五蘊和合相續假立之主體，假名為「世俗補特伽羅」。

(2)說一切有部「依現有執受相續假立」與犢子部「依蘊處界假施設名」之差異

	說一切有部 (世俗補特伽羅)	犢子部 (補特伽羅)
①安立	「依現有執受相續假立」 (假有)	「依蘊處界假施設名」 「依內現在世攝執受諸蘊」
②立論	❶諸法分析到最後，其法體存在，是實有。 ❷依實有法體所和合之作用現象，是假有。 所依五蘊法體實有。 所依的世俗補特伽羅只就五蘊的作用現象被承認，是假有。	不以「假有」「實有」觀念定義。 「補特伽羅」是依五蘊和合而存在，但不妨礙其實有。 「補特伽羅」即是能執持五蘊現象的主體本身。
③差異	❶假名我 1.建立在現在五蘊相互間之連繫，與未來過去相似相續關係上。 2.依不離諸法實體所現起的作用而建立。 (諸法自體，可說是三世一如。一一恆住自性，不能建立補特伽羅，只可說有實法我。) ❷偏重在不一，在從體起用的思想上，建立假我。 ❸但從作用上著眼，所以不許有體。 ❹即體起用，就不是常住。 ❺只在五蘊生滅作用中，相續假立。 (所依之五蘊法體實有，而能依之補特伽羅，是離蘊之作用，是假有。) (體用有別)	❶不可說我 (雖也依蘊安立，但不單建立在五蘊和合的作用上。五蘊起滅的作用是不能從前世到後世的。) 能從前世到外世，必定是依諸法作用內在的法體而建立的。 不離法體的作用，雖然變化，但法體恆存，依舊可以說有轉移。 ❷偏重在不異，在攝用歸體的立場上，建立不可說我。 ❸在即用之體上著眼，自然可說有體。 ❹依六識所認識的對象，在不離起滅的五蘊上，覺了遍通三世的不可說我。攝用歸體，所以不是無常。 ❺建立在與五蘊不即不離、不一不異上。 (體用不二的立場，如依薪立火。) (體用一如)

說一切有部，先否定自我(ātman)，承認五蘊實有。又從五蘊和合相續假立的

立場，承認有「世俗補特伽羅」作為輪迴主體。其思想可說是變相採用了犢子部之觀念，而在「體」「用」上立場不同。

2.經量部——勝義補特伽羅

世友《異部宗輪論》以此為「說轉部」saṃkrāntivāda，主張：

「有蘊能從前世移轉到後世」，說為「勝義補特伽羅」。

此與後期「說經部」sūtravāda，主張種子說者不同。

(1)依「一味蘊」「根邊蘊」、「根本蘊」「作用蘊」安立

《異部宗輪論》「說諸蘊有從前世轉至後世，立說轉名。非離聖道有蘊永滅，有根邊蘊(末)，有一味蘊(體)。異生位中亦有聖法，執有勝義補特伽羅。」

《大毗婆沙論》「蘊有二種，一根本蘊，二作用蘊，前蘊是常，後蘊非常。…根本作用二蘊雖別，而共和合成一有情，如是可能憶本所作，以作用蘊所作事，根本蘊能憶故。」

(根本蘊是相續不斷而永恆存在，作用蘊是前後生滅變化無常，此二蘊總和合，成一有情，稱為「勝義補特伽羅」。(「一味蘊」「根邊蘊」即是「根本蘊」「作用蘊」。)

(2)與說一切有部、犢子部比較

一味蘊(或根本蘊)是三世實有，恆住不變的五蘊法體，而根邊蘊(或作用蘊)是作用生滅之五蘊現象。此說脫離不了說一切有部之體用二元思想架構。然而就二蘊總和合，說有勝義補特伽羅，則不是說一切有部所有，而是接近犢子部所說之「非即蘊、非離蘊」<u>體用一如</u>之「不可說我」。

說一切有部不許體用一如之「勝義補特伽羅」及犢子部之「不可說我」，只就五蘊和合相續中，承認有補特伽羅在，此即是現象有(假有、施設有)之世俗補特伽羅。

(3)安立勝義補特伽羅

勝義補特伽羅統一了「一味蘊」與「根邊蘊」，能使諸蘊從前世轉移到後世。

一味蘊是體，常住；根邊蘊是作用，生滅無常。用從體起，用不離體，體用不二。(此與犢子部相當)

①採用說一切有部之「法體恆存、作用生滅」的二分法。

②採用犢子部的「非即蘊、非離蘊」的體用一如觀。

此補特伽羅非是世俗假有。

3.化地部——齊首補特伽羅

化地部以「齊首補特伽羅」作為生死輪迴之主體。(齊盡通達三界生死邊際之首的補

特伽羅)

「齊首補特伽羅」即是《攝大乘論》中之「窮生死蘊」，相當於阿梨耶識的種子說。視相續不斷的五蘊現象為阿梨耶識之種子。

(1)無性《攝大乘論釋》之三蘊說

有三種蘊：

①一念頃蘊：剎那生滅。　②一期生蘊：乃至死恆隨轉法。

③窮生死蘊：乃至金剛喻定恆隨轉法。(有恆轉微細意識(種子)。)

有二說：

①化地部與犢子系之正量部，主張有長期四相(生、老、住、無常)。有一類法，生起後乃至最後滅盡，中間沒有生滅。

②雖諸法剎那生滅，但依相似相續關係，建立後二蘊。

(2)世親《攝大乘論釋》之種子說

彌沙塞部(化地部)亦以別名說此識，謂窮生死陰。何以故？

或色及心，有時見相續斷，此心中彼種子無有斷絕。

[釋]

生死陰不出色心。色有時有，諸定中相續斷絕如無色界；心亦有時有，諸定中相續斷絕，如無想天等。於阿梨耶識中，色心種子無有斷絕。

何以故？由此熏習種子，於窮生死陰，恆在不盡故。後時色心，因此還生，於無餘涅槃前，此陰不盡故，名窮生死陰。

(3)窮生死蘊是輪迴主體

化地部思想，一方面主張諸行剎那生滅，而另一方面，又主張色根與心心所都有轉變。(說一切有部之剎那生滅時不能前後轉移，前後轉移時不能同時剎那生滅。)

一念頃蘊是一切有生滅的現象界，而一期生蘊與窮生死蘊都是不離生滅而相續轉變潛在之功能。一期生蘊是業力所熏發能感一期自體果報的種子，一直到一期生命終結，其業力熏發功能滅盡。窮生死蘊是能生一切有漏色心之功能，直到金剛喻定，才滅盡無餘。

一期生蘊是一期生命中無數一念頃蘊連串發展之總稱。而窮生死蘊則是負責串連無數一期生蘊之間的流轉關係，成為生死輪迴之主體，直到金剛喻定後，才滅盡無餘。

4.大眾部——根本識

「由根本識別名，此識顯現，譬如樹依根。

[釋]此識為一切識因故，是諸識根本。」《攝大乘論世親釋》

「五識於根本識隨緣而生，俱或不俱，如諸波於水生。」《唯識三十頌》頌 15

大眾部主張根本識是六識生起之所依，如樹依於根、波依於水。

一切有情之身心活動依此而起。後期更發展「細心說」，除了說明本識能執取五根而有感官經驗外，更作為有情生命延續依持者、流轉生死的輪迴主體。

從生命之依持和現起六識的作用上產生之根本識思想，不但成了大眾部「細意識說」之前身，更進而發展成大乘佛教唯識種子及阿梨耶識之思想體系。

5.南傳上座部——有分識(九心輪)

南傳上座部學說比較接近原始佛教。

認為有情意識活動背後，有一個作為意識所依的微細心意識存在，稱為有分識。此識不但作為六識活動之所依，同時是促成有情生死輪迴之主要因素(為生死輪迴之主體)。

(1)有分識

「有謂三有，分是因義，唯此恆遍，為三有因。」

有分識指能通於三界生死輪迴的細意識，此細意識恆常遍於身心之間，從而成為三界生死輪迴的根本原因。

其餘六識，時間斷故、有不遍故，故非有分。

(2)九心輪

主要在說明「有分識」之流轉，周而復始，輪轉流動不息。

(《攝大乘論世親釋》無九心輪，唯《無性釋》有，說為相當於阿賴耶識。)

①九心

❶有　分：初受生時，未能分別，心但任運，緣於境轉，名有分心。

❷能引發(轉向心)：若有境至，心欲緣時，便生警覺。

(未起了別，見瓶不見有瓶，僅覺有物。)

(色現前，有分心停滯，以此色為緣，而生引發心。)

❸見：其心既於此境上轉，見照矚彼。

(見心通六識，餘唯意識。)(見照矚物之認識作用，但不作判斷分析。)

❹等尋求(受持心)：既見彼已，便等尋求，(察其善惡)。

(對境所感受之苦樂，不含分別判斷。)(受前五識所矚之相，僅能知不能察。)

❺等貫徹(分別心)：既察彼已，遂等貫徹，識其善惡。(分別判斷)

❻安立心(令起心)：而安立心，起語分別，說其善惡。(具體的認識作用，可用語言說明。)

❼勢用心(速行心)：隨其善惡，便有動作，勢用心生。(引發具體的動作行為)

❽返　緣(果報心)：動作既興，將欲休廢，遂復返緣前所作事。

(回憶作用)(倒記前事，因而受種熏習)(惟緣強大，乃得返緣。)

❾有　分：既返緣已，遂歸有分，任運緣境。

名為九心，方成輪義。

②有分心與九心輪

❶有分心

有分心通死生，返緣唯得死。若離欲者死，唯有分心，既無我愛，無所返緣，不生顧戀。未離欲者，以返緣心而死，有戀愛故。

若有境至，則心可生；若無境至，恆作有分，任運相續。

此有分心(有分識)為最初受生時之輪迴主體，亦是認知之主體。

若斷此有分識，則得輪迴之解脫。(有分之死亡，名為命終。)

❷九心輪

主要是從心生滅的立場，去建立主體的輪迴理論。

從結生心開始，按照九心輪之模式發展，直到生命結束之死心。其間經過無數次「有分心→有分心」之輪轉，直到死心時，有分心才會結束。從而再次受生輪迴。此觀念與化地部之「窮生死蘊」「一期生蘊」「一念頃蘊」極為相似。

四、瑜伽行派之阿梨耶識

1.從聖教安立阿梨耶識

(1)阿梨耶教 (一切法依止而有諸道及涅槃)

①引《阿毘達磨經》

[此界無始時　一切法依止　若有諸道有　及有得涅槃]

(《攝大乘論》(阿梨耶識緣起)，《究竟一乘寶性論》(如來藏緣起)同引此偈作為一切法依止之教證)

[諸法依藏住　一切種子識　故名阿梨耶　我為勝人說]

此(阿梨耶識)界**1 以解為性**2，無始來作為諸法之依止。

無為恆伽沙等數諸佛功德以此識界是依(止)是任(持)是(住)處，恆相應、不相離、不捨智。

有為諸法是依是持是處故，非相應、相離、捨智。

若有此依止，有三界六道之生死流轉，亦有解脫而得入涅槃。**3

②云何名阿梨耶識？

一切法依此識而得生起，依此識而存在。

❶一切有生不淨品法，於中隱藏為果故；

❷此識於諸法中隱藏為因故；

❸諸眾生藏此識中，由取我相故。(眾生以此微細一類相續不斷為執。)

是故名阿黎耶識。

(2)阿陀那教 (能執持根身)

引《解節經》

[執持識深細　諸種子恆流　於凡我不說　彼勿執為我]

阿梨耶識亦名阿陀那識。(阿梨耶於身常藏隱，同成壞。阿陀那能執持身。)

①能執持一切有色諸根

一期中由此識執持五根不壞。(至死位捨離五根)

②一切受生(結生)取依止

❶正受生時此識能生取蘊，此取體性識所執持。

❷一期受身亦為此識所攝。

(3)心教 (為餘識之因及依緣)

安立 1. 次第緣依意：前滅心無間生後心，又為正生識之依止。(第一識)

2. 染汙意：恆與四煩惱(我見、我慢、我愛、無明)相應，為諸餘煩惱識之依止。(第二識)

煩惱識由第一意依止生，由第二意染汙，染汙意為有覆無記性。

①阿梨耶識為餘識因

第二識緣第一識起我執。離第一識無別識體為第二識因及生起識因。

②阿梨耶識為餘識之依緣

餘識(第二識及生起識)若前已滅後識欲生，

❶必依第一識生(為正生識之依止)；❷能生自類(第一識為自類相續之先滅識)。

故說為意根 (意名第一識，心名第二識，識名為六識)。

2.理論上成立阿梨耶識

(1)體相

①自相：依一切不淨品法，熏習此識最勝，為彼得生功能，此功能相謂攝持種子作器。

(習氣指熏習的結果，對所生諸法而言，此為能生之種子。只看內容各別物時為種子，作為全體而看時(不看內容)是阿梨耶識。)

②因相：此一切種子識，為生不淨品法，恆起為因，是名因相。

③果相：依止三種不淨品熏習，後時此識得生，是名果相。

(2)熏習與種子

①熏習

此能熏法(聞思)與所熏法(心)相應，同生同滅(共一時一處)，此聞思數數生，能令後生之心(意識)帶有多聞明了因。(如數數以花熏麻，後生之麻帶有麻香生因。)

②本識與種子不一不異

阿梨耶識與種子共生、無異體，不可說異。

但有能依所依差別，不可說不異。

識受熏前，先未有為他生因功能，故但是果報，生自相續，不名一切種子。

識受熏後方有為他生因之功能，能生自他相續，說名一切種子。

此為他生因功能若謝無餘(或未熏前)，但說名果報識，非一切種子。故識與種非不異。

(約受熏名果報識，約生果名一切種子，種現一體。)

③本識攝一切法盡

略說阿梨耶識體相，是果報識，是一切種子。

由此識攝一切三界身，一切六道四生皆盡。

④種子六義

阿梨耶識為一切法種子。

種子有六義：

❶念念生滅 (剎那滅)；

❷與生起識俱有 (是時種子有即此時果生)；

❸隨逐治際 (窮於生死至金剛心道時)；

❹決定為善惡因 (此果種子，決定此果生)；

❺隨待因緣 (是時若有因，是時生，不恆生)；

❻能引顯同類果 (自種能引生自果)。

⑤熏習四義

❶堅住 (若相續堅住難壞，則能受熏)； ❷無記 (若不為香臭所記能受熏)；

❸可熏 (能受熏故名可熏)； ❹與能熏相應 (若能所相應則能受熏)；

⑥本識受熏，餘識不受熏

阿梨耶識具種子六義及熏習四義，能受熏習轉為種子。

一切生起識雖具種子六義，但與熏習四義相反，不能受熏轉成種子。

⑦生因及引因

生因能生果報乃至命終，若身已死，由引因故猶相續生。 (射箭喻)

因生因盡故枯喪，由引因盡故滅盡。種子轉轉相生相續是由本識種子之力用，非前後相熏所致。

(3)本識與餘法

①本識與染法互為緣

阿梨耶識或為一切法因或為一切法果。一切法於阿梨耶識亦爾。

如炷與光焰互為因，又如二蘆束相依持而立。

②阿梨耶識為種子生因，若無此識三業生滅無可依處。

若彼法無，此識起在現在無有道理。(識之變異是彼法之果故)

③於世間(有為法)離<u>分別</u>、<u>依他</u>二法更無餘法。

阿梨耶識是依他性，餘一切法是分別性，以盡三界唯有識故，此二法攝一切法盡。此二法是因果同時之關係。俱時有之法，因果同時，相對為共有因，相望互為功力果(士用果)。

(4)甚深緣生**4

①分別自性緣生 (窮生死緣生) (第一緣生)

依止阿梨耶識諸法生起，是名分別自性緣生。

由分別種種法因緣自性故。

種種諸法體性生起及分別差別皆同以阿梨耶識為因。

通三界諸法品類，分別生起因唯是一識，諸法體性即是此識，諸法差別皆從此識生。

②愛非愛緣生 (十二分緣生) (第二緣生) **5

於善惡道分別愛非愛生種種異因故。

約三世立十二緣生，有無窮差別愛非愛生身，為顯因(前際無明、行因)，顯果(後際生、老死果)，及顯因果故(中際根本八分，識、名色、六入、觸、受五果，愛、取、有三因)。

此中根本八分不出煩惱、業、果報三法攝。

若人不了阿梨耶識體相及因果相，迷第一緣生，則執不平等因、執無因；若迷第二緣生，則執我作者受者。

③受用緣生 (第三緣生) **6

餘識異阿梨耶識謂生起識。一切生處及道應知是名受用識。

六識名生起識，亦名受用識。

❶<u>生起識</u>：有二義。

1.能熏本識令成種子。種子有二能(能生、能引)，由此二能六識名生起。

2.本識中因(種子)熟時，六識隨因生起。

<u>受用識</u>： (令受用果報)

六識生起，為受用愛憎等報故，名受用識。

《中邊分別論》：阿梨耶識是生起識因緣，故名<u>緣識</u>。餘識名<u>受識</u>(即生起識)，能緣塵起受用苦樂等。

❷本識與受用識互為因果

本識作為諸法(六識)因，諸法為果必依藏本識中。

諸法作本識因，本識為果必依藏諸法中。

第一緣生中，諸法與識更互為因果；第二緣生中，諸法是增上緣。

第三緣生中，約六識從根生為增上緣，緣塵為緣緣，前識滅後識生為次第緣。

3.抉擇阿梨耶為染淨依

如來正法悉檀所立 1.不淨品；2.淨品；3.正道理三義，由本識得安立，若撥無本識，則不成此義。

(1)離本識煩惱染汙不成

①六識非熏種之依止

❶眼等非煩惱熏習之依止

「眼識與煩惱俱起俱滅。

1.此眼識是煩惱所熏成立種子，餘識不爾。

2.眼識已滅或餘識間起，熏習(種)及熏習依止(眼識)皆不可得。」

1.煩惱依心起故隨心俱起俱滅。

2.眼識與煩惱俱起俱滅，數數被熏故成種子。

3.眼識持種嗎？

在無識地(無想定等)中，眼識已滅。

在有識地中，有耳識間起，故眼識滅。

於此二滅中，熏習所生種及所依止之眼識皆不可得。

(若眼識前已滅是已滅無法，若以前時已滅眼識為種子再生眼識，則不應理。)

❷眼俱煩惱種不住煩惱中

種子若住，必依自在法及相續堅住法。煩惱非種子所依處，以無此二義故。

❸眼俱煩惱於餘識無熏習

種子亦不住餘識中，以依止不同故(不相應故)、餘識無俱起俱滅故。

❹同類無熏習

眼識不熏眼識，一時中二識不並生故。(不並生則無俱滅，熏習不成。)

❺結顯：眼識不為別類或同類所熏，不起眼識及煩惱的熏習。

熏習種子於六識不成就。(必須有本識為其依止)

②初識惑熏習不成

從無想天以上退墮受下界生，初受生識必為大小惑所染。

此識及惑從何種子生？

1.若言從上界生其義不然，以上下二界相違(一無心一有心)不俱起故，不得相熏。

2.若言從上界定前心生下界初生心，亦不然，以此熏習(種)及依止(識)久已滅盡故。

3.若言此初識應但生無因，亦不應理。

(應有本識持種而生受生識。)

③有學人之惑無依止

若撥無本識，有二過失：

1.若聖道(煩惱對治識)已生，世間諸識(有漏六識)已盡滅，
則無有學人(四道三果人)，但有無學人(阿羅漢)。此與正教相違。

2.對治後，無流對治識已滅，而世間有流心可無因(已無種可依止)再自然生。則應無無學人。此為過失。

❶無流心與煩惱不俱起之過失

有學人正見諦對治道時，世間六識(有漏)與對治道相違不俱生。世間諸識若滅盡，則諸煩惱無依止亦應滅。惑種若無本識為依止，則惑種與對治識不俱在。若無惑種，何用修道？

(無漏識(無流心)與煩惱識不相應不俱起。)

❷有流心無因起之過失

有學人出觀起世間心，

此心不由無流識生(無流心不生世間有流心故)、不由入觀前世間心生(久已謝滅故)、不無因生(無因起惑心則無解脫義)。

此等皆不應理。

有學人之對治識與惑種俱在，故應有本識能執持有流熏習種子。

結釋：六識之外撥無阿梨耶識，則煩惱染汙義即不成立。

(2)離本識業染汙不成

若離本識，無處安行、取二業功能，則業染汙不得成。

①行緣識不成

十二緣生之識指的是受生初剎那之五陰，此生時要有業(行)。

此業與煩惱相應、從染汙生、能感六道生死染汙果報，故名染汙。業之功能為行，有福非福不動三品。

若無本識，無處可持此生果功能，則不得以行為緣而識生。

②取緣有不成

若以行為緣，識生不成立。無攝持業功能的識，則以取為緣之有亦不成立。隨福非福不動三行熏習之四取力，熏習此識圓滿而有。若此識滅或為餘識所間，識體滅功能亦滅，業功能的依止也不存續。

既許業種之圓滿，則必須有本識作為依止。

(3)離本識生染汙不成

此生若謝，由業功能結後報接前報(結生)。**7**8

若離本識，結生不成，則生染汙不成。

①約欲界生位辨

❶離本識結生不成

1.受生識

若人於不靜地(欲界)退墮，心正在中陰起染汙意識，方得受生。**9

此有染汙識於中陰中滅，是識託(相應)柯羅邏於母胎中變合受生。

	中　　有	生　　有
將受生時	1.心先起染汙識(中陰末心) 緣生有為境(無染汙)	
正受生時	2.中陰末心滅　—變→ (染汙識於無染汙境不相應故)	受生識(無記之果報識) ↓ 和合 ← 赤白(母血父精) ↓ 柯羅邏

託：相應，此果報識與柯羅邏相應，成為一相同安共危。

變：此果報識異前(中陰時之)染汙識，故言變。

合：由宿業功能起風，和合赤白令與識同，故言合，即名此為受生。

(1)此受生識非意識

受生識	別意識
但以染汙識為根 此識境不可知 恆有，無廢	通以三性識為根 緣三世為境 有時興，有時廢

初受生識必從染汙識生。

此識恆以染汙識為依止，此所依止識為欲等所染，緣生有境而起。柯羅邏識為所依止識，此為(異熟)果報，但無記性。

(2)此識託生變異成柯羅邏，非是意識，但是果報(識)，亦是一切種子(識)。

此阿梨耶識，從種子生故稱果報識，能攝持種子故，亦名種子識。

❷離本識執持色根不成

眾生若已託生(受生後及出胎外)應有三義：執持無廢、通攝持諸根、體是果報無記。若離阿梨耶識，此三義不可得。

1.餘識非色根之執持識：以不遍執持故、以不久堅住故。

2.色根無執持識，則諸根應爛壞，如死後之色根。

❸離本識名色互依不成

識依名色生：以名色為依止，識刹那傳傳生，相續流不斷。

名色依識生：識能攝名(非色四陰)色(柯羅邏)令成就不壞。

若撥無本識，名色互依不得成。

❹離本識識食不成

有四種食，為令求生已生眾生得相續住。

段食(以變成為相)、觸食(以依塵為相)、思食(以望得為相)，能作利益身事。

識食以執持為相，執持身故住不壞。

依阿梨耶識為識食。無夢眠、心悶絕及入滅心定等，無六識無段思觸三食，若無阿梨耶識執持，此身則壞。

②約上二界生位辨

❶離本識受生不成

若人受生必由染汙心，於上二界必由靜地惑所染之散動心(散動的果報識)。

1.中陰心成正受生識

欲界捨命後中陰生，中陰心起上地惑。此中陰之染汙識緣生而有滅，成為散動識，為上界之正受生識。若離本識，此受生識不成。

2.受正生

受正生必具四義：(1)以染汙為根；(2)散動為位；(3)果報為體；(4)有餘(煩惱)種子為功能。若離本識，此四義不可得。

❷離本識無色界染善心無依止

若已解脫色界生無色界，於無色界定中起染汙心或起善心。若無本識，此二心無因而起，起後亦無依止而相續住。此二心實由本識所攝，從自種子生，依止本識相續住。

❸離本識起無流心應捨果報

若人已於無色界受生起出世心，世間心必滅盡。

若離本識，則應捨無色界報，不由功用，即入無餘涅槃。

❹離本識無流心無依止

1.捨離二處煩惱

若人生非想非非想地(其心闇昧)，依不用處地起無流心，捨離非想非非想及不用處二處。

2.無流心之依止

非想非非想道(第一道)及不用處(第二道)皆世間法，不得為出世無流心作依止。

以第一道心闇昧故，起無流心已捨第二道故，此二道非無流心之依止。(類此於餘地，別取餘地心亦如是。)

3.不以涅槃為依止

即使於非想非非想處起無流心，其煩惱仍在，不能直趣無餘涅槃以為依止。

若有阿梨耶識以為無流心依止，於二處起無流心時，同時捨離二處，此二處亦不壞滅。然因有阿梨耶識(煩惱仍在)故，亦不能成為無餘涅槃。

③約死位辨

離本識捨命時次第冷觸不成。

死時之依止身，若有善業者，冷觸從足部起漸次及於頭部，若有惡業者，其冷觸從頭部起次及於足部。

本識能遍執根身，本識為捨，依止身隨所捨處，冷觸次第起，所捨之處則成死身。

④結說生染汙

❶生染汙即是1.受生；2.得生；3.依止；4.執持等之染汙因果，通名染汙。又生死相對於涅槃故名染汙。

❷本識是集諦故名種子，是苦諦故名果報。是他因故名種子，是他果故名果報。

❸若離阿梨耶識，生染汙義不成。

(4)離本識世間淨品不成

①欲界心非色界心種

❶有二種修行人，為離欲界貪得色界心(非至定)，故修加行。

1.聞慧中：先起欲界善心，求離欲界貪加行觀心。

2.初　修：為離欲界貪，初發修行思修慧。

此二人悉未離欲界貪，未得非至定(色界心)。

❷欲界心非色界心種

1.欲界心與色界心不俱有

此二心不俱起俱滅，以粗細、散心定心、生得修得相異故。

2.欲界心非色界心種

若二心不俱有，色界心不得熏欲界心，欲界心不得為色界心種。

②過去色界心非因緣

過去所生色界心，以無量生無量心間隔，此種子久已滅盡，不得為今色界心因。

③一切種子果報識為因緣

無始來所得非至定及四定，熏習本識以為種子，為本識所攝持，為色界靜心之因緣。現在欲界加行善心為增上緣，色界心生。約四定離欲界貪、四空離色界貪、由有一切種子果報識之存在，而了別色界心、無色界心之因緣增上緣。

(5)離本識<u>出世淨品</u>不成

①明出世淨因

出世無漏清淨品以正見為上首。

由未知欲知根起聞他音、起正思惟為正見生起之增上緣。

以聞他因為因：約鈍根者、思慧者正見，聲聞正見，聞慧所攝正見。

以正思惟為因：以利根者、修慧者正見，獨覺、菩薩正見，思慧所攝正見。

②餘識非出世淨熏習處

❶聞思種不熏耳意識

1.聞思慧與耳意識非前後相熏

(1)聞思慧

聞慧：如所聞佛菩薩所立法(聞他音)而解。

思慧：如所聞簡擇是非(正思惟)。

(2)不熏耳識

已聞他音生聞思慧中，爾時耳識已謝落，故不得熏。

(3)不熏意識

有散動分別意識間起故，意識不生，故不得熏。

既使有思慧意識生，但久已謝滅，故不得熏。

故聞思慧與耳意識等無前後相熏義。

2.世出世心不同時相熏

(1)世間心：由聞他音正思惟成正修慧，從四念住經煖頂忍至世第一位。此心未證見四諦。

(2)出世淨心：已證見四諦，名出世離自性法，是修所得淨心，與正見相應。

從無始來，世出世心無俱生俱滅義(以性相違故)，故無相熏義。

思慧(世間心)不為出世心所熏，故出世種子義不成。

❷離本識出世淨心無熏習依止

聞思只為出世淨心正見之增上緣，若無一切種子果報識之本識為因緣，出世淨心不得成。聞思慧中若起出世心，則應有多聞熏習，若無本識此不可得。

若有本識出世淨心起，可攝持此出世心熏習而成種子。

③本識淨心種能對治本識

(他難)本識為出世淨心因，

1.云何能成不淨品因？

立本識是染濁對治：對治集諦(業煩惱種子)、苦諦(能生生死)。

或為出世心因：即生道滅惑。

則不應復說為不淨品因。

2.此出世心從何因生？

無始來出世心未曾生未曾修習，故不得熏本識，故無熏習(種子)。

出世心從何而生？

(正解)出世淨心種熏本識而能對治本識

❶顯出世心種

最清淨法界所流正聞熏習為種子故，出世心得生。

1.最清淨：盡滅此法界惑障及智障。

2.法　界：如理(根本智)如量(後得智)通三無性，以其為體。

3.所　流：正說正法(十二部經)。

4.正　聞：一心恭敬無倒聽聞。

從此正聞六種熏習義(種子六義)，於本識中起，出世心必因此得生。

❷出世心種能滅本識

(他問)此聞慧熏習，與阿梨耶識同性？為不同性？

若同性，云何能成此識對治種子？

若不同性，此聞慧種子，以何法為依止？

(答) 諸菩薩從十信以上乃至無上菩提位，此聞功德相續住不失。此生(未有初有)及住(已有未滅)，於六道中隨依止一道五陰身處，於六道身中與本識俱生相續不盡。

雖與本識不同性而與本識俱生。(如水與乳和合，不同性而俱生。)

此聞功德是本識對治故，與本識不同性，雖不同性，以不相離故恆俱起。

❸聞熏習為法身種非本識

1.由數數加行聞思修故，依下品熏習中品熏習生，依中品熏習上品熏習生。

三品聞熏習，隨一品生能對治本識一品。由數數加行聞思修，故有三品及得相生。(有三品：聞慧、思慧、修慧各有三品；解脫分品、通達分品、通達品)

2.聞熏習下中上品，應知是法身種子，由對治阿梨耶識生，不入阿梨耶識攝。

(1)聞熏習成就四法：大淨種(信樂大乘)、大我種(般若波羅蜜)、大樂種(虛空器三昧)、大常種(大悲)。

(2)法身：轉依名法身。(成熟修習十地及波羅蜜，出離轉依功德為相。)

法身四德：常樂我淨。四德圓時本識都盡。

3.此聞熏習及四法為四德種子，故能對治本識。此聞熏習非為增益本識故生，為欲減損本識力勢故生，故能對治本識。與本識性相違故，不為本識性所攝，此顯法身為聞熏習果。

(聞熏習是行法未有而有，而由此五分法身亦未有而有，正是五分法身種子。聞熏習為四德道種子，四德道能成顯四德。四德本來是有，不從種子生，此中以從因作名故稱種子。)

4.出世最清淨法界流出故，雖復世間法，成出世心。

是聞熏習從最清淨法界流出故，不入本識性攝，此顯法身為聞熏習因。聞熏習雖是世間法，以因果皆是出世法故，亦成出世心。

(如意識雖是世間法，能通達四諦真如，對治四諦障，故成出世心。)

❹出世心種有四種對治功能

此聞熏習種有四種對治：

1.厭惡對治 (加行道)

由聞熏習於非理及諸塵生厭惡，能對治見倒想倒及見修所破煩惱，諸業果報不起。

2.除滅對治 (無間道)

由聞熏習起附相續，令相續入正定聚。聞熏習隨生隨滅惡法，能斷塞四惡道生(引善道生)，昔曾起惡業(順次生受業)，更由此法滅不復受。

3.遠離對治 (解脫道)

此法能令先所造後報惡業無報。(一切惡行朽壞對治)

4.依攝對治 (勝進道)

此能引五陰相續，令生有佛菩薩處，為隨順逢事。

依善知識，修四攝，顯多聞四義：依止(善知識)、因(菩提心)、清淨(如教修行)、果(自利利他)。

❺聞熏習為法身解脫身攝

此聞熏習雖是世間法，於凡夫菩薩，是法身至得因，屬法身攝。於聲聞緣覺菩薩屬解脫身攝，此解脫身與如來等，但不得如來法身。

❻聞熏習與本識漸增漸減轉依相

1.增減轉依相

此聞熏習非阿梨耶識，屬法身及解脫身攝，

如是如是，從下中上次第漸增。

如是如是，果報識次第漸減。

依止即轉。

若依止一向轉是有種子，果報識即無種子，一切皆盡。

(1)聞熏習體是出世法，因果屬法身及解脫身攝。

本識體是世間法，因是集諦，法是苦諦。

(2)此二法自性相違，聞熏習漸增，本識漸減。

(聞熏習下品生，本識上品減；聞熏習中品生，本識中品減；聞熏習上品生，本識下品減。)

由道諦(福慧)增，集諦(本識中之種子)減，故得轉依。

(3)若以二乘滅盡種子看，煩惱業滅顯有餘涅槃，果報悉滅則顯無餘涅槃。若以菩薩依止之轉(轉依)看，得無住處涅槃。

2.本識與非本識和合

(問)本識與非本識共起共滅，云何一滅一在？

(答)(1)如世間離欲人，於本識中不靜地煩惱及業種子滅，靜地功德善根熏習圓滿，轉下界依成上界依。

(2)出世間亦爾，由本識功能漸減，聞熏習等次第漸增，捨凡夫依作聖人依。聖人依者，聞熏習與解性和合，以此為依，一切聖道皆依此生。

(6)離本識滅心定不成

①定中有本識

❶佛說：「於入定時識不離身。」

聖人(三、四果、緣覺、菩薩)為得寂靜住及離退失過，修滅心定。

「滅心定中識不離身」，此識為本識非生起識。

1.生起識有不寂靜過失：

(1)六識緣外塵起不正思惟，由此而退失定。

(2)由生起識在散動位中障，不得最細寂靜處。

2.本識不離身

為得寂靜住(不為觀果報識過失，不為對治此識故)而修滅心定。

正入滅心定時不滅此識(果報識)，即說識不離身。

❷若果報識相續斷，出定應不更生

(他難) 1.「入滅心定時無心，心非永滅，出定時更生。」何故不如是說？

2.世尊說：「若人入第四定身行(呼吸)斷，入第二定言行斷，入滅心定心行斷。」

如此身行斷身不滅，心亦應爾，心行滅心不滅，故說識不離身。何故不如是說？

(正解)如人一期報已盡，果報識相續永斷，無還生義。

識若更生必託餘生身，若離此託餘身，果報識還於本身中生，無有是處。

故知入滅心定時，說識不離身唯是本識。

②定中無餘識

若離本識，於生起識中隨執一識，而言滅心定中有，是義不然。

滅心定中立有心義，有十過失。

❶定之義不成

1.心心法不相離。

2.滅心定：心心法俱滅之定；滅受想定：受想俱滅之定。

3.若許定中有心，則有心法(受、想)。此三法不滅則此定不成。

4.若言本識不離身，則無過。

修滅心定者，為求得寂靜住。滅心定生為對治能障寂靜住之心心法，非為對治本識，故於此定中餘識滅而本識不滅。

❷解相及境不可得

1.能緣之解相：前五識無分別唯證知(現量知)，第六識有分別為比知，無分別為現量知。

所緣之境：六塵及六塵真如(本質)。

2.若有心(第六意識)及心所，則有分別之行相和境可了別。

然於滅心定中無此解相及境界，故知此定中決無餘識。

3.此定中唯有本識，以此識為能生依止(攝持身)所顯故。

❸❹三性不可得

若此定有餘識生，則此識非是三性之一。

1.此心不可立為善

若不與善根相應，此義不成。若與無貪等善根相應，應有受想，則不成滅心定。

2.此心不可立為惡及無記

離欲界貪時一切惡法已滅，故非惡性。此定是等起善不可立為無記。

❺能所對治俱有過

大小乘皆許滅心定是善，此定若有心，此心必是善心。

此定中若許有善心，必有善根相應，則應有受想。

滅心定是能對治，想受等是所對治，能所對治俱有，此義不成。

❻生觸之過

若滅心定中異本識有別善心生，此心必不離觸(輕安觸、樂觸、捨觸)。

有觸則有受，與滅心定相違。本識則無過。

❼有滅想之過

若有心則有觸，有觸則生受，此定成唯滅想定，此義不然。

❽與觸俱有相應不過

若此定中有餘識(心)，必與觸俱轉，必有俱生作意現行造作善心，必有信等善根現行，則有前說過失。

❾從所依拔除能依不可得

1.(他難)滅心定厭惡心法，應拔除心法而不拔除心。

(破) 此說不然，無始來心心所更互恆不相離。

2.(他難)但使善根不生，而生善心。

(破) 此執不然，此所未見，且諸法若因有相應，其相似果(善根)亦應有相應故。

故從所依(心)拔除能依(心法)，此義不成。

❿心行滅心不滅不應理

若言於無心定，但有心而無心法，是義不然。

1.語言行喻

佛說於滅心定，身行語言行心行皆滅不起。

(他難)如滅心定中身行隨滅身不壞滅，故定中心行雖滅心仍不滅。

(答) 身行滅時有別住因能持令此身不壞滅。但心行滅時無他法可持心不滅。

(正義)若得此識作果報識解，則出觀時意識從一切種子識生。

滅心定中有識食身不壞，出定後意識有因更生。

2.四大喻

於世間中，從本以來乃至盡際，無能令四大離四大所造色之能造與所造關係。心法亦爾，不可令離依止之心。

3.心隨一切行心法滅

(他難)於定前深深厭惡受及想，故唯此二法滅，於此定中二法不得行，餘法不爾。

(遮破)是義不然。

受想是一切行心法(遍行心法，非別境心法)，此遍行心法滅，心必隨滅。

由有此識故，知如來成立於此定中本識是有。

(7)非由因緣前後色心相應

若執前剎那色是後剎那色因，能為後色作種子故，
前剎那識是後剎那識因，能為後識作種子故，
此執不然。

①有前述過失

❶若識相續斷，後識無因應不得生。

❷一期報盡，離託後胎無更生義。

❸若人從無色界退，還生下有色界，後色若應生，即無因生。

以前種子久滅，此色從何因生？(無色界前無色，後入有色界方有後色。)

②別的過失

❶從無想天退而生時，以及從滅心定出定時，無生心之因。

以生無想天及入滅心定，心已久滅，不得為後當生心之因故。

❷阿羅漢無入無餘涅槃義

以前色前心為後色後心之因，則因不斷，無餘涅槃不可得，有違解脫義。

③非由因緣色心次第生

前剎那色由次第緣與後色相應，識亦如此，不由因緣故前後相應。

是故此執色心次第生是諸法種子者，若離次第緣立因緣義，則此執不成，以違解脫故。(後色心起不可盡，故解脫不應成。)

(8)結成阿梨耶識

如此若離一切種子果報識，淨不淨品皆不得成。

轉凡夫依作聖人依(聞熏習與解性和合)，此轉依但於本識中成，若無本識於餘識不得成。

①菩薩之善識

十信以還是凡夫菩薩，十解(十住)以上是聖人菩薩。

菩薩之第六識離惡無記唯善。此善是出世心，與三十七品等助道法(出世之對治)相應。

此善識：

❶離餘五識

離五種散動，法爾與五識恆不相應。云何此得相離生？以一切時如此生故。

❷離染汙意識

❸離有流善識

②轉依以何方便作？

一切染濁種子滅離故，唯本識在，是名轉依相。

❶(別執)由對治生故依止轉異，說對治為轉依。

(正解)此義不然。

1.若不以滅為轉依(而以對治為轉依)，有二義不成。

(1)若對治生而種子不滅，依義如本，非謂轉依。

(2)對治是轉依了因，非轉依體。

2.對治是道諦，轉依是解脫及法身，即是滅諦，應以種子滅為轉依。

❷(別執)對治生染濁種子滅，一時中有此二義。

何故以滅為轉依，不取道為轉依？

(正解)此執有過。

果是滅諦說名涅槃，因是道諦說名對治。

此對治非滅諦，故非轉依。若說對治是滅諦，則因果成一，則有若得對治即般涅槃之過。

❸(別執)若立滅諦為轉依，為當以種子滅或當以識滅為轉依？

若言以能依所依滅為轉依，則意識中能依種子滅(無種)，此種既滅，所依意識亦滅(無法)，故名轉依。

(正解)若許此二義為轉依，則則不然。

第六生起識於定位中若不在時，既無種子之無，亦無無作(令生起識無之作)。

由此二無，故轉依義不成。

③離本識轉依義不成

若有本識，生起識熏習所生種子，住於本識中。

生起識雖復不在，亦可令❶種子成無；❷生起識成無，故說為轉依。

若離本識則無二無故，轉依義不得成。
以是故定應信有本識。

參 9-203

參考資料 9-9 之註解

**1　界五義

	《攝論釋》(卷 1)9 釋依止勝相品	《攝論釋》(卷 15)4 釋智差別勝相品	《佛性論》(卷 2)自體相品 (《勝鬘經》自性清淨章)	
	(解性)**界五義**	**法界**(法身)**五義**	**如來藏五義**	
唯眾生	**體類義** 一切眾生不出此體類，由此體類眾生不異。	**性義** 以無二我為性，一切眾生不過此性故。	**如來藏**(自性) 一切諸法不出如來自性，無我為相故。	遍一切法
	因義 一切聖人法四念處等緣此界生故。	**因義** 一切聖人四念處等法緣此生長故。	**正法藏**(因) 一切聖人四念處等正法，皆取此性作境，未生得生，已生得滿。	
法身由無生有	**生義** 一切聖人所得法身，由信樂此界法門故得成就。	**藏義** 一切虛妄法所隱覆，非凡夫二乘所能緣故。	**法身藏**(至得) 一切聖人信樂正性，信樂願聞，由此信樂心故，令諸聖人得於四德及過恆沙數等一切如來功德。	如來清淨功德本具(至得)
通世出世間法	**真實義** 在世間不破，出世間亦不盡。	**真實義** 過世間法。 世間法或自然壞或由對治壞，離此二壞故。	**出世藏**(真實) 世有三失：1.對治；2.不靜住；3.有倒見。此法翻此能出世間。	唯出世間法
與淨法(內)、染法(外)相應	**藏義** 若相應此法，自性善故成內。若外此法，雖復相應則成縠。	**甚深義** 若與此相應，自性成淨善故。若外不相應，自性成縠故。	**自性清淨藏**(秘密) 若一切法隨順此性名為內，是正非邪，則為清淨。若違逆此理名為外，是邪非正，名為染濁。	唯淨法能隨順

此中解性界義與法身義有明顯差異，而法身義則接近於如來藏五義、

**2 解性

(1)界(法之所依)，有三說：

①雜染識種(阿梨耶識)　(印順：建立在有漏雜染種子隨逐的無常生滅心上。)

②清淨心界(無為常住，清淨的如來藏(真如))

③解性賴耶(統合染淨於阿梨耶識。)

(印順：論真諦三藏所傳的阿摩羅識。)

對同一界字，而作雜染識種，清淨心界二說，把二說統一於阿梨耶識是真諦學的獨到立場，這應該是阿毗達磨大乘經的深義。

從依他起識的有二分，說無始時來的識界有二分是毫無不合的。界的通二分不妨看作雜染識界清淨心界的同時存在。

(2)此界：

①依主釋：此之界，阿梨耶識之界。

②持業釋：此即界，阿梨耶識即是界，而以解為性。

(阿梨耶識無始來本有之界，以解為性。若解釋界為如來藏，則阿梨耶識是如來藏，此如來藏以解為性，與一般如來藏論典所指不同。)

(3)解性

①是無漏出世間法

《攝論》卷三 17,18

❶聞熏習是出世法，聞熏習因，果屬法身及解脫身攝，本識體是世間法，因是集諦，果是苦諦。

故此兩法自性相違，由此義故聞熏習漸增，本識漸減。

(無漏種本無，從最清淨法界等流聞熏習而生。)(《瑜伽》本地分：本有無漏種寄在阿梨耶識中。)

❷由本識功能漸減，聞熏習等次第漸增，捨凡夫依(本識雜染阿梨耶)作聖人依。聖人依者，聞熏習與解性和合，以此為依，一切聖道皆依此生。

(入見道位成轉依時，本識之雜染阿梨耶滅，聞熏習與通二性之解性和合之清淨識界起。成就智如不二。)

②是有漏世間法

《攝大乘論疏》卷五 T2805 (T85P982b27-29)

❶聖人依…聞思慧熏本識無常解性時，猶是凡夫。熏習增多後，更上第六意識成無流道即修慧，方是聖人。　(解性於凡夫位為無常性，為有漏世間法。)

❷問：聞思種子所熏解性，有解言是真淨法身，云何言是無常法耶？

答：(此)者是自歸識心分別闇心漫語耳，此解非義也。常住法無無常之義受熏。

(解性為無常有為法，非法身，以無為法不能受熏故。)

③是依他性，是轉依緣因

(T2805) P982b29-c3

❶聞思慧能熏後，上第六意識成修慧始為無流道。此聞思種子生唯識無境及觀智，爾時並是諸法因義是依他性(指解性)，後斷煩惱盡轉依成解脫果。

(依他之解性並聞熏習為因為道諦，轉依成解脫果為滅諦。)

❷(解脫)身方得轉依真淨心為法身義並果德，(那)復得聞思種子和合生聖人依(作)聖道因？法身相應時唯果德依法身也，無復種子因義也。

(依他解性並聞思種為因，真實無漏法身為果。)

(T2805) P999b14-17

❸又論緣因解性生，亦名有根，能生後智及進後加行智故。亦名有根，有當體名有根。

何以然？得此智故餘智滅，智依此智故，更生上地功德智慧，故是根也，餘可見。

(以解性與聞熏習其識界當體(根)作為緣因，轉依成就無分別智。進而能生後智與進後加行智，一切聖道依此而生。由無常解性至緣因解性乃轉染成淨之修行過程。)

(解性為緣因非生因，無分別智為無為法無生滅，無生因。)

(4)依他性

①以二性為性

《攝論》卷六 6

依他性由具二分(煩惱，清淨品)以二性為性故。(以金藏土為喻)

本識未為無分別智火所燒鍊時，此識由虛妄分別性顯現，不由真實性顯現。若為無分別智火所燒鍊時，此識由成就真實性顯現，不由虛妄分別性顯現。是故虛妄分別性識，即依他性，有二分。

(依他性雖攝二性，但凡夫位上非言二性俱存。在因上雜染中不說真如，非既染且淨和合二相。此由染還淨過程不同於如來藏說之雜染本具清淨之說。)

②體類與義

(1)體類：(繫屬熏習之種子)	果報識(世間、染)，聞熏習(出世間、淨)	本識	亂識(分別)	《攝論》卷五 1,2,17
(2)義：(繫屬淨不淨品)	不淨品(世間)，淨品(出世間)	諸識差別	亂識變異(虛妄)	

《攝論》卷五 6 無別色塵，唯是本識。

《攝論》卷五 15 唯是一識，識即依他性，於依他性中以別道理成立三性。

作為義的分別性消融於體類的依他性。將諸識差別泯除(超越)後，能分別與所分別收攝統一於唯一本識(能所合一的種子識界)，成為一切法的通因，由此開出三性，成立雜染清淨。本識與解性為體類(因)，非法身(真實性)與十八界(分別性)之義(果)。

⇨此依他性便是「此界無始時」的此界，為一切法之因，即解性之內涵。

(5)別釋

起信論：真妄和合。(真如具智，始終皆隨緣起用。)

法相宗：性相永別，智如二分。(真如永為頑物，至果位亦不與智相融。)

吉　藏：解性為正聞熏習之無漏聞思修慧。

印　順：解性非凡夫心中與如來同之清淨功德。

阿摩羅識是聖道依因，非聖道生因。

上田義文：①解性(阿摩羅識)必須滅除阿賴耶識得無分別智才得。(凡夫位與真如有隔，轉識成智後始智如合一。)

上田引前田慧雲：

《攝論》真如非有隨緣用者，於因位，真理與智慧未相融合，要至果位，智慧始融合於真理，以起化用。若然，則不同於法相宗，真如永為頑物，至果位亦不與智相融。亦不同《起信論》，真如具智，始終皆隨緣起用。

②真諦所傳才是彌勒、無著、世親唯識之原意。

(6)結

①解性為阿梨耶識本有之性，指一能通染淨之種子識界，為一切法之通因。

②外來之聞熏習與內在之解性和合成為聖人依。此解性為有為法能受熏，不同於法相宗的如

來藏真如(無分別智所緣，自性本寂不動)，亦不同《起信論》的如來藏本覺(從凡夫因位起，即不斷起現。)

③解性指真如性起解(即智)之作用，能成就性智不二之法身。此作用於凡夫因位不存在(不可視為在纏真如)，當它發揮作用時又是智如不二。不同於法相宗之性相永別，亦不同於《起信論》式的體用交徹性相融通。

④界即是如來藏，如來藏等同真如，但必須靠滅除阿梨耶識才能證得，必須是轉捨阿梨耶識才能出現的智如合一之境界。

**3 此識界有二義：(1)阿梨耶識；(2)如來識。

真諦說明識之流轉相時，以阿梨耶識來解釋如來藏；說明識之還滅相時，以法身來解釋如來藏。

**4 二緣生與等流因果，異熟因果

分別自性緣生在明阿黎耶識之轉變因果。分別愛非愛在明與業有關之善惡道因果。兩者實為一體，前者為親因緣及等流果，是因果同性。後者因是善惡，果是無記，為因果異性之異熟因與異熟果。異熟因果之因亦成為等流因果之因的增上緣。由等流因果之作用生出總別報之果體。

(1)說一切有部

①主張三世實有，法體恆存。但一切法剎那生滅。

②安立二種因果關係(有六因四緣，但無種子)

❶同類因果：同類因引等流果。(因果同性，亦名等流因果。)
(現在貪現行引生後時貪。前前剎那引後後剎那，雖剎那生滅，但貪之法體恆存，同一法體在不同剎那之分位顯現。)

❷異熟因果：因是有漏善惡法(業因)，果唯無記之樂苦果(業果)。

(2)瑜伽行派

①種子說

瑜伽行派引經量部種子說解釋一切法之等流因果與異熟因果之關係。

(阿黎耶識含藏以前一切法留下之影響力，也含藏未來一切法生起之可能性。此等影響力及可能性稱為種子。)

❶等流種子：本識中潛藏能親生自果之功能差別。在同類因果中每一剎那法(如貪等)之現起，都有特定之功能作為它生起之因(親因緣)。

❷異熟種子：在異熟因果中，連結異熟因與異熟果之潛在力。

②等流種子

每一現行之法(心，心所)在阿黎耶識中必有種子作為它生起之因緣。

(此因果不亂顯諸法緣生自性之依他性非無)

❶種子念念生滅：但由於本識之相續(註 1)而有種子之相續(註 2)。
(法相宗立種生種以說明種子之相續。認為前一剎那種子(為親因)生後一剎那種子。此二種在不同剎那不符果俱有之種子義，但法相宗認為種子六義不須同時俱有。)。

❷種生現現熏種：現在種子成熟時(過未種無體不生果)生起現行，此時種現俱時而有。而現行生起同時，能熏種於阿黎耶識中。
種現種三法因果同時俱轉。

上述二種構成等流因果(同類因果)。從種子親生自果，又再熏同類種子。所有種子都必然是等流種子，在無分別火燒前恆有現行之可能性，此即分別自性緣生關係。

註 1 識之相續

(1)從識到識(從有到有)生果功能未消逝之連續而成立。

(2)作為(與所分別(無境)之能所對立)之能分別而成立。

(3)作為境之否定性，對立但同時之一體。

(4)作為分別依他二性不相離而成立。

註 2 (1)種子之相續是藉(阿賴耶識之相續)而成立。(非種生種)

(1)①剎那滅：生不能跨二剎那，種生種不成立。

②種為諸法因，非其他種之因，不能種生種。

③異熟種子

但有一類等流種子同時兼有異熟種子功能。此等種子體與等流無異，但有別勝功能，能有餘緣助感後異熟者名異熟種子。(等流種子中之無記種及不招果之善惡種不名異熟種)

❶業之因果

業因體性之善惡思心所種子為未來思心所生起之因緣。當現行之思心所熏習成思心所種子之同一剎那亦為受心所種子之增上緣，能令無記之受心所(業果)現起，此即謂異熟種子。

❷異熟因果

a.因為善惡，果唯無記。

b.異熟種有受盡相，在果報成熟時即受盡。

(等流名言種子可無量時戲論生起種子，無受盡相。)　《攝論》卷四 13

c.異熟因果可以分別愛及非愛自體，是眾生流轉善惡趣之增上緣性。若只有識名色等五支無記等流種子，而沒有異熟種子則三界六趣之果報無法生起。

④惑業果

❶起惑：種生現，現熏種即顯種子之改變，種雖變但相續直至對治道生，此種即是煩惱現起之可能性。

❷造業：當有情因有煩惱而造業，即是思心所(業之體)由思種子現起，現起同時必回熏成一思心所種子，展轉增上。

❸受果：a.業行影響現世樂苦受種子，令樂苦受心所現行，同時回熏成樂苦受種子，直至對治道生起。

b.又由善惡業令有情往生善惡趣，並於一期生死中有樂苦受之現起。

此等惑業果三雜染之生起皆有其自身之種子(即因緣)。

⑤結顯

等流種串起之同類因果強調的是因緣，即是分別自性緣生。由異熟種子所串起之異類因果為增上緣，即是分別愛非愛緣生。(印順法師將等流種子(名言種子)當為諸法生起之質料因，說明蘊界處之流轉。異熟種子(業種子)為組合因，說明有支熏習。)

**5　十二分緣生

<table>
<tr><td rowspan="2">能引</td><td>1.無明</td><td>分別所起之煩惱障。</td><td></td><td>現行</td></tr>
<tr><td>2.行</td><td>無明發業。(善惡思心所種子，即業種)</td><td>異熟種子(業種子)</td><td></td></tr>
<tr><td rowspan="3">所</td><td>3.識</td><td>使阿黎耶識現行之種子。</td><td rowspan="3">等流種子(名言種子)</td><td rowspan="3"></td></tr>
<tr><td>4.名色</td><td>能生五蘊之種子。</td></tr>
<tr><td>5.六入</td><td>能生六根之種子。(不含染污意根)</td></tr>
</table>

<table>
<tr><td rowspan="2">引</td><td>6.觸</td><td>能生未來觸心所之種子。</td><td rowspan="2"></td><td rowspan="2"></td></tr>
<tr><td>7.受</td><td>能生未來受心所之種子。</td></tr>
<tr><td rowspan="3">能生</td><td>8.愛</td><td>下品(粗)貪愛心所</td><td rowspan="2"></td><td rowspan="2">現行(特別指臨命終時的一切煩惱)</td></tr>
<tr><td>9.取</td><td>上品(細)貪愛心所</td></tr>
<tr><td>10.有</td><td>行之異熟種子和識等五支等流種子，為愛取所潤後，所成之特殊狀態，隨時可感果。</td><td>前九支所形成之種子位</td><td></td></tr>
<tr><td rowspan="2">所生</td><td>11.生</td><td rowspan="2">識等五支之等流種子所生之異熟無記果(即識、名色、六入、觸、受。)</td><td rowspan="2"></td><td rowspan="2">現行</td></tr>
<tr><td>12.老死</td></tr>
</table>

阿黎耶識中無始時來之等流種子(為有情流轉三界六趣之質料因)，由於異熟種子(業種)之資助增上而不斷增長。在臨命終時由於現行煩惱之滋潤，而有現行之本識及名色、六入、觸、受及異熟無記果之生起。

**6 受用緣生

此明存在有種子熏習之關係，以及阿黎耶識之生起顯現需有受用緣生。此受用緣生與前二緣生實際上還是在說阿黎耶識之轉變。若阿黎耶識轉變為諸法而出，會以善惡兩道之一顯現，其顯現其實是受用識之功能。亦即，受用識起作用，阿黎耶識即以諸法顯現。

前二緣生是就「實際生存」之生起說，受用緣生是就已生起後而說。因此，如以受用緣生為主，可說阿黎耶識與受用識並存，但此時之阿黎耶識必須以染污意為主，同時也必須以作為所受用的諸法顯現。

阿黎耶識統攝一切剎那變化但有序(非混亂)之法，種子生現行、現行熏種子等現行諸法之自性及差別都是阿黎耶識之果，以阿黎耶識為性。而現行之我執阿黎耶識、六識和諸法都實際在作用，剎那中流轉不斷而連續。同一個整體，從一方面看稱為阿黎耶識，另一方面看則是差別顯現之染污意、六識及諸法。

**7 生有、本有到死有

(1)惑的二種作用：由惑起業，由惑潤業引生未來果。

①發業：以分別起之惑為主。

(又以與第六識相應分別無明所發業為主)

②潤生：以俱生惑為主。

(又以與第六識相應之貪惑為主)

(如臨命終貪愛惑，顧戀自我及境界，遂增上潤中有。相當於愛取潤五法種子，令生現行。)

此潤生惑於凡夫必有現行，聖者則不然。三果無現行貪，僅為種子之潤生。七地前菩薩為利他之行故起惑，是為現行之潤生。

(2)死的生起：由於①壽盡；②業盡；③兩者俱盡；④斷業而死。

(3)臨終時由於業力，於六門(眼乃至意)之任一門，

有三相①能得結生後有之業相；

②過去之業相；

③於後有當得苦樂受之趣相；

三者中任一相現起為所緣，住於所緣，生起死心而後滅。

死心滅後以相同所緣，或有所依(如欲色界中有)或無所依(無色界)，生起結生之意識，而住於後有。

(此意識為無明隨眠之纏縛，為渴愛隨眠之行業所生，為相應諸法所執取，為俱生諸法之

住處，為諸法之先行者，是前有與後有的連接，故名結生之意識。)

(4)結生、有分、死心位於同一生中，同境同一性。

從結生滅了之後，獲得同樣的所緣，轉起一相似心，猶如河流不斷地(生起)直至死心生起。…它是生命的(主要)部分，名為有分相續的意(識)，最後由於死心生起而後滅。而後再結生等，猶如車輪次第展轉轉起。

《攝阿毗達摩義論》5 攝離路分別品

**8 受生(結生) prati-saṃdhi

(1)《俱舍》卷 9 186

中有為至所生，先起倒心，馳趣欲境。…彼由起此二種倒心，便謂已身與所愛合，所憎不淨泄至胎時，謂是己有，便生喜慰，從茲蘊厚，中有便沒，生有起已，名已結生。(通大小乘)

(2)普寂

結生之言凡有四釋：

①結生即潤生。若生無色命終三位**名為結生，若生欲色界中有末心名為結生。

②正受生時名為結生。　③合前二義名為結生。

④命終心及中有末心俱名結生。

今云染污識者即當於第一，第四義。託柯羅邏即當第二義結生。

**命終三位：

①明了心位：六識心識明了。

②自體愛位：前五識不起，不能緣境。只有第六識能緣自體愛。

③不明了心位：第六識不起，只有阿梨耶識浮現種種業。

(3)生有：今生託胎受生(結生)時之剎那生存。胎生者稱託胎、託生。

**9 中陰(中有)

(1)《瑜伽》(一)27

①云何生？

❶由我愛無間已生故，(先命終時，我愛不捨，中有生時，我愛續生，於中無剎那斷。)

❷無始樂著戲論因已熏習故，　(此因無受盡相)

❸淨不淨業因已熏習故，　(此因有受盡相)

②中有、異熟生

彼(我愛)所依體，由二種因增上力故，

❶從自種子❷即於是處，中有、異熟無間得生。

死生同時，如稱兩頭，低昂時等。

(釋)

我愛所依，體即五蘊，五蘊有二位別(1)中有位(2)異熟位。

於此二位，體若生時，要以戲論自種為親因，及業自種為其勝緣，由是說從自種生。

又所依體於當生處，方可得生。(隨所當生，即彼形類中有而生。)

前所依沒，此中有生，中有滅時，異熟果生。

③中有必具諸根。(中有為化生，身分頓起，非漸圓滿，由是必具諸根。)

④此中有七日死已，或即於此類生，若由餘業可轉中有種子轉者，便於餘類中生。

(阿毗達磨師言中有於界趣處皆不可轉。)

⑤當知中有，除無色界一切生處。(以中有有色，無色界無色故除之。)

(2)《菩提道次第廣論》卷六，共中士道，思惟集諦

從無色沒生下二界則有中有。若從下二生無色者則無中有，於何處沒，即於其處成無色蘊，堪為根據諸教典中除此而外，未說餘無中有之例。

(3)《大毗婆沙論》69

欲色界生，定有中有，連續處別，死有生有令不斷故。

無色界生，定無中有。(何故無色界定無中有？論中有十二項說明。)

無色界歿生欲色界者，隨當生處中有現前。(以彼先已造感中有業故)

參考資料 9-10

入因果修差別勝相 (十地修習)

取自《攝大乘論世親釋記要》

[甲六]入因果修差別勝相第五　(卷十)

如此已說入因果勝相。
云何應知入因果修差別？
由十種菩薩地。
何者為十？

1.歡喜地	2.無垢地	3.明焰地	
4.燒然地	5.難勝地	6.現前地	7.遠行地
8.不動地	9.善慧地	10.法雲地	

[釋]

1.總說六度因果
(1)入勝相：唯識智名入，三無性為勝相。
(2)入因果：六度為唯識智入三無性之因果。
在願行位為因，在清淨位為果。
(此為總說，未約地辯其修之差別。)

2.云何應知六度修習差別？
若觀十地差別，即知因果修差別。

[乙一]立十地　對治章第一

云何應知以此義成立諸地為十？
為對治地障十種無明故。

[釋]

1.真如無分數
菩薩入初地見真如，見真如即盡，以真如無分數(可分為部份者)故。
若見真如不盡，則顯真如有分數。若有分數，則同有為法。

2.約真如體，不可立十地
以真如實無一二分數，若約真如體，不可立有十種差別。

3.約真如功德障，立十地**1
真如有十種功德，能生十種正行。
由無明覆故不見此功德，由不見功德故正行不成。
為所障功德正行有十種故，分別能障無明亦有十種。
<u>為對治此等十種無明故立十地。</u>
(十地是在離障證真上建立，雖也從所證十相法界上說，但主要還是建立在離障上。真如性無染淨非善惡，但具足生善滅惡，除染成淨之德用。)

1.明十種無明(能障)

於十相所顯法界，有十種無明猶在為障。

[釋]

1.法界十相

十相謂十種功德及十種正行，此相皆能顯法界。

此十種相雖復實有，由無明所覆不得顯現。

2.十種無明**2

有十無明覆十功德，障十正行。

(菩薩初入真如觀，障見道無明即滅，但所餘無明猶在未滅。)

(1)凡夫性無明

凡夫性無明是初地障，此無明即是身見。

身見有因和果二種，法我執是因，人我執是果。

(以執心外有法分別，是我執根本故。)

因即凡夫性，迷法無我，故稱無明。(二乘但能除果，不能斷因。)

若不斷此因(無明)，則不得入初地。

(2)(依三業)**起邪行無明**

依身(語意)業於眾生起邪行無明是二地障。

①依業起邪行無明

依(微細)身語意三業(能)於諸眾生(誤)起邪行之無明。

(成唯識論九：邪行障謂所知障中俱生一分(微細誤犯愚)及彼所起誤犯三業(種種業趣愚)。)

②迷一乘理修異乘方便

迷一乘理

由迷一乘理而生如是想：三乘人有三行差別。故稱無明。

修異乘方便

一切眾生所行之善，無非菩薩大清淨方便。此清淨既是一，則未至大清淨位無住義。

若修悉應同歸菩薩大道，云何修(二乘)方便而不修(菩薩)正道？

由迷此義，故稱無明。

若不斷此無明，則不得入二地。

(於第二地通達一切惡法以十惡業為本，一切善法以十善道為根，自然捨一切惡業，而至無微細誤犯。通達法界的清淨最為殊勝，無求異乘之心。)

(3)遲苦忘失無明

心遲苦無明、聞思修忘失無明是三地障。

①心遲苦無明

未至智根位為遲，未得菩薩微妙勝定為苦，以障

(智)根及修(定)，故稱無明。(未離三摩提及三摩跋提，此定是大乘法(無分別智及後智)之依止。)

②聞思修忘失無明

障聞持等陀羅尼不得成就，令所聞思修有忘失，故稱無明。

若不斷此無明，則不得入三地。

(三地定較深，定中遍知一切法，能得聞持等陀羅尼，於聞思不忘失。)

(4)微細煩惱行共生身見等無明

微細煩惱行共生身見等無明，為四地障。

①微細煩惱

由此煩惱最下品故，隨思惟起故，已遠離隨順本所行事故，故名微細煩惱。

此煩惱最下品：(此釋微細義)

由是最下品，不能染污菩薩心，故名微細。

隨思惟起：(此釋共生義)

雖復不能染菩薩心，隨正思惟起，與正思惟相應故不可說無，以能障菩薩一切智故。

已遠離隨順本所行事：(此釋離伴義)

昔在凡夫共位中及地前，隨順本所行一切煩惱事，今修四地離之已遠。

②煩惱行共生身見等

法執分別種子為體，生住滅不停故名行。

此種子為身見因，此種子體亦即是身見，以是法分別種類故。

由不了法我空，故稱無明。

若不斷此無明，則不得入四地。

(5)於下乘般涅槃無明

於下乘般涅槃無明是五地障。

若人依四諦觀修行五地，見生死為無量過失火之所燒然，見涅槃最清涼寂靜功德圓滿。

不欲捨生死，此行最難。不欲取涅槃，此行亦難行。

若人修行五地，心多求般涅槃，故稱無明。

若不斷此無明不得入五地。

(6)粗相行無明

粗相行無明是六地障。

若人修行六地，一切諸行相續生，如量如理證已，多住厭惡諸行心中，未能多住無相心中。故稱無明。

(執有染淨粗相現行)

若不斷此無明不得入六地。

(7)微細相行無明

微細相行無明是七地障。

若人修行七地，由心於百萬大劫中，未能離諸行相續相(謂生及滅)故，不能通達法界無染淨相。

如經言龍王十二緣生者，或生或不生。

(類似大集經第一陀羅尼，自在王菩薩說十二因緣不生。)

云何生？由俗諦故。

云何不生？由真諦故。

於十二緣生中，未能離生相住無生相，不得入七地，故稱無明。

若不斷此無明不得入七地。 (執有生滅細相現前)

(8)於無相作功用心無明

於無相作功用心無明為八地障。(於七地雖為無相但有功用行，為八地障。)

若人修行八地由作功用心，為除微細相行無明，及為住無相心中，未能自然恒住無間缺無相心，故稱無明。 (無相觀不任運起)

若不斷此無明不得入八地。

(9)於眾生利益事不由功用無明

於眾生利益事不由功用無明是九地障。

(於八地仍耽著無相寂滅，不能無功用行利他事，為九地障。)

若人修行九地，心自然恒住無相，但於利益眾生事四種自在中，未能自然恒起利益眾生事，故稱無明。

若不斷此無明不得入九地。

(10)於眾法中不得自在無明

於眾法中不得自在無明是十地障。

若人修行十地，於成就三身業及微細秘密陀羅尼三摩提門，未得自在，故稱無明。

若不斷此無明不得入十地。

因有此等無明為障，為對治此等障而立十地。

2.法界十功德相(所障)

何者能顯法界十相？

(1)於初地，由一切遍滿義，應知法界。

(2)於二地，由最勝義。

(3)於三地，由勝流義。

(4)於四地，由無攝義。

(5)於五地，由相續不異義。

(6)於六地，由無染淨義。

(7)於七地，由種種法無別義。
(8)於八地，由不增減義。
(9)於九地，由定自在依止義，由土自在依止義，由智自在依止義。
(10)於十地，由業自在依止義，由陀羅尼門三摩提門自在依止義，應知法界。

[釋]

真如有十功德相。**3

此十功德相能生 1.十正行，2.十不共果，以顯法界體。
十功德是顯法界之本，故先問十功德相。
(真如能顯法界種種差別相。此種種差別相即是十功德相，由此十功德相能生十正行及十不共果，此即是法界體。)

1.遍滿義 (於初地所證法界) (普遍性)

(1)功德相

真如法界，於一切法中遍滿無餘，以諸法中無有一法非無我故。

①人法二執所起分別覆藏法界一切遍滿義。由此障故，願行位人不得入初地。
②若除此障，即見真如遍滿義，人法二執永得清淨。由觀此義得入初地。

(正行：斷凡夫無明(依見道所斷之分別煩惱所知二障立)，證悟諸法實相，遍一切一味相，通達此遍滿法界相。)

(2)不共果

若通達法界遍滿功德，得通達一切障空義，得一切障滅果。

2.最勝義 (於二地所證法界) (絕對性)

(1)功德相

(人法二空攝一切法盡，盡是遍滿義。)
此義於一切法中最勝清淨。
由觀此義得入二地。

(正行：遠離於眾生身誤犯身口意的三業染行。通達最勝清淨法界相。)

(2)不共果

若通達法界最勝功德，得於一切眾生最勝無等菩提果。

3.勝流義 (於三地所證法界) (衍生性)

(1)功德相

真如所流法：

①真如所流：真如於一切法中最勝。由緣真如起無分別智，無分別智是真如所流，此智於諸智中最勝。
②無分別智所流：因此智流出無分別後智所生大悲，此

大悲於一切定中最勝。

③大悲所流：因此大悲，如來欲安立正法救濟眾生，說大乘十二部經，此法是大悲所流，此法於一切說中最勝。

菩薩為得此法，一切難行能行，難忍能忍。

由觀此法得入三地。

(正行：修習勝定，契證法界實相，從平等法界現起大智大悲所起之等流法，因離遲苦忘失無明，而現證通達勝流法界相。)

(2)不共果

若通達法界勝流文句功德，得無邊法音及能滿一切眾生意欲果，以此法音無邊無倒故。

4.無攝義 (於四地所證法界) (非執性)

(1)功德相

於最勝真如及真如所流法，菩薩於中見無攝義。

謂此法非我所攝，非他所攝，以自他及法三義不可得故。

譬如北鳩婁越人，於外塵不生自他攝想。

菩薩於法界亦爾，故法愛不得生。

由觀此義得入四地。

(正行：修三十七菩提分，破除微細煩惱現行，俱生身見所攝之無明，通達無攝(無我我所)法界相。)

(2)不共果

若通達法界無攝功德，得如所應一切眾生利益事果。

5.相續不異義 (於五地所證法界) (主體性)

(1)功德相

此法雖復無攝，三世諸佛於中相續不異。

不如眼等諸根、色等諸塵及六道眾生相續(身)有異，以如此等法分別所作，故相續有異。

三世諸佛真如所顯，故相續(身)不異。

由觀此義得入五地。

(正行：真俗並觀，通達法界生死涅槃都無差別性，遠離於下乘般涅槃之無明，證相續不異(無差別)法界相。)

(2)不共果

若通達法界相續(身)不異功德，得與三世諸佛無差別法身果。

6.無染淨義 (於六地所證法界) (超然性)

(1)功德相

三世諸佛於此法中，雖復相續不異，

此法於未來佛無染，以本性淨故；於過去現在佛無淨，以本性無染故。

由觀此義得入六地。

(正行：修緣起智，觀緣起畢竟空，通達染淨平等，證無染淨法界相。(別觀十二緣起若染(流轉門)若淨(還滅門)之差別粗相現行，能障蔽六地無染淨之妙境。)

(2)不共果

若通達十二緣生真如無染淨功德，得自相續清淨及能清淨一切眾生染濁果。

7.種種法無別義 (於七地所證法界) (共同性)

(1)功德相

十二部經所顯法門，由種種義成立有異，由一味修行、一味通達、一味至得故，不見有異。

由觀此義得入七地。

(正行：除去對如來種種教法之微細取相行，通達如來一切法門，法法皆是無差別(無相觀)，得種種法無別法界相。)

(2)不共果

若通達種種法無別功德，得一切相滅恒住無相果。

8.不增減義 (於八地所證法界) (寂然性)

(1)功德相

菩薩見一切法(無礙)，道成時不增，或滅時無減(其法性空寂故)。如此智是相自在及土自在之依止，以此二自在由不增減智得成。

相自在：如所欲求相，以自在故即得現前。此為成熟佛法。

土自在：若菩薩起分別願，願此土皆成頗梨柯等，以自在故如其所願即成。此為成熟眾生。

由觀此義得入八地。

(正行：離有功用相，證無生法忍，通達諸法之不增不減，得二種自在依止。能任運現起身相及國土。如大梵天王遊千世界而不假功用任運自在。

八地以上都能顯現一乘義。修行都證入「無生法忍」。

1.二乘人證入寂滅性，偏空涅槃。

2.菩薩則了達空性而起妙用，化現淨土及不同身形去教化眾生。

(其境界已超越三界，證入實報莊嚴之佛土。)

(2)不共果

若通達不增減功德，得共諸佛平等威德智慧業果。

(八地菩薩得如幻三昧，觀一切法無礙。)

9.定自在依止義、土自在依止義、智自在依止義 (於九地所證法界)

(1)功德相

初二依止義如前釋。

智自在者，四無礙解所顯，故名智。

此智以無分別後智為體，以遍一切法門悉無倒故。

由得此智故成大法師，能令無窮大千世界眾生入甚深義，如意能成故名自在。

此自在以無分別智為依止，由得此自在故入九地。

(又釋)

通達法界為智自在依止，故得四無礙解。

由觀此義得入九地。

(正行：斷耽着無相寂滅障(對利益眾生事能無功用行)，得四無礙智，說法自在，便得智自在依止法界。)

(2)不共果

(若通達四種自在功德依止得三身果。)

若通達無分別依止，得法身果；若通達土及智自在依止，得應身果，由此應身於大集中，得共眾生受法樂果。

10.業自在依止義、陀羅尼門三摩提門自在依止義 (於十地中所證法界)

(1)功德相

通達法界為作眾生利益事。

若得諸佛三業及得陀羅尼門三摩提門，則能通達如來一切秘密法藏，得入十地。

(又釋)

通達法界為業自在依止，通達法界為陀羅尼門三摩提門自在依止。

由此通達為化度十方眾生得三身三業故，名業自在。

由得陀羅尼門三摩提門，如來一切秘密法藏如意通達，故名自在。

此三自在並以真如為依止，由觀此義得入十地。

(正行：斷於眾法中不得自在之無明，即得三自在之依止。

①業自在：得身口意三業用自在，依神通慧自在化導一切眾生，隨自作業皆能成辦。

②陀羅尼門自在：能總持一切善法，遮止一切惡法。能持一切佛所宣說文義無忘。

③三摩提門自在：三摩提為正定，於定隨其所欲而得自在。由定發慧，能總持一切，攝持不散。)

(2)不共果

若通達業依止，得化身果，因於此果能作無量眾生無邊利益果。

此中說偈，

[遍滿最勝義　勝流及無攝　無異無染淨　種種法無別]

[不增減四種　自在依止義　業自在依止　總持三摩提]

如此二偈，依中邊分別論**3，應當了知。

3.別顯

復次，此無明應知於二乘非染污，於菩薩是染污。

[釋]

1.二乘菩薩異**4

二乘修行不為入十地，此無明不障二乘，非二乘道所破故，不染污二乘。

菩薩修行為入十地，此無明障菩薩十地，為菩薩道所破故，染污菩薩。

(普寂：所知障是法執所起，唯障菩薩趣大菩提饒益有情之事，不障二乘涅槃，故於二乘為無覆無記性。)

2.立十地由

若菩薩於初地，能通達一切地，云何次第製立諸地差別？

由此住故，菩薩修行十度通別二行。因此住修別行故，次第製立十地差別。

十地隨十度增盛而設。 (十)15

初地施度增盛，二地戒度增盛，三地忍度增盛(斷定愛)，四地精進度增盛(斷法愛)，五地定度增盛，六地慧度增盛，七地方便(善巧)度增盛，八地願力增盛(無分別，淨土自在)，九地力度增盛，十地智度增盛。(藉十地，菩薩修十度別行)

[乙二]十地名**5 daśabhūmiayaḥ 立名章第二

1.云何初地名歡喜？ pramuditābhūmi

由始得自他利益功能故。

[釋]

1.菩薩於初登地時，俱得自利利他功能。昔所未得此時始得，是故歡喜。

聲聞於初證真如時，但得自利功能，無利他功能。聲聞亦有歡喜義，不及菩薩故，唯菩薩初地立歡喜名，聲聞初果不立此名。

2.昔所未證出世法，今始得證，無量因緣有大慶悅恒相續生，故稱歡喜。

2.云何二地名無垢？ vimalābhūmi

此地遠離犯菩薩戒垢故。

[釋]

1.菩薩於此地中有自性清淨戒，並非如初地是由正思量所得，故稱無垢。

(自性清淨戒(或譯為性戒)是如殺生等之自身戒，不一定有待佛制，於此地成就，並非如初地作意思擇而持戒。)

2.於此地中，一切細微犯戒過失垢皆離之已遠，自性清淨戒恒相續流，故稱無垢。

3.云何三地名明焰？ prabhākarībhūmi

由無退三摩提(samādhi)及三摩跋提(samāpatti)依止故，大法光明依止故。

[釋]

1.菩薩於此地中，未曾離三摩提(等持)及三摩跋提(等至)。

以不退此定故，此說大乘教是此定之依止。
不退此定，是大法(大乘法)光明(指無分別智及無分別後智)之依止。
菩薩恒不離此智(無分別智及後智)，聞持陀羅尼為此智之依止。
以定為明，以智為焰，故稱明焰。
(又釋)定為智根故名依止，智為定根故亦名依止。
2.此地是無量智慧光明及無量三摩提聞持陀羅尼之依止，故稱明焰。

4.云何四地名燒然？　arciṣmatībhūmi
由助菩提法能焚滅一切障故。

[釋]
1.菩薩於此地中，恒住助道法故名然，由住此法焚滅大小諸惑故名燒，故稱燒然。
2.道火熾盛，能燒惑薪，故稱燒然。

5.云何五地名難勝？　sudurjayābhūmi
真俗二智更互相違，能合難合令相應故。

[釋]
真智無分別，
俗智如工巧等明處，有分別。
分別無分別此二互相違，合令相應此事為難。
菩薩於此地中能令相應，故稱難勝。

6.云何六地名現前？　abhimukhībhūmi
由十二緣生智依止故，能令般若波羅蜜現前住故。

[釋]
菩薩於此地中，住十二緣生觀，由十二緣生智力，得無分別住。
無分別住即是般若波羅蜜，此般若波羅蜜恒明了住，故稱現前。

7.云何七地名遠行？　dūraṃgamābhūmi
由至有功用行最後邊故。

[釋]
1.菩薩於此地中，作功用心修行已，究竟思量一切相皆決了。
此思量由功能得成，於加行功用心中最在後邊，故稱遠行。
2.無間缺思惟諸法相，長久入修行心，與清淨地相鄰接，故稱遠行。

8.云何八地名不動？　acalābhūmi
由一切相及作意功用不能動故。

[釋]
1.於無相及一切相，作功用心及惑不能動故。

菩薩於此地有二種境，

真境：名無相，菩薩住此境，一切相及功用所不能轉。(不轉)

俗境：名一切相，即利益眾生事，菩薩於此境，一切惑不能染。(不染)

菩薩心由此二義故稱不動。 (有相想及無相有功用想皆不能動)

2.一切相一切法一切功用，不能轉菩薩無分別心，以此無分別心自然相續恒流，故稱不動。

9.云何九地名善慧？ sādhuṃatībhūmi

由最勝無礙解智依止故。

[釋]

1.菩薩於此地中，所得四辯(四無礙解)名慧，此慧圓滿無退無垢名善，故稱善慧。

2.菩薩於此地中，能具足說一切法(成就利他行)，由得無失廣大智慧有此功能，故稱善慧。 (能偏十方世界為一切有情善說妙法)

10.云何十地名法雲？ dharmameghābhūmi

由緣通境知一切法，

一切陀羅尼門及三摩提門為藏故譬雲。

能覆如虛空麁障故，能圓滿法身故。

[釋]

菩薩於此地中得如此智，能緣一切法通為一境。 (遍緣一切真、俗法)

此智有勝功能，譬雲有三義，謂能藏、能覆、能益。

1.能藏義：如淨水在雲內為雲所含，即是能藏義。
此智亦爾，陀羅尼門及三摩提門如淨水在此智內，為此智所含故，
有能藏義。

2.能覆義：①雲能覆空一分，此智亦爾，能覆一切麁大惑障。
為能對治故，作自地滅道，作餘地不生道。
②如雲能遍滿虛空，此智亦爾，能圓滿菩薩轉依法身。
由此二意故，有能覆義。

3.能益義：菩薩由有此智，如大雲於一切眾生，隨其根隨其性常雨法雨，
①能除眾生煩惱燋熱，②能脫眾生三障塵垢，
③能生長眾生三乘善種故，有能益義。

法目此智以雲譬智，故稱法雲。

11.明地義

通名地者有四義，

(1)住義：此十種是一無流勝智住位故，以住為義。

(2)處義：是因受用現世安樂住、成熟佛法、成熟眾生處故，以處為義。

(3)攝義：總攝一切福德智慧故，以攝為義。

(4)治義：能對治惑流故，以治為義。

[乙三]得地相 **得相章第三**

云何應知得諸地相？

由四種相。**6**7

1.由已得信樂相，於一一地決定生信樂故。

2.由已得行相，得與地相應十種法正行故。

3.由已得通達相，先於初地通達真如法界時，皆能通達一切地故。

4.由已得成就相，於十地皆已至究竟修行故。

[釋]

若菩薩已得歡喜地所得實相，

此相能 1.能發起菩薩自精進心，2.能生眾生信樂心，3.能令菩薩離增上慢心，故須說此所得地相。

故問：云何應知？

答：由四種相。

此四種相中，隨一相顯現，即驗此人已入菩薩地，以此四相離登地人，於餘處則無故。

1.由信樂相 (信得 adhimuktilābha) **6

於一一地決定生信樂故。

地持論**8 中說，有五種信樂：

(1)無放逸

(2)對遭苦難眾生之無依無救，為作其救濟依止之所。

(3)於三寶起極尊重心，窮諸供養。

(4)知所有過失，不一念覆藏，悉皆發露。

(5)於一切事及思惟修中，先發菩提心。

於此五中隨一顯現，即驗已入菩薩地，(譬如須陀洹人得四不壞信(佛法僧戒四證淨))。

以此五是菩薩常所行法，行之，是菩薩，由此顯菩薩已入地相。

2.由行相 (行得 caritalābha) **6

若菩薩修行十地，不出十種正行，此十種正行是十地依止。

(十種法正行如十七地論說) **8

為成熟眾生有十種善法正行與大乘相應，十二部方等經菩薩藏所攝。

何等為十？

(1)書持，(2)供養，(3)施他，(4)若他正說恭敬聽受，
(5)自讀，(6)教他令得，
(7)如所說一心習誦，(8)為他如理廣釋，
(9)獨處空閑正思稱量簡擇，(10)由修相入意。

此中，一切皆是大福德道，第九是加行道，第十是淨障道。

3.由通達相　(通達得 paramārthalābha) **6

先於初地通達真如法界時，皆能通達一切地故，由四尋思四如實智所得真如，於地地皆不異。

4.由成就相　(成就得 niṣpattilābha) **6

此十地皆已至究竟修行故，成就心有四種，其所緣境亦有四種。

菩薩於願樂地中善增長善根，已依菩提道出離二執，菩薩心緣四種境而起。

所緣四境：(1)緣未來世菩提資糧，速疾圓滿。
(2)緣作眾生利益事而圓滿。
(3)緣無上菩提果。
(4)緣諸如來具相(三十二圓滿相)而佛事圓滿。

所起四心：(1)精進心，　(2)大悲心，
(3)善願心，　(4)善行心。

(由以上四相，顯示諸地之特質，只要具有這些特質之一，即得地上菩薩。)

[乙四]修地相　**修相章第四**

云何應知修諸地相？

諸菩薩先於地地中，修習奢摩他毘鉢舍那，各有五相修習得成。

[釋]

已說得諸地相，復問以何方便修能得諸地？

[答]三世菩薩之修行，悉同為得未曾得。(此顯修時在清淨意位(見道位)，故言於地地中。)

所修十波羅蜜通有二體：

1.不散亂為體(屬奢摩他)，2.不顛倒為體(屬毘鉢舍那)。

諸地各各具有五相修習，得成菩薩地。若無此五修不得入菩薩地。

[丙一]明五修

何者為五？

1.集總修，
2.無相修，
3.無功用修，
4.熾盛修，
5.不知足修，

應知於諸地皆有此五修。

[釋]

1.集總修

依佛所說大乘正教，種種文句、種種義理、種種法門，由四尋思及四如實智，觀察名義法門，自性及差別皆不可得。

此不可得不可說有，以離三性故。不可說無，是清淨梵行果故。

如來所說通是一味，故名總修。(集總修是指集合一切、總成一聚、簡要修習。)

此修依智慧而行。。

2.無相修

由無著、不觀、無失、無分別及迴向等五種清淨，故名無相。《攝大乘論》(九)2, P201

又於自身報，恩果報不執著，故名無相。

此修依大悲而行。

3.無功用修

菩薩不由作功用心，自然在菩提行。(不同於餘事須作功用心者)

此修依自在及正見而行。

4.熾盛修

菩薩不以攸攸心修道，是捨下中心依止上上品心。修行之時，於身命財無所恪惜，故名熾盛。(增勝義)

此修依精進而行。

5.不知足修

如前所說於長時修施等行，不生疲厭故名不知足。《攝大乘論》(八)8, (九)10

此修依信而行。(如經言：若人有信則於善無厭。)

諸地皆須五修，皆有未得令得、已得令不失二義。

[丙二]明五修果

[丁一]正明五修果

此五修生五法為果。

何者為五？

1.惑滅不生果：一剎那剎那能壞一切麁重依法。

2.成熟佛法果：能得出離種種亂想法樂。

3.二　智　果：能見一切處無量無分別相善法光明。

4.出　離　果：如所分別法相轉得清淨分，恒相續生，為圓滿成就法身。

5.圓　滿　果：於上品中轉增為最上上品，因緣聚集。

[釋]

正明五修果**9

五修是因，五法為果。(果有二種：真實果、假名果)

五法是真實果，地是假名果。(以五法成地故，地是假名果。)

1.惑滅不生果　(滅習)

此惑滅不生果，是總修所得。

本識中一切不淨品熏習種子，為二障依之法。(惑障為麁，智障為重)

(1)初剎那為次第道(無間道)，第二剎那為解脫道。初剎那壞現在惑令滅，第二剎那遮未來惑令不生。

(2)復次，由奢摩他毘鉢舍那智緣總法為境，剎那剎那能破壞諸惑聚，是所對治者令滅，非所對治者令羸。

2.成熟佛法果　(得猗)

此成熟佛法果，是無相修所得。

能得出離種種立相想，現受法樂。

何以故？

如來隨眾生根性及煩惱行立種種法相。

(1)若人如文判義，此種種法前後相違，若執此相則不離疑惑，於正法中，現世無有得安樂住義。

(2)若依無相修，於正法中出離種種立相想。觀此正說同一真如味，心無疑厭，於正法中，縱任自在，故現世得安樂住。

3.二智果　(圓明)

此二智果是無功用修所得。

菩薩於一切處見無量相，皆能了達如佛所說法相，及世間所立法相，此即如量智。

如同相數無量，菩薩以如理智，通達無分別相。

此二智能照了真俗境，故名善法光明。

(此約三乘法說一切處，又約內外法說一切處，又約真俗說一切處。)

4.出離果　(相起)

此出離果是熾盛修所得。

(1)如昔所聞，於思量覺觀中，以未有熾盛修故，奢摩他毘鉢舍那未滿未大，未隨緣行。

(2)若得此修已，(起時)由離障故轉得清淨分，(圓滿時)由相續生故得圓滿，(究竟時)由圓滿故得觸法身，至究竟位故得成就。

(3)復次，如來有二種身，一解脫身二法身。由滅惑故解脫身圓滿，由解脫身圓滿故法身成就。

5.圓滿果　(廣因)

此圓滿果是不知足修所得。

菩薩登地已得上品，由於善法不知足故，更進修習。

由初地轉觸二地，乃至從十地轉觸佛果，成最上上品。

先所修福德智慧資糧，以無分別智為因，諸助道法為緣，一時因緣滿足故言因緣聚集。

[丁二]因明諸地義

諸地義，除上所述外，應知如十七地論說，謂有能無能等。

(如後於滅三障及得勝功德中所述。)

[問]菩薩修十地行，

於十地中有幾法是未滅為滅，未得為得？

[答]以四義明。

1.由願忍成得二種勝能

(1)願忍成

菩薩在願行地中，於十種法行修願忍得成，由願忍成過願行地，入菩薩正定位。

①願

有十大願，至登初地乃得成立。 (修位十大願)

何以故？

此願以真如為體，初地能見真如故。

❶供 養 願：願供養勝緣福田師法王。
❷受 持 願：願受持勝妙正法。
❸轉法輪願：願於大集中轉未曾有法輪。
❹修 行 願：願如(佛)說修行一切菩薩正行。
❺成 熟 願：願成熟此器世界眾生三乘善根。
❻承 事 願：願往諸佛土，常見諸佛，恒得敬事聽受正法。
❼淨 土 願：願清淨自土，安立正法及能修行眾生。
❽不 離 願：願於一切生處恒不離諸佛，菩薩得同意行。
❾利 益 願：願於一切時恒作利益眾生事，無有空過。
❿正 覺 願：願與一切眾生同得無上菩提，恒作佛事。

②忍

即無分別智。

(2)有二種勝能

由願忍成故有二種勝能：謂能滅能得。

能滅：諸地各能滅三障(二種無明，一種麁重報)。

(有二十二無明及十一麁重報，能障十一地。) (瑜伽論 78)4

(三障者謂所知樂無漏業及變易生死，能障地道故名為障。)

能得：諸地各得勝功德。

1.初地

❶三障

(瑜伽 78)4
執著補特伽羅及法愚痴
惡趣雜染愚痴

1.法我分別無明。 (分別法及我之無明)
2.惡道業無明。 (惡趣業之無明)
3.此二無明感方便生死，名麁重報。 (凡夫性無明)

❷滅三障

為滅此三障，故修正勤。

❸得勝功德

因修正勤滅三障已，得入初地，
得十分圓滿：

1.入菩薩正定位：以入菩薩初無流地故，
2.生在佛家：如諸菩薩生法王家，具足尊勝故，
3.種性無可譏嫌：以過二乘及世間種性故，
4.已轉一切世間行：以決定不作殺生等邪行故，
5.已至出世行：所得諸地必無流故，
6.已得菩薩法如：由得自他平等故，
7.已善立菩薩處：由證真實菩薩法故，
8.已至三世平等：由覺了一切法無我真如故，
9.已決定在如來性中：當來必成佛故，
10.已離壞卵事，由佛道破無明轂：於外轂(鳥卵)般涅槃故。

菩薩於初地，由見法界遍滿義，得此十分。(如聲聞在初果有十分功德)
由此分故，初地圓滿。

2.二地

❶三障：

細微誤犯愚痴
種種業趣愚痴

1.微細犯過無明。 (微細誤犯無明)
2.種種相業行無明。 (依業起邪行之無明)
3.此二無明感方便生死，名麁重報。

初地由此三障故未有勝能，未能了達菩薩戒中，微細犯戒過行，(而依業起邪行)。(初地亦有迷一乘理修異乘之無明)
(依業起邪行及迷一乘理無明)

❷滅三障

為滅此三障，故修正勤。

❸得勝功德

因修正勤滅三障已，入第二地，
得八種清淨功德：

1.信樂清淨。
2.心清淨。
3.慈悲清淨。
4.波羅蜜清淨。**10
5.見佛、事佛清淨。

6.成熟眾生清淨。
7.生清淨。(佛地除外)
8.威德清淨(於上上地，但離如來地)。
此八種功德轉上轉勝。(八種轉勝清淨)
由此分故二地圓滿。

3.三地

❶三障：

欲貪愚痴
圓滿聞持陀羅尼愚痴

1.欲愛無明。 (欲界貪無明)
2.具足聞持陀羅尼無明。 (圓滿聞持陀羅尼之無明)
3.此二無明所感方便生死，名麁重報。

菩薩於二地，由此三障故未有勝能，未得世間四(色)定四空三摩跋提，及聞持陀羅尼具足念力。由欲愛不得微妙勝定(四色無色定)，則不得於定中遍知一切法，不得聞持陀羅尼，忘失所聞思修。(以此定是大乘法(無分別智及後智)之依止故。)

(遲苦忘失無明)

❷滅三障
為滅此三障，故修正勤。

❸得勝功德
因修正勤滅三障已，入第三地，
得八種轉勝清淨及四定等(色無色定)，乃至通達法界勝流義。
由此分故三地圓滿。
由勝定→真如所流無分別智→所流後智生大悲→安立正教(利益眾生)

4.四地

❶三障

等至愛愚痴
法愛愚痴

1.三摩跋提愛無明。 (定愛無明)
2.行法愛無明。 (細惑俱身見無明)
3.此二無明所感方便生死，為麁重報。

菩薩於三地，由此三障故未有勝能，未能隨自所得助道品法中如意久住，未能捨離(以法執分別種子為因之)三摩跋提愛及法愛，心清淨住。 (細惑俱身見等無明)

❷滅三障
為滅此三障，故修正勤。

❸得勝功德。
因修正勤滅三障已，入第四地，
得八種轉勝清淨，及於助道品法中如意久住等，乃至通達法界無攝義。
由此分故四地圓滿。
1.於真如、真如所流法，自他法三不可得。

2.不執我我所，法愛不生，於外塵不生自他攝想。

5.五地

❶三障

一向作意棄背生死愚痴
一向作意趣向涅槃愚痴

1.生死涅槃一向背取思惟無明。 (厭生死欣涅槃之無明)
2.方便所攝修習道品無明。 (四種方便道品之無明)
3.此二無明所感因緣生死，為麁重報。

菩薩於四地，由此三障故未有勝能，菩薩正修四諦觀時，於生死涅槃未能捨離一向背取心，未能得修(四種方便)* *11 所攝菩薩道品。
(下乘般涅槃無明)

❷滅三障

為滅此三障，故修正勤。

❸得勝功德

因修正勤滅三障已，入第五地，
得八種轉勝清淨，及得捨離背取心等，乃至通達法界相續(身)不異義，
由此分故五地圓滿。

通達生死即涅槃，不厭生死欣涅槃，自相續之相雖異但性本無差別。

6.六地

❶三障

現前觀察諸行流轉愚痴
相多現行愚痴

1.證諸行法生起相續無明。 (執有緣起流轉染粗相)
2.相想數起無明。 (執有還滅淨粗相)
3.此二無明感因緣生死，名麁重報。

菩薩於五地，由此三障故未有勝能，諸行法生起相續(流轉相)如理證故，由多修行厭惡有為法相故(雖厭流轉相，但仍執有還滅淨相)，未能長時如意住無相思惟故。 (粗相行無明)

❷滅三障

為滅此三障，故修正勤。

❸得勝功德

因修正勤滅三障已，入第六地，
得八種轉勝清淨，及不證諸行生起相續(流轉相)等(還滅相)，乃至通達法界無染淨義(染淨無差別)，
由此分故六地圓滿。

7.七地

❶三障

微細相現行愚痴
一向無相作意方便愚痴

1.微細相行起(現行)無明。 (細生滅相現行之無明)
2.一向無相思惟方便無明。 (未能一向無相思惟之無明)
3.此二無明所感因緣生死，名麁重報。

菩薩於六地，雖離一切粗相，但執有生滅細相現行，由此三障故未有勝能，
(1)未能離有為法微細諸相行起(現行)

以仍執有生者，猶取流轉細生相，有微細法愛現行之無明。

(2)未能長時如意住(無間無流)無相思惟中

以仍執有滅者，尚取還滅細滅相，故有未能一向作無相觀之無明。

(微細相行無明)

❷滅三障

為滅此三障，故修正勤。

❸得勝功德

因修正勤滅三障已，入第七地，

得八種轉勝清淨，及離有為法微細行起(現行)諸相(離諸行微細生滅相續相，住無生相)，乃至通達法界種種法無差別義(由長時多修無相思惟，通達諸法無差別)，

由此分故七地圓滿。

(觀世間法畢竟空寂無生滅相，又觀佛陀出世教一味不異，無差別相。得一切相滅恆住無相果。)

8.八地

❶三障

於無相作功用愚痴
於相自在愚痴

1.於無相觀作功用無明。 (作功用觀無相之無明)

2.於相行自在無明。 (相自在及一分土自在之無明)

3.此二無明所感有有生死，名麁重報。

菩薩於七地，由此三障故未有勝能，未能離功用心任運得住無相修中，未能於自利利他相(相自在、土自在)中心得自在。

(於無相作功用心無明)

(前五地有相觀多，無相觀少。第六地有相觀少，無相觀多。第七地無相觀雖恆相續而有加行因。無相中有加行故未能任運現相及土。如是加行障八地中無功用道。)

❷滅三障

為滅此三障，故修正勤。

❸得勝功德

因修正勤滅三障已，入第八地，

得八種轉勝清淨，及離功用心得住無相修中等，乃至通達法界無增減義，

由此分故八地圓滿。

由不增減智可得相自在(應以何身得度者，即現何身而為說法)及土自在。不增減智法性空寂，道成時不增，滅時不減。

於無量說法、無量法句文字、後後慧辯陀羅尼自在愚痴

9.九地

❶三障

1.無量正說法(義)、無量名句味(法)、難答巧言(詞)自在陀羅尼無明。

辯才自在愚痴

(義法詞自在陀羅尼之無明)

2.依四無礙解決疑生解無明。 (辯才自在之無明)

3.此二無明所感有有生死，名麁重報。

菩薩於八地，由此三障故未有勝能，未得於正說中具足相別異(義(理)

無礙)、名(法(句)無礙)、言品類(言(詞)無礙)等自在，未得善巧說陀羅尼(辯無礙自在)。此時菩薩仍耽著「無相寂滅」，有於眾生利益事不由功用之無明。

❷滅三障

為滅此三障，故修正勤。

❸得勝功德。

因修正勤滅三障已，入第九地，
得八種轉勝清淨，及於正說中得具足相自在等(土自在)，
乃至通達法界智自在依止義，由此分故九地圓滿。

智自在(含相土自在)能得四無礙解，無功用恆起利益眾生說法自在。智自在(得應身果)依止無分別智(通達法界，得法身果)。

10.十地

❶三障

大神通愚痴
悟入微細秘密愚痴
(障大法智雲及所含藏者)

1.六神通慧無明。 (業自在之無明，障起事業)

2.入微細秘密佛法無明。 (陀羅尼門三摩提門自在之無明，障通達如來一切秘密法藏)

3.此二無明所感有有生死，名麁重報。

菩薩於九地，由此三障故未有勝能，未能得正說圓滿法身(陀羅尼門三摩提門自在)，未得無著無礙圓滿六通慧(業自在)。**12

(於眾法中不得自在無明)

❷滅三障

為滅此三障，故修正勤。

❸得勝功德。

因修正勤滅三障已，入第十地，
得八種轉勝清淨，及能得正說圓滿法身等，乃至通達法界業自在依止義 (得化身果)，由此分故十地圓滿。

由陀羅尼門三摩提門自在，通達如來一切秘密法藏。由三業用自在，依通慧隨自作業皆能成辦。

11.如來地

❶三障

於一切所知境
極微細著愚痴
極微細礙愚痴

1.於一切應知境微細著無明。 (微所知障)

2.於一切應知境微細礙無明。 (一切任運煩惱障種)

3.此二無明所感無有生死，名麁重報。

菩薩於十地，由此三障故未有勝能，未能得清淨圓滿法身，未能於一切應知境得無著無礙見及智。

❷滅三障

為滅此三障，故修正勤。

❸得勝功德。

因修正勤滅三障已，入如來地，
得七種最勝清淨(離生清淨)，得清淨圓滿法身及無著無礙

見智等，
由此分故如來地圓滿。
十地功德皆是有上，如來地功德悉是無上。

2.立六度十度由

諸波羅蜜是菩薩學處。
何故或說有六？或說有十？

(1)立六度

說有六者，凡有二義：
①成他世間利益 (前三度)
由行施：立眾生資生具故，令他離貧窮苦。
由行戒：離逼害損惱眾生故，令他無怖畏。
由行忍：不報眾生逼害損惱惡事故，令他無疑安心。
②成他煩惱對治 (後三度)
由行精進：若他未伏惑及未斷惑，能安立此人於善及助善處。由此精進，諸惑不能令彼退善及助善處。
由 行 定：能伏滅他煩惱。
由行般若：能斷除他煩惱。

(2)立十度

或說有十，為助成前六度故立後四波羅蜜。
①方便波羅蜜
方便波羅蜜是前三波羅蜜助伴。
前三波羅蜜所利益由四攝所顯，而方便波羅蜜能安立彼於善處故。
②願波羅蜜
願波羅蜜是精進波羅蜜助伴。
❶若菩薩於現世，或為煩惱多、或由願生下界、或由心羸弱：
於恒修習及心住內都無功能；
雖定緣菩薩藏文句生，也無能引出世般若。
❷菩薩行薄少善根功德，願未來世之煩惱薄少無力等。
此即是願波羅蜜力，能令煩惱薄少，能起菩薩精進波羅蜜，自為既爾，令他亦然。
③力波羅蜜
力波羅蜜是定波羅蜜助伴。
此已得精進菩薩，由事善知識得聞正法。如所聞而正思惟，能除羸弱心地，於美妙境得強勝心地。
此即是菩薩力波羅蜜，由此修力，菩薩能引心令住內境。
④智波羅蜜
智波羅蜜是般若波羅蜜助伴。
此已得力菩薩，緣菩薩藏文句所生聞思修慧，及緣五明之智。

此智能如理簡擇真俗境，此智或在無分別智前，或在無分別智後。

此即是菩薩智波羅蜜，由此智能生定及引出世般若。

3 十學處前前攝後後

菩薩十種學處次第云何？

前前波羅蜜能攝成後後波羅蜜，為彼依止故。

(1)菩薩不惜六塵及自身樂，得受持禁戒。

(2)為護惜戒故，忍受他毀辱。

(3)由能忍受故，精進不懈。

(4)由此精進息惡生善故，觸三摩提。

(5)若定成就，則能引出世般若。

(6)由般若迴向前六度，為得大菩提故，施等無盡故，般若能引方便。

(7)因此方便發諸善願，能攝隨順生處，一切生處恒值如來出世，是故常行施等，故方便能引願。

(8)因此願故得二種力，謂思擇力及修習力，破施等對治，決定常能修行施等，是故願能引力。

(9)因此力故如言執義，無明則滅，得受施等增上緣正說法樂，因此法樂能成熟眾生善根，故力能引智。

4 十地行十度

(1)初地

初地通達遍滿義，得出世智菩薩見見道所攝法界，所謂二空。因此故能了知自他平等，由得平等不愛自憎他，於自他利益能平等行。

是故初地行施圓滿。

(2)二地

二地由通達最勝義，謂自性清淨。菩薩作如此意。

如經言：我等同得此清淨故出離，是故應唯修真道。

此經顯二義，一顯法界自性清淨最勝無別，二顯真道歸趣法界。

既不見法界有上中下品故，不求二乘果，但求無上菩提，此清淨道即是菩薩戒。

是故二地行戒圓滿。

(3)三地

三地由通達勝流義，故行忍。

以如來所說十二部經是法界勝流，從通達法界生故，若人如理依文修行，得證此希有法。菩薩作是思惟。

如經言：為得此文，無有難忍而不能忍。假此三千大千世界滿中盛火，菩薩為求此法能投身火中。

是故三地行忍圓滿。

(4)四地

四地由通達無攝義，觀法界無所繫屬，以是無分別智境故。

如經言：由此通達陀訶那(dhyāna 定)三摩提三摩跋提(愛)及善法之愛，令滅不更生。

此地中一切定及三十七道品法極成就，以過失觀見故，於中之愛樂不能捨離。

若無最勝正勤，此愛不可滅，此愛若滅知正勤已成。

是故四地行精進圓滿。

(5)五地

五地由通達相續不異義，謂一切諸佛法身自性無別異。

菩薩得十種清淨意平等**13，此意平等即是菩薩定。

菩薩定者：1.境界平等，由緣真如及眾生故。
2.行平等，通攝六度故。
3.方便平等，離高下心故。
4.道平等，離有無二邊故。

如此等十種意平等為定體。

是故五地行定圓滿。

(6)六地

六地由通達無染淨義，菩薩在六地觀十二緣生，此觀中不見一法有淨有染。

以法界自性清淨故，無明等十二分唯分別為性。分別既無相為性故，不見法有染。染既不成故不見法有淨。

如經言：龍王十二緣生，或生或非生，約世諦說生，約真諦說不生。

於十二緣生，無法名染，無法名淨，法性無別異故。

是故六地行般若圓滿。

(7)七地

七地由通達種種法(教)無別異義，謂如來說三乘無量法門，同一真如味。

十二部經所說種種相想，永不復生。

由知諸法無別異義，所有真俗諸行一向迴向無上菩提，即是方便迴向。

勝智為方便體；令他得益為方便用；施等善根不滅不盡為方便事。

此方便但為利他非為自利，以不盡故利他無窮。

是故七地行方便行圓滿。

(8)八地

八地由通達不增減義，菩薩觀煩惱滅時無減，道生時無增。

菩薩不見法界垢位有增，不見法界無垢位有減；

又不見無垢位道生為增，有垢位道不生為減。
不見一法有增減故，依此法界勝願得成。
菩薩於八地緣真俗境，兩智相違，若離願力無並成義。
緣真是無分別智自在，以無功用心故。
緣俗是淨土自在，以清淨有功用心故。
此二自在必依願力得成。
此願以何法為體？
未得求得是願體；如先所求自然而成是願用；一切生處恒值諸佛，常行施等善根成立不斷，是願事。
此願但為利他非為自利，以不斷故一切生處利他無窮。
是故八地行願圓滿。

(9)九地

九地由通達智自在依止義，於九地中得思擇力及修習力。
由此力故能伏一切正行對治，能令善行決定。
此力以何為體？
無邊智能是力體；能伏對治令不起是力用；令所行善決定清淨無雜無礙是力事。
此力但為利他非為自利，以決定故利他無窮。
是故九地行力圓滿。

(10)十地

十地由通達業自在依止義，菩薩觀真如遍滿，是應化身依止故。
得隨真如，於十方世界顯現二身，作自他利益事，此業是應化二身所顯。
此智以何為體？
般若及定是智體；不住生死涅槃是智用；利益凡夫及聖人是智事。
此智但為利他非為自利，二身所顯故利他無窮。
是故十地行智圓滿。

[丁三]別明後四波羅蜜

於十地中修十波羅蜜，隨次第成。
於前六地有六波羅蜜，如次第說。
於後四地有四波羅蜜。

[釋]

前六地通達法界六種功德，故各行一波羅蜜。
若只說六波羅蜜，則方便勝智等四波羅蜜應知攝於六中。
若說十波羅蜜，則前六是無分別智攝，後四是無分別後智攝。
因此，後四地是依無分別後智修行四波羅蜜。

1.**漚和拘舍羅波羅蜜 upāyakauśalya** (方便勝智)(方便，方便善，善巧方便)

六波羅蜜所生長善根功德，施與一切眾生悉令平等，為

一切眾生迴向無上菩提。

[釋]

1.平等義

(1)心 相 同：若人為求得無上菩提，思惟凡一切眾生利益事我悉應作。故求無上菩提，行菩薩道之人，其心皆同。

(2)因果相同：為欲利益眾生，所作善根功德悉迴向無上菩提，因果皆同。

2.方便勝智體用

此平等是方便勝智用，般若大悲以為其體。

以六波羅蜜依般若生長，依大悲為眾生迴向無上菩提，令平等皆得。

3.方便勝智波羅蜜

由般若故不迴向梵(天)(帝)釋等富樂果。

由大悲故不迴向二乘果。

是故不捨生死，而於其中不被染污。是名方便勝智波羅蜜。

4.無分別後智攝

若離分別，此波羅蜜不成，故是無分別後智攝。

2.波尼他那波羅蜜 praṇidhāna (願)

此度能引攝種種善願，於未來世感六度生緣故。

[釋]

1.善願因果事

(1)此願於現在世，依諸善行，能引攝種種善願。

(2)於未來世，能感隨六度生緣(好道器及外資糧、善知識、正聞等)。

2.願體

清淨意欲以為其體，以依般若得清淨、依大悲有意欲故。

3.無分別後智攝

若離分別，此事不成，故是無分別後智攝。

3.婆羅波羅蜜 bala (力)

由思擇修習力，伏諸波羅蜜對治故，能引六波羅蜜相續生，無有間缺。

[釋]

1.餘經說力有二種：

(1)思擇力：正思諸法過失及功德，此思擇若增勝非自地惑所能動，堅強故名力。

(2)修習力：心緣此法作觀行，令心與法和合成一(猶如水乳，亦如熏衣)，是名為修。此修若增成上上品，能斷除下地惑，亦以堅強故名力。

2.力波羅蜜事

此中但取思擇力，伏滅諸波羅蜜對治惑，行六波羅蜜令相續無間缺，此即是力波羅蜜事。

3.力波羅蜜體

既但取思擇力故，以思慧為其體。為利益他伏惡行善故，兼屬大悲。

4.無分別後智攝

若離分別，此事不成，故是無分別後智攝。

4.若那波羅蜜 jñāna (智)

此度是能成立前六度智，能令菩薩於大集中受法樂，及成熟眾生。

[釋]

1.智波羅蜜事

如來(依六波羅蜜)所說一切正法，菩薩能思量簡擇，自得通達及令他得通達。菩薩於大集中得受法樂，令自他通達，為欲成熟眾生，此即智波羅蜜事。(智有有分別及無分別二種，此中所明為有分別智)

2.智波羅蜜體

以思慧為體。此智既為利物故，亦兼屬大悲。

3.無分別後智攝

若離分別，此事不成，故是無分別後智攝。

[結顯]

後四波羅蜜應知是無分別後智攝，一切波羅蜜於一切地中不同時修習。

[釋]

隨別義，諸地各修一度，故不同時。

從波羅蜜藏藏經，應知此法門廣顯諸義。

[釋]

一切大乘法名波羅蜜藏。

1.大乘法

為利益他故，佛說大乘及攝藏諸波羅蜜。

非聲聞乘得此藏名，以聲聞乘不為利他說故。

2.此法門從何出？

此法門是十地波羅蜜藏所攝。(從十地波羅蜜藏出)

3.藏義

(1)以文攝義名藏，部黨類相攝又名藏。重藏名顯所攝義。

(2)佛不為二乘說，於二乘有隱祕義，故名為藏。

4.佛說無等勝地義

此經中說「一切波羅蜜，地地各各修習，得成此地。」

諸佛也於一切土處，恒為勝行人而說。

此正說地義，如來法中為無等說。

以無義無行得勝此地，此地能為一切義作依止故。

何以故？

由如來簡擇於勝處說故。
所以勝者，以外塵及能住眾生、所住之處皆勝故。

[乙五]修行時　　修時章第五　　(卷十一)

於幾時中修習十地，正行得圓滿？

[釋]

此十地是菩薩大地，修行之時不可同於二乘。
何以故？
不唯為自身，且所濟度多故，所修方便多故，所應至處最高遠故，(譬如王行不可同於貧人故)，大小乘修行時有長短。
欲顯此義，故問修行時。

1.三阿僧祇劫

有五種人，於三阿僧祇劫修行圓滿，(或七阿僧祇劫，或三十三阿僧祇劫。)
何者為五人？
行願行地人，滿一阿僧祇劫。
行清淨意行人，行有相行人，行無相行人，於六地乃至七地，滿第二阿僧祇劫，從此後無功用行人，乃至十地滿第三阿僧祇劫。

[釋]

1.何等為五？
1.願樂行人，2.清淨意行人，有相行人無相行人，3.無功用行人。
(1)願樂行人
自有四種：十信、十解、十行、十迴向。
菩薩聖道有四種方便，故有四人(如須陀洹道前有四種方便)。
此四人名願樂行地，於第一阿僧祇劫修行得圓滿。
①此地雖已圓滿，但觀行人未得清淨意行。
❶以未證真如，未得無分別智故。(無分別智即是清淨意行)
❷同於二乘心故。
❸未至菩薩不退位故。
如世第一法人未得無流心說為不清淨，以有流心有忘失故，不得受正定名。(無流心所緣法相無有忘失故，得無流心說為正定位)
菩薩亦爾，未入初地不得正定名。
②此不清淨意行人，若見真如即入清淨意行地，從初地至十地同得此名。
(2)清淨意行人
自有四種，初一從通立名，謂清淨意行人；後三從別立名，謂有相行、無相行、無功用行。

①有相行

清淨意行人從第六地以後說名有相行。

有相行指境界相中，有有分別相、無分別相、品類究竟相、事成就相四種。

❶有分別相：是定所緣境等為毗鉢舍那境。

❷無分別相：以無分別為奢摩他境，緣此境而生的捨(止觀平等)即是定相。若緣定境起無分別真如，名無分別相。

❸品類究竟相：謂如理如量二修。

❹事成就相：謂菩薩地地中之轉依。

②無相行有功用

第七地是無相行有功用。

此中，由熟思量(勝行淳熟)不緣法門相，而直接通達真如味。

此通達若離功用則不成，故說此地為無相行有功用。

(此中相指如來所說十二部法門相，乃至十二緣生相。)

清淨意行、有相行和無相行有功用三者，都是在第二阿僧祇劫修行圓滿。

(3)無功用行人

若人入八地有無相行無功用未成就，但若八地圓滿，於八地無相行無功用已成。但第九地第十地之無相行無功用未成滿，須待修滿第三阿僧祇劫，此無相行無功用方得成就。

2.由位差別

(1)三位成五人

須陀洹、斯陀含、阿那含三位，由位差別製立為五人。菩薩三位亦得製立為五人。

	菩薩	聲聞	三位攝
❶	第一人：從初方便至初地	從初方便至須陀洹	第一位
❷	第二人：從二地至四地	家家(斯陀含向)	第二位
❸	第三人：從五地至六地	斯陀含	
❹	第四人：第七地	一種子(阿那含向)	
❺	第五人：從八地到十地	阿那含	第三位

(2)五位攝十二人

由等聲聞位地，應知菩薩十二地次第亦如此。**14

	菩薩 (十二住)**16 (瑜伽 47)	聲聞	五位攝
❶	初　位：種性住	性地	第一位
❷	第二位：勝解行住(願樂	修正定位加行，謂苦	

行地)	法忍等	
❸第三位：極歡喜住(初地)	已入正定位	
❹第四位：增上戒住(二地)	已得不壞信，住聖所愛戒位，為滅上地惑。	第二位 **15
❺第五位：增上心住(三地)	依戒學引攝依心學	
❻第六位：覺分相應增上慧住(四地)	已得依慧學位	第三位 **15
第七位：諸諦相應增上慧住(五地)		
第八位：緣起流轉止息相應增上慧住(六地)		
❼第九位：有加行有功用無相住(七地)	不復思量境界，是無相三摩提加行。	第四位
❽第十位：無加行無功用無相住(八地)	已成就無相定位	第五位
❾第十一位：無礙解住(九地)	已出無相三摩提，住解脫入位。	
❿第十二位：最上成滿菩薩住(十地)	住具相阿羅漢位	

此十二人菩薩五位所攝，若約聲聞五位，亦得攝十二人，不異菩薩位攝。

1.二種阿僧祇　(瑜伽 48) 26　**17

(1)阿僧祇(之)劫

由此劫日夜半月月時行年雙等，時不可數，故名阿僧祇劫。

(2)劫(之)阿僧祇

於此劫中，菩薩修行若以劫為量，此劫量不可數，故名劫阿僧祇。

2.三大劫阿僧祇得無上菩提**17

今定三大劫阿僧祇得無上菩提，不過不減。

菩薩修行最上品正勤，能超無數小劫或大劫，但不能超大劫阿僧祇。

3.為除皮肉心三煩惱，立三阿僧祇劫。**18

(1)第一大劫阿僧祇

菩薩心未明利、方便未成、正勤猶劣，故實經一大阿僧祇時，方度願行地，此位功行與時相符。

(2)第二大劫阿僧祇

若以功行約時，應經九劫阿僧祇，但由菩薩心用明利、方便已成、正勤又勝，經時雖少得功行多，功超八大劫阿僧祇，故只經第二大劫阿僧祇。

(3)第三大劫阿僧祇

若以功行約時，應經二十一大劫阿僧祇，但由菩薩智慧、方便、正勤最勝，經時雖少功行彌多，功超二十大劫阿僧祇，故只經第三大劫阿僧祇。

2.七阿僧祇劫

復次，云何七阿僧祇劫？

(1)一說

[釋]

此欲顯餘部別執。

此七阿僧祇劫時與前三阿僧祇劫時相等，但以有別義故開為七義。

1.第一大劫阿僧祇：度願行地，得行歡喜地。
2.第二大劫阿僧祇：從歡喜地，度依戒學地依心學地，得行燒然地。
3.第三大劫阿僧祇：從燒然地，度依慧學地，得行遠行地。
4.第四大劫阿僧祇：名無相不定行，度無相有功用地。
5.第五大劫阿僧祇：名無相定行，度無相無功用地。
6.第六大劫阿僧祇：名無相勝行，度無礙辯地。
7.第七大劫阿僧祇：名最勝住，度灌頂地。

(2)二說

地前有三，地中有四。

地前三者，一不定阿僧祇，二定阿僧祇，三授記阿僧祇。

地中有四者，一依實諦阿僧祇，二依捨阿僧祇，三依寂靜阿僧祇，四依智慧阿僧祇。

[釋]

復有別部執七劫阿僧祇。

1.地前有三阿僧祇**19

行有深淺，境有真、俗及第一義。緣三境有三種行，約此立三阿僧祇。

(1)不定阿僧祇　(十信位)

依第一境，有白法與黑法相雜，名少分波羅蜜。約此立不定阿僧祇，黑白相雜與凡夫不異。　(有流住位)

(2)定阿僧祇　(三賢位)

依第二境，有非黑白法(無流法)與白法(有流善法)相雜，名波羅蜜。約此立定阿僧祇，得無流法與有流法相雜，故未可授記。(無流雜位)

(3)授記阿僧祇　(通達分位)

依第三境，有非黑白無雜法，名真波羅蜜。約此立授記阿僧祇，但無流法不雜餘法，故可授記。
(但無流位)

2.地中有四阿僧祇

(1)依實諦阿僧祇

初地至三地名依實諦地。

初地發願，二地修十善法，三地修習諸定，必依境界故名依實諦地。

諦有三種，

①誓諦：從初發心立誓為利益他。

②行諦：如所立誓修行與與誓相應，如誓實，行亦實。

③慧諦：為成就此行及安立前誓，於方便中智慧與行誓相應，智慧為勝。

此三皆實無倒不相違，故名為諦。

(2)依捨阿僧祇

四地至六地名依捨地。

四地修道品，五地觀四諦，六地觀十二緣生，並依道捨惑故名依捨地。

(3)依寂靜阿僧祇

七地八地名依寂靜地。

以七地無相有功用，八地無相無功用，故名依寂靜地。

(4)依智慧阿僧祇

九地十地名依智慧地。

以九地自得解勝，十地令他得解勝，故名依智慧地。

3.廣明地中四依義

(1)四依義

依　諦：隨應知境及昔誓，為依諦義。三諦所攝能違三失。
(前三地各有三諦能除其三障)

依　捨：捨離類欲惑欲，為依捨義。三捨所攝能違三失。
(次三地各有三捨能除其三障)

依寂靜：一切邪業永息，為依寂靜義。三寂靜所攝能違三失。
(七八地各有三寂靜能除其三障)

依　慧：隨覺及通達，為依慧義。三慧所攝能違三失。
(九十地各有三慧能除其三障)

(2)四依互攝

依諦攝依捨寂靜慧：隨順昔誓故，不相違故。

依捨攝依諦寂靜慧：能捨所對治故，是一切捨果故。

依寂靜攝依諦捨慧：惑及業焦熱寂靜故。
依慧攝依諦捨寂靜：智慧為先故，智慧所隨故。

(3)四依住

依 諦 住：菩薩如昔所立誓，今作眾生利益事故。
依 捨 住：菩薩能捨六度障故。
依寂靜住：菩薩六度功德相應故。
依智慧住：菩薩由自行六度，善解利他方便故。

(4)四依與六波羅蜜

①行施

依諦行施：菩薩立誓不違求者之心，必皆施與，由立此誓不違誓，故實能施與隨其所施悉生歡喜。
依捨行施：菩薩能捨財捨果。
依寂靜行施：菩薩於財物受者行施及(財等)減盡中，不生貪瞋無明怖畏。
依智慧行施：如應如時如實施與，於前三中此用最勝。

②行戒

如昔所立誓，不違先所受戒，捨離惡戒，一切惡戒寂靜，此中智慧為勝，故依諦等行戒。

③行忍

如昔所立誓，能忍能捨分別他過失瞋恚，上心寂靜，此中智慧為勝，故依諦等行忍。

④行精進

如昔所立誓，能作利益他事，能捨離憂弱心，惡法寂靜，此中智慧為勝，故依諦等行精進。

⑤行定

如昔所立誓，能思修利益眾生事，捨離五蓋等，心常寂靜，此中智慧為勝，故依諦等行定。

⑥行般若

如昔所立誓，了達利益他方便，捨離偏非方便，無明焦熱已得寂靜，能證一切智，故依諦等行般若。

是故六波羅蜜依諦所生，依捨所攝，依寂靜所長，依智慧所淨。

依諦是彼生因，依捨是彼攝因，依寂靜是彼長因，依慧是彼淨因。初以諦為依，誓言真實故；
中以捨為依，先已立誓，為他能捨自愛故；
後以寂靜為依，一切寂靜為後故；
初中後以慧為依，若此有彼有，若此無彼無故。

(5)四依與十地相攝

①從初地至三地

依諦為勝，以此中菩薩但修治觀真境，於道品等功行未成故，依諦攝三地。

②從四地至六地

依捨為勝，以此中菩薩修治觀真境已成，於真境無功用心，但為對治惑成就道品等，由修治道品觀行、四諦觀行、十二緣生觀行，能捨一切惑故，依捨又攝三地。

③七地八地

依寂靜為勝，以由菩薩道已成就，諸惑多滅多伏，不復能觸心，此二地無相及無功用觀行已成就，心地轉細安住寂靜故，依寂靜又攝二地。

④九地十地

依智慧為勝，一自解勝，二令他解勝，皆能自利利他。

已度寂靜位，多行利益他事，若離智慧行，無別利他方便，由此二地多行智慧故，依智慧又攝二地。

4.結顯

為此義故，別部執有七阿僧祇。

3.三十三阿僧祇

復次，云何三十三阿僧祇？

方便地中有三阿僧祇：

(1)信行阿僧祇，(2)精進阿僧祇，(3)趣向行阿僧祇。

於十地中地地各三阿僧祇：

謂入、住、出。

[釋]

有諸大乘師，

1.欲顯行有下中上， 2.欲顯為得未得方便，

3.欲顯已得不失方便，4.欲顯已得不失增上方便，

5.欲顯入、住、出三自在。

故分阿僧祇劫為三十三。

1.方便地中有三阿僧祇 (地有二種：方便地、正地)

(1)信行阿僧祇

約修信根立。

此中菩薩奉事諸佛，心發願、口立誓，信如來正說及信如來，修信根為勝，以未證法明故。

(2)精進行阿僧祇

約修精進根立。

若菩薩已證法明，信根轉堅，決定知果必應可得。

此中菩薩精進為勝，以於得方便心已明了，不惜樂厭苦修精進故。

(3)趣向行阿僧祇

約趣向立。

若菩薩精進成就，心得清淨，惑障已除。

此中菩薩趣向為勝，以於真如觀，求得之心生起、相續無背捨故。

2.十地中地地各三阿僧祇

地地菩薩煩惱有三品：

上品皮煩惱由下品道所破，中品肉煩惱由中品道所破，下品心煩惱由上品道所破。

約修信根立。

為除皮煩惱障入初地，為除肉煩惱障住初地，為除心煩惱障出初地。乃至第十地，其義亦爾。

約此三品故各立三阿僧祇。

是故異部執有三十三阿僧祇，此三十三阿僧祇，與前三阿僧祇亦等，無有短長義，如前所釋。

4.何時為阿僧祇修行之始

如此阿僧祇修行十地正行圓滿。

[有善根願力　心堅進增上　三種阿僧祇　說正行成就]

三種阿僧祇說正行成就。

[釋]

前已說有三種阿僧祇劫竟。

菩薩經如此劫，修行得無上菩提。

菩薩於無始生死中恒行施等行(六度)，恒奉事出世諸佛，或說三阿僧祇，或說七阿僧祇，或說三十三阿僧祇，經如此劫修行圓滿得無上菩提。

[問]何時是修行之始？

[答] 1.菩薩有二種力：

(1)善根力：一切散亂所不能違。

(2)善願力：於一切時中，恒值佛菩薩為善知識。

2.由事善知識不捨菩提心(心堅進)，生生及現世恒增長善根，無復減失(增上)。

3.若具 1.善根力，2.善願力，3.心堅，4.增上四義，以此時為阿僧祇(長時修正行)之始。　(長時修之始)

4.諸師說不同故有三種，經如此阿僧祇時，說修正行得成就。(正行圓滿)

參考資料 9-10 之註解

**1 《大乘莊嚴經論》(行住品 23)(十三)5

[為集諸善根　樂住故說住　數數、數、無畏　復以地為名]

(1)諸菩薩為成就種種善根，於一切時樂住一切地。是故諸地說名為住。

(2)步彌耶名為地。(bhūmi 住處、於其位持法生果) (daśabhūmiayaḥ 十地)

步者數數義 (bhū-)　　彌者實數義 (mi-)　　耶者無畏義 (-ayaḥ)

①諸菩薩欲進上地，於一一地中數數斷障礙，數數得功德，是名數數義。

②地以十數為量，諸菩薩於一一地中知斷爾所障礙，知得爾所功德，知此不虛是名實數義。

③上地是無畏處，諸菩薩畏於自地中退失自他利功德，進求上地，是名無畏義。

由此三義故為地。

十一住者即十一地，住者名地故。 (十三)2

**2《成唯識論》九

(1)異生性障

謂二障中分別起者，依彼種立異生性故。二乘見道現在前時唯斷一種名得聖性。菩薩見道現在前時具斷二種。

(2)邪行障

謂所知障中俱生一分及彼所起誤犯三業，彼障二地極淨尸羅。入二地時便能永斷。

(3)闇鈍障

謂所知障中俱生一分，令所聞思修法忘失。彼障二地勝定總持及彼所發殊勝三慧。入三地時便能永斷。

(4)微細煩惱現行障

謂所知障中俱生一分，第六識俱身見等攝最下品故，不作意緣故，遠隨現行故，說名微細。彼障四地菩提分法，入四地時便能永斷。

(5)於下乘般涅槃障

謂所知障中俱生一分，令厭生死樂趣涅槃，同下二乘厭苦欣滅。彼障五地無差別道，入五地時便能永斷。

(6)粗相現行障

謂所知障中俱生一分，執有染淨粗相現行。彼障六地無染淨道，入六地時便能永斷。

(7)細相現行障

謂所知障中俱生一分，執有生滅細相現行。彼障七地妙無相道，入七地時便能永斷。

(8)無相中作加行障

謂所知障中俱生一分，令無相觀不任運起。前之五地有相觀多，無相觀少。第六地有相觀少，無相觀多。第七地中為無相觀，雖恒相續而有加行因，無相中有加行故未能任運現相及土，如是加行障八地中無功用道，故入八地時便能永斷。

(9)利他中不欲行障

謂所知障中俱生一分，令於利樂有情事中不欲勤行樂修己利，彼障九地四無礙解，入九地時便能永斷。

(10)於諸法中未得自在障

謂所知障中俱生一分，令於諸法不得自在，彼障十地大法智雲，及所捨滅所起事業，入十地時便能永斷。

**3《中邊分別論》(障品第二)

法界十義

「遍滿最勝義　勝流第一義　無所繫屬義　身無差別義
無染清淨義　法門無異義　不減不增義　四自在依義
此法界無明　此染是十障　非十地扶助　諸地是對治」
法界中十種義，遍一切處等無染濁無明。此無明十種菩薩地中，次第應知是障，非地助道故。
(此無明不與煩惱同起，為所知障，障十地所證法界。而十二有支初支之染濁無明與煩惱同起，招生死果。)
法界中何者為十種義？
(1)遍滿義：依菩薩初地，法界義遍滿一切處，菩薩入觀得通達，因此通達得見自他平等一分。(自他平等法性)
(2)最勝義：依第二地觀此法已作是思惟。若依他共平等出離，一切種治淨出離應化勤行。(勤修相應出離行)
(3)勝流義：因三地法界傳流知所聞正法第一。為得此法，廣量三千大千世界火坑能自擲其中。(證佛清淨法界等流)
(4)無所繫屬義：因此四地，因此觀法愛一向不生。(不與戲論相涉)
(5)身無差別義：因第五地十種心樂清淨平等。(得十意樂平等淨心)
(6)無染清淨義：因第六地十二生因處，無有一法可染可淨，如此通達故。(緣起法無染淨，本淨客染)
(7)法門無異義：因第七地無相故，修多羅等法別異相不行不顯故。(知法無相)
(8)不減不增義：因八地得滿足無生法忍故，若不淨淨品中不見一法有減有增故。
此中復有四種自在。何者為四？
①無分別自在，　②淨土自在，　③智自在，　④業自在。
此中法界是第一第二自在依處。八地中通達。(證無生法忍，垢淨法中得二自在。)
(9)智自在依義：因九地得四無礙辯故。(證無礙解)
(10)業自在依義：因十地如意欲變化，作眾生利益事。(利樂有情)
**4 (1)普寂：所知障是法執所起，唯障菩薩趣大菩提饒益有情之事，不障二乘涅槃，故在於二乘則無覆無記性。
(2)印順《攝大乘論講記》
上面所談的十種無明都是所知障，而不是煩惱障。聲聞緣覺等斷煩惱障證生空理，入無餘涅槃，這十種無明不障礙他們的解脫，在他們的立場說是非染污的。
若在菩薩，不但要斷煩惱障證生空理，同時還要斷所知障證法空理。這所知障十種無明是覆障法空理的，所以在菩薩的立場說，它是染污的。
因之，這無明在小乘只是無覆無記的不染污無知，在大乘則屬有覆無記性。
**5 《大乘莊嚴經論》行住品 23，(卷 13)5
[見真見利物　此處得歡喜　出犯出異心　是名離垢地]
[求法持法力　作明故名明　惑障智障薪　能燒是焰慧]
[難退有二種　能退故難勝　不住二法觀　恒現名現前]
[雜道鄰一道　遠去名遠行　相想無相想　動無不動地]
[四辯智力巧　說善稱善慧　二門如雲遍　雨法名法雲]
(1)於初地
由二見起勝歡喜，故名歡喜地。
①見真如，謂見自利，昔曾未見今時始見，去菩提近故。
②見利物，謂見利他，一一剎那能成熟百眾生故。
(2)於二地

由出二垢，故名離垢地。

①出犯戒垢；②出起異乘心垢。

(3)於三地

由能以法自明明他，故名明地。

①得三昧自在力，於無量佛法能求能持；，②得大法明為他作明。

(4)於四地

由能起慧焰燒二障薪，故名焰慧地。

①以菩提分慧為焰自性；②以惑智二障為薪自性。

(5)於五地

由能退二難，於難得勝，故名難勝地。

①勤化眾生心無惱難；②眾生不從化心無惱難。

(6)於六地

由觀慧恒現在前，故名現前地。

依般若力，能不住生死涅槃二法。

(7)於七地

由遠去，故名遠行地。

①近一乘道故名遠去；②功用方便究竟此遠能去。

(8)於八地

由無動，故名不動地。

有相想及無相有功用想，二想俱不能動。

(9)於九地

由說善，故名善慧地。

此中四無礙慧最為殊勝，於一剎那頃，三千世界所有人天異類異音異義異問，此地菩薩能以一音普答眾問，遍斷眾疑。

(10)於十地

由能如雲雨法，故名法雲地。

由三昧門及陀羅尼門，攝一切聞熏習因，遍滿阿梨耶識中，譬如浮雲遍滿虛空。能以此聞熏習雲，於一一剎那、於一一相、於一一好、於一一毛孔，雨無量無邊法雨，充足一切可化眾生。

**6 《大乘莊嚴經論》行住品 23，(卷 13)6

[由信及由行　由達亦由成　應知諸菩薩　得地有四種]

四種得地者：

(1)由 信 得：以信得諸地故，如信地中說。

(2)由 行 得：以正行得諸地故。諸菩薩於大乘法有十種正行。

書寫、供養、流傳、聽受、轉讀、教他、習誦、解說、思擇、修習。

此十正行能生無量功德聚，此行得地故名行得。

(3)由通達得：通達第一義諦，乃至七地名通達。

(4)由成就得：八地至佛地名成就得。

**7 《大智度論》二道五菩提

(1)二道(卷 100)：菩薩道有二種：①般若波羅蜜道，②方便道。

(卷 71)：般若波羅蜜，能滅諸邪見煩惱戲論，將至畢竟空中；方便將出畢竟空。

①般若道

從初發心，修空無我慧，則入見道證聖位。此階段重在通達性空離相，故名般若道。

(此中指發心到七地，而《華嚴經》則為發心到八地)　　　　　　(般若將入畢竟空，絕諸戲論)

以般若道自利具足。

遍學一切道均與般若相應，但以大悲不捨有情而不取證。

般若深觀，了知世間即涅槃，二者皆如幻。菩薩在未得無生法忍前，或悲強慧弱，或慧強悲弱，雖學空，於諸法實相未能深入，還有順道法愛。(柔順忍未斷法愛，或生著心，或退沒。)唯於七地得無生法忍時，方能悲智均衡，有深入諸法畢竟空之大悲。悲智交融而一如，無二分別。

②方便道

徹悟法性無相後，進入修道，一直到佛果。此階段主要為菩薩之方便度生，故名方便道。

(八地以上)　　　　　　(方便將出畢竟空，嚴土熟生)

以方便道利益他人。

得法性生身(變化身)，具神通力，依道相智(具法眼)觀有情因緣而度之。

般若為道體，方便即般若所起之巧用。(印順：《般若經講記》P.16)

(2)五菩提(卷 53)

①發心菩提：於無量生死中發心，為阿耨多羅三藐三菩提故，名為菩提，此因中說果。

②伏心菩提：折諸煩惱，降伏其心，行諸波羅蜜。

③明(心)菩提：觀三世諸法本末總相別相，分別籌量，得諸法實相，畢竟清淨，所謂般若波羅蜜相。

④出到菩提：於般若波羅蜜中得方便力故，亦不著般若波羅蜜，滅一切煩惱(但習氣未盡)，見一切十方諸佛，得無生法忍。出三界到薩婆若(一切智)。

⑤無上菩提：坐道場斷煩惱習，得(證)阿耨多羅三藐三菩提。

(①、②、③由假入空得實相法性，是般若道；④、⑤從空出假，是方便道。)

(龍樹)「菩薩入法住，住阿鞞跋致地(不退)，末後肉身盡，得法性生身，雖斷諸煩惱，有煩惱習因緣故，受法性生身，非三界生也。」

(得無生法忍菩薩不再感得肉身，因以習氣及大悲本願而感得法性生身，不再是三界之結業生身。

「由愛相續故有，聖人愛糠已脫，雖有有漏業生因緣，不應得生。」

阿羅漢雖斷盡煩惱，但習氣未除，無大悲誓願而實際取證，離生死不再受生。)

**8 (1)《菩薩地持經》(論)為北涼中印度曇無讖譯，《菩薩善戒經》(論)為劉宋罽賓三藏求那跋摩羅譯。此皆為《瑜伽師地論》本地分菩薩地異譯本。

(2)《十七地論》指《瑜伽師地論》本地分。此十種正行亦見於《中邊分別論》無上乘品。

**9 《大乘莊嚴經論)行住品 23 (卷 13)4

[地地昇進時　度度有五德　二及二及一　應知止觀俱]

次說菩薩度度五功德。菩薩於一一地修一一度，於一一度皆具五種功德。

何者為五？

(1)滅習：一一剎那滅除依中習氣聚故。　　(2)得猗：離種種相得法樂故。

(3)圓明：遍知一切種(無量法)不作分段故。　　(4)相起：由入大地無分別相生故。

(5)廣因：為滿為淨一切種法身，福聚智聚攝令增長故。

此中應知，初二功德是奢摩他分，次二功德是毘鉢舍那分，第五功德是俱分。

10 **波羅蜜清淨： 《瑜伽論》(78)12

(1)總說

①菩薩於此諸法，不求他知。　　②於此諸法見已，不生執著。

③於如是諸法不生疑惑。(謂為能得大菩提不?)　　④終不自讚毀他有所輕懱。

⑤終不憍傲放逸。 ⑥終不少有所得便生喜足。

⑦終不由此諸法，於他發起嫉妒慳吝。

(2)別說

①施清淨相：由施物清淨；由戒清淨；由見清淨；由心清淨；由語清淨；由智清淨；由垢清淨行清淨施。

②戒清淨相：能善了知制立律儀一切學處；能善了知出離所犯；具常尸羅；堅固尸羅；常作尸羅；常轉尸羅：受學一切所有學處。

③忍清淨相：一切所有不饒益事現在前時，不生憤發、不反罵、不瞋、不打、不恐、不弄；不以種種不饒益事反相加害；不懷怨結；若諫誨時不令恚惱；亦復不待他來諫誨；不由恐怖有染愛心而行忍辱；不以作恩而便放捨。

④精進清淨相：通達精進平等之性，不由勇猛勤精進故自舉凌他；具大勢力；具大精進；有所堪能；堅固；勇猛；於諸善法終不捨軛。

⑤靜慮清淨相：有善通達相三摩地靜慮；有圓滿三摩地靜慮；有俱分三摩地靜慮；有運轉三摩地靜慮；有無所依三摩地靜慮；有善修治三摩地靜慮；有於菩薩藏聞緣修習無量三摩地靜慮。

⑥慧清淨相：遠離增益損減二邊；如實了知(三)解脫門；如實了知(三種)自性義；如實了知(三種)無自性義；如實了知世俗諦義(五明處)；如實了知勝義諦義(七真如)；善能成辦法隨法行(離分別戲論，無量總法及毗鉢舍那為所緣)。

11 **四種方便 《起信論》

問：即說法界一相，佛體無二，何故不唯念真如，復假求學諸善之行？

答：譬如大摩尼寶，體性明淨，而有礦穢之垢，若不以方便磨治，終不得淨，故說四種方便。

(1)行根本方便

觀一切法自性無生，離於妄見，不住生死。及觀一切法因緣和合，業果不失，起大悲心，攝化眾生，不住涅槃。以此為行，則能出生一切善法。

(2)能止方便

謂慚愧悔過能遮止一切惡法，不令增長。

(3)發起善根方便

謂勤供養禮敬三寶，讚歎隨喜勸請諸佛，信得增長，志求無上之道。能令業障清除，善根增長。

(4)大願平等方便

謂發廣大誓願，盡未來際，化度一切眾生，皆令究竟入於涅槃。

**12 圓測引《攝大乘論義疏》

從法身出六通慧，慧即化身，由得業自在化身成就也。

**13《佛說十地經》菩薩難勝地第五(卷四)

菩薩以是十種平等清淨意樂入第五地。

(1)過去佛法平等清淨意樂。 (2)未來佛法平等清淨意樂。

(3)現在佛法平等清淨意樂。 (4)戒平等清淨意樂。

(5)定平等清淨意樂。 (6)除見疑惑平等清淨意樂。

(7)道非道智平等清淨意樂。 (8)斷智平等清淨意樂。

(9)一切菩提分法後後觀察平等清淨意樂。 (10)成熟一切有情平等清淨意樂。

**14《瑜伽師地論》 (四七)15，(四八)28

當知菩薩十二種住，隨其次第類聲聞住。

如諸聲聞，自種性住，當知菩薩初住亦爾。

如諸聲聞，趣入正性離生加行性，當知菩薩第二住亦爾。
如諸聲聞，已入正性離生住，當知菩薩第三住亦爾。
如諸聲聞，已得證淨聖所愛味，為盡上漏增上戒學住，當知菩薩第四住亦爾。
如諸聲聞，依增上戒學引發增上心學住，當知菩薩第五住亦爾。
如諸聲聞，如其所得諸聖諦智增上慧學住，當知菩薩第六、第七、第八住亦爾。
如諸聲聞，善觀察所知無相三摩地加行住，當知菩薩第九住亦爾。
如諸聲聞，成滿無相住，當知菩薩第十住亦爾。
如諸聲聞，從此出已，如解脫處住，當知菩薩第十一住亦爾。
如諸聲聞，從此出已，具一切相阿羅漢住，當知菩薩第十二住亦爾。

**15 本論(十一)2

第一位攝第一、第二、第三，三人，
第二位攝第四、第五、第六，三人，
第三位攝第七、第八，兩人，
第四位攝第九，一人，
第五位攝第十、第十一、第十二，三人。

**16 菩薩十二住　《瑜伽論》(48)26

(1)劫量

於此一一住中，經多俱胝百千大劫，或過是數方乃證得及與成滿。然一切住總經於三無數大劫，方得圓證。

①經第一無數大劫，方乃超過勝解行住，次第證得極歡喜住。
此就恒常勇猛精進，非不勇猛勤精進者。

②復經第二無數大劫，方乃超過極歡喜住，乃至有加行有功用無相住，次第證得無加行無功用無相住。
此即決定，以是菩薩得清淨意樂，決定勇猛勤精進故。

③復經第三無數大劫，方乃超過無加行無功用無相住及無礙解住，證得最大成滿菩薩住。

(2)修斷

由如是所說十二諸菩薩住，經三無數大劫時量，能斷一切煩惱障品所有粗重，及斷一切所知障品所有粗重。

①正斷粗重

❶煩惱障品

於三住中，當知能斷煩惱障品所有粗重。
a.於極歡喜住中：一切惡趣諸煩惱品所有粗重皆悉永斷，一切上中諸煩惱品皆不現行。
b.於無加行無功用無相住中：一切能障一向清淨無生法忍諸煩惱品所有粗重皆悉永斷，一切煩惱皆不現前。
c.於最上成滿菩薩住中：當知一切煩惱習氣隨眠障礙皆悉永斷，入如來住。

❷所知障品

當知一切所知障品所有粗重，亦有三種。
a.在皮粗重：在極歡喜住皆悉已斷。
b.在膚粗重：在無加行無功用無相住皆悉已斷。
c.在肉粗重：如來住中皆悉已斷，得一切障極清淨智。

②修斷資糧

於三住中，煩惱、所知二障永斷。所餘諸法，如其次第，修斷資糧。

**17《瑜伽論》(48) 26

略有二種無數大劫

(1)日夜月半月等算數方便，時無量故，亦說名為無數大劫。

此要由無量無數大劫，方證無上正等菩提。

(2)大劫算數方便，超過一切算數之量，亦說名為無數大劫。

①此但經於三無數大劫，便證無上正等菩提，不過此量。

②若正修行最上上品勇猛精進，或有能轉眾多中劫，或有乃至轉多大劫，當知決定無有能轉無數大劫。

**18 <u>《瑜伽論》(73) 10</u>

隨三種根差別證故，建立三乘。

(1)二乘

然彼二乘，用阿耨多羅三藐三菩提乘以為根本，又彼二乘隨緣差別、隨所成熟無決定故，證得時量亦不決定。

(2)大乘

其最後乘，要經三種無數大劫方可證得，依斷三種粗重別故。

何等名為三種粗重？

①惡趣不樂品在皮粗重：由斷彼故，不往惡趣，修加行時不為不樂之所間雜。

②煩惱障品在肉粗重：由斷彼故，一切種極微細煩惱亦不現行，然未永害一切隨眠。

③所知障品在心粗重：由斷彼故，永害一切所有隨眠，遍於一切所知境界無障礙智自在而轉。

**19 <u>(普寂)</u>

(1)第一位即當住前信想菩薩(十信位)；第二位則當三賢位；第三位則當四加行位。

(2)「但無流法」

非謂此位純無流相續。約義次第判：

①從有流住入無流雜位；②從雜法位，入但無流。人空無流究竟淨位入法空位。

入法空位則二空所顯真如出現，是名地道。

<u>由此次第立三劫。</u>

國家圖書館出版品預行編目資料

二萬五千頌般若經合論記要(二) / 李森田 記要, -- 初版 -- 臺北市：蘭臺出版社, 2024.08
冊；　公分. --（佛教研究叢書；15）
ISBN：978-626-97527-9-9 (全套：平裝)

1.CST: 般若部

221.4　　113005547

佛教研究叢書15

二萬五千頌般若經合論記要（二）

作　　者：李森田 記要
總　　編：張加君
編　　輯：柯惠真
主　　編：盧瑞容
美　　編：凌玉琳
校　　對：施麗蘭、林宜利、楊容容、沈彥伶
封面設計：陳勁宏
出 版 者：蘭臺出版社
發　　行：蘭臺出版社
地　　址：台北市中正區重慶南路1段121號8樓之14
電　　話：（02）2331-1675或（02）2331-1691
傳　　真：（02）2382-6225
E-MAIL：books5w@gmail.com或books5w@yahoo.com.tw
網路書店：http://5w.com.tw/
https://www.pcstore.com.tw/yesbooks/
https://shopee.tw/books5w
博客來網路書店、博客思網路書店
三民書局、金石堂書店
經　　銷：聯合發行股份有限公司
電　　話：（02）2917-8022 傳真：（02）2915-7212
劃撥戶名：蘭臺出版社　帳號：18995335
香港代理：香港聯合零售有限公司
電　　話：（852）2150-2100　傳真：（852）2356-0735
出版日期：2024年 8 月　初版
定　　價：套書 新臺幣 6,800 元整（平裝）
ISBN：978-626-97527-9-9